北京休闲农业的发展与评价

◎ 王爱玲　串丽敏　赵静娟　张　辉　等　著

中国农业科学技术出版社

图书在版编目(CIP)数据

北京休闲农业的发展与评价 / 王爱玲等著. --北京：中国农业科学技术出版社, 2024.11. -- ISBN 978-7-5116-7143-1

Ⅰ. F327.1

中国国家版本馆 CIP 数据核字第 2024AU4616 号

责任编辑	于建慧
责任校对	李向荣
责任印制	姜义伟　王思文

出 版 者	中国农业科学技术出版社
	北京市中关村南大街 12 号　邮编：100081
电　　话	（010）82109708（编辑室）　（010）82106624（发行部）
	（010）82109709（读者服务部）
网　　址	https://castp.caas.cn
经 销 者	各地新华书店
印 刷 者	北京中科印刷有限公司
开　　本	170 mm×240 mm　1/16
印　　张	21
字　　数	342 千字
版　　次	2024 年 11 月第 1 版　2024 年 11 月第 1 次印刷
定　　价	80.00 元

━━━◀ 版权所有·翻印必究 ▶━━━

《北京休闲农业的发展与评价》著者名单

王爱玲　串丽敏　赵静娟

张　辉　秦晓婧　李凌云

颜志辉　贾　倩　齐世杰

张晓静　姚　茹　祁　冉

本书的出版得到了北京市创新团队和北京市农林科学院科技创新能力专项资助，项目编号 BAIC11-2022-09、BAIC11-2023-09、KJCX20240404。

前言

　　休闲农业是第一产业与第三产业高度融合的新型业态，是都市现代农业的重要组成部分。随着经济与社会的不断发展，人们的休闲需求也日益增长。20世纪80年代，昌平区出现了可供游客采摘的果园，这标志着北京市休闲农业发展的萌芽。采摘果园在满足市民休闲需求的同时，也增加了农民的收入。北京市政府因势利导出台了相关的鼓励政策，休闲农业走上了发展的快车道，经营主体和高峰期从业人员数量在2007年达到最高峰，接待人次和经营收入分别在2016年和2017年达到最高峰。随后休闲农业进入发展的平台期，加上大棚房整治等原因，产业规模不断下降。

　　2019年，在充分调研与论证的基础上，北京市明确了休闲农业的发展思路，即以"京华乡韵"品牌体系打造为引领，在全市推动实施休闲农业"十百千万"畅游行动。重点打造十余条休闲农业精品线路、创建百余家美丽休闲乡村、提升千余家休闲农业园区、改造近万家民俗接待户和乡村民宿，重点实施京华风貌、京华风情、京华风尚、乡韵风俗、乡韵风味等五大重点工程，聚焦产业提档升级，强化服务完善提升，突出产业集群成链，致力农户增收致富，全面开启了休闲农业高质量发展新局面。

　　2020年，突如其来的新冠疫情对刚有恢复势头的休闲农业造成了较大冲击。北京市休闲农业相关部门迅速出台各项政策措施，在防疫不放松的情况下，坚定推进休闲农业与乡村旅游的发展，疫情的后两年（2021—2022年）北京休闲农业得到了较快的恢复。2023年新冠疫情结束后，相关部门及时出台一系列促进措施，推动了北京休闲农业的快速恢复与发展。

　　2022年，调整优化重组后的现代农业产业技术体系北京市创新团队增设了"景观休闲农业创新团队"，并设置了"景观休闲农业产业经济与政策研究"岗位，大大加强了对北京休闲农业产业发展的科技支撑力量。2022—2023年，现代农业产业技术体系北京市创新团队景观休闲农业产业经济与政策研究课题组开展了北京市休闲农业产业发展现状调查、热点问题调查与相关问题研究，调研范围涵盖全市 13 个涉农区，研究内容包括休闲农业的产业现状、发展模式、存在问题、品牌建设、发展评价、产业趋势等。本书是在两年研究成果的基础上整理而成，数据主要来源于实地调研和历年《北京统计年鉴》和《北京区域统计年鉴》。因统计数据的滞后性，本书中休闲农业的最新统计数据为 2022 年，部门数据和调研数据为 2023 年。

由于精力和水平所限，本书中的遗漏或不妥之处在所难免，欢迎批评指正。

著者

二〇二四年十一月

目 录

第一章　休闲农业概论 ··· 1
　第一节　休闲农业的相关概念与产业内涵 ································· 1
　第二节　休闲农业的发展历程 ·· 9

第二章　北京休闲农业发展现状与问题 ··· 20
　第一节　北京休闲农业发展现状 ·· 20
　第二节　北京休闲农业的产业政策与推进措施 ························· 32
　第三节　北京各区休闲农业发展现状 ······································ 50

第三章　近 20 年来北京休闲农业的发展变化 ································ 57
　第一节　近 20 年来北京休闲农业的整体发展变化 ···················· 57
　第二节　北京各区休闲农业的发展变化 ··································· 79

第四章　国内外休闲农业发展经验与启示 ···································· 123
　第一节　国外休闲农业发展经验与启示 ································· 123
　第二节　国内休闲农业发展经验与启示 ································· 128

第五章　北京休闲农业专题调研 ·· 147
　第一节　北京休闲农业消费情况调研 ···································· 147
　第二节　新冠疫情对北京休闲农园经营情况的影响 ················· 176
　第三节　新冠疫情对北京乡村民宿经营情况的影响 ················· 188

第六章　北京休闲农业品牌资源与品牌建设 ································· 199
　第一节　北京休闲农业资源现状 ·· 199
　第二节　北京农业及休闲农业品牌现状 ································· 229
　第三节　北京休闲农业品牌建设思路 ···································· 243

第七章　北京休闲农业典型案例分析 ·· 256
　第一节　休闲农园典型案例 ·· 256
　第二节　乡村民宿典型案例 ·· 264
　第三节　景观农业典型案例 ·· 269

第八章　北京休闲农业发展评价 ······ 273
第一节　研究方法与影响因素分析 ······ 273
第二节　近10年北京休闲农业发展水平评价 ······ 280
第三节　北京各区休闲农业发展水平评价 ······ 287
第四节　京、津、沪、渝休闲农业发展水平评价 ······ 292
第五节　结论与相关建议 ······ 299

第九章　北京休闲农业发展趋势与展望 ······ 302
第一节　北京休闲农业发展的技术与政策需求 ······ 302
第二节　北京休闲农业发展趋势与展望 ······ 306

参考文献 ······ 316

第一章

休闲农业概论

第一节 休闲农业的相关概念与产业内涵

一、休闲农业的相关概念

休闲农业在我国发展之初有多种称谓,除休闲农业[1]外,还有观光农业[2]、旅游农业[3]、观光休闲农业[4]、生态旅游农业[5]等,尽管名称各异,但它们所涵盖的产业内容和核心理念却大抵相同。

(一) 观光农业

国内关于观光农业的定义,最早的学术文献可追溯到1987年。学者陈裕鹏认为,观光农业是一种以农业生产为主体,与观光游憩紧密结合的资源利用形式。它强调农业生产与游憩活动的相互融合,是农业经营的一种新形态,并带有第三产业性质[6]。尽管众多学者对观光农业的定义表述不同,但基本上都认同观光农业是旅游业与农业有机结合的一门新的产业[7,8,9]。由此可见,观光农业是以农业生产为载体的新型产业,具有对农业的依赖性;同时,又与旅游业相结合,表现出产业融合性或交叉性。从概念上也可以看出,观光农业的第三产业性质主要体现为在农业生产基础上提供的观光、采摘和游憩等活动,是休闲农业发展的初级阶段。

(二) 旅游农业

国内关于旅游农业的定义,最早的学术文献可追溯到1989年。与观光农业几乎同时出现。学者刘达华认为,旅游农业是在充分利用现有农业资源的基础上,通过规划、设计、施工,把农业建设、科学管理、商品生产、艺术加工和游客动手实践融于一体,供游客领会在其他名胜风景地欣赏不到的大自然意趣和现代化的新兴农业艺术[10]。简言之,旅游农业是农业和旅游业、生产和消费有机结合并相互促进的农村现代第三产业[11]。其产业内容包括旅游种植业、旅游林业、旅游畜牧业、旅游渔业和旅游副业,特点是变自然农业为旅游农业，变农业区域为旅游区域，并把增加现代农业自身的艺术性作为丰富旅游的重要内容。特别是旅游副业中包含了后来被认定为非物质文化遗产的开发。从这一点可以看出，与观光农业不同，旅游农业是从旅游的角度来定义的农业与旅游业相结合的农业类型，更侧重于旅游，对农业生产的依赖性弱于观光农业。

（三）景观农业

在国内学术文献中，学者长风于1997年首次提出"景观农业"的概念，即景观农业是集种植、养殖、栽培、垂钓、观赏、度假、游乐、餐饮于一体的农业[12]。从概念表述及其特点来看，所谓的"景观农业"其本质就是休闲农业。还有一些学者将景观农业视为景观生态学在农业领域的应用，是草地、耕地、林地、树篱及道路等多种景观斑块的镶嵌体，表现为物种生存于其中的各类破碎化栖息地的空间网格[13]。其本质是农业生态系统与自然生态系统在一定自然景观上的有机结合，是按景观生态学原理规划的，具有自我调节能力、高稳定性、实现能量与物质平衡的一种新型农业[14]。张一帆等提出的概念为：景观农业就是利用多彩多姿的农作物，通过设计与搭配，在较大的空间上形成美丽的景观，使得农业的生产性、可持续性同审美性结合起来，成为生产、生活、生态三者的有机结合体[15]。本研究认为，景观农业或称农业景观是休闲农业的重要抓手，通过将多姿多彩的农作物进行设计与搭配，在较大的空间上形成美丽景观，达到以农造景、以景促旅，拓展农业的服务功能与增值空间的目的。

（四）休闲农业

国内关于"休闲农业"的定义，最早的学术文献可追溯到1990年。学者王子齐认为，休闲农业就是将旅游与农业结为一体，充分利用农产品、农业经营活动、农业自然资源环境以及农村人文资源等吸引都市游客，增加其见识，娱乐其身心，从而达到寓教于乐、增进国民健康、增加农民收入、促进农村经济发展的目的[16]。

从时间上看，观光农业、旅游农业和休闲农业的概念提出的年份相差无几；从概念上看，尽管观光农业、旅游农业和景观农业在定义上有所不同，实践内容也各有侧重，但本质上都是农业与旅游业相结合的产业，都是以开发农业休闲功能为主的一种新型产业。鉴于休闲农业的名称多而杂乱，中国农学会于2007年将其统称为"休闲农业"，并于当年成立了都市农业与休闲农业分

会，同时对其概念进行了界定，即休闲农业是利用农业自然环境、田园景观、农业生产、农业经营、农业设施、农耕文化、农村建设、农民风情等"三农"资源，通过科学规划和开发设计，为游客提供休闲、观光、度假、体验、娱乐、健身、购物等多项需求的旅游经营活动。从广义的观点来看，休闲农业还包括休闲林业、休闲渔业、休闲牧业、休闲农家乐等[17]。之后，虽然其他称谓也还存在，但"休闲农业"得到了绝大多数学者和政府管理部门的认同。

即便休闲农业的名称得到了统一，其概念也进行了界定，但不同学者对于"休闲农业"的理解与概念表述仍存在一定差异。如黄志红认为，休闲农业以充分开发具有旅游价值的农业资源和农产品为前提，把农业生产、科技应用、艺术加工和游客参与融为一体，是一种集生产、生活、生态"三生"于一体的产业，其目的是通过引入休闲功能，盘活农村资源、促进农业转型、增加农村就业、增进农民收益、繁荣乡村经济[18]。范水生等认为，休闲农业是以农业、农村和农民为背景，利用农业资源、农业景观和农村环境，以农林牧副渔生产和农村文化生活为依托，以休闲农场为载体，增进人们对农业及农村体验为目的，具有生产、生活、生态"三生一体"和一二三产业功能特性的新型产业形态[19]。

总体来看，休闲农业是以农业为基础，以休闲为目的，以服务为手段，以当地市民为主要对象，以农民增收为目标的农业和旅游业相结合，即第一产业和第三产业相结合的新型产业。

二、休闲农业的产业内涵

综上所述，休闲农业是利用农业生态、田园景观、农业生产、农业经营、农耕文化、农业设施、农家生活等资源，为游客提供观光、休闲、体验等多项功能的农业经营活动。从这一概念来看，休闲农业是集生产、生活、生态等"三生"功能于一体的一种新型业态，其产业内涵主要包括休闲农园、乡村旅游和景观农业等产业形态。

（一）休闲农园

休闲农园是以农业生产为载体，将农业景观、农村自然环境与农业经营活动、农村文化生活等结合在一起，吸引游客前来观光、采摘、品尝、购物、体验、休闲、度假的一种新型农业生产经营形态[20]。根据这一定义，可以看出休闲农园具有3个重要特征：一是农业生产是其基本功能，在此基础上开展农业旅游活动；二是以开发旅游功能为主要目的，主要输出观光、休闲、采摘、体验等旅游休闲产品，满足市民的休闲需求；三是"农旅合一"，将农业生产与生活功能紧密结合在一起，形成第一产业与第三产业的深度融合。

从休闲方式与表现形式来看，休闲农园大致有采摘型农园、科技型农园、休闲型农场、娱乐型农园、科普型农园、综合型农园等6种类型。采摘型农园一般以果品和蔬菜生产为主，在果蔬成熟季节对游客开放采摘活动，有较强的季节性。这类园区一般不需要额外投入和增加设施，如延庆里炮村的苹果采摘园。科技型农园主要是以高效设施生产为主，在展示先进农业技术与设备的同时，向游客提供四季采摘与观光活动。这类园区科技感十足，如通州区的现代种业园、房山区的中粮智慧农场、昌平区小汤山现代农业示范园。休闲型农场一般以休闲为主，依托农场的自然环境为游客提供各种舒适惬意的休闲活动，例如房山区的天开自然农场，占地400亩，有林地、水域、果园、菜园，满是怡然自得的田园风。游客在这里可以体验农耕文化、放松休闲、露营野餐、喂食动物、采摘果蔬等。娱乐型农园以娱乐为主、生产为辅，园内有大量的娱乐设施可供游客游玩。例如延庆区刘斌堡乡的青山园，主打亲子主题，园内设置了铁索桥、轮胎桥、攀岩墙、独木桥、浮桥、滑梯、迷宫、射箭、山地摩托车、水上乐园、篝火晚会、露天电影等娱乐设施，可供游客四季游玩，同时园内种植有少量果树，可供游客季节性采摘。科普型农园以农业生产、技术展示为基础，着重开展各类农业科普活动，例如海淀区数字农业基地。综合型农园，顾名思义功能多样，生产、采摘、休闲、娱乐、体验、文创开发等功能一应俱全。例如大兴区庞各庄镇的御瓜文园和海淀区的京林蔬艺园。这类农园集现代农业生产、蔬菜品种示范、农业技术推广、农产品仓储加工、儿童科普教育、家庭定制农场及田园休闲体验等多功能于一体，为游客提供全方位的农业体验。

(二) 乡村旅游

世界旅游组织将其界定为"旅游者在乡村及其附近逗留、学习、体验乡村生活方式的活动"。国外学界通常称"乡村旅游"为"rural tourism""farm tourism"或"agritourism"。由此可以看出，乡村旅游是与乡村和农业相关的旅游活动。国内学者王小磊等从广义和狭义两个角度界定了乡村旅游。广义上是指只要是发生在乡村地区，任何内容的旅游活动都属于乡村旅游，不论其旅游形式是否与农业有关；狭义上则指领略田园风光，体验民俗风情，了解农业文化的一种旅游形式[21]，即乡土性和地方性是乡村旅游的核心[22]。因此，乡村旅游是现代旅游产业向传统农业延伸而产生的新业态，是指依托乡村独特的自然和民俗文化旅游资源开发旅游项目，为游客提供集自然风光游览、感受民俗文化、休闲健身教育于一体的体验式旅游[23]。由此看来，乡村旅游既包括以提供餐饮服务为主的农家乐，也包括以提供住宿服务为主的乡村民宿，还包括为乡村旅游提供配套服务的宾馆、饭店、旅游商品专卖店等。根据国内外乡村旅游的发展经验与研究结果，乡村旅游的发展阶段与人均 GDP 关系密切。当人均 GDP 为 300~1 000 美元时，乡村旅游处于初始阶段；当人均 GDP 为 1 000~9 000 美元时，乡村旅游处于发展阶段；当人均 GDP 在 9 000 美元以上时，乡村旅游处于成熟阶段[24]。

1. 农家乐

农家乐是乡村旅游的一种形式，是以农民家庭为基本接待单位，以原有乡村村落、民居建筑和乡村文化为载体，充分利用自然生态与环境资源、农村活动及农民生活资源，以"住农家屋、吃农家饭、干农家活、享农家乐"为主要内容的乡村旅游[25]。我国的农家乐起源于20世纪80年代末至90年代初四川成都郫都区农科村，农民利用庭院、堰塘、果园、花圃、农场等农、林、牧、渔业的资源优势和乡村风土民俗吸引游客，为其提供观光、运动、休闲、娱乐、餐饮、住宿、购物等综合服务。这种将第一产业和第三产业有机结合形成的"农家乐"旅游模式后来被推广至全国。从各地的实践来看，农家乐以吃住尤其是吃为主、观光采摘和农事体验为辅，有些地方的农家乐甚至成为农家餐饮的代名词。受农户投资能力限制，农家乐的住宿条件和餐饮质量都不高，服务意识低，在经历了自发、无序的发展之后，政府和行业部门对其进行了标准化和规范化管理。但随着经济与社会的发展，人们的收入水平不断提升，低层次的农家乐已无法满足城市居民的乡村休闲旅游需求。与此同时，城市资源（如资金、智力、人才等）下乡，推动了农家乐的转型升级。

2. 乡村民宿

乡村民宿是在民俗旅游接待户即农家乐的形式上发展起来的。文化和旅游部等10部门联合发布的《关于促进乡村民宿高质量发展的指导意见》（文旅市场发〔2022〕77号，以下简称《意见》）中对"乡村民宿"的概念进行了界定，即乡村民宿是指利用乡村民居等相关资源，主人参与经营服务，为游客提供体验当地自然、文化与生产生活方式的小型住宿设施。这一定义强调了民宿的3个特征，即场所必须是位于农村地区、民宿主人参与经营、所提供的体验内容与当地具有关联性。《意见》中也鼓励城镇居民等通过租赁产权明晰的闲置宅基地房屋、合作经营等方式开展乡村民宿经营，即民居主人是否参与经营服务不是认定乡村民宿的前提条件。北京市在2019年印发的《关于促进乡村民宿发展的指导意见》中也界定了乡村民宿的概念，即是指利用位于农村地区的居民自有住宅或其他合法建筑，结合本地人文环境、自然景观、生态资源及生产、生活方式，为旅游者提供住宿、餐饮服务的场所。这一定义也没有强调民居主人参与经营的必要性。从概念上看，乡村民宿既包括农户（村集体）依托自有住宅（合法建筑）进行自主经营的民宿，也包括社会资本租赁农户住宅或其他合法建筑进行经营的民宿。

从全国的产业实践来看，乡村民宿主要有3种类型：一是原味民宿。原味民宿是指由原住民在原住址经营的具有原生态文化特点的民宿，因此，也叫"三原民宿"（即原住民、原住地、原生态文化）。原住民是民宅的持有者和原汁原味生活方式的承载方，或多或少地参与民宿经营，向住客传递民宿的主人文化。原住地是指民宿位于原址，而非选址另建，而且具有原住地房屋建筑的特色和特点，民宿的风格与村庄原有风格相得益彰，院墙、内饰装修、景观营造都能充分表达村落的原有特色，与周边环境相融合。例如保留当地石头房、砖瓦房等房子的原有外貌，而不是新建一座与周边环境格格不入的房屋。原生态文化是指当地天地人三位一体形成的历史文化、民族文化、民俗文化、农耕文化、生态文化、风土人情等。原生态文化根植于当地，具有唯一性和传承性，是民宿体验的灵魂所在。二是精品民宿。精品民宿是指房间装修精致、设施齐全、用品考究、主题突出的民宿。这类民宿的投资相对较高，非一般农户所能承受，因此，精品民宿的投资者多为社会资本租赁乡村民居，经过设计、改造、装修后进行民宿经营。精品民宿因其投资高，而且主要客群定位于中高收入人群，因而民宿价格也相对较高。这类民宿主要分布在景区附近或自然环境非常好的地区。三是民宿集群，即将整个村子的闲置民居改造成乡村民宿，每一个民宿分属于多个或一个主体，并由同一个经营主体进行经营的民宿集合。例如北京市密云区北庄镇干峪沟村的山里寒舍民宿和门头沟区清水镇梁家庄村的创意乡居民宿，都是由村集体成立农民住宅合作社，村民将闲置农宅流转到合作社，由企业与合作社签订农宅租赁协议，企业对农宅进行改造设计，建成各具特色的民宿院落，这些院落既相对独立，也相对集中，同时配套餐厅、会议室、活动室等公共空间。这种民宿集群由统一的企业进行管理，硬件设施与服务质量有标准、有保障，是游客可以信赖的选择。

严格来说，这3种民宿类型没有严格的区分，又相互有交叉，例如原味民宿也可能是精品民宿或民宿集群；民宿集群里也可能有原味民宿和精品民宿。实践中乡村民宿的形态也远不止这3种，而是更加丰富多样。

（三）景观农业

景观农业就是利用多彩多姿的农作物，通过设计与搭配，在较大的空间上形成美丽的景观，或者是对种植方式进行生态设计，形成与当地生态环境相适应的种植系统，使得农业的生产性、可持续性同审美性结合起来[26]。根据这一定义，可知景观农业具有以下3个显著特征：一是以农造景，依托农业生产，结合生态景观营造原理与技术，将农业的生产性与审美性相结合，形成具有生态价值的农业生产系统；二是以景促旅，农田景观不单独存在，尤其不单独产生经济效益，而是通过景观营造促进乡村旅游而产生经济效益；三是以生态景观为桥梁连接生产与生活，形成"三生"有机结合体。

农田景观从不同的角度可以划分为不同的类型。从区域角度来看，主要有平原大田景观、山区田园景观和设施园区景观三大类[27]。平原大田景观位于平原区，依托于大田种植营造景观；山区田园景观位于山区沟域，农田景观与周围自然山水融合成景；设施园区景观为生产型设施园区转型发展观光采摘和休闲农业的产物[28]。从农田景观的内容来看，既包括大尺度、大面积的单一农田景观，例如油菜花海等各种花海，一望无垠的麦田、稻田等整齐划一的农田景观，也包括农田字画、农田迷宫、作物立体种植等充满设计感的微型或大型农田艺术景观。从景观农业的实践来看，主要有以下几种类型。

1. 农田花海

规模化种植的农田或果园里，在农作物或果树开花的时节，会形成一片花海，颇为壮观。农作物类的花海如向日葵花海、油菜花海、薰衣草花海、万寿菊花海、二月兰花海、荷花海等，果树类花海如梨花海、桃花海、海棠花海、苹果花海等。这类花海与农业生产结合紧密，是农业生产的一个环节，不需要复杂的设计，只要够规模，就会呈现出花海状态。农作物类的花海需要每年种植，每年因作物或色彩不同而呈现出不同颜色的花海。

2. 农田字画

农田字画是根据设计好的图案，种植不同颜色的作物，最终呈现出设计好

的字画。这类农田艺术多在稻田里呈现，因此，常常称为稻田画。小的稻田画有几亩，大的有上百亩，多为平面图，往往要站在高处或借助无人机才能观赏到字画全貌。近些年，有些地方的稻田画制作运用了3D技术，呈现出立体感很强的稻田画。稻田画的主题多为神话人物、民族人物、动漫角色、红色教育、乡村振兴、品牌形象等，体现出中国文化的特色与传承。

3. 农田迷宫

农田迷宫的创意来源于植物迷宫。植物迷宫是西方园林植物文化的代表之一，其绿篱植物为多年生树木，穿越迷宫的时间长短取决于迷宫路网的长度和复杂程度。农田迷宫是植物迷宫与农田相结合的产物，融田园风光与迷宫乐趣为一体，一经产生就颇受游客欢迎。与植物迷宫不同的是，农田迷宫的绿篱多为高大的一年生作物，如玉米、高粱、甘蔗、向日葵等，需要年年种植，而且只能季节性开放，但好处是每年都可以变换不同的图案，满足游客尝试新鲜事物、挑战自我的精神需求。

4. 垛田

中国南方沿湖或河网低湿地区无法种植不耐积水的旱作物，千百年来，当地的农人用开挖网状深沟或小河的泥土，堆积而成垛状高田以种植作物。垛或方或圆、或宽或窄、或高或低、或长或短，形态各异且大小不等。大的有数亩，小的只有几分甚至几厘。垛与垛之间各不相连，四面环水，形同海上小岛。垛田地势高、排水良好、土壤肥沃疏松，宜种各种旱作物，尤适于生产瓜菜，而垛与垛之间的水域则可以养殖鱼、虾、蟹或龟等水生动物。垛田的夏熟作物以油菜籽为主。每年清明节前后，是油菜花盛开的季节，千垛万垛一片金黄。这种生态与生产、美景相融为一体的景观生态农业，每年都会吸引大量的游客前来观赏、游玩。游客荡舟在垛田间，欣赏"河有万弯多碧水，田无一垛不黄花"的美景，体验"船在水中走，人在花中游"的感受。垛田，是人类改造自然的产物，也是劳动人民智慧与汗水的结晶。最典型的垛田是江苏省泰州市的兴化垛田，2014年被世界粮农组织认定为全球重要农业文化遗产（GIAHS）。

5. 梯田

梯田是在丘陵山坡地上沿等高线方向修筑的条状阶台式或波浪式断面的田地，是人类改造地表形态令人惊叹的方式之一，也是治理坡耕地水土流失的有效措施，其蓄水、保土、增产作用十分显著。我国的梯田主要分布在江南山岭地区，广西、云南居多，这些地方雨水充沛且多山，梯田依山而建，其中以云南红河哈尼梯田和广西龙胜龙脊梯田较为出名。这些梯田在山间层层分布，梯田上种植的不同作物在不同的时节呈现出不同的形态和色彩，梯田随山势地形而变化，往往一坡就有成千上万亩，形成规模宏大、气势磅礴的农耕文明奇观。其中，云南的哈尼梯田在2013年被列入世界遗产名录，哈尼稻作梯田系统2010年被世界粮农组织认定为全球重要农业文化遗产（GIAHS）。

6. 桑基鱼塘

桑基鱼塘是我国长三角、珠三角地区常见的农业生产模式，是为充分利用土地而创造的一种"塘基种桑、桑叶喂蚕、蚕沙养鱼、鱼粪肥塘、塘泥壅桑"高效人工生态系统，种桑养蚕的收益比种粮食高很多，而且保护生态环境，是世界传统循环生态农业的典范，堪称中国农耕社会最为高级的农业形态。桑基鱼塘，桑基纵横相连，鱼塘条块分割，组成一张五彩斑斓的大地调色板。

第二节　休闲农业的发展历程

一、国外休闲农业的发展历程

休闲农业在欧美很多国家有着悠久的历史。早在1865年，意大利就成立了"农业与旅游全国协会"，专门介绍城市居民到农村去体验自然野趣，但这时还没有提出"休闲农业"这个概念。1981年，日本人首先提出"自然修养村"，即选择一些山明水秀的地方，配合兴建一些硬件设施，提供市民住宿、休憩旅游、团体会议以及农业观光场所，其做法有别于一般风景区、娱乐城之类开发，是在基本保持原有生态和农业结构现状的前提下，尽可能体现一种自然的田园风光。经过10多年的发展，日本发现静态的田园风光与生动的农业体验结合起来，对市民有很强的吸引力，产生了意想不到的效果。于是日本开始逐步发展休闲农业，开展"绿的体验"等休憩项目。20世纪30年代，欧洲的休闲农业有了较大发展，并逐步扩展到欧洲、亚洲的部分国家。在60年代，西班牙政府将周围一个大农场的庄园进行内部装修，改造成为饭店，用以留宿过往旅客。其中的饭店被称为"帕莱多国营客栈"。这是早期的休闲农业。此后，农业旅游开始提供徒步、骑马、滑翔、烧烤等多种休闲项目，并举办务农学校、自然学习班等培训，游客利用周末驾车前往100~150km范围内的农场休假。一般认为，国外休闲农业的发展大致经历了以下4个阶段[29]。

（一）萌芽阶段

这一阶段既没有明确的休闲农业概念，也没有专门的休闲农业区，它只是作为旅游业的一个观光项目，主要是城市居民到农村去与农民同吃、同住、同劳作，接待地没有特殊的服务设施、建筑以及辅助娱乐设施。游客在农民家中食宿，或在农民的土地上搭起帐篷野营。这一阶段也没有专门的管理行为，农民只收取客人少量的食宿费。

（二）观光阶段

休闲农业的真正发展是在20世纪中后期。观光不再是对大田景色的观赏，而是出现了具有以观光为职能的观光农园，观光内容日益丰富，例如粮食作物、经济作物、花、草、林、木、家禽、家畜等皆可入园。农园内的活动以观光为主，并结合购、食、游、住等多种方式经营，这时休闲农业项目主要以观光农牧场和人造公园为主。例如日本岩水县小岩井农场，开辟了40公顷观光农园，以富有诗情画意的田园风光，吸引游客参观游览。又如美国费城白兰地山谷中的"长木花园"、俄亥俄州辛辛那提的瓜果塑造人物形象等。在日本，观光农园在不同的季节对市民开放。农园内的内容也很丰富，菜、果、花、树等样样都有。不同的农园风格也不同，有精雕细刻型的，也有粗放自然型的。在观光农园开放期间，市民只要买张门票，就可以自由地在农园里观光，看看碧绿生青的蔬菜，闻闻芳香四溢的鲜花，采摘品尝鲜嫩的水果，尽情地享受大自然赐予人类的恩惠。临走时，还可得到一袋自己采摘的新鲜农产品。如果到法国农庄旅游的话，游客们还可以目睹葡萄酒制造过程，别有一番乐趣。

（三）度假阶段

20世纪80年代以来，随着人们旅游需求的转变，观光农园也相应地改变了其单纯观光的性质，观光农园中建有大量可供娱乐、度假的设施，扩展了观光功能，加强了游客的参与性。例如日本新潟县大和町的旅游者每天和当地农民一起下田劳动，享受"插秧割稻"之乐趣；青森县牧场组织旅游者去草场放牧、牛棚挤奶、果园摘果等。在20世纪90年代，美国已有1 800万人前往观光农场度假，各个农场除了为游客提供自采新鲜瓜果蔬菜的项目外，还推出不少特色项目周。在韩国，观光农园一般是几户农民联合经营的一种比较简朴的、集住宿、劳动和文体于一体的休闲设施。城里人来到这里，小住一两日乃至几日，既可以轻松地观赏乡村的山水野景，享受大自然的宁静，也可参加农民的一些生产活动，如收获瓜果和蔬菜等，从中体会劳动和收获的喜悦。这种休闲方式越来越受到城里人的欢迎，城里人下乡，为经济条件还有待改善的农民带来了十分可观的财富。

（四）租赁阶段

租赁是一个刚出现不久的新型经营方式。租赁即是农场主将一个大农园划分为若干个小块，分块出租给个人、家庭或团体，平时由农场主负责雇人照顾农园，假日则交给承租者享用。这种经营方式既满足了旅游者亲身体验农趣的需求，也增加了经营者的盈利。在法国，这种形式比较流行。法国是一个旅游大国，为了继续开发旅游资源，法国积极发展绿色旅游。绿色旅游也就是指游客到农村或者森林等绿意盎然的地方去度假，到农庄去品尝新鲜的农产品。法国居民素有以种植蔬菜为业余活动的习惯，许多城市居民把种菜当作一种嗜好，农民们也投其所好，开始根据城里人的不同兴趣不断开发新的服务项目。有的农园建立家庭旅馆，推出农庄旅游；有的建起了供人们观赏和供青少年学习的植物园；有的专门向领取退休金的老人出租土地和农具，使他们有机会在安闲的田园生活中修身养性。

二、国内休闲农业的发展历程

（一）全国休闲农业发展阶段划分

近年来，在市场拉动、政策支撑和经营主体联动下，我国休闲农业产业规模不断壮大，有效推动了农村一二三产业融合发展和农村经济的快速发展。整体来看，我国休闲农业大致经历了以下几个阶段[30,31]。

1. 萌芽起步阶段（1978—1997 年）

改革开放初期，中国经济开始恢复，一些靠近城市和景区的农户，自发组织举办西瓜节、荔枝节、桃花节等节庆活动，吸引城市居民去品尝、观光旅游，这是中国休闲农业的萌芽。随着城乡经济发展，在经济发达地区、特色农产品产区，出现了以农业生产和观光旅游相结合的新农村。1987 年，从事乡村旅游和农家乐活动的典型代表在北京成立了"中国农民旅游协会"，后更名为"中国乡村旅游协会"，乡村旅游开始得到了全社会的广泛关注。20 世纪 90 年代初，江西华西村建立农民旅行社，标志着农村旅游市场开始形成，一批村镇开始兴办旅游企业，有组织、有计划地开发农业旅游资源。1995 年 5

月，我国实施"双休日工作制"，居民休闲需求获得了释放，休闲农业和乡村旅游引起了政策制定者的重视。

2. 初步发展阶段（1998—2005年）

随着人民生活水平的不断提高，休闲旅游需求增加，旅游交通体系持续完善，政府也不断出台扶持政策。1998年，原国家旅游局推出"华夏城乡游"，提出"吃农家饭，住农家院，做农家活，看农家景，享农家乐"的口号；1999年推出"生态旅游年"活动；2001年出台了《农业旅游发展指导规范》，公布了首批农业旅游示范点；2002年倡导开展农业旅游，发布实施《全国农业旅游示范点、工业旅游示范点检查标准（试行）》；2004年在全国评出203个农业旅游示范点。一系列政策推动了休闲农业与乡村旅游发展，涌现出了一大批观光休闲农业园区。

3. 快速增长阶段（2006—2015年）

"十一五"和"十二五"两个五年规划时期，国家高度重视休闲农业的发展，党的十六届五中全会提出的建设"生产发展、生活宽裕、乡风文明、村容整洁、管理民主"社会主义新农村，为休闲农业奠定了发展基调。2006年，原国家旅游局将旅游主题确定为"中国乡村旅游年"，宣传口号为"新农村、新旅游、新体验、新风尚"，并出台了《关于促进农村旅游发展的指导意见》；2007年，国家部委发文《关于大力推进全国乡村旅游发展的通知》；2009年，全国主题旅游年确定为"中国生态旅游年"，倡导"走进绿色旅游，感受生态文明"；2010年，原农业部发布了《全国休闲农业发展第十二个五年规划（2011—2015年）》，提出要立足"富裕农民、改造农业、建设农村"，形成"政府引导、农民主体、社会参与、市场运作"的发展新格局；2014年，我国审定了《休闲农业术语、符号规范》《农家乐设施与服务规范》两项标准，国务院颁发《关于促进旅游业改革发展的若干意见》，提出增强旅游发展动力、拓展旅游发展空间、优化旅游发展环境、完善旅游发展制度等建议，有效促进旅游业健康可持续发展。2015年全国休闲农业和乡村旅游接待游客超过22亿人次，营业收入超过4 400亿元，从业人员790万，其中农民从业人员630万。

4. 多样化探索阶段（2015年至今）

进入"十三五"后，中国经济发展进入新常态，人均GDP超过8 000美元，农业发展进入"休闲拐点"，各项扶持政策密集出台，每年的中央一号文件都对发展休闲农业和乡村旅游进行了部署。乡村民宿、休闲农庄、特色庄园、田园综合体、乡村酒店、乡村旅游度假区的建设，整合城乡多种要素聚集和发展，让乡村旅游在乡村振兴中集聚发力。据中国旅游研究院数据统计显示，我国乡村游客接待规模从 2015 年的 21 亿人次增长到 2019 年的 30 多亿人次，营业收入超 8 000 亿元，比 2015 年翻了一番，年均增长 22%。

2015 年以来，我国陆续发布《关于积极开发农业多种功能大力促进休闲农业发展的通知》《关于加快转变农业发展方式的意见》《关于进一步促进旅游投资和消费的若干意见》《乡村旅游扶贫八大行动方案》《关于大力发展休闲农业的指导意见》等多项政策，支持农民发展农家乐，闲置宅基地整理结余的建设用地可用于休闲农业；提出研究制定促进休闲农业与乡村旅游发展的用地、财政、金融等扶持政策；鼓励开发休闲农庄、乡村酒店、特色民宿、户外运动等乡村休闲度假产品，探索农业主题公园、农业嘉年华、特色小镇、渔人码头等模式。

(二) 国内重点地区休闲农业发展阶段划分

1. 成都市休闲农业发展历程

成都市是我国休闲农业发展最早的地区之一，其发展历程大致可以分为 4 个阶段[32,33,34]。

第一阶段：萌芽起步期（1987—1991 年）。改革开放后，农村土地承包到户，农村经济发展迅速，居民生产结构发生转变，城市近郊农民结合城市消费需求，利用自家庭院和责任田提供旅游接待活动，吸引城市消费者参观田园自然风光、享受农家特色菜肴、购买自家生鲜果蔬等，在满足农业生产的同时提供休闲旅游业务，得到了农业经营生产外的经济收入。该时期，成都市休闲农业迅速崛起，郫都区农科村休闲农业应运而生，农科村调整产业结构，大力发展花卉产业。1987 年，王学成在《成都晚报》上把农科村称为"鲜花盛开的村庄"，村里优美的环境吸引大量慕名而来的城市游客，同时城市游客对农家饭菜和鲜花也提出了较大的需求，农科村"农家乐"初具雏形。这些"农家乐"均为郊区农民自发组织，经营规模相对较小。

第二阶段：发展壮大期（1992—2001 年）。1992 年，原四川省委副书记冯元慰视察郫县（今郫都区），在徐家大院现场题写了"农家乐"3 个大字，乡村旅游从此正式定名。为鼓励并壮大"农家乐"，政府对农科村实行多项优惠政策，例如办理工商营业执照、卫生、消防等相关证件全免费；对第一年餐饮收入实行免税政策；免费为村民举办卫生、餐饮、服务等培训。到 1995 年，农科村90%的农户都开展了"农家乐"业务，农家乐成为当地农民增收的重要渠道，以徐家大院为代表的"农家乐"单户年产值达到了50万元以上。在政府"先发展后规范"思路的引导下，农科村农家乐作为农业结构调整的典型发展模式在全市进行推广，并率先在三圣乡、温江、双流、龙泉等近郊扩散。

第三阶段：规范发展期（2002—2012年）。随着休闲农业的快速发展，成都市开始着手制定乡村旅游发展规划、建立发展规范。2006年印发《成都市"十一五"旅游业发展规划》之后，明确了旅游业发展的思路和规划目标，提出"以国际·休闲·观光为主题，以推进城乡一体化为主线，以把成都建设成为中国最佳、国际知名的旅游城市为目标"，调整优化旅游产业结构，为休闲农业发展提供具体思路和方向，截至2010年，成都的游客总量和旅游业收入分别达到637.8万人和600亿元规模。

第四阶段：提档升级期（2013年至今）。为推进休闲农业的转型升级，2014年1月，四川省休闲农业协会成立。2015年，推出"5111工程"，即认定50个省级农业主题公园、打造1 000个休闲农业景区、推荐10个特色农产品品牌等措施，开启休闲农业品牌培育时代[35]。成都市立足于全域生态化，推动乡村绿道串联特色镇街、贯通川西林盘、链接大地景观，实现农村变景区、田园变公园，培育体验采摘、休闲度假、农耕文化博览等乡村旅游新业态。"十四五"期间，成都市以提升观光度假体验为核心、以推动休闲创意农业为关键、以挖掘民俗文化为载体、以打造精品项目为抓手，推动都市休闲农业和乡村旅游发展由单一休闲向深度体验转变、由简单粗放向精细品质转变、由数量规模向质量效益转变，推动休闲农业和乡村旅游特色化、文创化、品牌化、连片化发展，构建全市休闲农业和乡村旅游"四区十二线"的产业发展格局。

2. 上海市休闲农业发展历程

上海休闲农业于20世纪80年代后期兴起，是全国休闲农业起步较早、发展较快、层次较高的典型地区之一，休闲农业的发展经历了多个标志性阶段[57]。

第一阶段：起步发展阶段（1986—2002年）。该阶段是休闲农业的萌芽起步阶段，1986年，上海第一个观光农园——中日园艺场开通了游客接待模块，是上海市休闲农业发展的雏形。1991年4月，上海成功举办了第一届桃花节，位于浦东惠南镇的桃花村，带给游客不一样的桃花之旅，得到了游客的广泛好评，之后每年3—4月都会举办桃花节，并不断推出新的旅游体验活动。1994年，浦东孙桥现代农业园区成立，是全国第一个综合性的现代农业开发区；同年，崇明县前卫村农家乐正式对外运营，成为农家乐发展的典型，为农民开辟了新的致富之路。

第二阶段：快速发展期（2003—2012年）。全国各地都开始重视休闲农业，上海市休闲农业走在全国前列，针对游客的需求，探索多种多样的休闲农业发展类型和模式。2004年7月27日胡锦涛总书记在视察前卫村农家乐旅游项目时高兴地称赞"农家乐前途无量"。2005年起，上海市农委协同市财政部门设立农业旅游项目扶持资金500万元，支持休闲农业的大力发展。2006年，上海市发布了第一个农业旅游行动计划——《推进上海农业旅游三年行动计划》，进一步加快了上海市休闲农业的发展速度。

第三阶段：功能拓展期（2013—2015年）。这阶段的特点是景点数量增长趋缓，功能开发增强，农村一二三产业融合发展趋势日趋显现。2014年9月19—22日，上海国际农展中心成功举办了"长三角休闲农业与乡村旅游博览会"。2015年11月，上海市农委牵头市旅游局、市规土局、市林业局正式启动休闲农业、乡村旅游、休憩林地产业发展规划和设施用地布局规划工作。截至2015年底，上海市拥有休闲农业景点（项目）315个，年接待游客1 998万人次，年营业收入19亿元，带动就业2.5万人，带动旅游产业总收入超过152亿元。

第四阶段：规范有序期（2016年至今）。随着我国国民经济的快速发展和国民收入水平的逐步提高，游客对旅游目的地所提供旅游产品的需求日益多元化，消费升级趋势显现。在新冠疫情暴发前，上海休闲农业建立了行业标准、规范的制度体系，推动休闲农业有序、健康、高质量发展。截至2023年底，上海有全国休闲农业重点县4个，中国美丽休闲乡村43个，全国休闲农业和乡村旅游星级企业（园区）104家，全市拥有各类休闲农业和乡村旅游点位799个，接待人次超过2 100万人[36]。

3. 天津市休闲农业发展历程

天津市景观休闲始于20世纪90年代中后期，经历了一个由自发兴起到规范管理的过程。进入21世纪，伴随着城市经济的快速发展、城乡一体化进程的不断加快以及人民生活方式的逐步转变，天津的休闲农业也呈现出巨大的发展机遇。大致可以分为起步探索期、稳步推进期和大规模发展期[37]。

第一阶段：起步探索期（1997—2006 年）。1997 年，天津市作为工厂化高效示范试点区之一，由天津市农委以及市科委组织实施"天津市工厂化农业科技示范区建设"项目，项目取得重大成效，形成了一批拥有智能化设备、引进先进技术、引进优良品种等现代农业科技园区。

第二阶段：稳步推进期（2007—2011 年）。2007 年 8 月，天津市委出台了《关于推进城乡一体化发展战略、加快社会主义新农村建设的实施意见》，提出实施设施农业"4412"工程，即用 4 年时间，建设 40 万亩高标准设施农业、12 个现代农业产业园区。天津市政府积极推动，出台相关扶持政策及资金补贴，形成了一批现代农业园区。

第三阶段：大规模发展期（2012 年至今）。园区逐步探索运用现代化先进技术，集设施农业生产、科技示范、观光休闲等于一体的多功能园区。2015 年，天津市农委组织实施休闲农业"9123"计划，规划建设 9 条旅游精品路线，观光休闲农业园区大规模发展。2013 年 11 月，正式成立天津市休闲农业和乡村旅游协会，着力发挥协会的促进、服务、协调、自律职能作用，实现行业的组织化和规范化发展。协会成立后，转移部分政府职能，制定相关行业标准，即《天津市郊区县农（渔）家乐发展导则》《天津市休闲农业和乡村旅游示范村（点）认定管理办法》，对 15 家市级休闲农业和乡村旅游示范园区和 200 个村（点）进行规范管理，提升全市休闲农业和乡村旅游发展品质和档次，带动引领天津市休闲农业和乡村旅游发展。截至 2023 年年底，天津市已创建 4 个全国休闲农业重点县、34 个中国美丽休闲乡村，推出"春赏花""夏纳凉""秋采摘""冬拾趣"四季休闲精品线路，滨海崔庄古冬枣园、津南小站稻种植系统被认定为中国重要农业文化遗产。全市 2023 年全年乡村旅游接待游客 3 077 万人次，综合收入 73.8 亿元[38]。

4. 台湾休闲农业的发展历程

台湾休闲农业起步较早，其发展历程可以归纳为以下 4 个阶段[39]。

第一阶段：自发期（1980 年以前）。20 世纪 70 年代以后，台湾由农业经济向工商业经济转变，农村劳动力大量流出，农业开始走向衰落。在此背景下，台湾推进农业向精致农业转型，逐步向农业多功能开发和二、三产业延伸，不断涌现出一些新业态，休闲农业开始萌芽，但发展非常缓慢。直到 1980 年台北市木栅区指南山上，53 户茶农建立了台湾第一个观光农（茶）园，供游客采摘，以达到增收的目的。台北市因势利导率先在木栅推行"观

光茶园"计划，以观光农园为抓手正式开始推进休闲农业。

第二阶段：探索发展期（1980—1989年）。继台北市推行"观光茶园"计划后，1982年台湾省出台《发展观光农业示范计划》，开始在全岛推行观光农业，其中规定了休闲农业机构设置的基本程序，即"经营者先向乡镇农会提出申请，再由县（市）政府和省农林厅根据实际考察情况决定是否予以设立机构"。1989年，台湾农委会举办"发展休闲农业研讨会"，将具有休闲和观光性质的农业转型统称为"休闲农业"，这一名称的确立，成为台湾休闲农业发展的重要标志。这一时期，台湾开始推广"农业+旅游业"的休闲农业，研究探索休闲农业的定位与走向。至20世纪80年代末休闲农场增加至141家。

第三阶段：政府引导期（1990—2003年）。1990年，台湾农委会设立了《发展休闲农业计划》，从技术、经费、宣传等方面加大了对休闲农业的支持力度；1992年制定休闲农业的首部法规《休闲农业区设置管理办法》；1996年修订为《休闲农业辅导管理办法》；1994年首度引进市民农园的制度，从此，台湾观光休闲农业开始蓬勃发展，至90年代末休闲农场增至610家。2000年，台湾将《休闲农业辅导办法》修订为《休闲农业辅导管理办法》，先后推行《休闲农渔园区计划》《民宿管理办法》，扩大了休闲农业的空间，仅仅3年时间，休闲农场就增至1 021家，增加了411家。

第四阶段：品质化、国际化发展期（2004年至今）。在休闲农业快速发展的基础之上，2004年之后台湾不再追求量的增加，而是追求质的提升，开拓国际市场，提高服务质量。台湾在2004—2006年先后两次修订《休闲农业辅导管理办法》，重视休闲农业质量发展，开始实施休闲农场评选、休闲农业区评鉴等措施；鼓励创意开发，积极参加国际旅游展览、试办长宿休闲、品质认证等。2012年划定休闲农业区74处，累计辅导288家休闲农场取得许可登记证，吸引岛外游客21.3万人次，创造产值65亿元新台币。2014年底，台湾休闲农业已发展休闲农场1 244家，提供了近20万个就业岗位。截至目前，台湾休闲农场数量已经超过2 000家。

三、北京休闲农业的发展历程

（一）自我发展阶段（1980—1997年）

在这一阶段，休闲农业的发展主要是经营主体在市场需求推动下的自我发展。20世纪80年代，北京市昌平区出现了可供游客采摘的果园，成为休闲农业发展的萌芽。这种新颖的农产品销售方式和收获体验方式吸引了大量城市居民前往果园采摘，给果农带来了丰厚的收益，郊区其他果农、菜农纷纷效仿，在生产型果园和菜园挂出"采摘园"的牌子，由此开启了观光采摘的新模式。为吸引游客，满足游客的观光休闲需求，农业园也逐渐由生产型向观光休闲型转变，不仅改善了生产设施，也增添了一些休闲设施甚至是餐饮功能，生产观光园逐步向综合性观光园发展，并达到了一定规模，逐步形成了都市农业新业态的雏形。直至1993年，北京市农业与农村资源区划办公室编制的《北京市农业区域开发总体规划》中提出北京应该发展观光农业。其后，该办公室在1994年编制了《大兴、房山沙地观光农业项目规划》；1995年，在北京观光农业实践探索的基础上出版了全国第一部观光农业专著——《观光农业》。据不完全统计，至1996年北京市有农业观光园113个，接待游客100万人次，综合收入达1.3亿元[40]。

（二）数量扩张阶段（1998—2007年）

1998年，北京市发布《北京市观光农业发展总体规划》（京计农字［1998］第0497号），同年提出重点要发展包括观光农业在内的"六种农业"，并成立了北京市观光农业开发领导小组。以此为标志，北京休闲农业进入了数量扩张阶段。在这一阶段，北京市提出要开发农业的生活功能，大力发展休闲农业。在政府推动和市场需求的双重驱动下，不论是休闲农园还是乡村旅游接待户数量都呈现了长达10年的快速增长态势，至2007年达到了最高值，达到了11 625个。与经营主体数量快速扩张相对应，同期北京休闲农业高峰期从业人员、接待人次和经营收入也不断攀升，分别达到了7.2万人、2 614.4万人次和18.1亿元。这一阶段的乡村旅游主要是以"吃农家饭、睡农家炕"为主的农家乐或以垂钓烧烤为主的渔家乐形式，其特点是以吃住为主，形式单一，少有文化传承与体验功能，游客人均消费水平较低。由于市场进入门槛低，经营主体的经营环境、经营水平参差不齐，随着休闲农业经营主体的不断增长，甚至出现了无序竞争的现象。为引导产业有序、健康、可持续发展，在政府的直接倡导和大力培育下，在经济主体积极参与、自愿加入的基础上，北京观光休闲农业行业协会于2004年应运而生，陆续发布了《北京市观光示范园评审标准（试行）》和《乡村民俗旅游村等级划分与评定》《乡村民俗旅游户等级划分与评定》地方标准，开始对产业进行自律管理。

（三）规范发展阶段（2008—2019年）

以2008年北京奥运会为契机，在产业主管部门和北京观光休闲农业行业协会的推动下，北京休闲农业在数量扩张之后进入了规范发展阶段。这一时期，相关部门发布了《北京市休闲农业星级园区评定办法》和《乡村旅游特色业态标准及评审》地方系列标准[41]。通过制订行业标准、认定、评级等措施，淘汰了规模小、水平低、无特色的小而散的经营户，经营主体数量开始回落。与此同时，休闲农业品位、品质和品牌的提升也受到重视。在这一阶段，北京市建设并开通了全国第一家乡村旅游专业网站"北京乡村旅游网"（www.bjxcly.com），全面提供乡村旅游产品、文化习俗、自然历史遗产等资讯，集中展现北京乡村旅游、观光休闲农业产业发展全景；举办了包括北京乡村旅游商品设计大奖赛、农产品包装设计、乡村旅游商品展示会、乡村旅游培训班等在内的系列活动；举办了2009中国北京创意农业论坛，发布了全国首个地方创意农业调研报告。随着产业的规范化发展，这一时期北京休闲农业的经营主体数量虽然进入了平台期，但接待人次和经营收入却不断上升，分别于2016年和2017年达到了峰值，接待人次高达4 547.9万，经营收入则达到了44.1亿元。从2007年京郊第一家精品民宿"灵山木屋"开业以来，北京乡村旅游的名片由农家乐开始向精品民宿升级，京郊涌现了一批各具特色的乡村民宿。但2018年开始的大棚房整治，对依托设施农业开展休闲观光和乡村旅游的经营主体造成了严重冲击，产业规模快速萎缩，提质增效成为产业发展的必由之路。

（四）提质增效阶段（2020年至今）

以《北京市休闲农业"十百千万"畅游行动实施意见》（京政农发〔2020〕53号，以下简称《意见》）的发布为标志，北京休闲农业进入提质增效阶段。《意见》明确了未来5年重点打造10余条休闲农业精品线路、创建百余个美丽休闲乡村、提升千余个休闲农业园、改造近万户民俗接待户，以此为抓手推进北京休闲农业的提档升级。为此，市财政为"十百千万"行动配套了发展资金，产业主管部门推出了"京华乡韵"休闲农业品牌，设计了品牌LOGO，配套了专家辅导团，举办了休闲农业系列推介会，开通了微信公众号、小程序等进行大力宣传，强力推动休闲农业的发展。2021年发布的《北京市"十四五"时期休闲农业发展规划》又进一步明确了产业发展目标和重点工作。在2020年遭遇新冠疫情冲击的情况下，2021年，北京休闲农业仍出现了强势回升，人均消费达历史最高值（178.7元/人），接待人次和经营收入也较2019年有较大增幅，产业提质增效进入快车道。

第二章

北京休闲农业发展现状与问题

第一节 北京休闲农业发展现状

北京在休闲农业的统计中,将产业分为两种类型,一种是"农业观光园",即休闲农园;另一种是"民俗旅游",统计口径为民俗接待户,既包括提供餐饮服务的农家乐,也包括提供住宿服务的乡村民宿。2019年起将"民俗旅游"改为"乡村旅游",统计口径除原有民俗户外,还包括为乡村旅游服务的宾馆、饭店、旅游商品专卖店,其中,乡村旅游的主要载体是乡村民宿。除休闲农园和乡村旅游两种产业形态之外,北京的休闲农业还有一个重要产业形态——景观农业。由此看来,反映在统计上的产业内涵也随着产业的不断深入发展而逐步拓宽,产业内涵更加丰富。

一、产业整体发展现状

在实践中,北京休闲农业的产业类型主要有休闲农园、乡村旅游和景观农业。

(一)总体情况

2022年是抗击新冠疫情的第三年,在防控与生产两不误的方针指引下,北京休闲农业产业规模逐步回升,经营主体达8 132个(户),较2021年增加330个,增长4.23%;高峰期从业人员5.09万人,与2021年(5.11万人)基本持平;共接待游客1 787.8万人次,受疫情波动影响,比2021年下降732.4万人次,降幅为-29.06%;实现经营总收入32.1亿元,比2021年下降0.5亿元,降幅为-1.53%。在接待人次大幅减少的情况下,经营收入略降,这表明人均消费有所提高(表2-1)。

1. 休闲农园

2022年休闲农园经营主体为1 027个,比2021年增加18个,增幅1.78%;从业人员为2.94万人,与上年基本持平;接待人次为707.0万,比上年减少

447.5万人次,降幅达-38.76%;休闲农园经营收入为18.4亿元,与上年基本持平,仅减少了0.1亿元。由此可以看,疫情防控期间,对人群聚集规模的严格限制,导致休闲农园接待游客数量大幅减少,与此同时,园区借助电商与物流渠道,将线下采摘转为线上销售,稳定了经营收入。

2. 乡村旅游

2022年乡村旅游经营主体为7 105个,比2021年增加312个,增幅4.59%;从业人员为2.15万人,与上年基本持平;接待人次为1 081.9万,比上年减少284.8万人次,降幅达-20.85%;乡村旅游经营收入为13.7亿元,比上年减少了0.4亿元,降幅为-2.84%。2022年因疫情防控需要,限制了人群聚集,导致乡村旅游人次大幅下降,但由于出京游转化为京郊游的需求刚性增强,导致民宿价格上升,体现在经营收入上只比上年减少了0.4亿元,降幅(-2.84%)也远小于接待人次降幅(-20.85%)。

表2-1　2022年北京休闲农业基本情况

项目	2022年	2021年	增量	增幅(%)
休闲农业经营主体	8 132	7 802	330	4.23
休闲农园数量(个)	1 027	1 009	18	1.78
乡村旅游接待户(户)	7 105	6 793	312	4.59
高峰期从业人员(人)	50 904	51 058	-154	-0.30
休闲农园从业人员	29 441	29 451	-10	-0.03
乡村旅游从业人员	21 463	21 607	-144	-0.67
接待人次(万人次)	1 787.8	2 520.2	-732.4	-29.06
休闲农园接待人次	707.0	1 154.5	-447.5	-38.76
乡村旅游接待人次	1 080.9	1 365.7	-284.8	-20.85
经营总收入(亿元)	32.1	32.6	-0.5	-1.53
休闲农园经营收入	18.4	18.5	-0.1	-0.54
乡村旅游经营收入	13.7	14.1	-0.4	-2.84

数据来源:《北京统计年鉴2023》。

截至2023年底,北京市创建了怀柔、延庆、密云、门头沟等4个"全国休闲农业重点县"和2个中国特色农产品优势区(怀柔板栗、平谷大桃),入选中国重要农业文化遗产名单4项(京西稻作文化系统、北京平谷四座楼麻核桃生产系统、怀柔板栗栽培系统、门头沟京白梨栽培系统),7个区获得"全国休闲农业和乡村旅游示范县"称号,被认定全国一村一品示范村镇91个,获得全国名特优新农产品认定40个,成功打造了21个国家级"休闲农业与乡村旅游示范点",全市中国美丽休闲乡村数量达到48个,创建了全国乡村旅游重点村镇50个、国家级全域旅游示范区5个(怀柔、延庆、昌平、平谷、门头沟),认定市级美丽休闲乡村96个,星级乡村民俗旅游村261个、星级民俗接待户5 732个、精品民宿品牌1 200个(此为2022年数据),全市国家级(82个)和北京市星级园区总数达到317个,其中五星级55个、四星级97个、三星级159个。

3. 景观农业

为推动北京市景观农业的发展,北京市农业技术推广站从2010年开始推出农田观光季系列活动,每年围绕春耕、夏赏、秋收、冬养等向市民推介农田观光点。2023年第十三届北京农田观光季4月26日在平谷区镇罗营镇下营村启动,推介了50余个优秀农田观光点,重点推出5个农田景观休闲特色乡镇,分别为以赏千亩大豆田、品柳沟豆腐宴、住特色民宿为主题的延庆区井庄镇,以游水岸花田、体验京西稻作文化为主题的房山区长沟镇,以观五彩旱稻、品宝山味道、享大地风物为主题的怀柔区宝山镇,以看稻田景观画、游全景王辛庄、识"高大尚"平谷为主题的平谷区王辛庄镇,以观下营千亩梯田、赏北水峪荞麦花海、尝各村特色美食、游美丽休闲乡村为主题的平谷区镇罗营镇。这5个农田景观休闲特色乡镇在专家团队的指导下,最终呈现出了5种不同的景观。

2023年北京农田观光季围绕着城市农业和乡村景观两大方面展开,实现城乡互融、月月有景。一方面,以城市农业创意产品为抓手,围绕城乡互融这一主题开展农业进城系列活动,重点以校园农业、园艺驿站、社区农业、郊野公园等城市农业空间为模式样板,通过特色赏食兼用品种展示、农业科普、农业文化传播等形式植入,让市民朋友闲暇时在城市中就能感受到农业的魅力。另一方面,围绕农田景观打造,以油菜、向日葵、荞麦、稻谷、鲜食玉米、特色蔬菜、草莓、南果、西瓜、中药材等作物为依托,按月推介草莓鲜甜、南果探奇、麦浪滚滚、油菜花海、瓜香四溢、百草争艳、玉米迷宫、向日葵海、稻花丰年、金秋胜景、大地蔬情、温室盛宴等主题景观。

(二)产业分布情况

1. 产业整体分布情况

北京市的涉农区共有13个,其中近郊区3个(朝阳、海淀、丰台)、远郊区10个（通州、顺义、大兴、昌平、房山、门头沟、平谷、怀柔、密云、延庆）。按照所处的地理位置，将北京的涉农区分为3类，一是近郊平原区，包括朝阳、海淀、丰台；二是远郊平原，包括通州、顺义和大兴；三是远郊山区，包括昌平、房山、门头沟、平谷、怀柔、密云、延庆。从各区最新统计数据（2022年）来看，远郊山区是休闲农业的重点区域，其经营主体数量、高峰期从业人员数量、接待人次、经营收入分别占全市休闲农业总量的93.9%、79.5%、79.9%和72.7%；其次是远郊平原，其经营主体数量、高峰期从业人员数量、接待人次、经营收入分别占全市休闲农业总量的4.6%、12.1%、7.8%和15.1%；近郊平原的占比最小，分别为1.5%、8.4%、12.3%和12.1%，见图2-1。

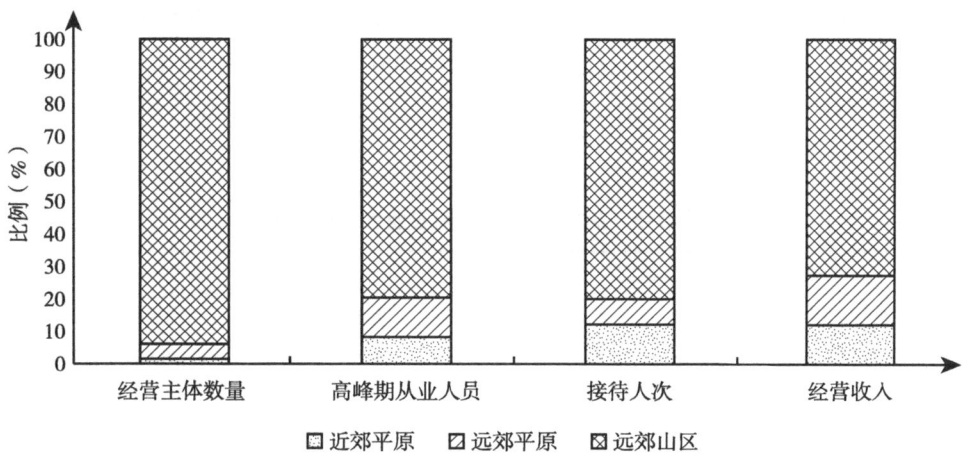

图2-1 北京休闲农业的区域差异

从图2-1来看，值得一提的是近郊平原尽管在经营主体占比上与远郊山区相差较大，差距多达92个百分点，但在从业人员数量、接待人次和经营收入上却有不俗的表现，即近郊平原以1.5%的经营主体吸纳了整个产业8.4%的就业人员、12.3%的接待人次、12.1%的经营收入。如表2-2所示，近郊平原单个主体的就业吸纳能力是35.4人/个，是远郊山区的6.8倍；游客接待能力是18 202人/个，是远郊山区的9.7倍；主体盈利能力是322.1万元/个，是远郊山区的10.5倍；游客人均消费水平177.0元/人，比后者高8.2%。远郊平原的情况与近郊平原类似，不同的是人均消费水平远高于近郊平原和远郊山区，约为后两者的2倍。这反映出平原地区的经营主体虽然占比较小，但其单个主体的就业吸纳能力、接待能力和盈利能力却好于山区经营主体。

表 2-2　不同区域经营主体的行为能力比较（2022 年）

指标	近郊平原	远郊平原	远郊山区
就业吸纳能力（人/个）	35.4	16.5	5.3
游客接待能力（人/个）	18 202	3 718	1 871
主体盈利能力（万元/个）	322.1	130.0	30.6
人均消费水平（元/人）	177.0	349.6	163.6

从休闲农业各项指标的前三位排名（表 2-3）来看，2022 年休闲农业经营主体前三位是密云（1 985 个）、怀柔（1 479 个）和延庆（1 453 个）；高峰期从业人员前三位是密云（9 773 人）、平谷（8 709 人）和延庆（6 597 人）；接待人次前三位是密云（466 万人次）、延庆（300 万人次）和怀柔（226 万人次）；经营收入前三位是密云（7.6 亿元）、延庆（4.2 亿元）和怀柔（3.6 亿元）。

表 2-3　2022 年北京休闲农业各指标排名

指标	TOP1	TOP2	TOP3
经营主体数量（个）	1 985（密云）	1 479（怀柔）	1 453（延庆）
高峰期从业人员（人）	9 773（密云）	8 709（平谷）	6 597（延庆）
接待人次（万人次）	466（密云）	300（延庆）	226（怀柔）
经营收入（亿元）	7.6（密云）	4.2（延庆）	3.6（怀柔）

2. 休闲农园分布情况

从 2022 年各区的统计数据来看，休闲农园的经营主体、高峰期从业人员、接待人次、经营收入的重点也都在远郊山区，近郊平原上述 4 个指标所占比重分别为 10.8%、13.5%、28.1% 和 18.5%，远郊平原所占比重分别为 24.3%、19.2%、14.2% 和 24.2%，远郊山区所占比重分别为 64.8%、67.3%、57.7% 和 57.2%（图 2-2）。

从休闲农园各项指标的前三位排名来看，2022 年休闲农园数量前三位是平谷（131 个）、怀柔（128 个）和通州（120 个）；高峰期从业人员数量前三位是平谷（6 808 人）、密云（4 375 人）和昌平（4 047 人）；接待人次前三位是丰台（164 万人次）、密云（150 万人次）和平谷（94 万人次）；经营收入前三位是密云（4.0亿元）、昌平（2.8亿元）和通州（1.7亿元），见表2-4。

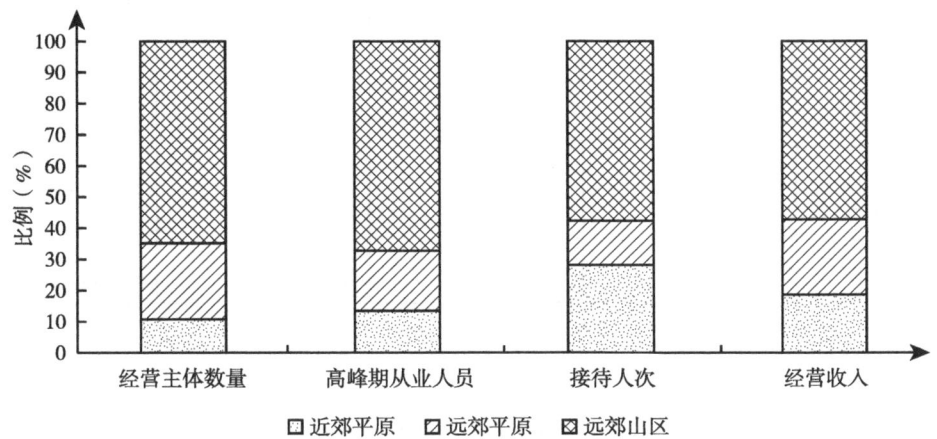

图2-2 北京市休闲农园的区域差异

表2-4 2022年北京市休闲农园各指标排名

指标	TOP1	TOP2	TOP3
经营主体数量（个）	131（平谷）	128（怀柔）	120（通州）
高峰期从业人员（人）	6 808（平谷）	4 375（密云）	4 047（昌平）
接待人次（万人次）	164（丰台）	150（密云）	94（平谷）
经营收入（亿元）	4.0（密云）	2.8（昌平）	1.7（通州）

3. 乡村旅游分布情况

从2022年各区的统计数据来看，乡村旅游的经营主体、高峰期从业人员、接待人次、经营收入的重点也都在远郊山区，与休闲农园的分布相比，在远郊山区的集中程度更甚。近郊平原乡村旅游上述4个指标所占比重分别为0.1%、1.5%、2.0%和3.5%，远郊平原所占比重分别为1.7%、2.4%、3.6%和2.9%，远郊山区所占比重分别为98.1%、96.2%、94.4%和93.5%（图2-3）。

从2022年乡村旅游各项指标的前三位排名来看，均为密云第一、延庆第二、怀柔第三。其中，乡村旅游经营主体密云1 868个、延庆1 391个和怀柔1 351个；高峰期从业人员密云5 398人、延庆4 725人和怀柔4 287人；接待人次密云316万人次、延庆273万人次和怀柔155万人次；经营收入密云3.6亿元、延庆3.4亿元和怀柔2.6亿元（表2-5）。

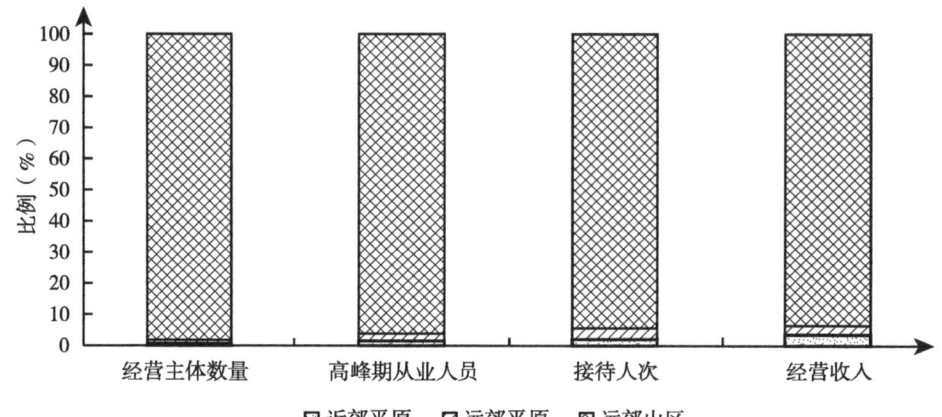

图 2-3 北京市乡村旅游区域差异

表 2-5 2022 年北京市乡村旅游各指标排名

指标	TOP1	TOP2	TOP3
经营主体数量（个）	1 868（密云）	1 391（延庆）	1 351（怀柔）
高峰期从业人员（人）	5 398（密云）	4 725（延庆）	4 287（怀柔）
接待人次（万人次）	316（密云）	273（延庆）	155（怀柔）
经营收入（亿元）	3.6（密云）	3.4（延庆）	2.6（怀柔）

4. 景观农业分布情况

景观农业在全市呈散点状分布。主要有平谷的桃花海、大兴的梨花海及各区的油菜花海、百合花海、香草花海等，农田字画以稻田为主。2023 年规模较大的稻田景观有怀柔宝山镇占地 130 亩的风车稻田画、朝阳区占地 340 亩的"朝阳金盏，美丽乡村"稻田画、丰台区佃起村占地 20 亩的"丰宜福台、美丽王佐"稻田画、大兴区瀛海镇占地约 50 余亩的"美丽南海子""瀛海欢迎您"字样和麋鹿图案组成的稻田画。房山区长沟镇的油菜花海占地面积 2 000 亩，平谷区镇罗营镇下营村的梯田油菜花海占地近 200 亩，延庆区永宁镇的萱草花海占地 60 亩。

二、休闲农业发展分析

（一）产业结构变化情况

2022 年从经营主体来看，乡村民俗接待户占据了绝对主体地位，比重高达87%；从高峰期从业人员来看，休闲农园对劳动力的需求和吸纳能力更强，占比达58%；从接待人次上来看，占经营主体13%的休闲农园接待人次却达到了40%，显示出了较强的接待能力；从经营收入来看，休闲农园比乡村民俗接待更胜一筹，占比超过了一半，达到了57%（图2-4）。

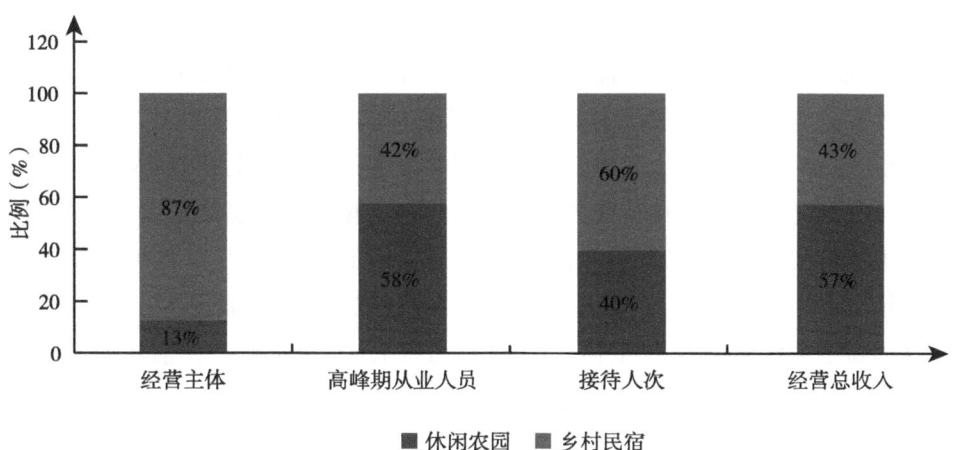

图2-4　2022年休闲农业的产业结构

与2021年相比，2022年休闲农业产业的经营主体结构、从业人员结构和经营收入结构都没有变化，接待人次结构中，休闲农园的接待人次比重进一步减少，由46%下降至40%；而乡村旅游的接待人次比重有所上升，由54%上升至60%（图2-5）。

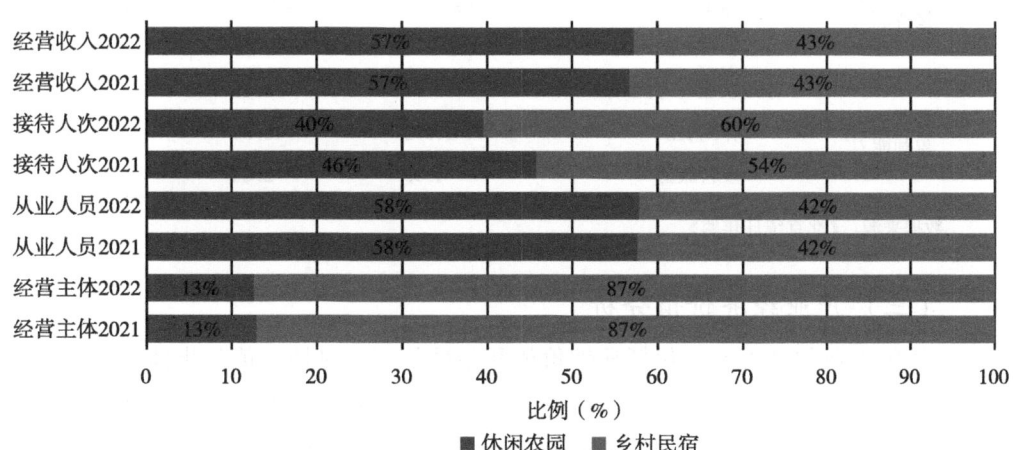

图2-5　2021—2022年休闲农业产业结构变化

(二)经营主体行为能力分析

休闲农业经营主体的行为能力主要包括就业吸纳能力、游客接待能力和盈利能力。2022年北京休闲农业经营主体行业能力分析见表2-6。

就业吸纳能力:2022年休闲农业经营主体的就业吸纳能力为6.3人/个,比上年减少0.2人/个。其中,休闲农园的就业吸纳能力为28.7人/个,远高于乡村旅游经营主体的吸纳能力(3.0人/个),前者是后者的9.6倍。

游客接待能力:2022年休闲农业经营主体的游客接待能力为2 198人/个,比上年减少1 032人/个。其中,休闲农园的游客接待能力为6 684人/个,远高于乡村旅游经营主体的接待能力(1 521人/个),前者是后者的4.5倍。

主体盈利能力:2022年休闲农业经营主体的盈利能力为3.95万元/个,比上年减少10.23万元/个。其中,休闲农园的游客接待能力为17.92万元/个,远高于乡村旅游经营主体的盈利能力(1.93万元/个),前者是后者的9.3倍。

表2-6 休闲农业经营主体行为能力分析

	项目	2022年	2021年	增量
经营主体就业吸纳能力	休闲农业(人/个)	6.3	6.5	-0.2
	休闲农园	28.7	29.2	-0.5
	乡村旅游	3.0	3.2	-0.2
经营主体游客接待能力	休闲农业(人/个)	2 198	3 230	-1 032
	休闲农园	6 884	11 442	-4 558
	乡村旅游	1 521	2 010	-489
经营主体盈利能力	休闲农业(万元/个)	3.95	4.18	-0.23
	休闲农园	17.92	18.33	-0.42
	乡村旅游	1.93	2.08	-0.15

数据来源:《北京统计年鉴》。

(三)产业经济价值分析

休闲农业的经济价值包括显性价值和隐性价值。显性价值是指休闲农业的直接经营收入,即休闲农园与乡村旅游经营收入之和。隐性价值是指休闲农业通过景观营造、生态保护、环境改善、文化开发、旅游服务等方面提供的文化旅游服务价值和景观增值价值。本研究中的隐性价值数据来源于北京市统计局发布的《北京都市型现代农业生态服务价值监测公报》中的"文化旅游服务价值""景观增值价值"。

2022年，北京休闲农业隐性价值为868.3万元，是其显性价值的27.0倍；比2021年减少217.0亿元（表2-7）。

表2-7 2022年休闲农业产业经济价值

项目	2022年	2021年	增量
显性价值（亿元）	32.1	32.6	-0.5
隐性价值（亿元）	868.3	1 085.3	-217.0

（四）产业效率分析

表征产业效率的指标有很多，劳动生产率和人均消费水平是其中比较常用的两个指标。

1. 劳动生产率

因为休闲农业的经济价值包括显性价值和隐性价值，所以劳动生产率也分别从显性劳动生产率和隐性劳动生产率两个方面来分析。2022年休闲农业的显性劳动生产率为6.31万元/人，比2021年略低。其中，休闲农园和乡村旅游的劳动生产率相差无几，后者略高于前者，均较上年略有下降。然而，同年休闲农业的隐性劳动生产率却高达170.6万元/人，是其显性劳动生产率的27.0倍；比上年下降42万元/人（表2-8）。

表2-8 2022年休闲农业产业效率分析

项目	2022年	2021年	增量
显性劳动生产率（万元/人）	6.31	6.38	-0.08
休闲农园（万元/人）	6.25	6.28	-0.03
乡村旅游（万元/人）	6.38	6.53	-0.14
隐性劳动生产率（万元/人）	170.6	212.6	-42.0
人均消费水平（元/人）	179.6	129.4	50.2
休闲农园（元/人）	260.3	160.2	100.0
乡村旅游（元/人）	126.7	103.2	23.5

2. 人均消费水平

2022年休闲农业游客人均消费水平为179.6元/人，创历史高位，较上年增加50.2元/人。其中,休闲农园的人均消费水平高于乡村旅游,前者是后者的2.1倍,较上年增加100元/人,上涨幅度为38.4%;乡村旅游游客的人均消费水平为126.7元/人,较去年上涨23.5万元,上涨幅度为18.5%。

(五)疫后产业恢复情况

2022年与疫情初年(2020年)相比,休闲农业的各项指标中,除接待人次有所下降(降幅-4.8%)之外,经营主体数量、从业人员、经营收入均有所上升,上升幅度分别为20.3%、5.3%和28.4%。经营主体数量的上升,表明经营主体看好休闲农业的发展前景,对产业投资有信心(图2-6)。

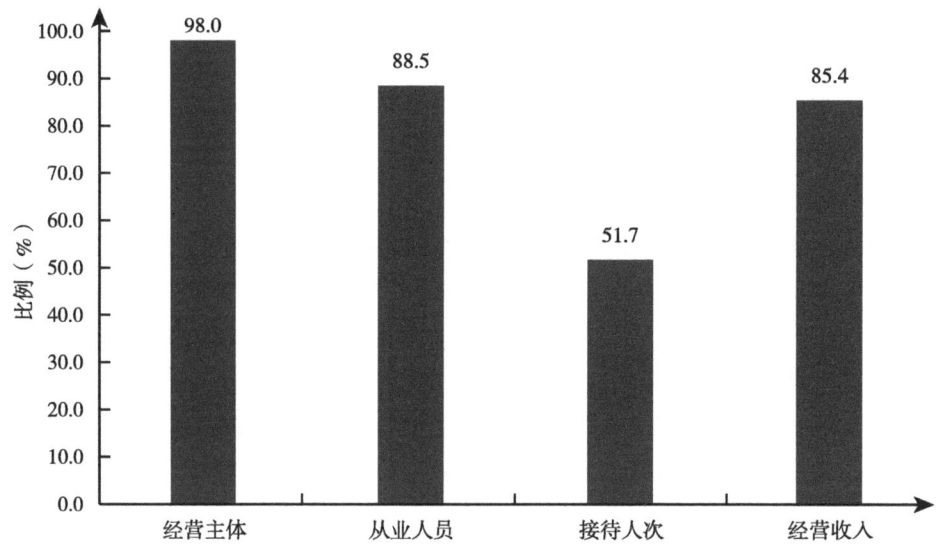

图2-6 2022年北京休闲农业与疫情前(2019年)相比的恢复情况

新冠疫情对休闲农业的经营情况造成了不小的冲击。在生产与防控两不误的方针指引下,2021年比2020年有一个较好的恢复,但2022年期间出现了几次疫情反复,对以人群聚集为特征的休闲农业影响较大,产业发展各项指标除休闲农业经营主体较2021年有所增长外,其余3项指标(从业人员、接待人次、经营收入)均有所下降(表2-9)。

2022年与疫情前(2019年)相比,经营主体数量恢复情况最好,恢复至疫前水平的98.0%;其次是从业人员和经营收入,分别恢复至疫前水平的88.5%和85.4%;接待人次的恢复程度最低,只恢复到了疫情前水平的51.7%。

第二章 北京休闲农业发展现状与问题

表 2-9 北京休闲农业受新冠疫情影响及恢复情况

	项目	2019年	2020年	2021年	2022年	2022年与2020年相比 增量	2022年与2020年相比 增幅（%）	2022年与2019年相比 增量	2022年与2019年相比 增幅（%）
休闲农园	休闲农园数量（个）	948	925	1 009	1 027	102	11.0	79	108.3
	高峰期从业人员（人）	33 815	28 706	29 451	29 441	735	2.6	-4 374	87.1
	接待人次（万人次）	1 538	867.2	1 154.5	707.0	-160.2	-18.5	-831	46.0
	经营总收入（亿元）	23.2	15.5	18.4	18.4	2.9	18.7	-4.8	79.3
乡村旅游	乡村旅游接待户（户）	7 354	5 832	6 793	7 105	1 273	21.8	-249	96.6
	高峰期从业人员（人）	23 720	19 626	21 607	21 463	1 837	9.4	-2 257	90.5
	接待人次（万人次）	1 920.1	1 010.3	1 365.7	1 080.9	70.6	7.0	-839.2	56.3
	经营总收入（亿元）	14.4	9.5	14.1	13.7	4.2	44.2	-0.7	95.1
休闲农业	经营主体（个、户）	8 302	6 757	7 802	8 132	1 375	20.3	-170	98.0
	高峰期从业人员（人）	57 535	48 332	51 058	50 904	2 572	5.3	-6 631	88.5
	接待人次（万人次）	3 458.1	1 877.5	2 520.2	1 787.8	-89.7	-4.8	-1 670.3	51.7
	经营总收入（亿元）	37.6	25	32.5	32.1	7.1	28.4	-5.5	85.4

以上是从统计数据所分析的北京休闲农业在疫情之后的恢复情况。而实际调研中的发现也与此类似，但更具复杂性。

第二节　北京休闲农业的产业政策与推进措施

一、休闲农业相关产业政策

（一）国家政策

鉴于休闲农业所具有的生产、生活、生态等的多功能性和对农民增收致富的带动作用，国家十分重视休闲农业的发展。从"十二五"起，农业农村部（原农业部）连续编制了全国休闲农业发展的3个五年规划，提出了每个五年的产业发展目标、主要任务、区域布局、重点工程及保障措施，为全国休闲农业的可持续发展指明了方向。中央对休闲农业的发展也十分重视，作为拓展农业多种功能、挖掘乡村多元价值的一项重点产业，多次在中央一号文件中被予以明确和鼓励。在精准扶贫和巩固扶贫成果阶段，发展休闲农业甚至成为了产业扶贫、脱贫致富和稳定脱贫的一种重要手段。近年的中央一号文件对休闲农业的提质升级和高质量发展提出了新的要求，例如2023年的中央一号文件中提出要实施乡村休闲旅游精品工程，推动乡村民宿提质升级。2024年的中央一号文件中提出要实施乡村文旅深度融合工程，推进乡村旅游集聚区（村）建设，培育生态旅游、森林康养、休闲露营等新业态，推进乡村民宿规范发展、提升品质。为落实中央一号文件精神，以农业农村部为主，联合其他相关部门出台了多项与休闲农业相关的政策文件。

2015年，农业部、财政部等11部门联合印发了《关于积极开发农业多种功能大力促进休闲农业发展的通知》（农加发〔2015〕5号，以下简称《通知》）。《通知》进一步明确了发展休闲农业的主要任务，即着力在丰富类型和融合集聚、文化传承和创意设计、产业升级和利益共享、人员素质和设施改善、规范管理和生态保护、典型示范和氛围营造上实现重大提升。通过明确用地政策、加大财税支持、拓宽融资渠道、加大公共服务，实现产业规模进一步扩大，接待人次和营业收入不断提升。

在2016年的中央一号文件《关于落实发展新理念加快农业现代化　实现全面小康目标的若干意见》（以下简称《意见》）中，对大力发展休闲农业和乡村旅游更是作出了详细部署。《意见》提出，要依托农村绿水青山、田园风光、乡土文化等资源，大力发展休闲度假、旅游观光、养生养老、创意农业、农耕体验、乡村手工艺等，使之成为繁荣农村、富裕农民的新兴支柱产业。强化规划引导，采取以奖代补、先建后补、财政贴息、设立产业投资基金等方式扶持休闲农业与乡村旅游业发展，着力改善休闲旅游重点村进村道路、宽带、停车场、厕所、垃圾污水处理等基础服务设施。积极扶持农民发展休闲旅游业合作社。引导和支持社会资本开发农民参与度高、受益面广的休闲旅游项目。加强乡村生态环境和文化遗存保护，发展具有历史记忆、地域特点、民族风情的特色小镇，建设一村一品、一村一景、一村一韵的魅力村庄和宜游宜养的森林景区。依据各地具体条件，有规划地开发休闲农庄、乡村酒店、特色民宿、自驾露营、户外运动等乡村休闲度假产品。实施休闲农业和乡村旅游提升工程、振兴中国传统手工艺计划。开展农业文化遗产普查与保护。支持有条件的地方通过盘活农村闲置房屋、集体建设用地、"四荒地"、可用林场和水面等资产资源发展休闲农业和乡村旅游。将休闲农业和乡村旅游项目建设用地纳入土地利用总体规划和年度计划合理安排。

为贯彻落实2016年的中央一号文件精神，农业部会同发展改革委、财政部等14部门联合印发了《关于大力发展休闲农业的指导意见》（农加发〔2016〕3号）。其中提出了2020年休闲农业的发展目标及7项重点任务，即通过加强规划引导、丰富产品业态、改善基础设施、推动产业扶贫、弘扬优秀农耕文化、保护传统村落、培育知名品牌，到2020年，基本形成布局优化、类型丰富、功能完善、特色明显的休闲农业产业格局，产业发展质量明显提高，成为拓展农业、繁荣农村、富裕农民的新兴支柱产业。

为规范休闲农业与乡村旅游产业的发展，2018年，农业农村部印发了《关于开展休闲农业和乡村旅游升级行动的通知》（农加发〔2018〕3号，以下简称《通知》）。《通知》要求，通过培育精品品牌促升级、完善公共设施促升级、提升服务水平促升级、传承农耕文化促升级、注重规范管理促升级，打造一批生态优、环境美、产业强、机制好、农民富的休闲农业和乡村旅游精品，到2020年，实现业态功能多样化、产业发展集聚化、经营主体多元化、服务设施现代化、经营服务规范化。

为深入推进全国休闲农业的发展，2021年，农业农村部印发《关于开展全国休闲农业重点县建设的通知》（农产发〔2021〕1号），提出要以农耕文化为魂、以田园风光为韵、以村落民宅为形、以绿色农业为基、以创新创意为径，彰显"土气"、回味"老气"、焕发"生气"、融入"朝气"，到2025年建设300个在区域、全国乃至世界有知名度、有影响力的资源独特、设施完备、业态丰富、创新活跃、联农紧密的全国休闲农业重点县，形成一批休闲农业创业福地、产业高地、生态绿地、休闲旅游打卡地。

为解决休闲农业用地问题，自然资源部、农业农村部等部门于2021年联合印发了《关于保障和规范农村一二三产业融合发展用地的通知》（自然资发〔2021〕16号），将农村休闲观光旅游明确为农村一二三产业融合产业；提出发展休闲观光旅游所必需的配套设施建设，可在不占用永久基本农田和生态保护红线、不突破国土空间规划建设用地指标等约束条件、不破坏生态环境和乡村风貌的前提下，在村庄建设边界外安排少量建设用地，实行比例和面积控制，并依法办理农用地转用审批和供地手续。鼓励各地根据休闲观光等产业的业态特点和地方实际探索供地新方式。

当乡村旅游成为消费新时尚，为促进乡村民宿高质量发展，更好地满足居民对美好生活的追求。2022年，文化和旅游部等10部门联合发布了《关于促进乡村民宿高质量发展的指导意见》（文旅市场发〔2022〕77号），提出了完善规划布局、丰富文化内涵、引导规范发展、创新经营模式、加强宣传推广等重点任务。到2025年，初步形成布局合理、规模适度、内涵丰富、特色鲜明、服务优质的乡村民宿发展格局，乡村民宿产品和服务质量、发展效益、带动作用全面提升，成为旅游业高质量发展和助力全面推进乡村振兴的标志性产品。

（二）北京政策

北京市从政府层面推进休闲农业的发展可以追溯到20世纪90年代。当时，为适应市场经济的发展，北京市提出发展包括观光休闲农业在内的"六种农业"，优化调整农业结构，一举扭转了京郊农村经济徘徊不前的局面。

在政策文件中提出要大力发展休闲农业的是2005年北京市农村工作委员会发布的《关于加快发展都市型现代农业的指导意见》（京政农发〔2005〕66号，以下简称《意见》），《意见》提出，在距离城区远近不同的地方要发展不同类型的休闲农业，在近郊区重点发展集农业生产、科技示范和观光休闲为一体的综合性农业园区；远郊区重点发展融生产、采摘、教育和休闲观光于一体的专业型旅游观光休闲农业园区；远郊山区重点发展集水产养殖、垂钓和旅游餐饮为一体的观光旅游渔业，以品尝农家饭、体验农家院为主的农村民俗旅游。同时，鼓励以民俗旅游、观光休闲为主导产业的地区开展绿化，美化城市和乡村景观。该政策文件勾勒出了北京休闲农业的全景图。

2017年，北京市发布《关于加快休闲农业和乡村旅游发展的意见》（京政农发〔2017〕30号），提出要通过加强基础设施建设，创新产品，优化区域布局，培育知名品牌，强化培训服务等，促进农业与旅游、教育、文化、体育、健康、养老等产业深度融合，推动休闲农业和乡村旅游提档升级和健康发展。同时推出了完善用地制度、加强政策集成、拓宽融资渠道、提升公共服务等4项政策措施。

2019年，北京市文化和旅游局等部门联合出台了《关于促进乡村民宿发展的指导意见》，规定了乡村民宿的设立条件、审批流程和监督管理机制，进一步规范本市乡村民宿发展，推动乡村旅游产业提质增效。

2020年，为持续加大对休闲农业政策引领和指导，推动休闲农业提档升级，市农业农村局和市财政局联合印发《北京市休闲农业"十百千万"畅游行动实施意见》，明确未来五年重点打造十余条休闲农业精品线路、创建百余个美丽休闲乡村、提升千余个休闲农业园、改造近万户民俗接待户。

2021年，《北京市"十四五"时期休闲农业发展规划》提出，要重点实施"乡韵风俗""乡韵风味""京华风情""京华风貌""京华风尚"五大工程，到2025年基本形成"北京文化为魂、京郊美景为韵、生态农业为基、美丽乡村为形、智慧创新为径"的休闲农业4.0版。与此同时，《北京市"十四五"时期乡村特色产业发展规划》《北京市"十四五"时期农业文化遗产保护与发展规划》等系列文件的发布，构建起"十四五"时期休闲农业发展政策体系。

为切实推进北京市休闲农业"十百千万"畅游行动，北京市设立专项发展基金，以项目形式予以支持。为加强和规范市对区转移支付资金使用和项目管理，提高资金使用效益，促进全市休闲农业高质量发展，2022年市农业农村局和市财政局联合发布了《北京市休闲农业"十百千万"畅游行动项目管理办法（试行）》，对项目立项、实施和验收管理，资金管理，监督管理和绩效评价作出了详细规定。

新冠疫情期间，为提振乡村旅游业，北京市文化和旅游局等部门在2022年联合出台了《关于促进文化和旅游业恢复发展的若干措施》（京文旅发〔2022〕78号），提出要持续推进京郊旅游政策性保险服务体系建设，通过财政补贴80%保费的方式，进一步做好乡村民宿、乡村旅游特色业态、民俗旅游户及3A级（含）以下等级旅游景区的投保续保工作，为中小微旅游企业（户）复工达产（在疫情结束后及早投入运营）创造良好条件，提升经营抗风险能力。同年，北京市农业农村局、北京市文化和旅游局联合印发《北京市促进"乡村民宿+"产业提升的若干措施》（京政农发〔2022〕88号），从乡村资源规范、原味特色挖掘、多领域融合、经营者素质等方面提升产业发展质量。

2023年，市文化和旅游局会同市农业农村局、市发展改革委、市财政局、市规划自然资源委、市交通委、市园林绿化局等部门联合印发了《乡村旅游提质升级行动方案（2023—2025年）》（以下简称《方案》）。《方案》立足新发展阶段，面对新形势新任务新要求，结合北京乡村旅游发展实际，系统谋划了未来三年的乡村旅游发展工作，提出到2025年，力争培育等级乡村民宿800余家、市级以上乡村旅游重点村镇200余个，优化乡村旅游精品线路50余条，新建、改扩建游客停车场、旅游服务中心等旅游配套设施200余处，创建"美丽乡村路"380条1 500千米，努力促进乡村旅游文化内涵更加丰富，产品供给更加多元，公共服务设施更加完善，发展环境更加优化，基本形成布局合理、类型多样、功能完善、特色突出的乡村旅游发展格局。同时，为丰富旅游休闲产品供给，有序引导帐篷露营地发展，北京市文化和旅游局等13部门印发了《关于规范引导帐篷露营地发展的意见（试行）》的通知（京文旅发〔2023〕26号）。对在乡村民宿、农业观光园等场所内设立帐篷露营地，组织、开展以帐篷为主要休闲和住宿设施的露营经营活动及服务提出了基本要求、管理流程，发布了北京市帐篷露营文明公约。

2005年以来北京市出台的休闲农业产业相关政策有13条（详见表2-10），构建起日益完善的休闲农业政策体系，为产业发展提供了政策保障。

二、北京市推进休闲农业发展的主要措施

以2020年《北京市休闲农业"十百千万"畅游行动实施意见》的出台为标志，北京市的休闲农业进入了高质量发展的新阶段。北京市休闲农业相关管理部门以"十百千万"畅游行动为抓手，整合多方资源，多渠道、全方位推进休闲农业的持续健康发展。

第二章 北京休闲农业发展现状与问题

表 2-10 北京休闲农业产业相关政策

序号	发布时间	发文机关	政策文件	文号
1	2005-11-03	北京市农村工作委员会	关于加快发展都市型现代农业的指导意见	京政农发〔2005〕66号
2	2017-09-12	北京市农村工作委员会	关于加快休闲农业和乡村旅游发展的意见	京政农发〔2017〕30号
3	2019-12-26	北京市文化和旅游局等	关于促进乡村民宿发展的指导意见	
4	2020-04-30	北京市农业农村局	北京市休闲农业"十百千万"畅游行动实施意见	京政农发〔2020〕53号
5	2020-04-30	北京市农业农村局	北京市休闲农业"十百千万"畅游行动建设成效评价办法（试行）	京政农发〔2020〕54号
6	2021-12-29	北京市农业农村局	北京市"十四五"时期休闲农业发展规划	京政农发〔2021〕132号
7	2021-12-29	北京市农业农村局	北京市"十四五"时期乡村特色产业发展规划	京政农发〔2021〕132号
8	2021-12-29	北京市农业农村局	北京市"十四五"时期农业文化遗产保护与发展规划	京政农发〔2021〕132号
9	2021-04-21	北京市农业农村局	北京市休闲农业专家辅导团管理办法（试行）	京政农发〔2021〕46号
10	2022-06-29	北京市农业农村局	北京市休闲农业"十百千万"畅游行动项目管理办法（试行）	京政农发〔2022〕86号
11	2022	北京市农业农村局等	北京市促进"乡村民宿+"产业提升的若干措施	京政农发〔2022〕88号
12	2022-08-11	北京市文化和旅游局	关于促进文化旅游业恢复发展的若干措施	京文旅发〔2022〕78号
13	2023-05-19	北京市文化和旅游局	关于规范引导帐篷露营地发展的意见（试行）	京文旅发〔2023〕26号
14	2023-09-13	北京市文化和旅游局	乡村旅游提质升级行动方案（2023—2025年）	

（一）规划先行引领

为进一步深化落实《北京市休闲农业"十百千万"畅游行动实施意见》，推动全市休闲农业高质量发展，实现农民创业增收，满足市民休闲需求，助力乡村振兴，北京市农业农村局编制并印发了《北京市"十四五"时期休闲农业发展规划》（以下简称《规划》），对产业发展进行了整体设计，以规划为引领，指引产业发展新方向。《规划》提出以"京华乡韵"休闲农业品牌建设为主线，以休闲农业精品线路打造、美丽休闲乡村创建、休闲农业园区提升、乡村民宿改造为抓手，在全市推动实施休闲农业"十百千万"畅游行动；明确通过实施"乡韵风俗""乡韵风味""京华风情""京华风貌""京华风尚"五大工程，实现休闲农业"4512"发展目标，即休闲农业和乡村旅游年接待达到4 000万人次，经营收入达到50亿元，创建100个以休闲农业为支柱产业的市级美丽休闲乡村，培育200个休闲农业品牌目的地。在实际工作中，以《规划》为引领，整合多部门资源，形成了推进休闲农业提质升级的合力。

（二）加大要素支撑

休闲农业是智力、科技和资金密集型产业，离不开三大要素支撑。北京市不断加大智力、科技和资金支持，服务产业再提升。

1. 智力支撑

一是依托北京农学院成立休闲农业研究中心，开展休闲农业理论与实践研究；二是建立专家辅导团制度，为产业提档升级、提质增效提供智力支撑。2021年北京市农业农村局出台了《北京市休闲农业专家辅导团管理办法（试行）》，组建了休闲农业专家辅导团，82名专家和6个专家团队积极与经营主体对接，指导经营主体挖掘本地资源，开展主题化设计、提升休闲品质、开展多渠道品牌化推广，用文化、科技、生态等为休闲农业转型升级赋能。

2. 科技支撑

一是依托市农业技术推广站这一公益性推广机构的技术力量，成立了休闲农业科，负责休闲农业的技术推广工作；二是整合中央在京和市属的科研、推广单位的科技资源，组建了北京市休闲农业创新团队，从科研和技术推广两个维度助推休闲农业的发展。以这两支队伍为主体，为本市休闲农业发展提供品种、技术、设备等全方位的科技支撑。

3. 资金支持

2020年起，市财政支持休闲农业转移支付资金1亿元；2021—2022年，将资金增加到每年2亿元，并将指导性任务调整为约束性任务，用于支持全国休闲农业重点县、休闲农业精品线路、美丽休闲乡村、休闲农业园区、民俗接待示范户和乡村原味民宿建设及休闲农业宣传推介活动。在专项资金支持下，北京市共开展休闲农业项目建设约600项，涌现出集群驱动型、内涵提升型、绿色引领型、节庆撬动型、"新农人"助力型等一批产业发展新模式，助推全市休闲农业提档升级加速。

（三）推进品牌建设

为了发挥品牌对于产业发展的赋能作用，北京市从战略高度出发，对休闲农业品牌体系进行了顶层设计，全力打造休闲农业全域品牌"京华乡韵"，并设计了品牌LOGO。依据每个区休闲农业特色，每年选择4个区在不同的季节开展休闲农业"十百千万"畅游行动推介活动，对"京华乡韵"进行宣传。另外，充分利用新媒体进行精准投放、定制传播，提高北京休闲农业"京华乡韵"品牌传播效率。2021年开通了"京华乡韵"微信公众号和掌上游小程序，每周更新，定期发布京郊休闲农业最新信息，包括推介活动、精品线路、美丽乡村、休闲园区、特色民宿等，方便市民搜索与查询，让市民足不出户就能够"云享乡韵"。

在全域休闲农业公用品牌的基础上，北京市鼓励各区甚至各乡镇依据自身休闲农业特色，打造区域休闲农业公用品牌。例如丰台区立足花乡的花卉产业及著名的燕京八景之一"卢沟晓月"，打造了"丰花晓月"休闲农业区域公用品牌；平谷区立足大桃产业，打造了"桃醉平谷"休闲农业区域公用品牌。在乡镇层面上，延庆区井庄镇则打造了"醉美井庄"休闲农业镇域公用品牌。

（四）开展专项培训

在北京市农业农村局的大力支持和指导下，北京农业电商协会、北京观光休闲农业行业协会、北京低碳农业协会等团体，根据国家的战略方针和政策要求，结合休闲农业经营主体的需求，组织相关技能培训，使经营主体能跟上时代的步伐，从而推动休闲农业的高质量发展与品质提升。

1. 数字化营销技能提升培训

为适应当前新媒体传播、电商销售和人工智能的发展趋势，提升休闲农业和乡村经营主体的电商营销技能和新媒体运用能力，北京市先后举办了"山里DOU是好风光"休闲农业和乡村旅游经营主体数字能力提升培训、农业电商市场营销技能提升培训、休闲农业特色IP营销实战技能提升培训、乡村民宿手机自媒体运营推广技能提升培训等，受到了休闲农业经营主体的欢迎。经过培训，休闲农业经营主体的电商意识和营销技能得到了极大提高，有许多经营主体组建了专门的电商营销团队，通过线上门店和直播等方式对企业产品进行营销，扩大了产品销路，并建立了稳定的私域消费群体，增加了顾客的消费黏性和忠诚度。在此基础上，北京市评选了十大乡村直播带货达人和十大乡村直播代言人，并在2023年9月的北京市休闲农业"十百千万"畅游行动推介活动上，同步启动了"京华乡韵抖音乡村特产馆"，并以"京品优选·让乡村好物触手可得"为主题开启了线上直播活动，向市民朋友推介京郊的优质农产品和非遗文创产品，力求发挥电商直播在优化城乡消费供给、深化数字应用、加快京郊农业农村业态创新等方面的作用，持续打造热闹红火、繁荣稳定的京郊农产品消费市场。电商技能培训使产业发展与新媒体发展相耦合，也极大地推进了北京休闲农业的数字化发展和产业影响力。

2. 绿色生态运营能力提升培训

为助力实现我国的"双碳"目标，北京市举办了多场休闲农业与乡村民宿绿色生态运营能力提升培训班，为休闲农业与乡村民宿经营主体讲解我国和北京市低碳绿色发展的相关政策，绿色生态民宿建设要素，休闲农业生态产品开发，民宿生态产品、生态活动开发，乡村民宿和休闲农业绿色低碳运营管理，绿色生态主题文化打造与品牌营销。经过培训，休闲农业与乡村民宿经营主体的绿色低碳意识得到了很大提高，并将这些理念融入日常经营与管理中，有效推进了休闲农业的低碳发展水平。

（五）举办多彩活动

1. 产业推介活动（表2-11）

表2-11　2021年以来北京休闲农业推介活动主题

序号	时间	主题	地点
1	2023-09-16	京华乡韵·"农"墨多彩妫水情	延庆区世界葡萄博览园
2	2023-05-23	京华乡韵·花潮稻香好丰景	丰台区佃起村
3	2023-04-07	京华乡韵·梨韵瓜乡汇大兴	大兴区庞各庄镇万亩梨园
4	2022-09-21	京华乡韵·蜂盛蜜匀水常清	密云区尖岩村
5	2022-08-23	京华乡韵·悦享石峡关谷秀	延庆区里炮村
6	2022-07-07	京华乡韵·寻味昌平四季香	昌平区康陵村
7	2022-04-29	京华乡韵·桃源深处有人家	平谷区东樊各庄村

第二章 北京休闲农业发展现状与问题

(续表)

序号	时间	主题	地点
8	2021-10-22	京华乡韵·山水怀柔	怀柔区渤海镇
9	2021-10-09	京华乡韵·小院喊你来串门儿	门头沟区田庄村
10	2021-09-18	京华乡韵·舞彩顺义	顺义区柳庄户村
11	2021-05-22	京华乡韵·醉美樱红	海淀区凤凰岭公园

自北京市休闲农业"十百千万"畅游行动实施以来,北京休闲农业产业不断升级,涌现出一批多点联动、串珠成链的休闲农业精品线路,宜居宜游美丽休闲乡村,主题多样、文化多元的农事体验园和主题特色鲜明的乡村民宿,全市休闲农业和乡村旅游服务接待能力显著增长,知名度大幅提升。为展示北京休闲农业发展成果,推介京郊各区休闲农业精品线路、美丽休闲乡村、休闲园区和乡村民宿,助力首都休闲农业高质量发展,自2021年起,北京市农业农村局每年选择4个区在不同的季节开展休闲农业"十百千万"畅游行动推介活动,为广大市民寻找、推荐特色鲜明、感受舒适的休闲农业精品项目。截至2023年底,已成功举办推介会11次。每次推介会都会根据举办地的休闲农业特色及推介内容确定推介的主题。例如2023年在大兴、丰台和延庆举办的休闲农业推介会主题依次是"京华乡韵·梨韵瓜乡汇大兴""京华乡韵·花潮稻香好丰景""京华乡韵·'农'墨多彩妫水情"。在推介会上除了发布精品旅游线路外,也会发布各种评选活动结果。例如2023年在3场休闲农业推介会上发布了《春日宴·花季寻芳》《夏日趣·硕果采摘》《秋日浓·百味享收》休闲农业畅游攻略手册,"2023年北京市休闲农业六大京郊休闲农业打卡地"推介名单、2023年"北京市美丽休闲乡村"名单、"2023年北京市休闲农业五星级园区(企业)"名单,推介了21条春季赏花休闲农业线路、41条秋季休闲农业精品线路、10条延庆秋季休闲农业精品线路。

开展特色乡宿推介活动。为持续培育、宣传、扩大"京华乡韵"市级休闲农业公共品牌,推介一批"原住民原住地原生态文化"原味民宿典型,实现典型引领、示范带动,扩大全市特色乡村民宿知名度、影响力,2023年市农业农村局开展了百家特色"乡宿"推介活动和"最美乡宿"推介活动。

推出"乡村walk地图"。2023年国庆前夕,市文化和旅游局以全国乡村旅游重点村为重点,通过手绘地图形式,推出了"乡村walk地图",推介红色文化、历史印记、山水之间、探索乐趣、寻味乡村、艺术非遗六大主题45个乡村的徒步漫游线路。

2. 开展评选活动

开展各种评选活动，是推进休闲农业发展的重要手段和途径，也是提高市民参与度的重要方式。北京市先后评选了十大京郊休闲农业打卡地、十大学农教育和农事体验园、十大特色美食、"京华乡韵"伴手礼、十大乡村直播带货达人、十大杰出创业女庄主等。其中，开展的有较大影响力的评选活动包括但不限于以下几项。

（1）美丽休闲乡村评选　近年来，北京市积极创建美丽休闲乡村，发掘乡村新功能新价值、培育乡村新产业新业态。2020年以来，北京市农业农村局组织开展了北京市美丽休闲乡村推介工作。经过各区推荐、专家调研、评审和公示，共有96个村庄获评市级美丽休闲乡村，大部分位于远郊山区，占总数的76%。获评的乡村在休闲农业新场景打造、业态创新、全产业链发展方面均具有明显优势，产业发展的联农带农效果显著。美丽休闲乡村的评选，既有力推进了乡村的人居环境建设，也推动了乡村休闲农业的发展，而获评之后对产业发展的带动作用正逐步显现。

（2）"大厨下乡"乡村美食大赛　于2021年启动的"大厨下乡"活动，在品牌打造、技能培训、文化传承等方面取得了积极成果。通过传统菜品升级和菜品创新成功打造了一批区域美食品牌，如大兴"三八席"、通州"西集家宴"、延庆"豆腐宴"、昌平"苹果宴"、平谷"御桃文化宴"、怀柔"板栗宴"、房山"地质文化餐"；涌现了一批乡村美食新场景，如门头沟"小院下午茶"、密云"乡间咖啡"、顺义"中西式融合菜"等。2023年举办的"大厨下乡"乡村美食大赛评选出了热菜、凉菜、面食、创意甜品4个类别金、银、铜奖及优秀奖。

（3）直播带货达人评选　为全面推动"一村一品"特色产品与电子商务直播新业态相结合，促进农文旅融合发展，北京市农业农村局委托北京农业电商协会开展"2022十大直播带货达人"和"2023年北京市乡村代言人（直播带货达人）"的遴选活动，共评选出了20位直播带货达人。

3. 创意节庆活动

北京市围绕休闲农业发展而举办的节庆活动大致可分为三类。一类是共同的节日，如农民丰收节，全市统一部署，各区同时举办，各显其能，节庆效应得到充分放大。2023年的丰收节以"庆丰收　促和美"为主题，恰逢周六，各区的节庆活动参与者众多，热闹非凡。一类是特色大型节庆，如平谷的桃花节、大兴的西瓜节、顺义的樱桃节等，这些节庆均为依托各区的特色产品而开发，举办多年，有较高的知名度；同时，举办了首届北京市苹果文化节、樱桃文化节和蜜蜂文化节。另一类是小众新兴节庆，例如门头沟雁翅镇泗家水村以国家地理标志保护产品红油香椿为依托举办的香椿文化节，平谷区乡村咖啡文化节、峪口镇的大地艺术节，延庆区的萱草文化节、百合文化节，密云区葡萄酒文化节，密云区新城子镇的红果文化节、流苏文化节等，这类文化节所依托的农产品通常规模较小，但特色鲜明。还有一类依托于乡村或农业的节庆也受到了市民的喜爱。例如房山区的2023北京西山民俗文化节、门头沟区的国际山地运动、密云区河南寨镇的麦香微马·麦田马拉松文化节。为加快疫后的休闲农业复苏，各区各镇甚至各村都各显神通，以举办文化创意活动的形式推介各自的特色农业（或农产品）、特色文化，吸引城市居民到乡村休闲旅游。

值得一提的是平谷乡村咖啡文化节。近年来，随着乡村民宿的蓬勃发展，越来越多的社会资本下乡投资乡村民宿，为乡村旅游引入精品民宿的同时，也将城市生活元素带入了乡村，咖啡就是其中最典型的代表。基本上每一个上规模的精品民宿都配套了咖啡厅，甚至出现了以咖啡为主题元素的民宿，如平谷区王辛庄镇太后村的猫咖小院等，乡野咖啡在京郊遍地开花，北京的乡村也弥漫起了咖啡的香气。为顺应消费的动态需求和市场细分，深入挖掘乡村新动能新价值、培育乡村新产业、新业态，平谷区将"咖啡+"等休闲新业态、新模式作为乡村产业振兴的重要突破口，以"桃醉平谷　咖有引力"为主题，举办了首届平谷咖啡文化节[42]。文化节的咖啡集市上聚集了众多咖啡品牌，如"分子"咖啡、"果子星"咖啡、"捌比特"咖啡、"豆叔"精品咖啡、"也行"咖啡等，现场有咖啡拉花师的精彩表演，游客在现场还可以体验到制作咖啡、品尝咖啡以及学习咖啡知识的乐趣。文化节期间还举办了一场咖啡文化研讨会。文化节现场还有民谣演出，乐队表演，射箭、套圈等游戏，吃喝玩乐应有尽有，极大丰富了人们的出游体验。通过乡村咖啡新业态，搭建起了中西文化融合、城乡生活融合的桥梁。咖啡文化节成为产业融合创新的成功典范。

三、发展成效与存在问题

（一）发展成效

休闲农业因其具有显著的产业融合和联农带农作用而成为北京市乡村振兴

战略实施中的重要产业。自《北京市休闲农业"十百千万"畅游行动实施意见》出台以来，在一系列的配套政策跟进和措施推动下，产业发展态势明显向好，全市休闲农业的发展取得了显著成效。

1. 疫情之下各方参与休闲农业建设的信心不减

一方面，区、镇、村、园、户等各级主体对行业发展充满了信心，参与休闲农业助推乡村振兴的干劲十足。农民丰收节、大兴西瓜节、平谷桃花音乐节、密云鱼王节、海淀樱桃文化节等农事节庆活动热度持续升温。另一方面，社会力量参与休闲农业建设的热情高涨。通过持续举办休闲农业"十百千万"畅游行动推介会，提高了社会对休闲农业和乡村旅游发展的认知，吸引了社会资本投资休闲农园和乡村民宿，经营主体数量已超过了疫情前的2019年；同时也吸引了返乡农民工、大学毕业生、专业技术人员等返乡下乡人员参与产业经营，高素质从业人员数量持续上升。

2. 休闲农业新业态新模式不断涌现

通过典型示范引领，乡村环境景观明显提升、产品业态不断丰富，"农业+"或"乡村+"教育、体育、民宿、互联网、展会、美食等新业态、新模式不断涌现，农业艺术、农业采摘、农耕体验、非遗传承、亲子活动、天文观测、科普研学等体验产品持续推出，助推获客水平提升和特色农产品消费，提高乡村旅游和休闲农业对农民增收的贡献。例如精品民宿将城里以咖啡文化为代表的慢生活消费带到了乡村，京郊出现了众多的"乡野咖啡"，如密云区的"村儿咖"，门头沟区的墨托咖啡主题民宿，平谷区的猫咖小院、也行咖啡等，"乡村+咖啡"的业态创新催生了平谷区的首届咖啡文化节；"乡村+运动"的业态创新催生了门头沟区的国际山地徒步大会（截至2023年已成功举办了14届）、密云的麦香微马·麦田马拉松文化节等。

3. 休闲农业区域品牌影响力逐步扩大

2023年先后在大兴、丰台和延庆开展了3场"京华乡韵"系列休闲农业推介活动，推介了一批精品旅游线路、美丽休闲乡村、休闲农业星级园区、星级乡村民宿等，进一步提升了休闲农业市域品牌"京华乡韵"的影响力。在市域品牌的统领下，各区在各自休闲旅游资源和特色基础上，凝炼形成了区域休闲农业品牌，如延庆区的"妫水农耕"、平谷区的"桃醉平谷"、丰台区的"晓月丰花"等，这些区域品牌也借助北京市"十百千万"休闲农业畅游行动推介会进一步扩大了品牌影响力。其他区如门头沟、密云也开展了区域品牌资源调研与品牌建设工作，以期通过品牌打造赋能休闲农业的发展。密云区在区域休闲农业品牌策划的基础上，意欲打造"乡村+时尚运动"休闲农业子品牌，并于2023年11月18日举办了麦香微马·麦田马拉松文化节，后续还将引进滑雪、自行车、轮滑等各类体育文化活动，丰富"乡村+时尚运动"特色品牌活动体系，推动乡村旅游和休闲农业高质量发展。

4. 疫后休闲农业发展态势平稳回升

从年度统计数据来看，2022年与疫情前（2019年）相比，经营主体数量恢复情况最好，恢复至疫前水平的98.0%；其次是从业人员和经营收入，分别恢复至疫前水平的88.5%和85.4%。因疫情中断了2年的北京农业嘉年华也于2022年开始恢复举办，以"爱乡村·创未来"为主题的2023第九届北京农业嘉年华在昌平区草莓博览园启动。从疫情之后2023年国庆长假来看，全市乡村游累计接待游客457.1万人次，按可比口径同比增长0.4%，按可比口径恢复到2019年同期的89.8%；营业收入65 860万元，按可比口径比2019年增长38%。全市休闲农业和乡村旅游整体平稳恢复。

5. 休闲农业经营体与农户的利益绑定更加紧密

休闲农业尤其是休闲农园的就业带动能力较强，平均每个农园的就业吸纳能力为28.7人/园。根据调查，高达87.5%的休闲农业经营主体与农户存在利益联结关系。利益联结机制中主要有"园区/民宿+农户""园区/民宿+村集体/合作社""园区/民宿+村集体/合作社+农户"3种模式，其中，"园区/民宿+村集体/合作社+农户"的模式最多，约占经营主体的39.3%。在实践中，休闲农业园区与村集体（合作社）有两层合作关系，一是土地租赁关系，农户通过成立土地（农宅）合作社，将土地（农宅）集中起来，由村集体或合作社租赁给休闲农业园区（民宿）主体进行经营，获得土地（房屋）租金，再分给农户；而休闲农园（民宿）主体也省去了与一家一户农户谈土地流转（房屋租赁）的时间成本、资金成本和管理成本，同时也规避了一些违约风险，双方各得其所。二是合作关系，村集体（合作社）通过改善村庄或周边生态环境与基础设施条件，如停车场、公共卫生间等，维持治安、维护绿化、保持卫生，为休闲农园（民宿）营造一个良好的休闲旅游环境，有利于提高农园（民宿）的吸引力；或者为分散的乡村民宿或休闲农园建设共享餐厅，弥补休闲经营主体因没有建设用地指标而无法开展餐饮服务的不足；抑或为乡村民宿建设共享布草间，从而增加民宿的有效住宿空间，提升住宿收入。休闲农园（民宿）为此支付村集体（合作社）一定的报酬或按约定进行收入分成，村集体（合作社）因此可以安排一定数量的就业，增加农民工资性收入；而休闲农园（民宿）也会通过农产品展销或购销（购销初级或加工农产品）带动周边村庄农户的农产品销售，休闲农园（乡村民宿）与农户进行收入分成，实现双赢。在这种模式中农户既可以获得土地（房屋）租金收入，也可以在村庄公益岗位就业或在农园（民宿）就业，还可以通过农园（民宿）的农产品代销获得来自一产（或农产品加工）的经营性收入；而村集体也通过提供公共服务获得一部分收入，壮大了集体经济。这种深度捆绑的利益联结机制实现了休闲农业经营主体—村集体（合作社）—农户的三方共赢，是一种值得推广的利益联结模式。

（二）存在问题

北京休闲农业经过40多年的发展，取得了显著成效，但也仍然存在着一些不可忽视的问题。

1. 创新创意不足，产品特色不突出

随着消费结构持续升级，市场对休闲农业产品提出了更高、更多元化需求。北京休闲农业虽然经历了40多年的发展，但在经营内容与产品上仍然缺乏突破和创新，大部分休闲农业项目仍停留在"吃农家饭，住农家院"的层次，可供游客选择、参与性的体验项目和活动较少，游玩空间没有太多延伸，制约了休闲农业的深入发展。由于休闲农业项目主要以学习和借鉴已有模式为主，在开发建设上脱离了本地的特色与内涵，对农耕文化、乡土文化、乡村民俗等资源的挖掘和利用不够，贪大求洋，追求豪华，与当地资源和环境也不相协调，地域特色不突出，产业低质低效瓶颈亟须破解[43]。

挖掘、保护和利用当地的农耕文化、历史文化和地理文化，是开发唯一性休闲农业产品的基础[44]。迄今为止，农业农村部共发布了6批共138项中国重要农业文化遗产，北京仅有2项。一方面，由于对传统农业文化挖掘不够，导致一些传统的节庆活动、民俗文化、传统手工艺、种植经验以及传统种（养）殖品种面临着消失或失传的严重威胁[45]，如何释放其潜在价值，并适应保护与利用的需要等问题尚待破解；另一方面，"农业文化遗产"的社会知名度和民众认识水平普遍较低，品牌价值和综合效益尚未显现[46]，妨碍了农业文化遗产的可持续利用，也降低了保护效果。

2. 资金投入不足，基础设施薄弱

一方面，休闲农业是一种融合产业，除农业生产投资外，还有休闲活动开

发的投资，而后者的投资往往高于前者，因而景观休闲农园的投资要远高于生产性园区的投资；另一方面，农户投资能力有限，市场意识淡薄，造成多数休闲农业项目单一、发展缓慢，无法满足较高层次的游客要求。近年来，虽然市财政通过休闲农业"十百千万"畅游行动项目投资了大量资金，但这项资金是奖补性质的，其支出范围也有严格限制，多是一些软性内容的支持。所以在休闲农业的基础设施建设上需要区级政府有配套资金投入保障。然而，休闲农业项目大部分位于偏远山区，当地政府投资能力有限，导致资金规模小，道路交通、信息通信等基础设施较落后，直接影响了游客满意度和服务质量。而且，即便是休闲农业"十百千万"畅游行动项目资金也仅支持了4年就停止了。

3. 政策供给不足，产业发展受限

休闲农业尤其是乡村旅游门槛低，经营主体绝大多数都是当地农村村民，文化程度不高，缺乏市场意识和现代经营理念，其小农思想与现代休闲农业服务需求之间不相适应。此外，人才政策供给不足，高素质专业人才引不来、留不住，在一定程度上也影响和制约了休闲农业的发展[47]。

调研发现，休闲农业经营主体反映最多、困难最大的是用地问题。一是没有建设用地指标，餐饮、住宿、活动等休闲功能无法实现，也少了这部分收入；二是用地成本高。一些园区的土地租金比照平原造林的补贴标准和年均涨幅而设定，这让园区经营者感到压力很大。国家虽然出台政策规定了可以有5%的配套设施用地，但只能是服务于生产的附属设施，并不能用于餐饮、住宿、娱乐等休闲活动。2015年，原农业部会同国家发展改革委等11部门联合印发了《关于积极开发农业多种功能大力促进休闲农业发展的通知》，提出要明确用地政策，支持农民发展农家乐，鼓励利用村内集体建设用地、开展城乡建设用地增减挂钩试点、利用"四荒地"等发展休闲农业。但由于用地政策供给不足，在实际操作中仍有很大难度。

4. 监管体系滞后，政策扶持不足

乡村休闲农业旅游发展较晚，目前相关法律不完善，土地、卫生、公安、环保、工商、税务等相关部门对休闲农业发展的监管缺乏依据。目前，北京休闲农业的行政管理部门主要是北京市文化和旅游局与北京市农业农村局，部门之间协调有难度，影响了休闲农业的顺畅管理。

政府部门对休闲农业发展的扶持不足主要表现为针对休闲农业发展的用地

政策、保护政策、投资开发政策、信贷政策、经济扶持政策、税收政策等相对滞后甚至缺位,其中用地政策的缺位较为突出[48]。一方面,休闲农园要发挥休闲、观光、旅游等功能,必须建设配套的服务设施,势必要有用地指标。但北京市执行严格的基本农田保护和建设用地管理政策,无法满足休闲农园用地需求,这也是导致休闲农园用地存在违规与违法现象的主要原因。另一方面,到乡村体验民宿的游客,除美食外,对休闲娱乐、文化体验也有着强烈需求,这些项目的开发都需要有配套的建设用地。但受限于建设用地指标,即便是在看似土地空间很大的乡村,也无法建设休闲娱乐和文化体验设施或场所。用地指标限制了乡村民宿和休闲农园配套设施建设,因而也就无法延长游客在乡村和农园的逗留时间,从而降低了休闲农业经营主体的收入。另外,即便有了建设用地指标,按照现行政策,处于山野绿林和农田包围之中的休闲农业服务设施,也同城市一样要求有30%的绿地配套,这就进一步压缩了原本就紧张的可用建设用地面积。这种一刀切的管理要求,与实际不符。

5. 机制创新不足,联农带农有待提升

休闲农业是一产与三产的融合,在一产吸纳劳动力逐步下降的同时,三产开发却吸纳了更多的劳动力,带动农民就业增收[49]。据调研,目前全市休闲农业带动农民增收的方式主要是租金(以土地流转或入股获得财产性收入)和就业(受雇于休闲农业经营主体获得工资性收入)。以这两种方式参与休闲农业的农民毕竟是少数,产业对其他农民的增收贡献较低,辐射带动作用小,亟须进一步完善联农带农机制,让产业惠及更多农民增收致富。

经过多年的培育和发展,美丽休闲乡村、休闲农业园区和乡村民宿都涌现了一些联农带农的典型案例。但从产业发展需求看,典型案例的数量仍显不足,带动作用不强。美丽休闲乡村应该如何践行"绿水青山就是金山银山"的发展理念,实现景观变现、生态变现,其发展模式和机制亟须典型案例的先行探索。如何以特色产业为主题打造休闲农业园区,也需要打造更多的典型样板。此外,原味民宿的内涵挖掘、主题打造,民宿+产业如何配套产业内容,与乡村特色产业如何产生有效的联动,和村民如何产生有效的互动等问题均需要进一步探索。

6. 标准体系不全,有待进一步规范

标准是规范产业发展的前提。北京市曾经对休闲农业精品线路、美丽休闲乡村、休闲农业园和乡村民宿等出台过相关的建设导则或评价标准,但政出多门,标准不一,也不健全,而且有些标准已无法适应当前产业发展的需要。截至目前，北京市制定了地方标准《休闲农业园区等级划分与评定》（DB11/T 1860—2021）、《乡村旅游特色业态标准及评定》（DB11/T 652—2017），规范了休闲农园和乡村特色产业的评定与发展。当前，为从整体上进一步规范产业的发展，北京市正在制定《北京市休闲农业发展指南》，拟界定土地利用、规划布局、景观风貌、基础设施、服务与管理等方面的边界，建立对休闲农业建设、服务、管理等方面的技术规程和服务标准。因此，加快对产业与产品标准进行研究，建立起完善的标准体系，为产业健康发展提供规范和指导，仍是当前一项重要的管理工作。

7. 缺乏有效支撑，需求与供给脱节

不论是学科建设还是科研开发，多年来集中于大宗农产品，对于休闲农业产品开发重视不足，缺乏技术储备与有效支撑，使得休闲农业产品呈现出一定程度的低端同质化[50]，与北京丰富的休闲产业资源不相配。

一是景观农业新品种与营造技术缺乏。近年来，农田景观营造成为休闲农业发展提升的新亮点。优美景观营造扮靓了农田与乡村，但花草品种有限，单一化种植较多；营造技术储备与创意不足，几乎等同于种植技术，使得各区农田景观相似，缺乏新意。景观营造需要有植物新品种与景观营造新技术的有效支撑。然而，目前我国对农作物、景观植物的研发虽然已经有较好的研究基础，但赏食兼用农作物、赏食兼用蔬菜和赏食兼用花卉品种匮乏，缺乏高价值景观植物新品种，景观难以产生经济效益，可持续性较差。

二是休闲产品开发与科研环节脱节。目前休闲农业产品的开发以包装设计为主，创意性设计水平低，包装效果差；包装后的蔬菜瓜果、新鲜花卉、即食食品等产品冷链运输技术难解决；原产地初加工技术落后；适合休闲农业体验用的包装少；制作初加工伴手礼的小型加工设备缺乏；休闲农业加工体验技术少。这些问题都导致了休闲农业产品特色不鲜明、风味不突出、种类少，缺乏文化灵魂。

8. 品牌建设初起，社会知名度不高

北京休闲农业因起步较早、行业协会成立较早、理论与实践研究较早，而在发展初期就处于全国领先水平。但因为品牌意识不强，一直也没有形成一个体现北京特色且叫得响的品牌，加上资金、技术、政策跟进不及时，对产业发展引导不足，导致近些年产业发展处于徘徊状态，北京休闲农业在全国的知名度不升反降。北京市虽然已设计推出了体现京韵、京味、京色、京俗、京貌的休闲农业区域品牌——京华乡韵，并通过一系列宣传推介活动提升了品牌知名度，但在京城及全国的知名度还不高，品牌的美誉度、游客对品牌的忠诚度都仍有很大提升空间。除了目前的一定知名度的区域品牌外，北京景观休闲农业高端单体品牌也很少，品牌体系不健全，尚未构建与信息化时代相适应的智慧宣传平台，尚未形成完善的品牌推介体系，直接制约了品牌影响力的扩大，削弱了品牌对产业升级的赋能效果。

第三节 北京各区休闲农业发展现状

2022年北京市各区休闲农业发展的整体现状，在本章第一节"各区产业发展现状"中已经做了阐述，这一节分别从休闲农园和乡村旅游两个角度阐述2022年13个区休闲农业的发展现状。

一、各区休闲农业发展现状

（一）经营主体数量

2022年全市休闲农业平均经营主体数量为626个，密云区最多，有1 985个；朝阳区最少，只有8个。超过全市平均水平的有5个区，依次为密云、怀柔、延庆、房山、平谷，5个区的经营主体数量占全市的84.3%（图2-7）。

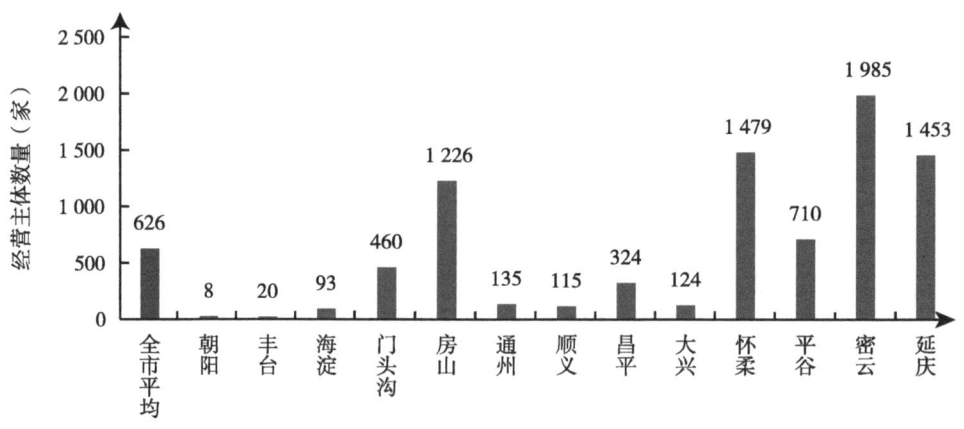

图2-7 2022年各区休闲农业经营主体数量

（二）高峰期从业人员

2022年全市各区休闲农业高峰期从业人员平均为3 916人，密云区最多，有

9 773 人；朝阳区最少，只有 508 人。超过全市平均水平的有 5 个区，依次是密云、平谷、延庆、怀柔、昌平，5 个区的从业人员总数占全市的 69.7%（图 2-8）。

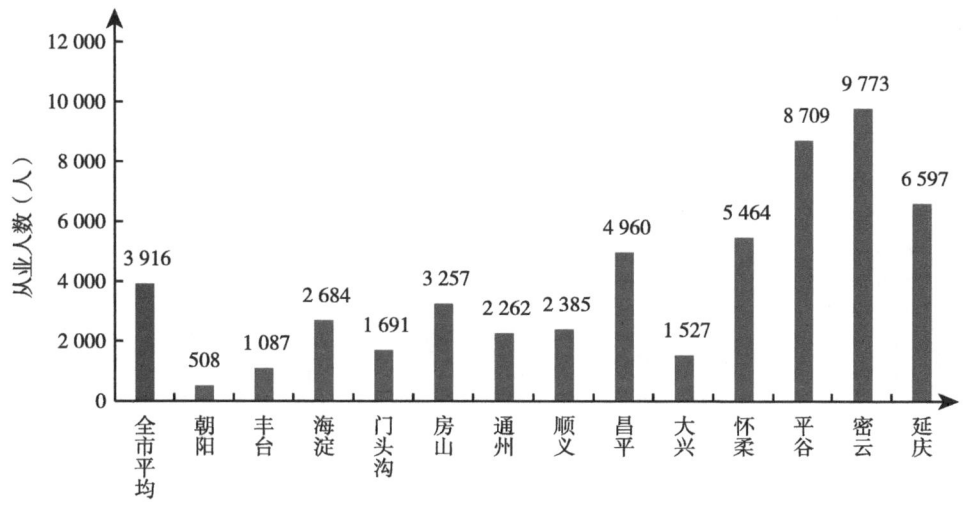

图 2-8 2022 年各区休闲农业高峰期从业人数

（三）接待人次

2022 年全市各区休闲农业平均接待 138 万人次，密云区最多，有 466 万人次；朝阳区最少，只有 15 万人次。超过全市平均水平的有 5 个区，依次为密云、延庆、怀柔、平谷、丰台，5 个区的接待人次占全市的 76.1%（图 2-9）。

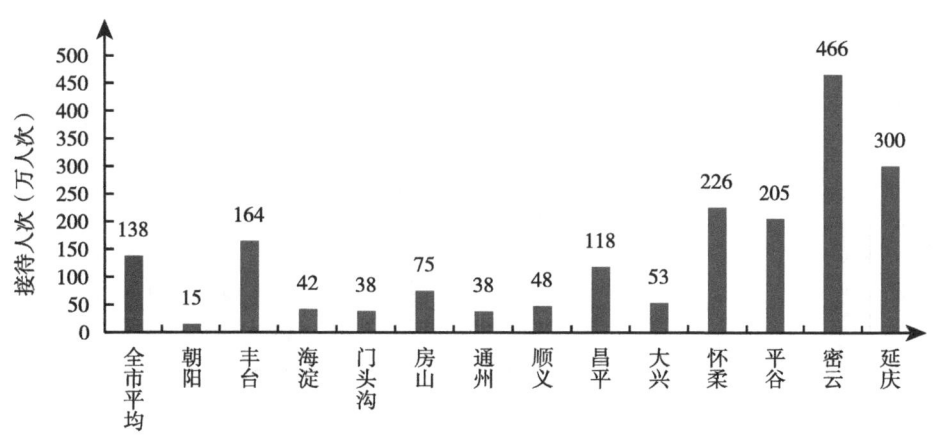

图 2-9 2022 年各区休闲农业接待人次

（四）经营收入

2022年全市各区休闲农业平均经营收入2.47亿元，密云区最多，达7.61亿元；朝阳区最少，只有0.71亿元。超过全市平均水平的有5个区，依次是密云、延庆、怀柔、昌平、平谷，5个区的经营收入占全市的66.4%（图2-10）。

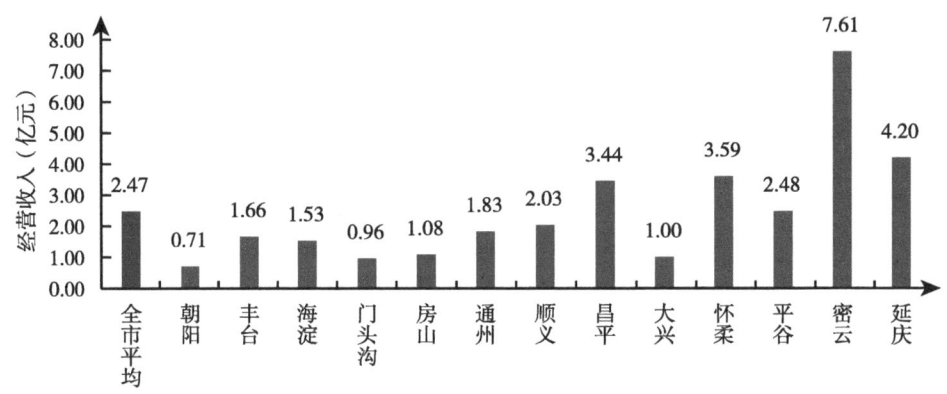

图2-10　2022年各区休闲农业经营收入

二、各区休闲农园发展现状

（一）休闲农园数量

2022年全市各区平均休闲农园数量为79个，最多为平谷区，有131个；最少为朝阳区，只有7个（图2-11）。超过全市平均水平有7个区，占比

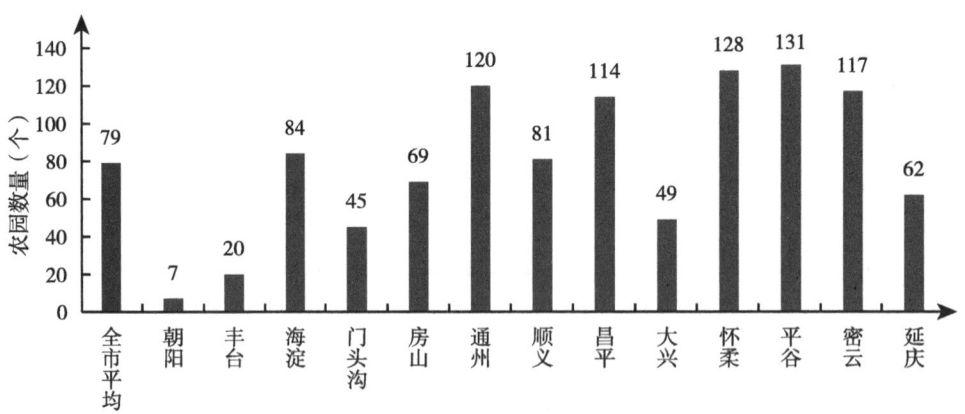

图2-11　2022年各区休闲农园数量

75.5%，依次为平谷（131个）、怀柔（128个）、通州（120个）、密云（117个）、昌平（114个）、海淀（84个）、顺义（81个）。

（二）休闲农园高峰期从业人员

2022年全市各区平均休闲农园高峰期从业人员为2 265人，最多为平谷区，有6 808人；最少为朝阳区，只有500人。超过全市平均水平的有4个区，从业人员总数占全市的59.8%（图2-12）。

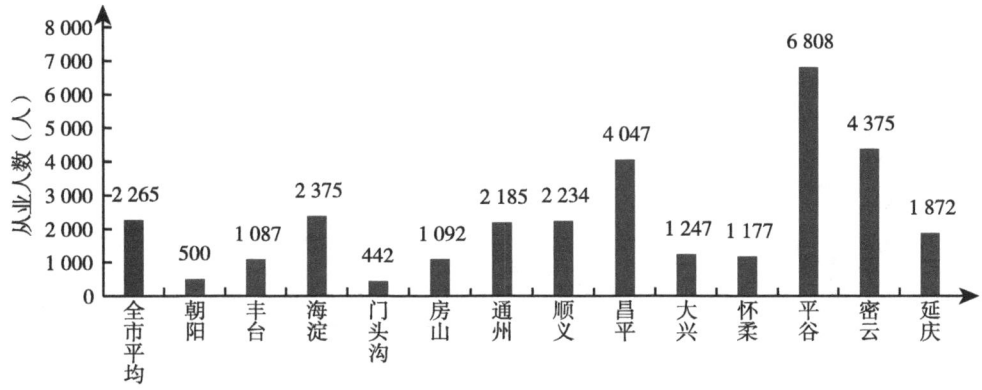

图2-12　2022年各区休闲农园高峰期从业人数

（三）休闲农园接待人次

2022年全市各区平均休闲农园接待人次为54.4万人次，最多为丰台区，有164.1万人次；最少为门头沟区，只有12.0万人次。超过全市平均水平的有4个区，接待人次总数占全市的67.8%（图2-13）。

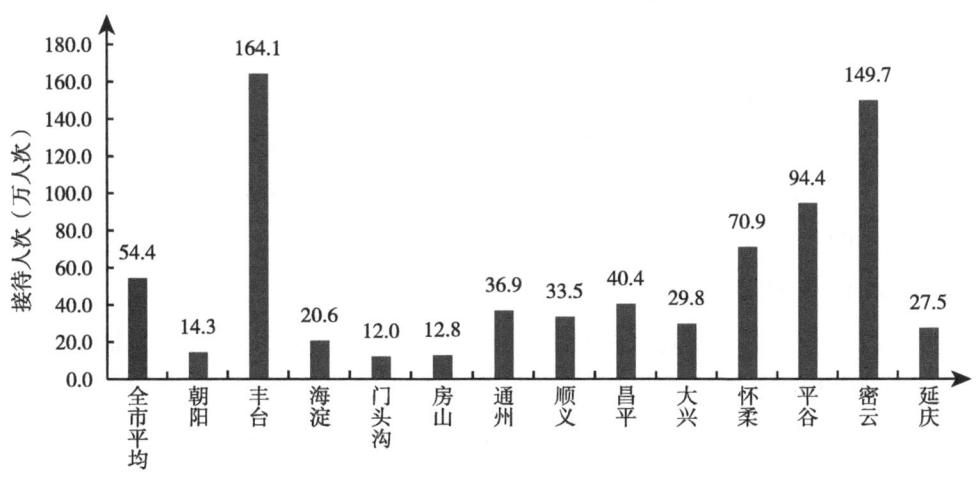

图2-13　2022年各区休闲农园接待人次

（四）休闲农园经营收入

2022年全市各区平均休闲农园经营收入为14 160万元，最多为密云区，达40 118万元；最少为门头沟区，只有1 619万元。超过全市平均水平的有5个区，经营收入总和占全市的73.4%（图2-14）。

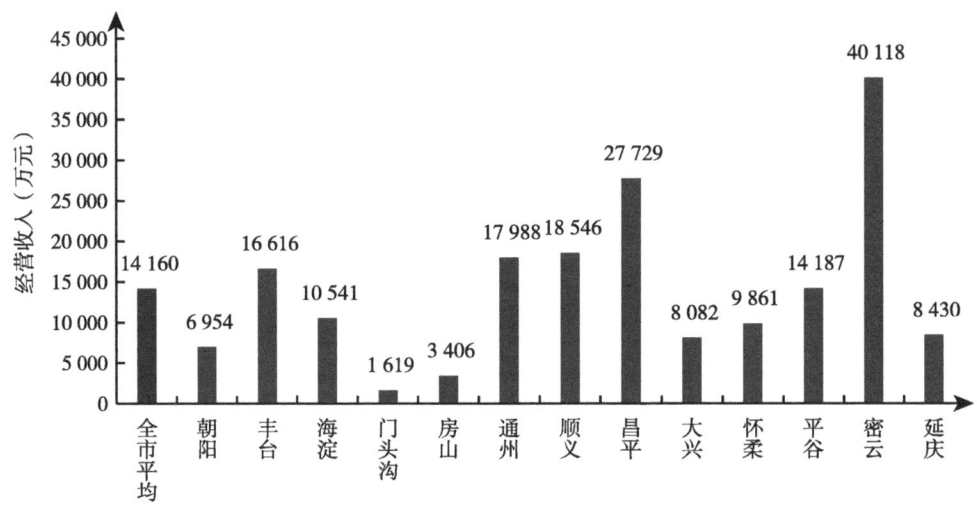

图2-14　2022年各区休闲农园经营收入

三、各区乡村旅游发展情况

需要说明的是，在北京的13个区中丰台区有休闲农园，但没有乡村旅游（民俗接待户）。因此，这里只分析12个区的乡村旅游发展情况。

（一）民俗接待户数量

2022年全市各区平均民俗接待户数量为592户，最多为密云区，有1 868户；最少为朝阳区，只有1户。超过全市平均水平的区有4个，民俗接待户数量占全市的81.1%（图2-15）。

（二）乡村旅游高峰期从业人数

2022年全市各区平均乡村旅游高峰期从业人员数量为1 789人，最多为密云区，达5 398人；最少为朝阳区，只有8人。超过全市平均水平有5个区，高峰期从业人员总数占全市总从业人数的86.0%（图2-16）。

第二章 北京休闲农业发展现状与问题

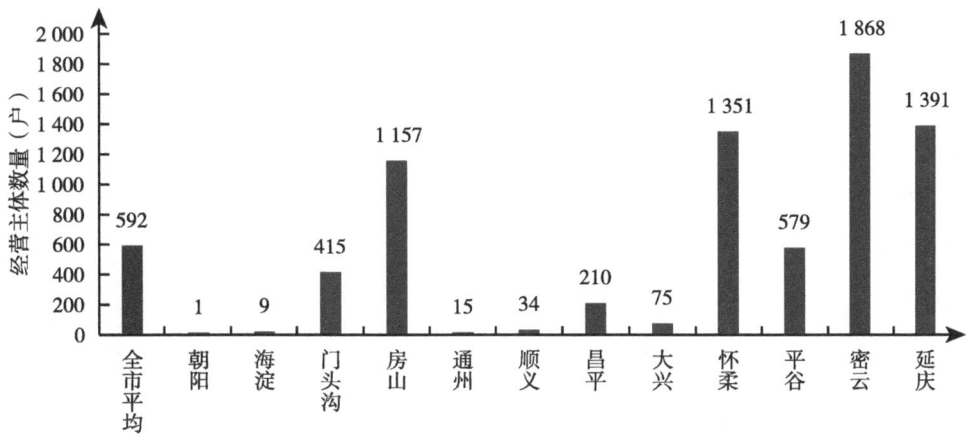

图 2-15　2022 年各区乡村旅游经营主体数量

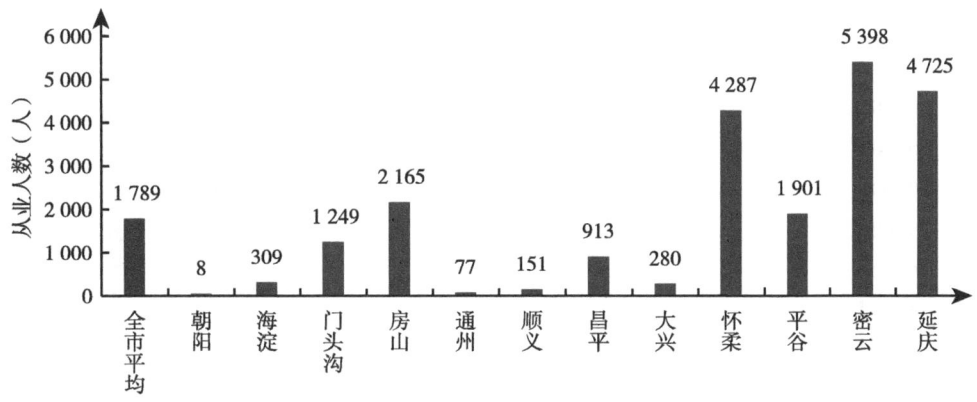

图 2-16　2022 年各区乡村旅游高峰期从业人数

（三）乡村旅游接待人次

2022 年全市各区平均乡村旅游接待人次为 90.1 万人次，最多为密云区，达 316.4 万人次；最少为朝阳区，只有 0.3 万人次。超过全市平均水平的有 4 个区，接待人次占全市的 79.1%（图 2-17）。

（四）乡村旅游经营收入

2022 年全市各区平均乡村旅游经营收入为 11 433 万元，最多为密云区，达 36 021 万元；最少为朝阳区，只有 102 万元。超过全市平均水平的有 3 个区，经营收入占全市的 69.7%（图 2-18）。

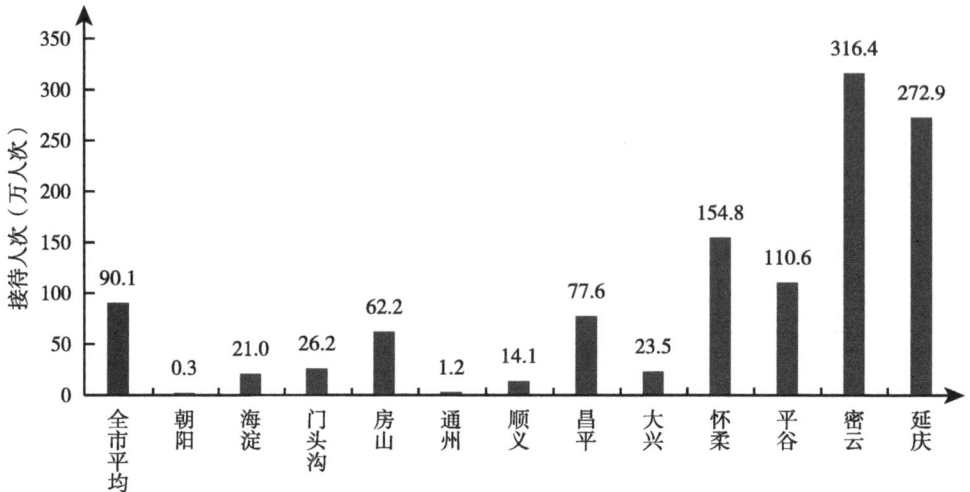

图 2-17　2022 年各区乡村旅游接待人次

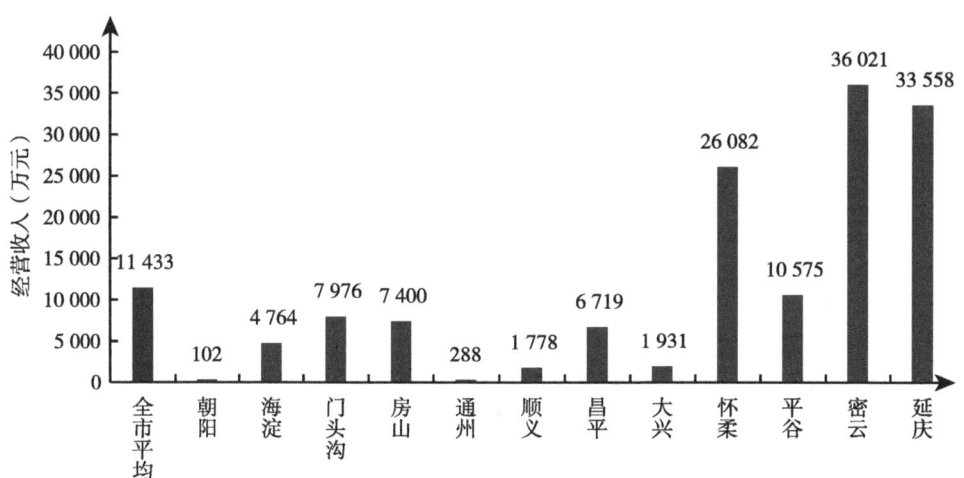

图 2-18　2022 年各区乡村旅游经营收入

第三章

近20年来北京休闲农业的发展变化

分析近几十年来产业发展变化,既可以了解产业的发展历程,也可以预测产业发展的未来趋势。北京市对休闲农业的统计始于2005年,至今已将近20年。本章将以统计数据为依据,分析北京市近20年来休闲农业的发展变化。

第一节 近20年来北京休闲农业的整体发展变化

本节将从历史的角度分析2005年以来北京休闲农业的整体发展变化情况,包括产业规模变化、产业布局变化及产业发展能力的变化。

一、产业规模变化

休闲农业的产业规模主要体现为产业经营主体数量、高峰期从业人员数量、休闲农业接待人次和经营收入等4个方面。

(一)经营主体

1. 休闲农业

北京休闲农业经营主体包括休闲农园和乡村旅游接待户。2005—2022年北京休闲农业经营主体数量变化基本呈双峰曲线。从图3-1还可以看出,休闲农业经营主体数量变化与乡村旅游接待户的数量变化基本保持一致,这与乡村旅游接待户在产业经营主体中占比较高有直接关系。从2005年开始,只用了两年时间,休闲农业经营主体规模就达到了历史最高值,即11 625个(户);之后进入发展平稳期,数量在9 200~10 300个(户)之间徘徊;2016年之后开始下降,叠加新冠疫情影响,2020年降至最低点6 757个(户),甚至低于2005年,较2007年的第一个峰值和2016年的第二个峰值分别下降41.9%和30.3%;2021—2022年在疫情精准防控措施下,休闲农业出现回暖,2022年较2020年回升20.3%。

2. 休闲农园

2005—2022年北京市休闲农园数量整体为先升后降的趋势(图3-2)。

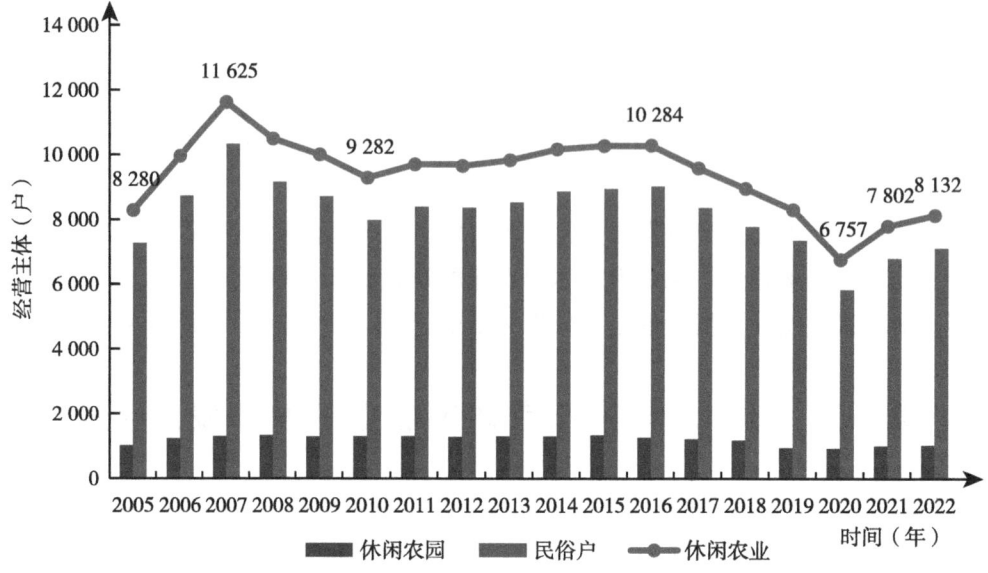

图 3-1　2005—2022 年北京休闲农业经营主体

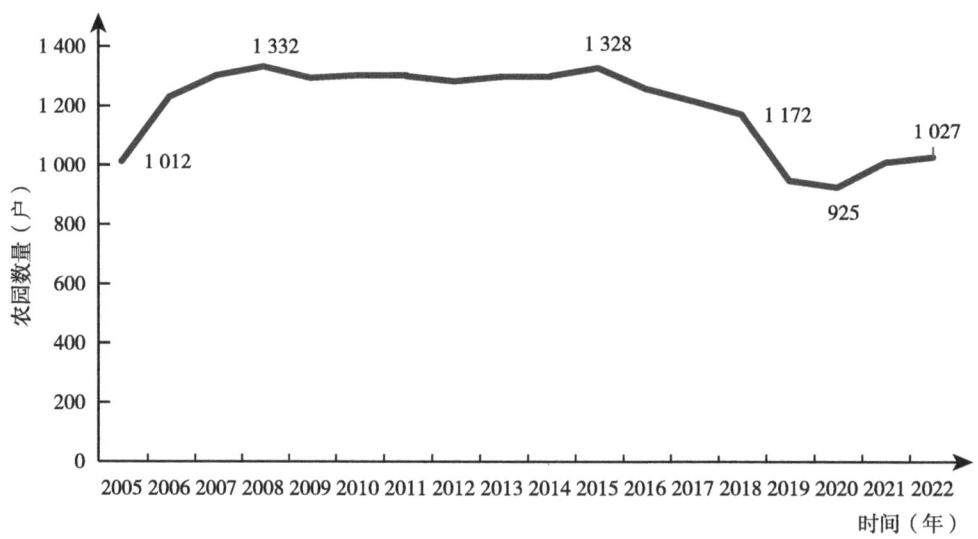

图 3-2　2005—2022 年北京市休闲农园数量变化

数据来源：历年《北京市统计年鉴》。

2005—2008 年快速上升，于 2008 年数量达到最高峰，为 1 332 个；之后进入发展平台期，数量在 1 280~1 340 徘徊；从 2015 年之后开始下降，受大棚房整治的影响，2019年锐减到不足1 000户；2020年受新冠疫情的影响，休闲农园的数量进一步下滑，跌到了有统计数据以来的最低点，仅有925个，相比于最高峰的2008年减少407个，减少幅度为30.6%；2021—2022年在北京休闲农业"十百千万"畅游行动的强力推动下，休闲农园数量有所回升。从图3-2还可以看出，2005年以来，休闲农园数量低于1 000个的只有2年（2019年、2020年），数量在1 000~1 200个有4年（2005年、2018年、2021年、2022年）；其余年份（2006—2017年）休闲农园数量均稳定在1 200个以上。

3. 乡村旅游

2005—2022年北京市民俗接待户数量的变化呈双峰曲线（图3-3），其中以2007年数量最多，达到10 323个，较上一年增加42.0%，之后缓慢下降，至2016年又达到了第二个峰值，即9 026户；之后，在乡村旅游转型发展中，数量持续下降，叠加新冠疫情影响，至2020年跌至谷底，仅有5 832个，较2007年的第一个峰值和2016年的第二个峰值分别下降43.5%、35.4%。2005—2022年北京市民俗接待户平均为8 195户，高于平均数的年份有11年，占61.1%；数量在7 000~8 000户的有5年，在8 000~9 000户有8年，在

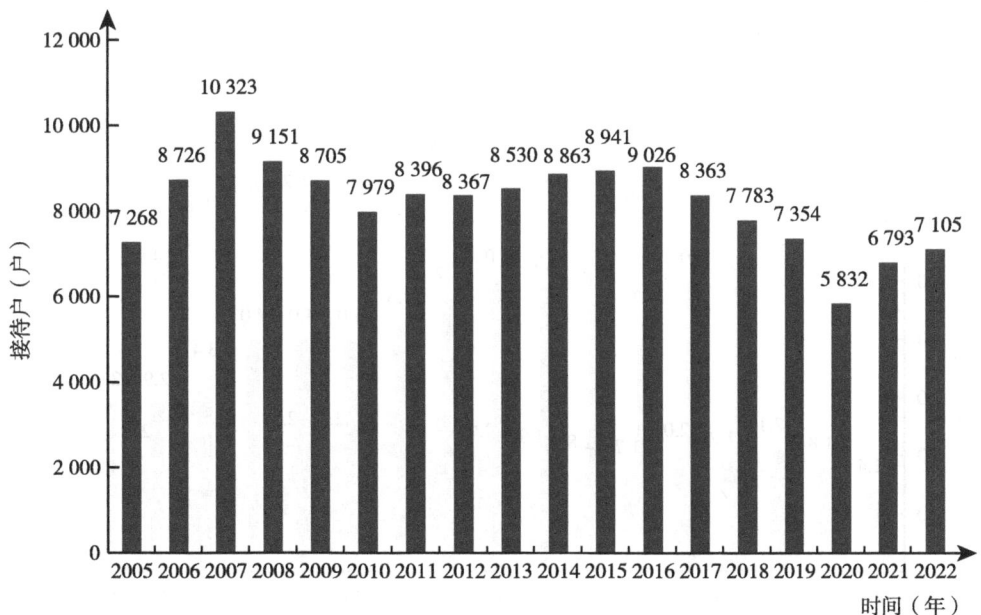

图3-3　2005—2022年北京市民俗接待户的数量变化

数据来源：历年《北京市统计年鉴》。

9 000~10 000 户有 2 年,而低于 7 000 户的也只有 2 年,即 2020—2021 年。2008—2016 年全市民俗接待户数总体保持稳定,2016 年后逐渐减少,至新冠疫情初年(2020 年)降至最低,只有 5 832 户。

(二)从业人员

1. 休闲农业

2005—2022 年北京休闲农业高峰期的从业人员数量整体上呈波动下降趋势。2007 年从业人员达到了最高值 7.2 万人(图 3-4),之后开始波动下降,2010 年主要受休闲农园从业人员数量下降的影响,总的从业人员数量下降至 6.0 万人;之后一直在 6.0 万~7.0 万人徘徊,2019 年跌破 6.0 万人(5.8 万人);2020 年叠加新冠疫情影响,从业人员跌破 5.0 万人,降至历史最低值 4.9 万人;2021—2022 年小幅回升,超过了 5.0 万人。

2. 休闲农园

2005—2022 年北京市休闲农园高峰期从业人员数量的变化与整个产业的变化趋势高度一致,呈波动下降趋势。最高峰出现在 2006 年,达到 5.3 万人(图 3-4);从 2016 年起,从业人员数量低于 2005 年,疫情期间降至最低,只有 2.9 万人。2005—2018 年,从业人员数均高于 4 万人;2018 年起,受大棚房整治和

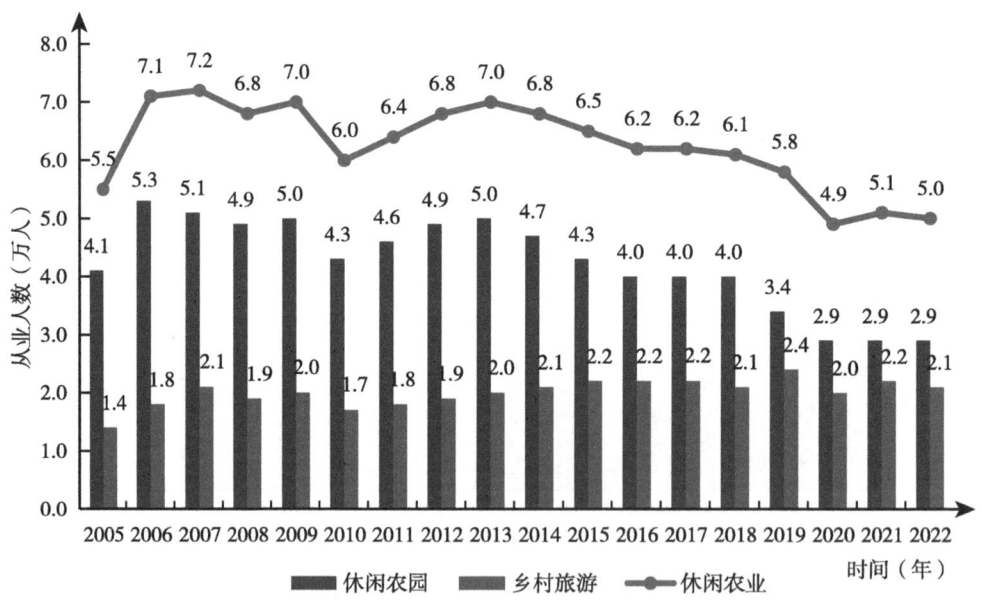

图 3-4　2005—2022 年北京休闲农业从业人数

新冠疫情影响,从业人员大幅缩减,2018年跌破4万人(达3.4万人),2019年起跌破3万人(达2.9万人),降幅分别达到了15.0%和14.7%。

3. 乡村旅游

2005—2022年,北京市乡村旅游高峰期从业人员数量在经历了2年短暂的上升之后,就进入了平台期,整体呈稳定态势。除2005年、2006年、2008年、2010年、2011年这5年低于2万人之外,其他13个年份均高于2万人,最高值出现在2019年,达2.4万人(图3-4)。

(三)接待人次

1. 休闲农业

从图3-5可以看出,2005—2022年间北京市休闲农业接待人次呈单峰曲线。2005—2016年间呈快速上升趋势,至2016年达到历史峰值的4 548万人次,11年间上升了1.75倍,年均增幅为9.6%;随后进入断崖式下跌阶段,至2020年叠加新冠疫情影响降至1 877万人次,接近2005年的水平,4年间下降幅度达58.7%,年均下降19.8%;2021年北京对新冠疫情的精准防控,促进了休闲农业的发展,2020年被压抑的休闲需求得到释放,出现了同比增长34.2%反弹;但2022年的疫情反复,又使得接待人次降至2 000万人次以下

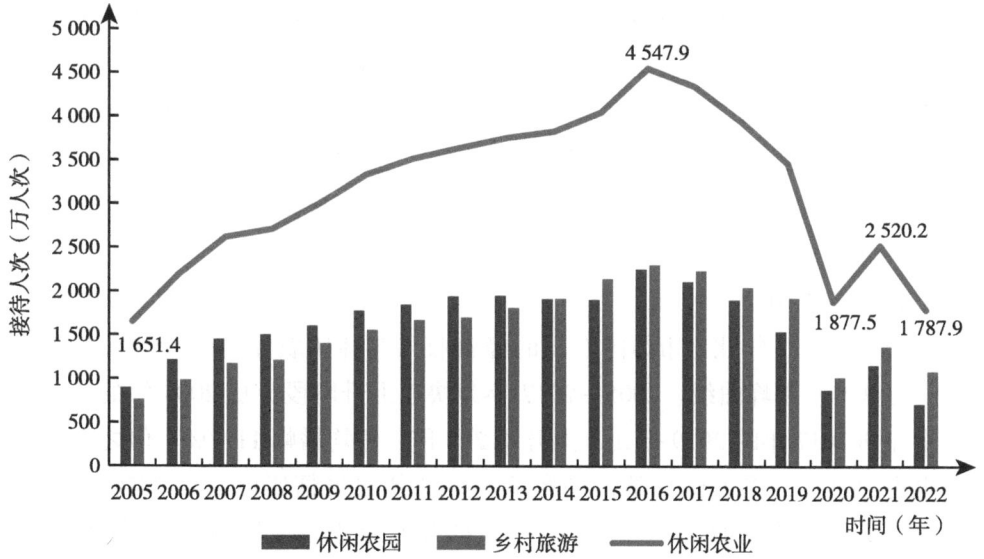

图3-5 2005—2022年北京市休闲农业接待人次

数据来源:历年《北京市统计年鉴》。

（1 788万人次）。

从图3-5还可以看出，2005—2013年，休闲农园的接待人次均高于乡村旅游接待人次，每年保持130万~300万人次的差距；2014年起乡村旅游接待人次超过休闲农园，平均每年高出185万人次。

2. 休闲农园

2005—2022年间，休闲农园的接待人次基本呈单峰曲线。2016年为历史最高值2 250万人次，受新冠疫情影响的2020年出现了最低值（867万人次），甚至低于2005年（892万人次）。2021年虽有回升，但2022年又降至最低点，只有707万人次。

3. 乡村旅游

2005—2022年间，乡村旅游的接待人次也基本呈单峰曲线。与休闲农园一样，峰值出现在2016年，达到历史最高值2 297万人次；同样，受新冠疫情影响，2020年跌至1 010万人次，仅高于2005年（759万人次）。2021年虽有回升，但2022年又降至1 080万人次。

（四）经营收入

1. 休闲农业

2005—2022年北京休闲农业的经营收入变化基本呈单峰曲线。2005—2017年为快速上升阶段，从2005年的11.0亿元增加到2017年的44.1亿元，上升了3倍，年均增幅12.3%；但之后的下降却更为迅速，受大棚房整治、乡村旅游转型升级的影响，叠加新冠疫情影响，至2020年降至25.0亿元，年均降幅17.2%；2021—2022年在动态清零防疫政策的保障下，北京休闲农业经营收入出现了约30.0%的回升。

2. 休闲农园

2005—2022年北京市休闲农园的经营收入与休闲农业的经营收入趋势相同，也基本呈单峰曲线。2005—2017年为快速上升阶段，从2005年的7.9亿元增加到2017年的29.9亿元，上升了2.8倍，年均增幅11.7%；但之后的下降也更为迅速，受大棚房整治的影响，叠加新冠疫情影响，至2020年降至15.5亿元，年均降幅19.7%；2021—2022年在动态清零防疫政策的保障下，休闲农园经营收入出现了18.7%的回升。

3. 乡村旅游

2005—2021年北京市乡村旅游的经营收入与休闲农业的经营收入趋势基

本相同，呈单峰曲线，只是比后者的峰值早了一年。2005—2016 年为快速上升阶段，从 2005 年的 3.1 亿元增加到 2016 年的 14.4 亿元，增加了 3.6 倍，年均增幅 15.0%；但之后进入下降通道，受新冠疫情影响，至 2020 年降至 9.5 亿元，年均降幅 9.9%；2021—2022 年在动态清零防疫政策的保障下，乡村旅游经营收入出现了 45.0%左右的回升。

从以上分析还可以看出，休闲农园经营收入在休闲农业经营收入中占比较大，前者的升降对后者的影响大于乡村旅游，见图 3-6。

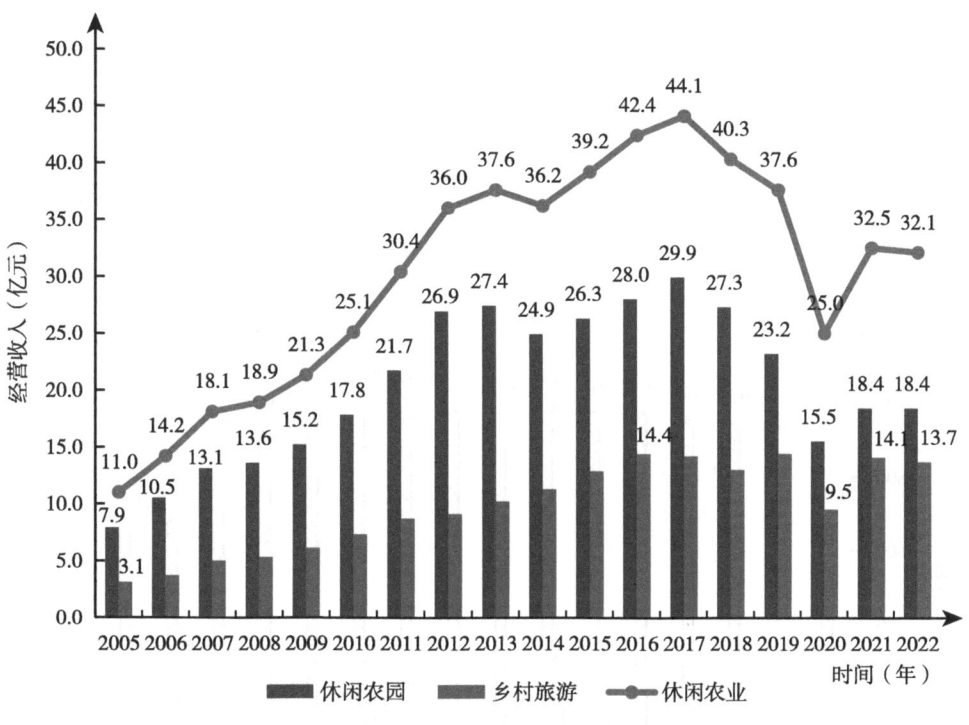

图 3-6　2005—2022 年北京休闲农业经营收入

二、产业布局变化

因为地理位置、休闲农业资源禀赋和政策力度不同，各区的休闲农业发展状况大相径庭。从北京休闲农业的布局来看，平原和山区的资源各有优势，而远郊山区因地形地貌多样、环境优美、乡风淳朴、文化多元而独具特点，发展休闲农业具有独特优势。本节将从近郊平原、远郊平原、远郊山区 3 个区域对北京休闲农业的布局变化进行分析。

(一)休闲农园的布局变化

从图3-7可以看出,北京的休闲农园主要分布在远郊山区,2005—2022年间基本呈单峰曲线变化,2009—2010年达978个农园,之后开始缓慢下降,至2020年降至665个农园,甚至低于2005年(683个);远郊平原的休闲农园变化与远郊山区类似,只是峰值出现在2011年,达326个,至2020年降至154个,同样也低于2005年(163个);近郊平原的休闲农园数量变化则与前两者相反(有此消彼长的互补态势),略呈"U"形变化,即两端高、中间低,但其规模始终很小,为80~180个农园。近郊平原:远郊平原:远郊山区休闲农园数量大体上是1:2:9。

从各区休闲农园数量来看,位于前五位的是怀柔、平谷、昌平、密云和房山,年均休闲农园数量分别为194个、184个、182个、140个、91个,其他区的休闲农园数量年均在90个以下,这5个区的休闲农园数量约占全市的66%。

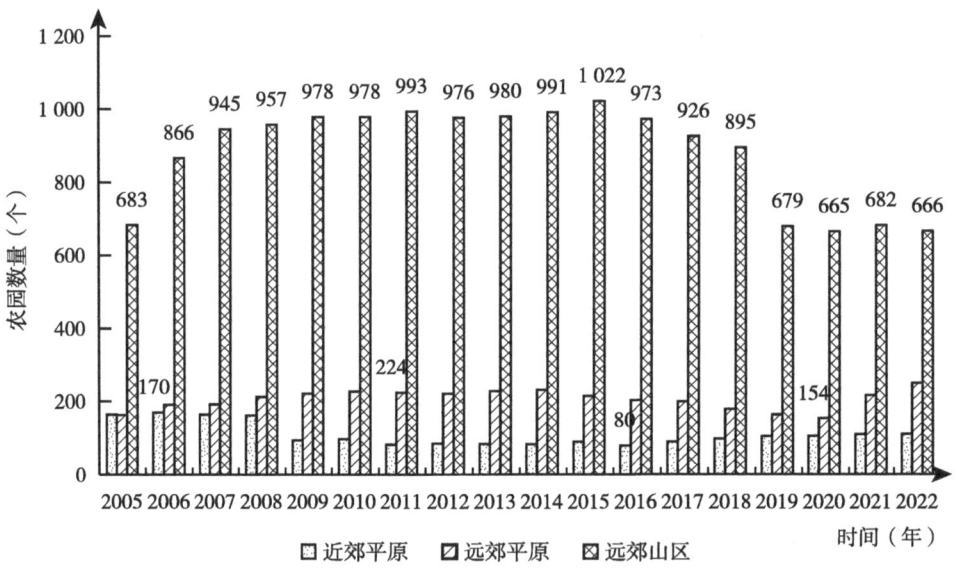

图3-7 2005—2022年北京休闲农园分布变化

(二)乡村旅游的布局变化

从图3-8可以看出,近郊平原、远郊平原、远郊山区乡村旅游经营主体的数量差异比休闲农园更大,其比例大体上是1:6:210。2005—2022年间,近郊平原的乡村旅游经营主体数量最多时也不足 80 户，基本呈下降趋势，至 2022 年仅存 10 户，相比最高值下降了 86.7%。远郊平原的乡村旅游经营主体数量在 2007 年达到最高峰（359 户），之后便呈波动下降趋势；至新冠疫情初年（2020 年）达最低点（123 户），相比最高值下降了 65.7%；新冠疫情 3 年（2020—2022 年）乡村旅游经营主体数量变化不大。远郊山区的乡村旅游经营主体数量比近郊平原和远郊平原大得多，在 6 000~10 000 之间；2007 年达到历史最高值 9 917 户，接近 1 万户大关，之后呈波动下降趋势；至 2020 年叠加新冠疫情影响降至 6 000 户以下（5 695 户），相比最高值下降了 42.6%，甚至比 2005 年还低了 18.0%；新冠疫情后两年（2021—2022 年）乡村旅游经营主体数量有小幅回升。

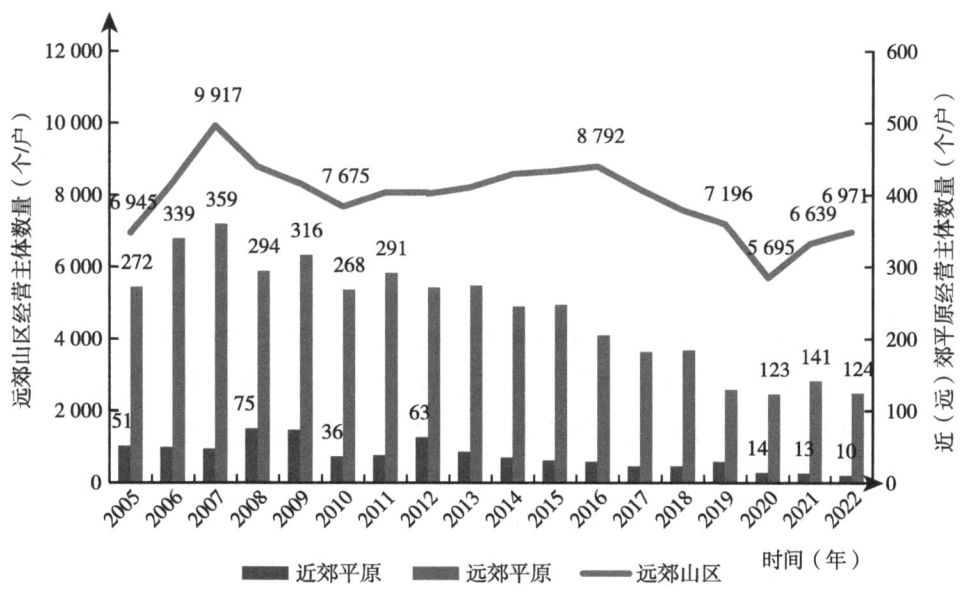

图 3-8　2005—2022 年北京乡村旅游经营主体分布变化

从各区乡村旅游经营主体数量来看，位于前五位的是平谷、密云、怀柔、房山和延庆，年均经营主体分别为 1 730 户、1 651 户、1 494 户、1 299 户和 901 户，这 5 个区的乡村旅游经营主体数量约占全市的 86%。

各区 2005—2022 年经营主体、从业人员、接待人次、经营收入变化的详细情况见本章第二节。

（三）小结

（1）从产业发展规模来看，休闲农业的需求弹性大，其发展容易受到各种因素的影响。经济与社会因素是休闲农业发展的内生动力，但这一动力的驱动程度受政策影响较大。换句话说，产业的促进政策能够与内生动力起到协同作用，休闲农业的发展受政策因素影响较大。但持续3年的新冠疫情又显示出突发公共卫生事件对休闲农业的巨大影响。

（2）从休闲农业接待人次的变化趋势来看，乡村旅游的需求比农业观光的需求更为旺盛，乡村民宿的发展应该得到更多的关注。

（3）从休闲农业高峰期从业人员数量来看，休闲农园比乡村旅游能够吸纳更多的劳动力，这与农业的季节性有关；但乡村旅游吸纳农村劳动力的能力更加稳定。

（4）从休闲农业经营主体的布局变化来看，远郊山区的数量远大于远郊平原和近郊平原。近郊平原：远郊平原：远郊山区休闲农园数量大体上是1：2：9，乡村旅游经营主体数量大体上是1：6：210。平谷、密云和怀柔的休闲农业经营主体数量居全市前三位，年平均分别为1 914个、1 791个和1 688个。

三、产业发展分析

在产业规模与产业布局变化的同时，休闲农业的经营主体结构、主体接待能力、就业吸纳能力，人均消费、产业经营收入与农业产值之比、产业经营收入的影响因素、产业的间接经济价值等，这些与产业发展能力密切相关的指标也在发生着变化。

（一）休闲农业结构变化分析

1. 经营主体结构变化

从图3-9可以看出，2005—2022年间，民俗接待户在休闲农业经营主体中占有绝对优势，比重为86%~89%，平均87.2%；休闲农园经营主体平均占比只有12.8%；前者是后者的6.8倍。

2. 从业人员结构变化

从图3-10可以看出，2005—2022年间，休闲农园的高峰期从业人员在休闲农业就业人员中占有相对优势，为56%~75%，平均67.4%；但所占比重呈不断下降趋势，从2005年的74.5%下降到2021年的56.9%，年均下降1.1个百分点；乡村旅游高峰期从业人员在休闲农业中的平均占比只有32.6%；前者是后者的 2.1 倍。

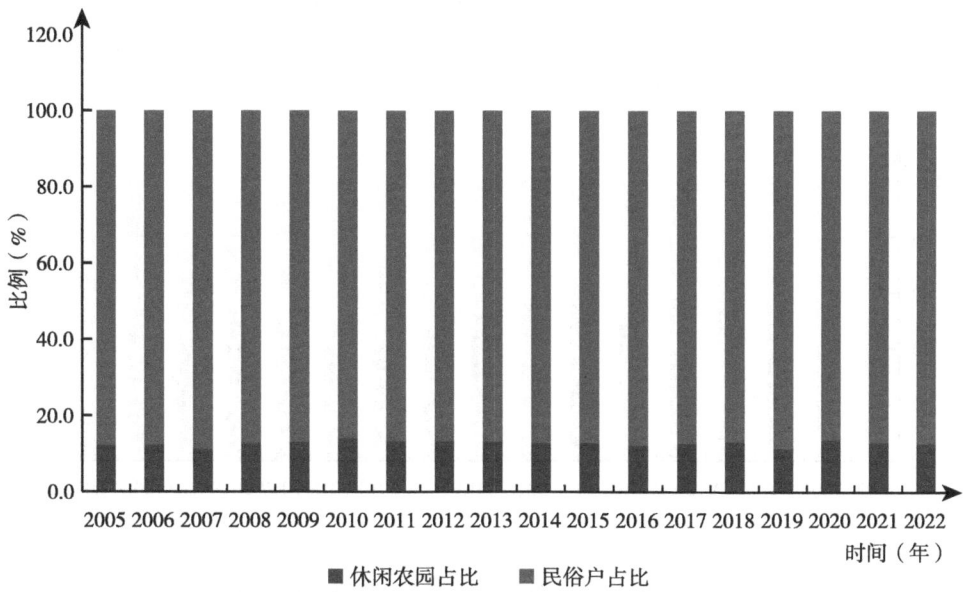

图 3-9　2005—2022 年北京休闲农业经营主体结构变化

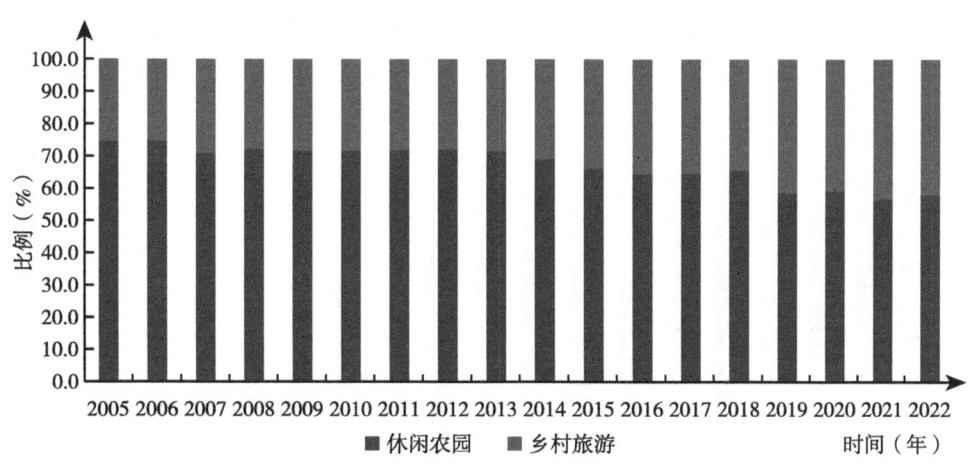

图 3-10　2005—2022 年北京休闲农业高峰期从业人员结构变化

3. 接待人次结构变化

从图 3-11 可以看出，2005—2022 年间，休闲农园与乡村旅游在产业接待人次上所占比重呈此消彼长的趋势。2014 年为两者比重变化的分水岭，各占一半；2015年之前休闲农园的接待人次占据一半以上，在50%~56%；2015年之后，乡村旅游接待人次比重开始超过一半，在50%~61%，并呈不断上升趋势。2005—2022年间休闲农园接待人次在休闲农业接待人次中所占比重平均为50.2%，稍高于乡村旅游所占比重（49.8%）。

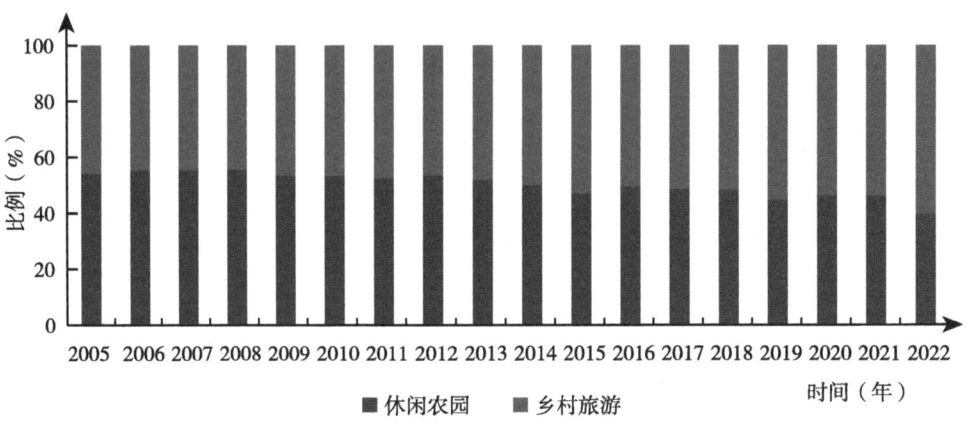

图3-11　2005—2022年北京休闲农业接待人次结构变化

4. 经营收入结构变化

从图3-12可以看出，2005—2022年间，休闲农园的经营收入在休闲农业的经营收入中占有相对优势，占比在56%~74%，平均68.1%，但所占比重呈

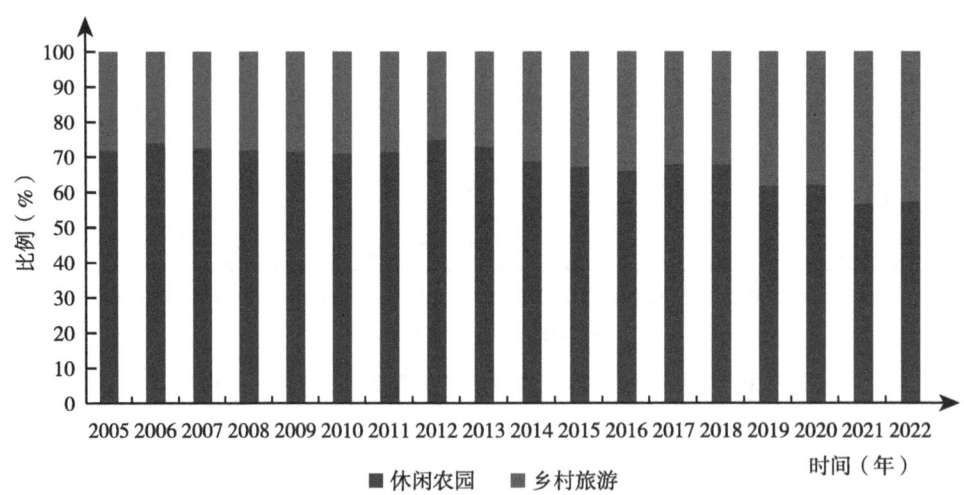

图3-12　2005—2022年北京休闲农业经营收入结构变化

不断下降趋势，从2006年的最高点73.9%下降到2021年的56.6%，年均下降1.5个百分点；乡村旅游经营收入在休闲农业中的平均占比只有31.9%；前者是后者的2.1倍。

（二）休闲农业的接待能力分析

从休闲农业单个经营主体的接待能力来看，2005—2022年每个经营主体的接待能力在9 000~18 000人，其变化也基本呈单峰曲线。2005年，每个经营主体的接待能力为8 800人，至2016年上升至17 900人（园·户），增加了1倍。随后进入下降通道，新冠疫情初年（2020年）降至9 400人（园·户），下降了47.5%，接近2005年的接待能力（图3-13）。

从休闲农园和乡村旅游的角度来看，休闲农园的接待能力要远高于乡村旅游，2005—2022年间前者的平均接待能力（1.31万人次/园）是后者（0.19万人次/户）的6.8倍，两者依次在2016年和2017年达到接待能力最高峰，分别达到1.79万人次/园和0.27万人次/户。随后进入下降通道，2022年分别

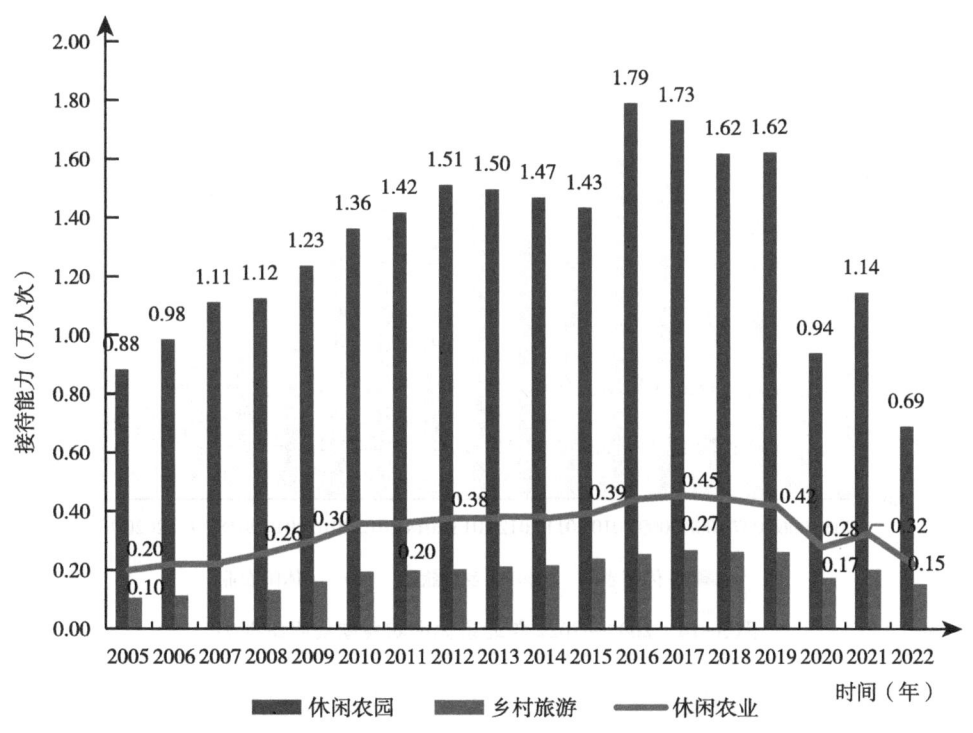

图3-13　2005—2022年北京休闲农园和乡村旅游接待能力

下降至 0.15 万人次/园和 0.22 万人次/户。形成这种巨大的能力差距与这两种业态单个主体的容纳空间直接相关。休闲农园的空间一般较大，至少比乡村旅游接待户的经营空间要大得多，在同一时间内可以容纳更多的游客，因而接待能力更强。

（三）休闲农业的就业吸纳能力

与经营主体数量、就业人员数量、接待人次和经营收入的单峰曲线变化相比，休闲农业的就业吸纳能力（单个经营主体的就业人数）却呈相对稳定态势。2005—2022 年每个经营主体的就业吸纳能力在 6.1~7.2 人（园·户），反倒是新冠疫情初年的 2020 年，就业吸纳能力最高，达 7.2 人（园·户）（图 3-14）。

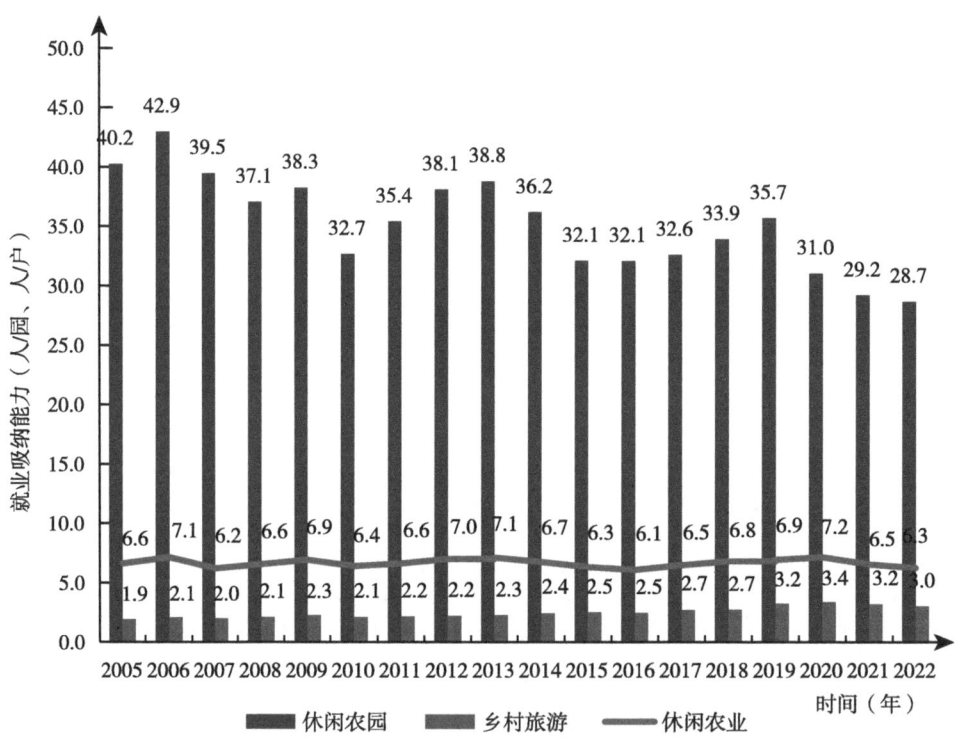

图 3-14　2005—2022 年北京休闲农业就业吸纳能力

从休闲农园的角度来看，2005—2022 年单个经营主体的就业吸纳能力基本呈缓慢下降趋势，峰值出现在 2006 年，达到 42.9 万人次（园），之后开始波动下降，至 2022 年下降至最低点，28.7 万人次（园），下降了 33.1%。

从乡村旅游的角度来看，2005—2022 年单个经营主体的就业吸纳能力略呈缓慢上升趋势。乡村旅游的就业吸纳能力最高值出现在 2020 年，为 3.4 人（户），最低值为 2005 年的 1.9 人（户），上升了 78.9%。虽然上升幅度不小，但就业能力空间有限，绝对值只增加了 1.5 人（户）。

总的来看，休闲农园的就业吸纳能力要远高于乡村旅游，2005—2022 年间前者的平均就业吸纳能力（35.2 人/园）是后者（2.5 人/户）的 14.2 倍。形成这种巨大的能力差距与两种业态的经营规模直接相关。休闲农园的规模一般较大，农业生产和观光采摘需要更多的劳动力；而乡村旅游一般为农户自主经营，以自家劳动力为主，少量雇佣服务人员，因而，乡村旅游的就业吸纳能力较弱。

（四）休闲农业的人均消费分析

尽管休闲农业经营主体、高峰期从业人员、接待人次和经营收入都表现出了单峰曲线的变化趋势，但人均消费水平却基本上呈波动上升趋势（图 3-15），

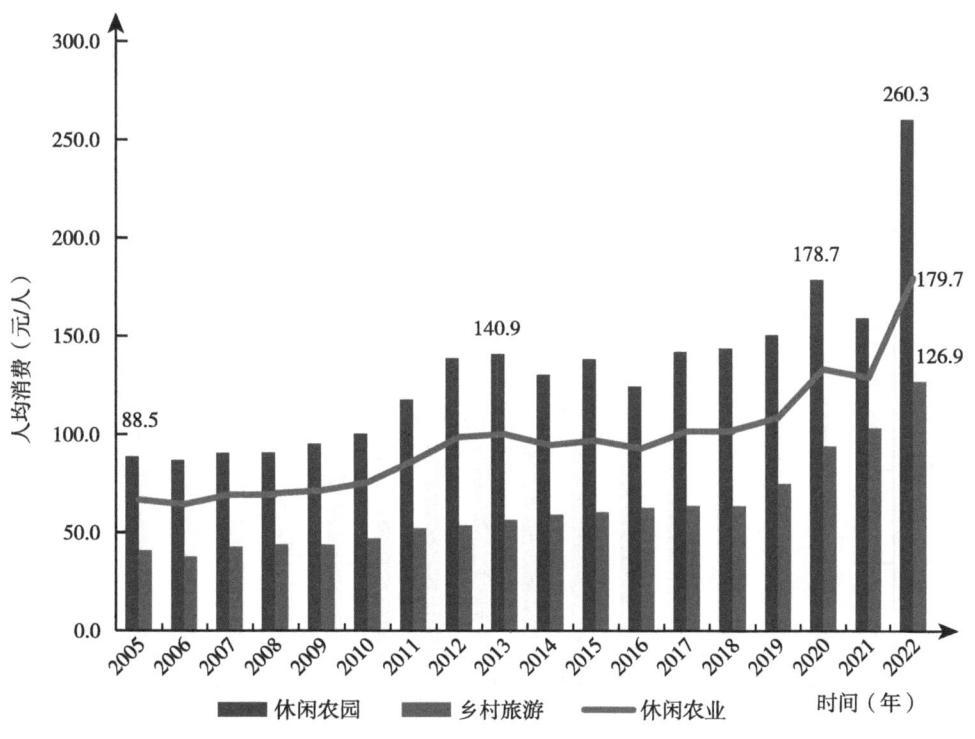

图 3-15　2005—2022 年北京休闲农业人均消费

从2005年的66.6元/人上升到2022年的最高点179.7元/人，增加了1.7倍。2005—2022年间休闲农业人均消费平均为96.7元/人，超过100元的年份只有7年，分别是2013年、2017—2022年（图3-15）。

从不同业态来看，休闲农园的人均消费能力比乡村旅游要高，前者（平均132.1元/人）是后者（62.6元/人）的2.1倍。休闲农园人均消费从2005年的88.5元/人上升到2022年的260.3元/人，上升了1.9倍，只在2014年、2016年和2021年这3年出现了波动；乡村旅游人均消费却一直呈上升趋势，从2005年的40.8元/人上升到2022年的126.9元/人，增加了2.1倍。

（五）休闲农业经营收入与农业产值之比分析

农林牧渔业总产值（以下简称"农业总产值"）与休闲农业收入的比值可以衡量后者在农业发展中的地位。

2005—2022年间，北京农业总产值与休闲农业收入之比呈不断下降趋势，表明休闲农业的增收能力在不断上升，在北京都市现代农业发展中的地位不断增强。2005年北京农业总产值与休闲农业收入之比为21.7∶1，至2017年降至7.0∶1，近几年这一比值虽有所回升，但也一直在低位徘徊，2022年为8.4∶1（图3-16）。

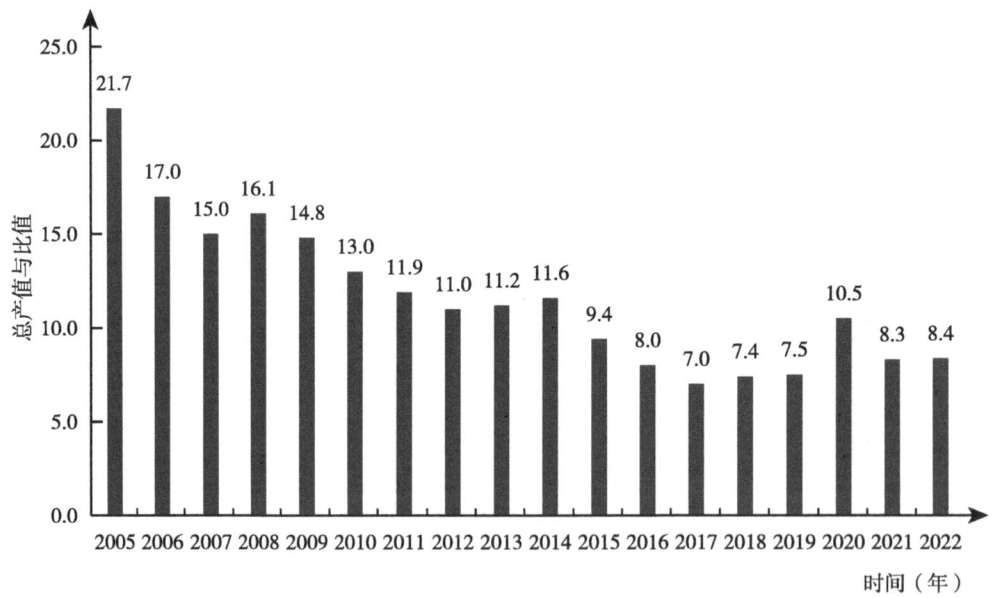

图3-16　2005—2022年北京农业总产值/休闲农业收入

第三章 近20年来北京休闲农业的发展变化

（六）影响休闲农业经营收入因素的灰色关联分析

从产业层面来看，休闲农业经营收入主要受经营主体数量、高峰期从业人员、接待人次三大因素的影响。为衡量每项因素对休闲农业经营收入影响的大小，采用灰色关联度法对2005—2022年间这三大因素变化与休闲农业发展关系进行分析，从结果（表3-1）可以看出，接待人次对休闲农业的经营收入影响最大，关联度值为0.7355，为高度关联；其次依次是高峰期从业人员数量和经营主体数量，关联度值分别为0.5931和0.5814，均为中度关联。

表3-1　影响休闲农业经营收入3因素的灰色关联分析

序号	影响因素	单位	灰色关联度值	排序
1	接待人次	万人次	0.7355	1
2	从业人员数量	人	0.5931	2
3	经营主体数量	个	0.5814	3

从产业内部不同业态的层面来看，影响休闲农业经营收入的因素有休闲农园数量、乡村旅游经营主体数量、休闲农园从业人员数量、乡村旅游从业人员数量、休闲农园接待人次、乡村旅游接待人次、休闲农园经营收入、乡村旅游经营收入等。采用灰色关联分析法对2005—2022年间这8项因素对休闲农业收入的影响度大小进行分析，结果表明（表3-2），休闲农园经营收入与休闲农业经营总收入关联度最高，灰色关联度值为0.8754；其次是乡村旅游接待人次和乡村旅游收入，关联度值为0.8左右；影响度最小的是休闲农园数量、乡村旅游经营主体数量、休闲农园从业人员数量，关联度值在0.57~0.60。除休闲农园经营收入、乡村旅游接待人次、乡村旅游收入3个指标为高度关联外，其余5个指标均为中度关联。

表3-2　影响休闲农业经营收入8因素的灰色关联分析

序号	影响因素	单位	灰色关联度值	排名
1	休闲农园经营总收入	亿元	0.8754	1
2	乡村旅游接待人次	万人次	0.7829	2
3	乡村旅游总收入	亿元	0.7823	3
4	休闲农园接待人次	万人次	0.6877	4

(续表)

序号	影响因素	单位	灰色关联度值	排名
5	乡村旅游从业人员	人	0.679 6	5
6	休闲农园数量	户	0.596 2	6
7	乡村旅游经营主体数量	个	0.595 5	7
8	休闲农园从业人员	人	0.570 5	8

需要说明的是，休闲农业经营收入是多因素影响的共同结果，除产业内部的影响因素外，还有很多产业外部因素，例如区域经济发展水平、交通便利程度、城镇居民人均可支配收入、消费观念、休闲农业推广力度、休闲农业品牌影响力等。鉴于时间与精力所限，这里只做产业内部因素影响分析，不做外部影响因素分析。

（七）休闲农业的间接经济价值分析

从 2006 年起，北京市统计局每年发布《北京都市型现代农业生态服务价值监测公报》，对农业的间接经济价值进行估算，2009 年对评价指标进行了调整。北京都市型现代农业的间接经济价值主要有"文化旅游服务价值""景观增值价值"和"水电蓄能价值"。从数值来看，水电蓄能价值占农业间接经济价值的比重不足 1%，文化旅游服务和景观在农业间接经济价值中的占比高达 99% 以上，很显然，这些价值主要由休闲农业所创造。因此，休闲农业不仅通过休闲农园和乡村旅游这两种经营业态形成直接的经济收入，而且还在景观营造、生态保护、环境改善、文化开发、旅游服务等方面提升农业的文化旅游服务价值和景观增值价值。如果把休闲农业的文化旅游服务价值和景观增值价值称之为"隐性价值"，那么，休闲农业的直接经营收入则可称之为"显性价值"。分析认为，休闲农业的隐性和显性价值具有以下特点。

1. 北京休闲农业的隐性价值远大于其显性价值

根据北京市统计局发布的《北京都市型现代农业生态服务价值监测公报》，2009—2022 年北京休闲农业的隐性价值在 800 亿~1 300亿元（图 3-17），而同期其显性价值只有 20 亿~50 亿元，隐性价值远高于其显性价值，前者为后者的 27~44 倍，平均为 33 倍。由此看来，推进休闲农业发展不仅可以带来巨大的直接经济效益，同时也具有更为巨大的间接经济价值。

2. 北京休闲农业的显性价值较隐性价值的增长明显

从发展趋势看，扣除 2020—2022 年的新冠疫情影响，2009—2019 年，北京休闲农业的隐性价值和显性价值均呈上升趋势，隐性价值从 2009 年的 931.7 亿元上升到 2019 年的 1 301.1 亿元，提高了 39.6%；同期显性价值也从 21.3 亿元上升到 2019 年的 37.6 亿元，上升了 76.5%。显性价值上升幅度大于隐性价值，前者比后者高了 36.9 个百分点（图 3-17）。

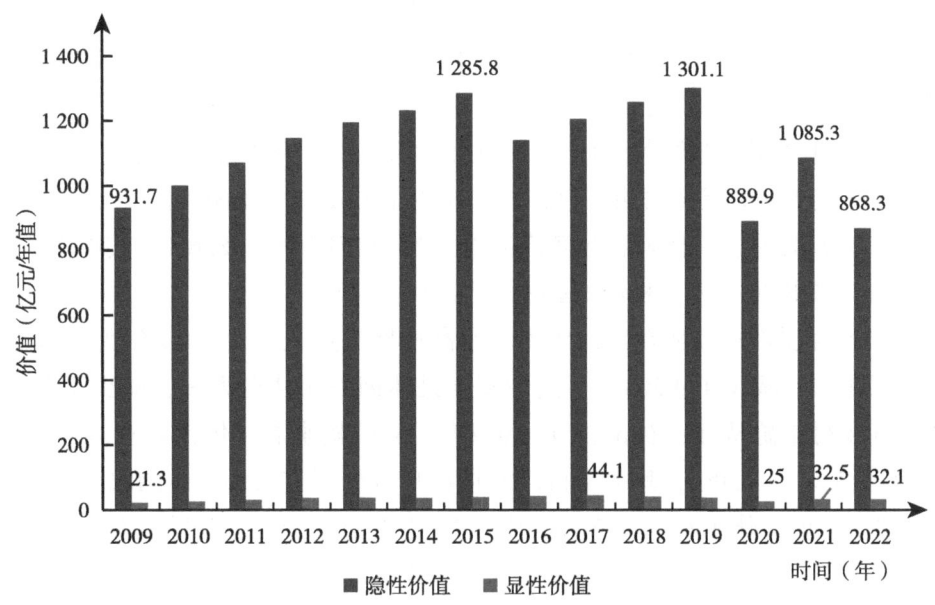

图 3-17　2009—2022 年北京休闲农业的隐性价值与显性价值

3. 北京休闲农业的隐性价值与显性价值波动基本同步

从 2009—2022 年休闲农业的隐性价值与显性价值的波动趋势来看，两者基本同步，其相关系数①达 0.789，具有极强相关性。休闲农业的隐性价值依托于其显性价值而存在，两者又具有极强的相关性，因此，提高休闲农业的显性价值有助于提高其隐性价值。

（八）休闲农业疫后恢复情况分析

2020 年初突如其来的新冠疫情，使得全国经济与社会发展按下了暂停

---

① 相关系数：0.8~1.0 极强相关；0.6~0.8 强相关；0.4~0.6 中等程度相关；0.2~0.4 弱相关；0.0~0.2 极弱相关或无相关。

键，北京也不例外，北京的休闲农业也受到了极大影响。新冠疫情持续了3年，由于疫情反复，相应的防控措施也实施了3年，于2022年底结束。这里以2019年为基准年，2020—2022年为受疫情影响年，以2023年为恢复年，量化分析新冠疫情对北京休闲农业的影响，以及疫后的恢复情况。

1. 新冠疫情对休闲农业的影响

尽管受影响的是2020—2022年，但2020年是受新冠疫情影响的第一年，而且从经营收入来看，也是受影响最大的一年。因此，这里先对2020年的休闲农业发展做一个重点分析。

2020年休闲农业经营主体比2019年大幅减少。从数量来看，减少1 545个，其中绝大多数是乡村旅游接待户，减少了1 522户，而休闲农园只减少了23个；从减幅来看，休闲农业经营主体比2019年减少了18.6%，其中乡村旅游接待户减少20.7%，休闲农园减少了2.4%。

2020年受新冠疫情影响，休闲农业高峰期从业人员比2019年大幅减少。从数量来看，减少了9 203人，其中多半是休闲农园从业人员，减少了5 109人，而乡村旅游从业人员减少了4 094人；从减幅来看，休闲农业高峰期比2019年减少了16.0%，其中乡村旅游接待户减少了17.3%，休闲农园减少了15.1%。同时，休闲农业接待人次比2019年大幅减少。从数量来看，减少了1 580.6万人次，其中乡村旅游接待人次减少了909.8万人次，休闲农园减少了670.8万人次；从减幅来看，休闲农业接待人次比2019年减少了45.7%，其中乡村旅游接待人次减少了47.4%，休闲农园减少了43.6%。受新冠疫情影响，休闲农业经营收入也比2019年大幅减少。从数量来看，减少了12.6亿元，其中，乡村旅游经营总收入减少了4.9亿元，休闲农园经营总收入减少了7.7亿元；从减幅来看，休闲农业经营收入比2019年减少了33.5%，其中乡村旅游减少了34.0%，休闲农园减少了33.2%。

综上所述，受新冠疫情影响，2020年北京休闲农业的各项指标均大幅下降。其中下降幅度最大的是接待人次（-47.4%），其次是经营总收入（-33.5%），然后是经营主体数量（-18.6%），下降幅度最小的是高峰期从业人员（-16.0%）。

从2020—2022年疫情期间休闲农业的发展情况来看，经营主体数量呈不断上升趋势，从2020年的6 757个提高到8 132个，约为疫情前（2019年）的

98.0%，是疫情期间最为突出的亮点。高峰期从业人员数量在2020年有较大下降，后两年又有小幅回升，稳定在5.1万人左右，约为疫情前（2019年）的8/9。接待人次除2021年有一个较大回升外，2020年和2022年均为1 800万人左右，仅为疫情前（2019年）的1/2。经营收入在2020年大幅下降之后，由于疫情期间的出京限制，导致京内游需求大涨，随之而来的是价格上涨，最终体现为休闲农业与乡村旅游的经营收入大幅回升，2021—2022年稳定在32亿元以上，约为疫情前（2019年）的6/7。

可以看出，与疫情第一年（2020年）相比，2021—2022年北京休闲农业呈现恢复态势。至疫情末年（2022年），北京休闲农业的经营主体、高峰期从业人员、接待人次、经营收入分别恢复到了疫情前（2019年）的98.0%、88.5%、51.7%和85.4%。其中，休闲农园的各项指标分别恢复到了疫情前的108.3%、87.1%、46.0%和79.3%；乡村旅游的各项指标分别恢复到了疫情前的96.6%、90.5%、56.3%和95.1%。

综上所述，休闲农园在经营主体数量和接待人次上比乡村旅游恢复得要快，乡村旅游在高峰期从业人员与经营总收入上比休闲农园恢复得要快。

2. 休闲农业的恢复情况

2023年是疫情结束后的第一年，也是休闲农业快速恢复的一年。北京市紧紧抓住疫后旅游市场恢复和出游需求井喷的机遇，休闲农业主管部门以"十百千万"畅游行动推介会为载体，大力推介全市休闲农业的重点县、重点镇、美丽休闲乡村、精品旅游线路、星级园区和等级民宿；各经营主体也各显其能，以丰富多彩的活动设计，以新媒体为主进行多渠道宣传，吸引游客到乡村旅游。2023年，北京休闲农业与乡村旅游接待游客2 210.1万人次，比上年增长23.6%，实现收入36.2亿元，增长12.7%。

但与疫情前（2019年）相比，休闲农业与乡村旅游各指标的恢复情况却各不相同。经营收入与疫情前（2019年）相比，恢复较好，达2019年的96.3%，其中休闲农园的经营收入达2019年的91.4%，乡村旅游的经营收入达2019年的104.2%；相比较而言，接待人次的恢复情况不甚理想，只恢复到2019年的63.9%，其中，休闲农园的接待人次只恢复到2019年的60.9%，乡村旅游的接待人次恢复至2019年的66.3%。

北京休闲农业受新冠疫情影响及疫后恢复情况，见表3-3。

表 3-3　北京休闲农业受新冠疫情影响及恢复情况

	项目	2019 年	2020 年	2021 年	2022 年	2023 年	2020 年*影响	2021 年*影响	2022 年*影响	2023 年*恢复
休闲农园	休闲农园数量（个）	948	925	1 009	1 027	—	-2.4	6.4	8.3	—
	高峰期从业人员（人）	33 815	28 706	29 451	29 441	—	-15.1	-12.9	-12.9	—
	接待人次（万人次）	1 538	867.2	1 154.5	707.0	936.2	-43.6	-24.9	-54.0	60.9%
	经营总收入（亿元）	23.2	15.5	18.4	18.4	21.2	-33.2	-20.7	-20.7	91.4%
乡村旅游	乡村旅游接待户（户）	7 354	5 832	6 793	7 105	—	-20.7	-7.6	-3.4	—
	高峰期从业人员（人）	23 720	19 626	21 607	21 463	—	-17.3	-8.9	-9.5	—
	接待人次（万人次）	1 920.1	1 010.3	1 365.7	1 080.9	1 273.9	-47.4	-28.9	-43.7	66.3%
	经营总收入（亿元）	14.4	9.5	14.1	13.7	15.0	-34.0	-2.1	-4.7	104.2%
休闲农业	经营主体（个、户）	8 302	6 757	7 802	8 132	—	-18.6	-6.0	-2.0	—
	高峰期从业人员（人）	57 535	48 332	51 058	50 904	—	-16.0	-11.3	-11.5	—
	接待人次（万人次）	3 458.1	1 877.5	2 520.2	1 787.8	2 210.1	-45.7	-27.1	-48.3	63.9%
	经营总收入（亿元）	37.6	25.0	32.5	32.1	36.2	-33.5	-13.6	-14.6	96.3%

注：影响及恢复情况的基准值为2019年疫情首年数值，*即为与2019年的比值。

第二节 北京各区休闲农业的发展变化

一、各区休闲农园的数量变化

（一）近郊平原

1. 朝阳区

朝阳区2005—2018年休闲农园数量总体保持稳定，数量均在10个以上，平均为13个；最高的是2010年，达到了16个。从2019年开始降至7个；2021年降至最低，只有6个（图3-18）。

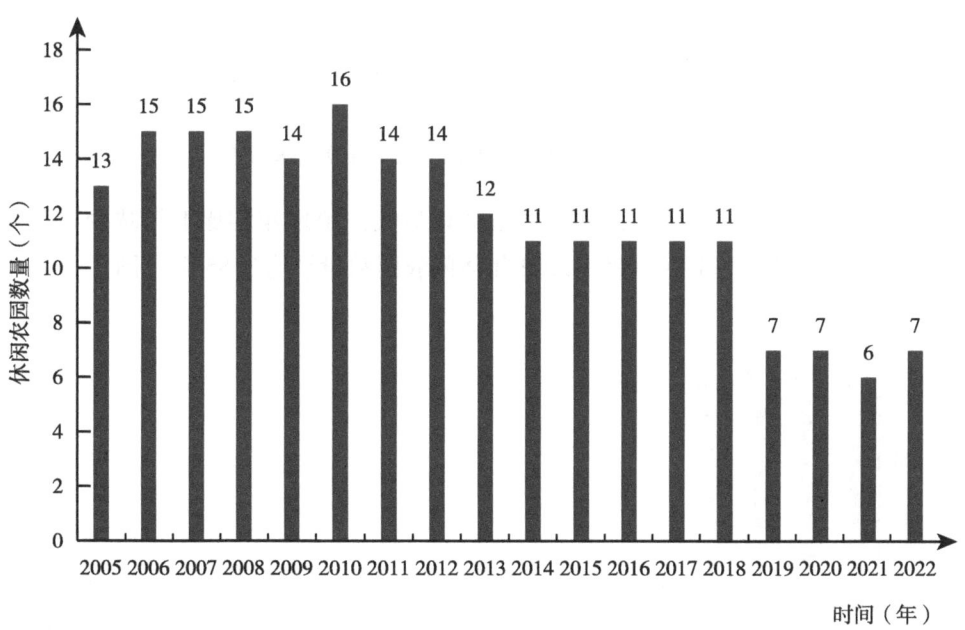

图3-18 朝阳区2005—2022年休闲农园数量变化

2. 丰台区

丰台区2005—2022年休闲农园数量为10~20个，平均为13个。2010—2011年最低，为10个；2022年最高，达到了20个（图3-19）。

3. 海淀区

海淀区2005—2008年休闲农园数量保持在136~139个之间，2006年最多，达到139个；2009—2022年休闲农园数量均在100个以下，最少的年份为2016

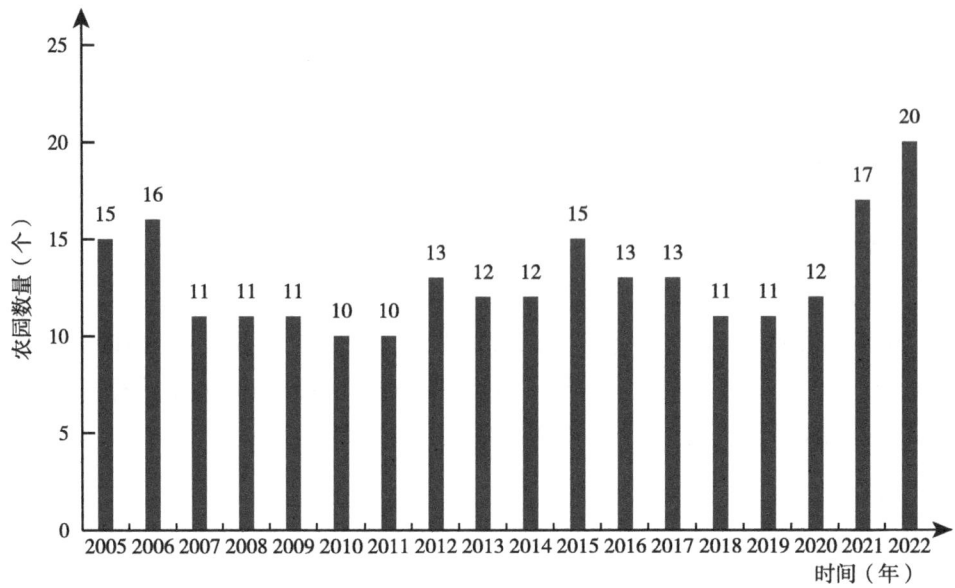

图 3-19　丰台区 2005—2022 年休闲农园数量变化

年，仅有 56 个。2008 年到 2009 年数量变化最大，2009 年相比上年减少 67 个，幅度达到 49.3%。海淀区 2005—2022 年休闲农园数量平均为 85 个（图 3-20）。

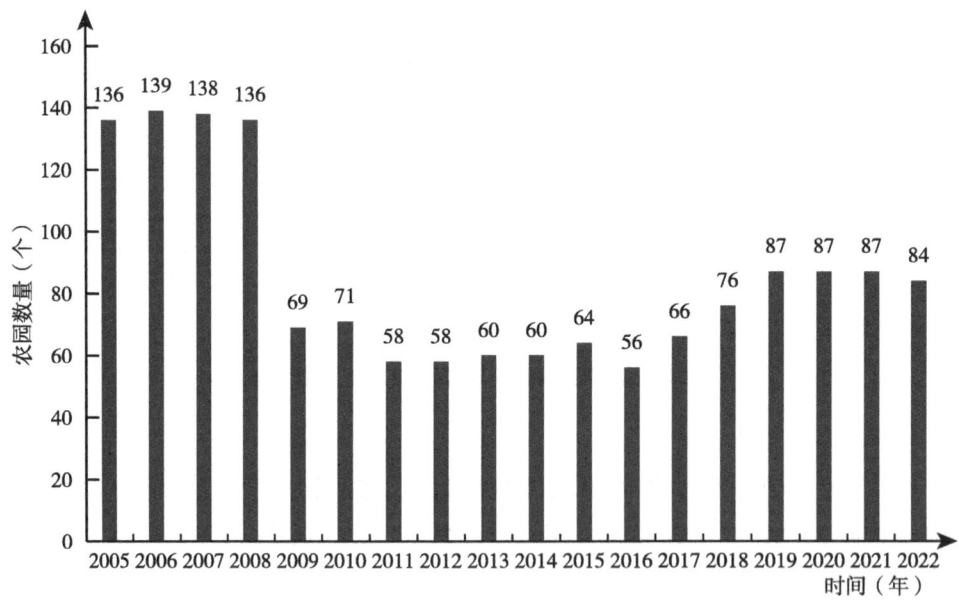

图 3-20　海淀区 2005—2022 年休闲农园数量变化

(二) 远郊平原

1. 通州区

通州区休闲农园数量在疫情前呈单峰曲线，2008 年最少，为 28 个，2017 年达到疫前高峰 62 个。疫情初年（2020 年）降至 38 个，随后出现大幅跃升，2021 年达到 100 个，2022 年更是达到了历史最高值 120 个；增长速率最快的一年是 2021 年，相比上年增加 163%。休闲农园数量在 50 个以下的有 9 年，在 50~100 个的有 7 年，休闲农园数量在 100 个以上的有 2 年，为 2021—2022 年（图 3-21）。

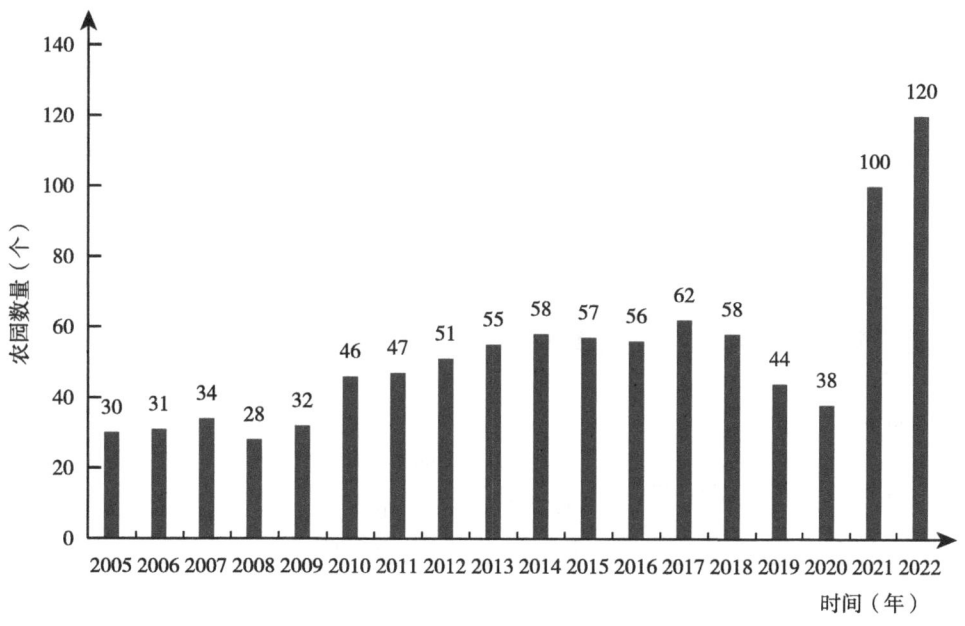

图 3-21 通州区 2005—2022 年休闲农园数量变化

2. 顺义区

顺义区 2005—2022 年的休闲农园数量变化呈峰谷曲线。第一个峰值出现在 2009 年，达到 73 个；之后进入下降通道，至 2015—2016 年降至最低值 51 个，之后又开始回升，至 2022 年上升至最高值 81 个。顺义区 2005—2022 年的休闲农园数量平均为 63 个（图 3-22）。

3. 大兴区

大兴区 2005—2022 年休闲农园数量整体呈单峰曲线，平均为 89 个。2005—2014 年间休闲农园逐年增加，达到最大值 120 个；之后进入快速下降

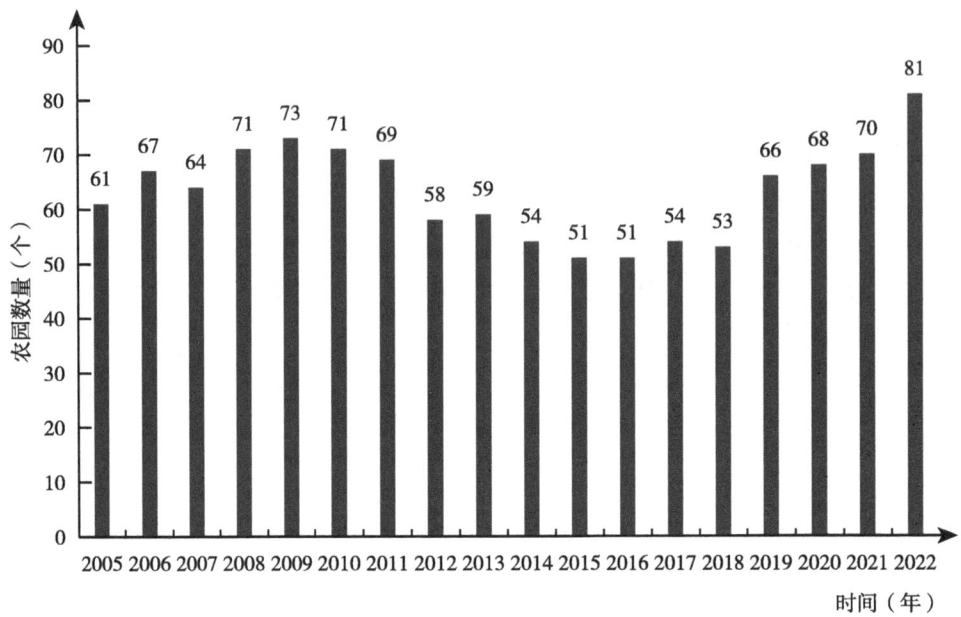

图 3-22 顺义区 2005—2022 年休闲农园数量变化

通道,至 2021 年降至 47 个(图 3-23)。

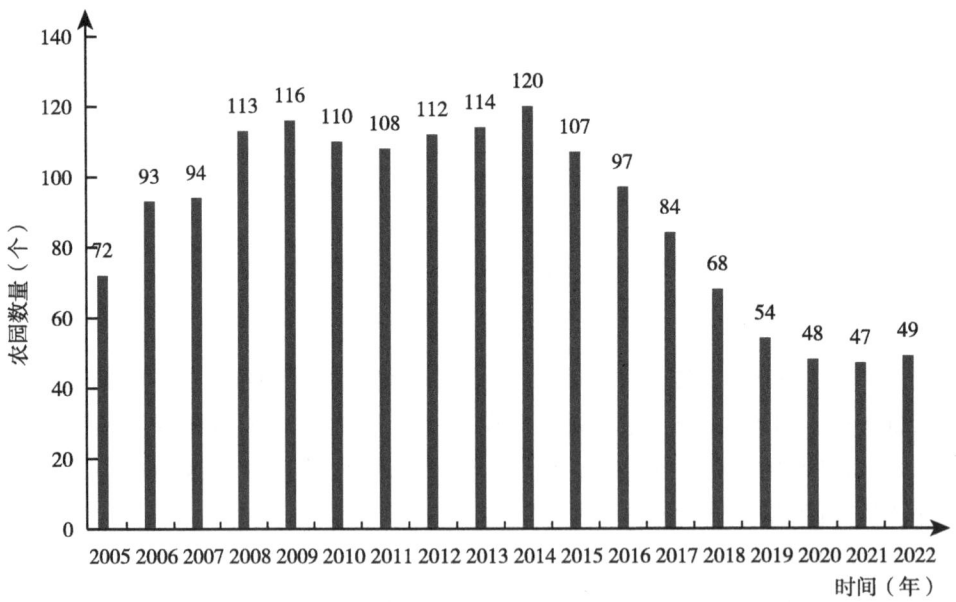

图 3-23 大兴区 2005—2022 年休闲农园数量变化

（三）远郊山区

1. 门头沟区

门头沟区2005—2022年休闲农园数量基本上呈单峰曲线，平均为52个。2016年前后达到峰值66个；疫情初年（2020年）降至最低值31个，较最高值下降53%。2021—2022年又有所恢复，达到45个，较最低值上升45.2%（图3-24）。

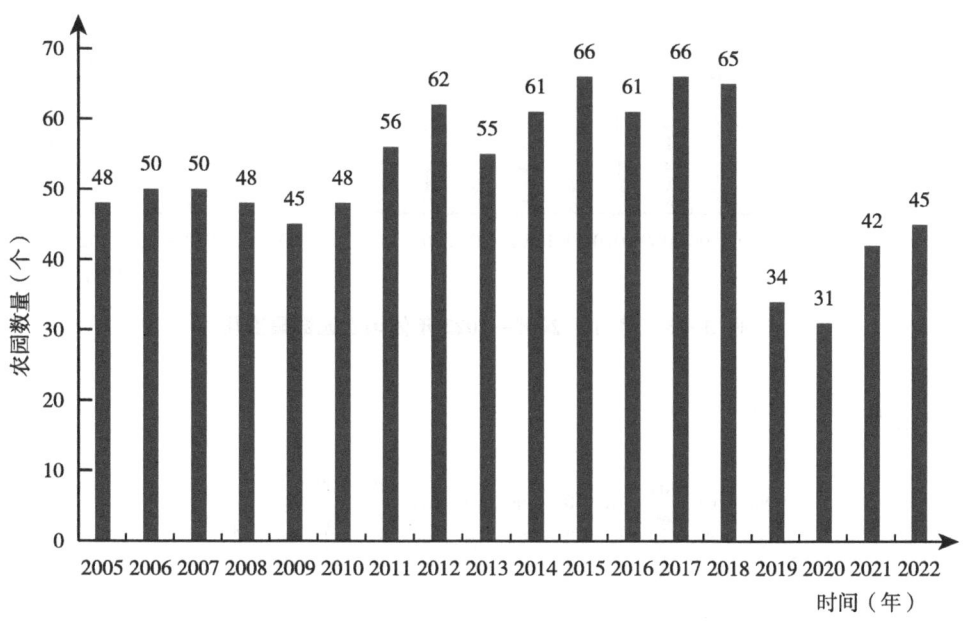

图3-24　门头沟区2005—2022年休闲农园数量变化

2. 房山区

房山区2005—2022年休闲农园数量呈现两个平台期，2006—2016年在100个左右，平均为104个；2017—2022年在70个左右徘徊，平均为71个。2005—2022年房山区休闲农园数量平均为91个（图3-25）。

3. 昌平区

昌平区2005—2022年休闲农园数量为110~210个，整体上呈单峰曲线，2016年最多，为209个；2022年最少，为114个；2005—2022年平均为182个（图3-26）。

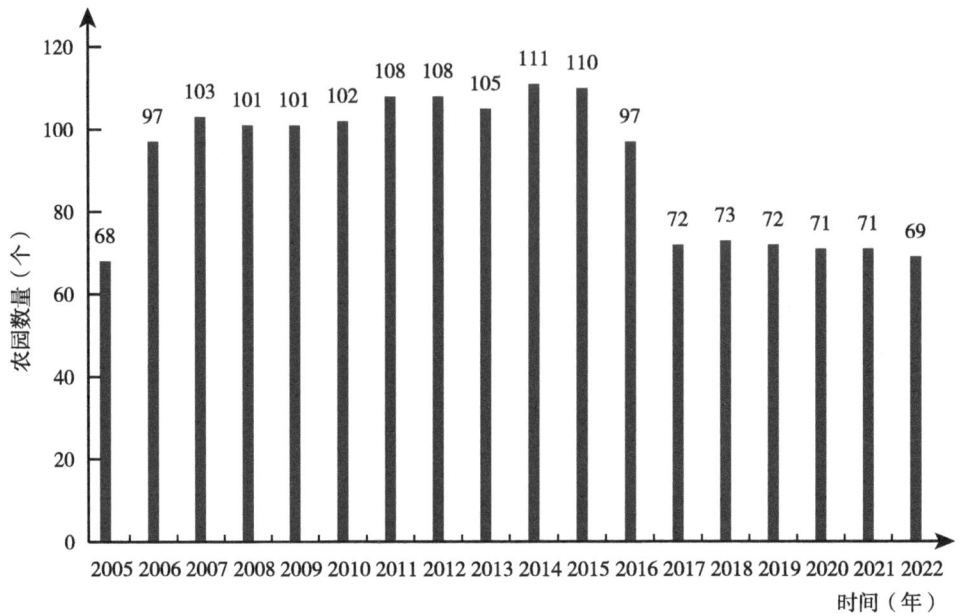

图 3-25 房山区 2005—2022 年休闲农园数量变化

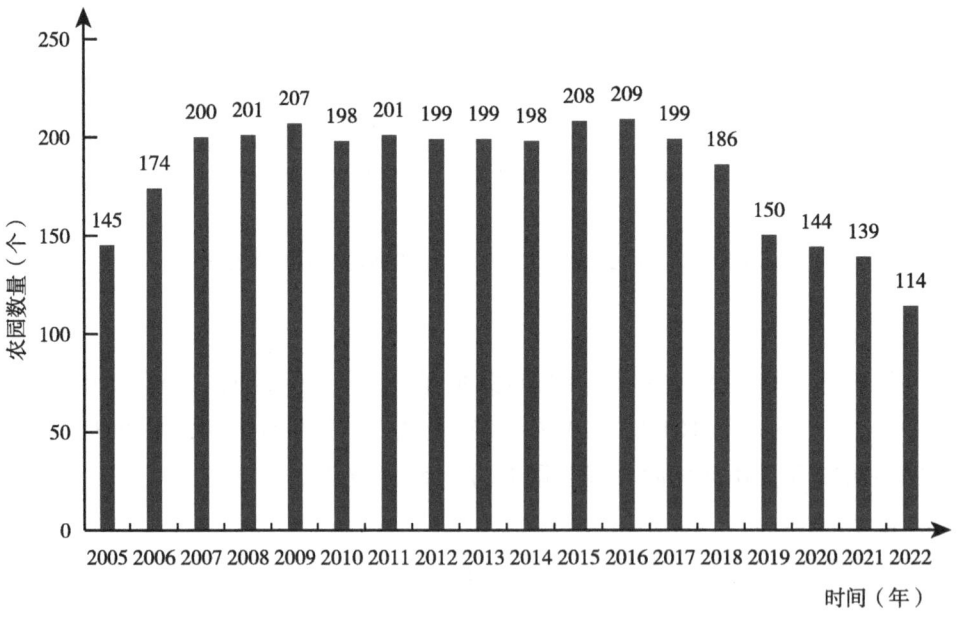

图 3-26 昌平区 2005—2022 年休闲农园数量变化

4. 怀柔区

怀柔区2005—2022年休闲农园数量整体呈先增加后减少的趋势，在110~250个之间，其中，2005年的数量最少，为112个；2015年数量达到最多，为242个，2006年增长速度最快，增幅达到59.8%；2007—2017年，每年的数量都达到200个以上，2016—2022年休闲农园数量呈逐渐下降的趋势，2019年减少幅度最大，达到23.2%，2022年休闲农园数量为128个，仅比2005年多16个（图3-27）。

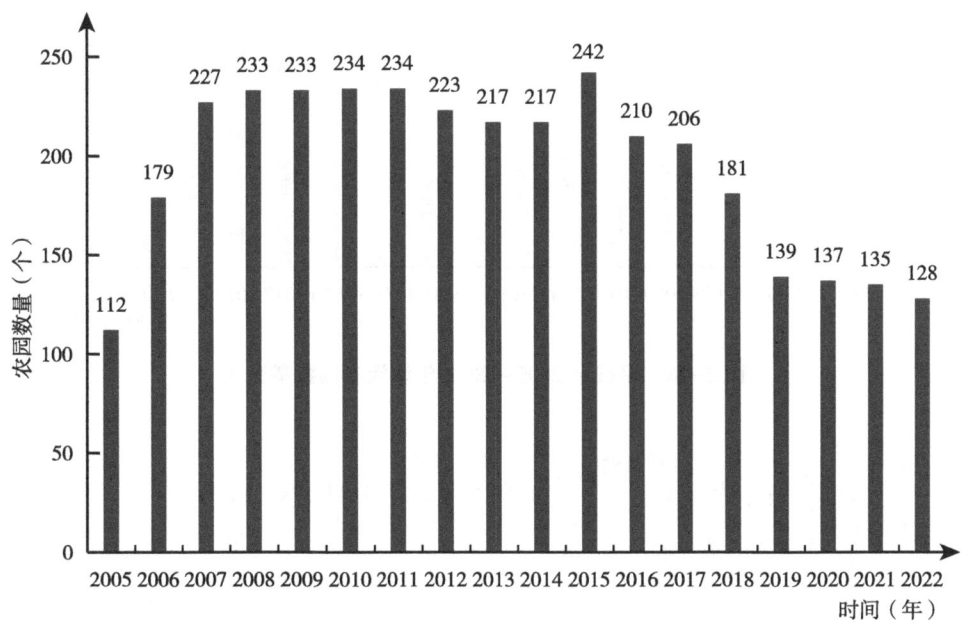

图3-27 怀柔区2005—2022年休闲农园数量变化

5. 平谷区

平谷区2005—2022年休闲农园数量呈现出两个平台期，第一个平台期为2006—2018年，数量为185~213个，平均为203个；第二个平台期为2019—2022年，数量在131~136个，平均为134个。2005—2022年平谷区休闲农园数量平均为184个，数量在100~200个和200个以上的各有9年（图3-28）。

6. 密云区

密云区2005—2018年休闲农园数量非常稳定，保持在150个左右。受大棚房整治影响，2019年开始下降，并达到最低值107个，较2018年下降24.1%；2019—2022年平均为114个。2005—2022年密云区休闲农业园数量平均为140个（图3-29）。

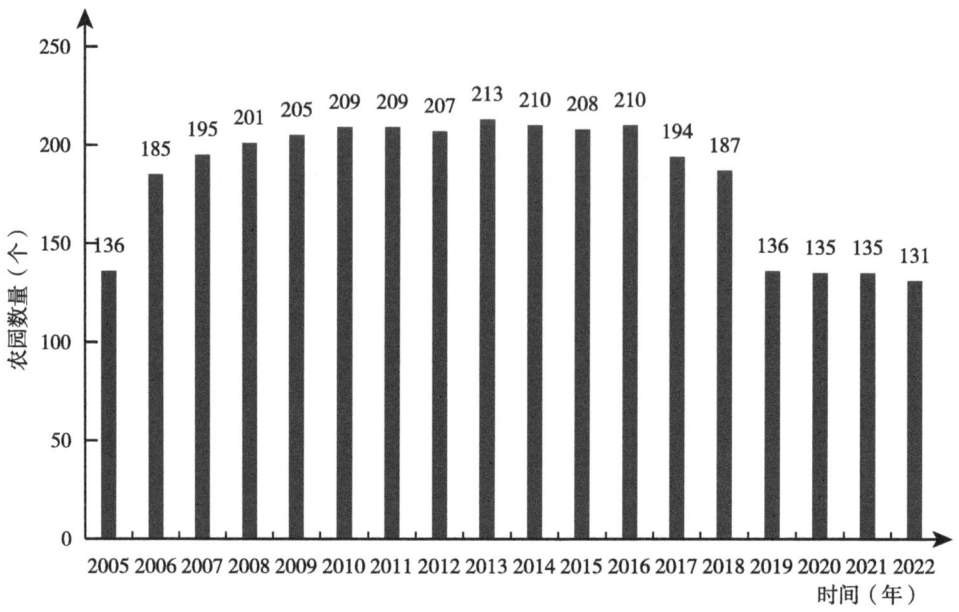

图3-28　平谷区2005—2022年休闲农园数量变化

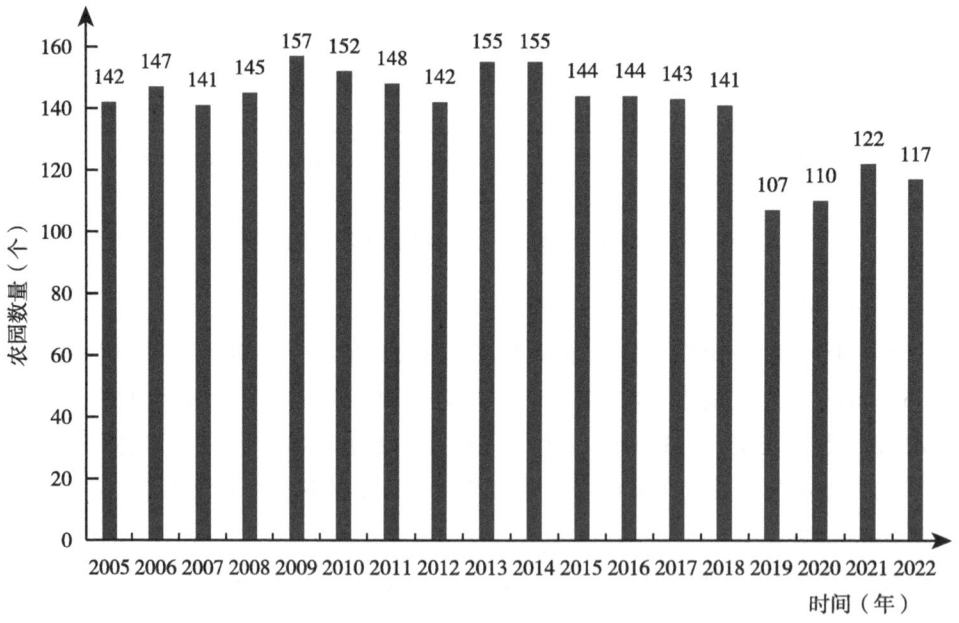

图3-29　密云区2005—2022年休闲农园数量变化

7. 延庆区

延庆区 2005—2022 年休闲农园数量除 2018 年和 2022 年呈跳跃式增长并达最高值（62 个）之外，其余年份保持在 28~46 个。数量在 30 个以下的年份有 2 个；数量在 30~40 个的年份有 9 个；数量在 40~50 个的年份有 5 个；数量在 50 个以上的年份有 2 个（图 3-30）。

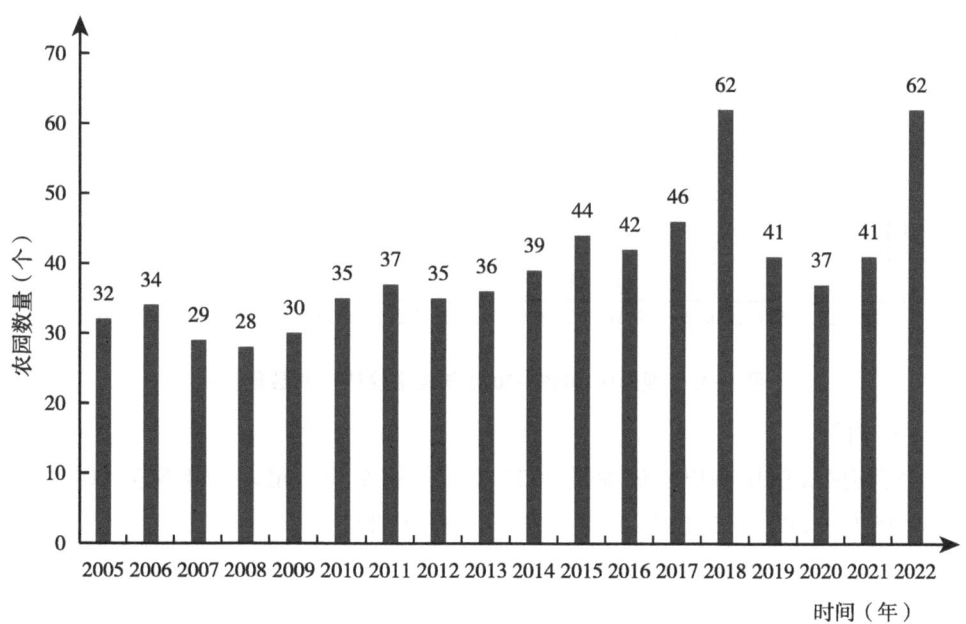

图 3-30　延庆区 2005—2022 年休闲农园数量变化

二、各区民俗接待户数量的变化

（一）近郊平原

1. 朝阳区

朝阳区 2005—2022 年民俗接待户数量整体处于低位水平，除 2007—2009 年达 20 户以上（3 年平均 27.6 户）之外，其余年份均在 10 户以下（15 年平均为 6 户），2022 年只有 1 户。2005—2022 年朝阳区民俗接待户平均为 9 户（图 3-31）。

2. 丰台区

丰台区没有民俗接待户的相关统计数据。

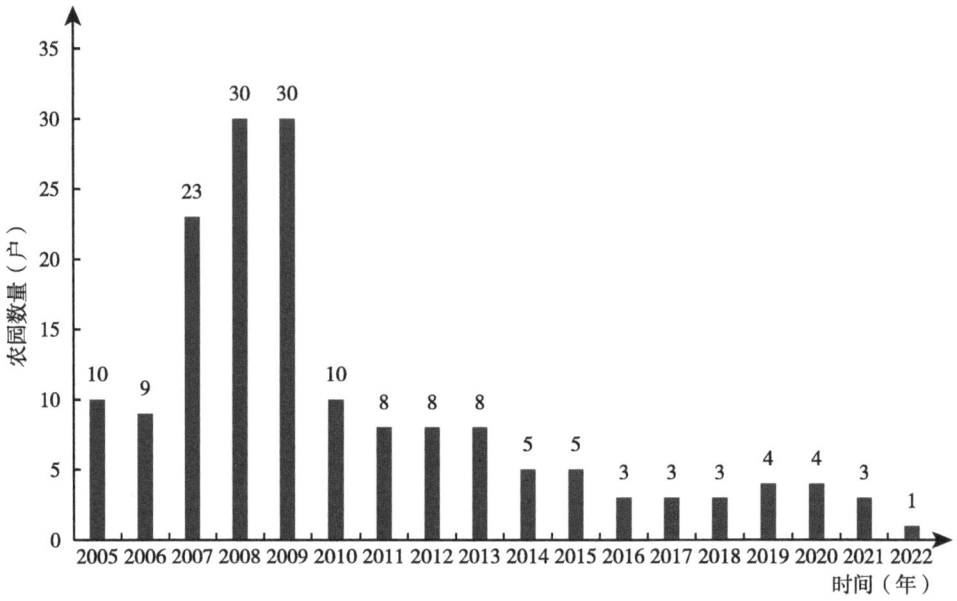

图 3-31　朝阳区 2005—2022 年民俗接待户的数量变化

3. 海淀区

海淀区民俗接待户数最少是 2022 年，仅有 9 户；最多的年份为 2012 年，达到 55 户；2005—2022 年平均为 29 户（图 3-32）。

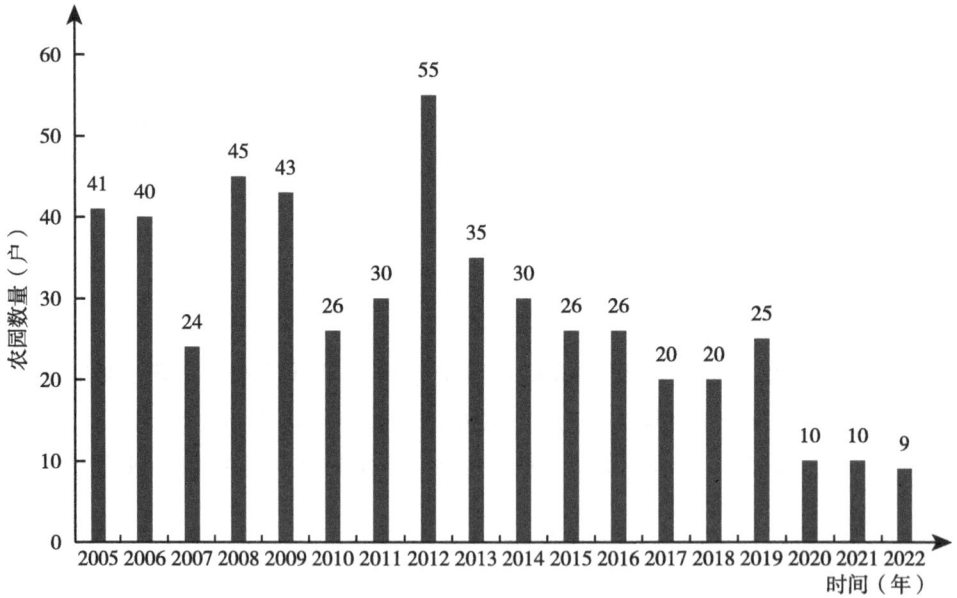

图 3-32　海淀区 2005—2022 年民俗接待户的数量变化

（二）远郊平原

1. 通州区

通州区民俗接待户数量的变化表现为4个平台期。第一个平台期为2005—2007年，数量在80~90户，平均为84户；第二个平台期为200—2009年，数量均为61户；第三个平台期为2010—2020年，数量在68~78户，平均为75户；第四个平台期为2021—2022年，平均为14户。2005—2022年通州区民俗接待户数量平均为68户（图3-33）。

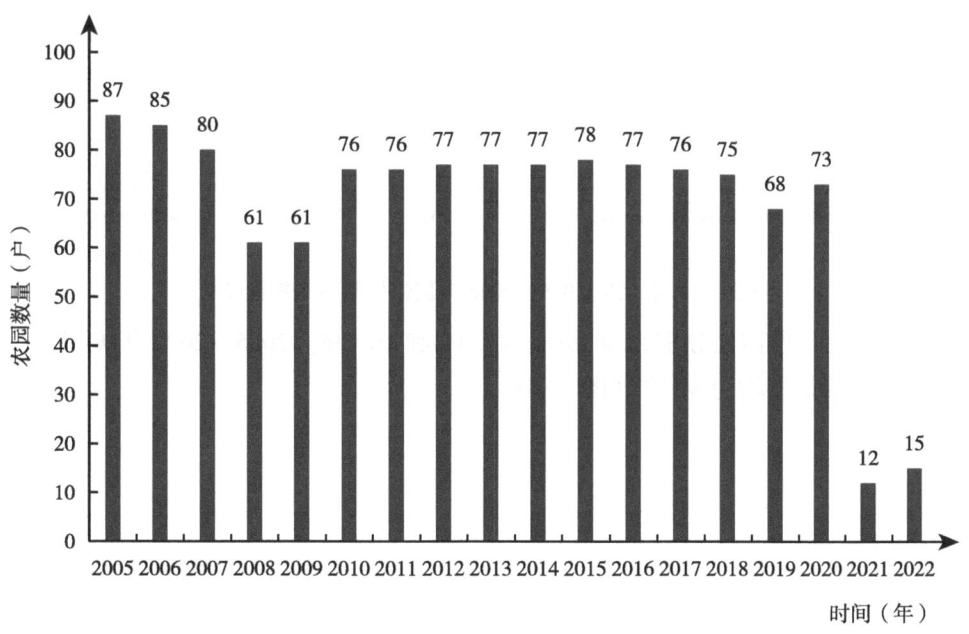

图3-33 通州区2005—2022年民俗接待户的数量变化

2. 顺义区

除2020年外，2005—2022年顺义区民俗接待户数在30户上下波动。2018年最高峰达到了42户，2020年受疫情影响较重时只有16户，2021—2022年又回升到35户左右。2005—2022年顺义区民俗接待户数量平均为30户（图3-34）。

3. 大兴区

大兴区民俗接待户数呈先升后降趋势，2007年达到了最高峰241户，随后波动下降，至2019年降至最低点32户，降幅达86.7%。2021年又回升到93户，较2020年上升1.74倍。2005—2022年，100户以下、100~200户、超

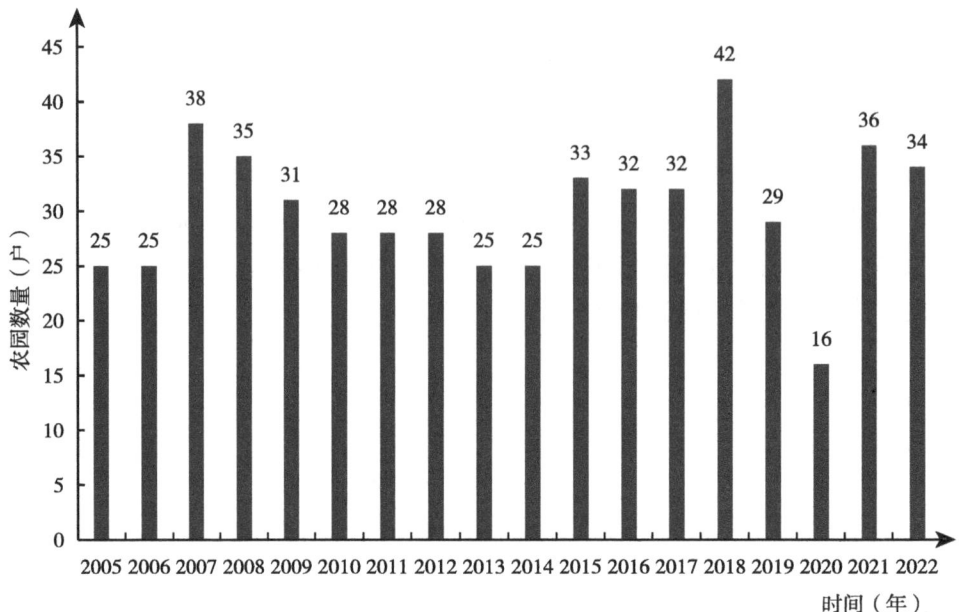

图 3-34 顺义区 2005—2022 年民俗接待户的数量变化

过 200 户的年份占比分别为 38.9%、44.4% 和 16.7%。2005—2022 年大兴区民俗接待户数量平均为 89 户（图 3-35）。

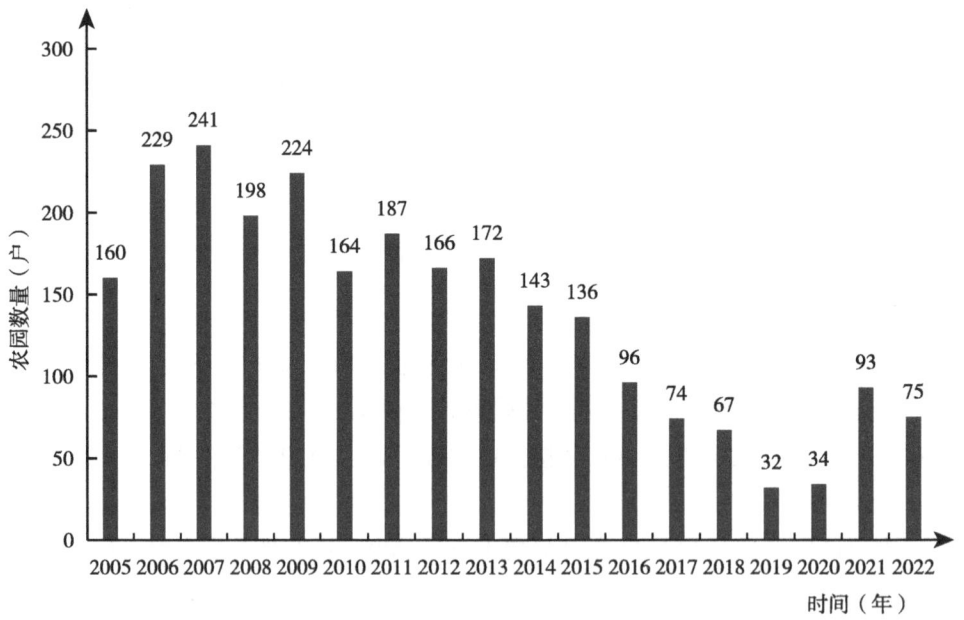

图 3-35 大兴区 2005—2022 年民俗接待户的数量变化

(三) 远郊山区

1. 门头沟区

2005—2022年间门头沟区民俗接待户数量呈单峰曲线，最高值为2013年的568户，最少的年份是2020年的314户，减少幅度达44.7%；疫情3年民俗接待户数量反倒呈逐年上升趋势。2005—2022年间，门头沟区民俗接待户400户以下、400~500户、500户以上的年份分别为3年、6年和9年，平均471户（图3-36）。

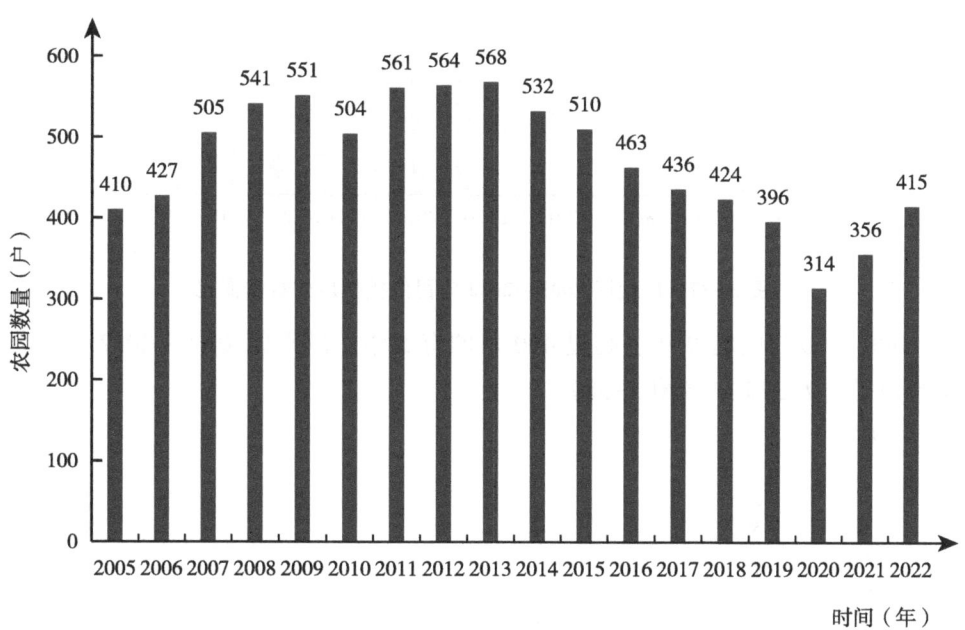

图3-36 门头沟区2005—2022年民俗接待户的数量变化

2. 房山区

2005—2022年房山区民俗接待户数量比较稳定，在900~1 900户之间波动。最高峰为2008年的1 807户，最低值为疫情初年（2020年）的947户。2005—2022年的18年中有14年的户数在1 000~1 500户，占比77.8%；2005—2022年平均为1 299户（图3-37）。

3. 昌平区

2005—2022年间昌平区民俗接待户数呈波动下降趋势。最高峰为2007年的675户，最低值为2022年的210户，下降幅度达68.9%。300户以下的有4

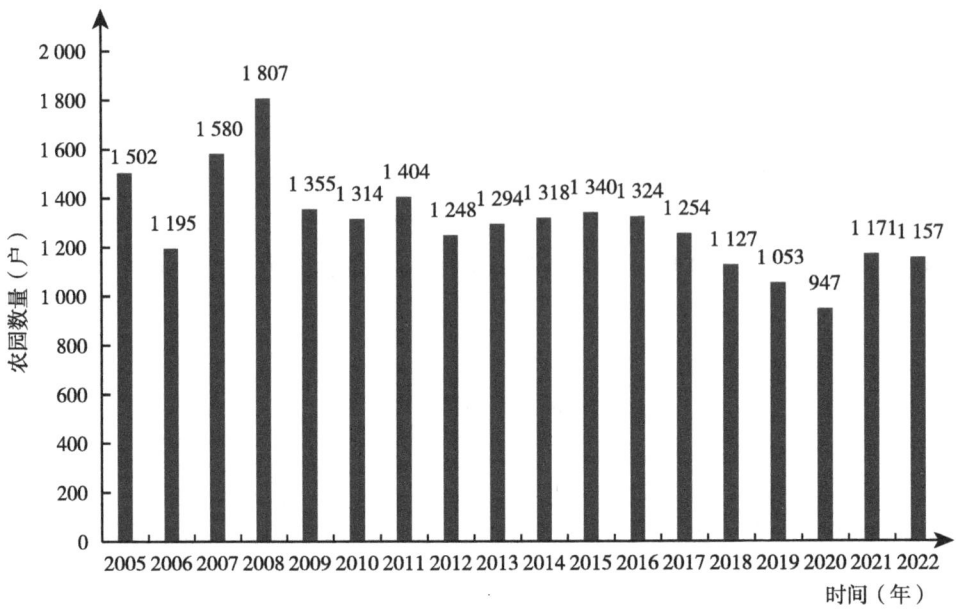

图 3-37　房山区 2005—2022 年民俗接待户的数量变化

年，300~400 户的有 9 年，超过 400 户的有 5 年。昌平区 2005—2022 年民俗接待户平均为 375 户（图 3-38）。

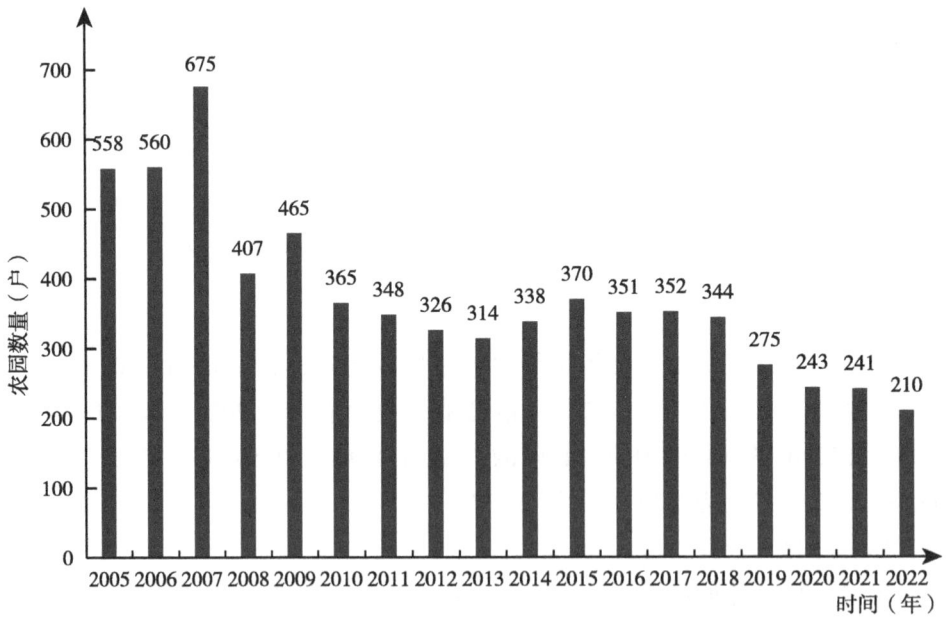

图 3-38　昌平区 2005—2022 年民俗接待户的数量变化

4. 怀柔区

怀柔区2005—2022年民俗接待户数整体保持高位水平，均达到1 000户以上，平均为1 494户。即便是疫情3年（2020—2022年）也没有减少的迹象。其中2009年接待户数最多，达到1 719户；2005年接待户数最少，为1 117户；2007年相比于上一年增加户数最多，增加了370户（图3-39）。

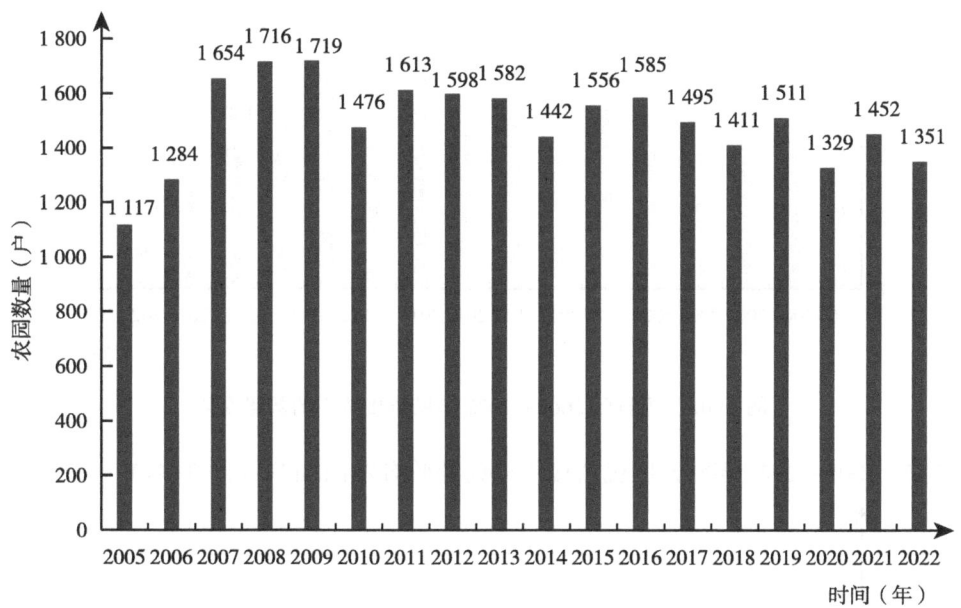

图3-39 怀柔区2005—2022年民俗接待户的数量变化

5. 平谷区

2005—2022年，平谷区民俗接待户数量呈单峰曲线。最大值出现在2007年，达到3 216户；在2020年仅414户，两者相差2 802户；2006—2014年民俗接待户数在2 000户以上；2015年开始迅速下降，至2020年降至最低，为414户；2021—2022年又有所回升。平谷区2005—2022年民俗接待户数在1 000户以上的年份占77.8%，18年民俗接待户平均为1 730户（图3-40）。

6. 密云区

密云区2005—2022年民俗接待户数量均在1 000户以上，而且呈现双峰曲线式的波动上升趋势。2007年达到第一个峰值1 400户，较2005年增加24.0%；2016年达到第二个峰值2 185户，较2005年增加93.5%；第二个峰值是第一个峰值的1.56倍。即便是疫情期间，密云区的民俗接待户数量也基本未出现减少的

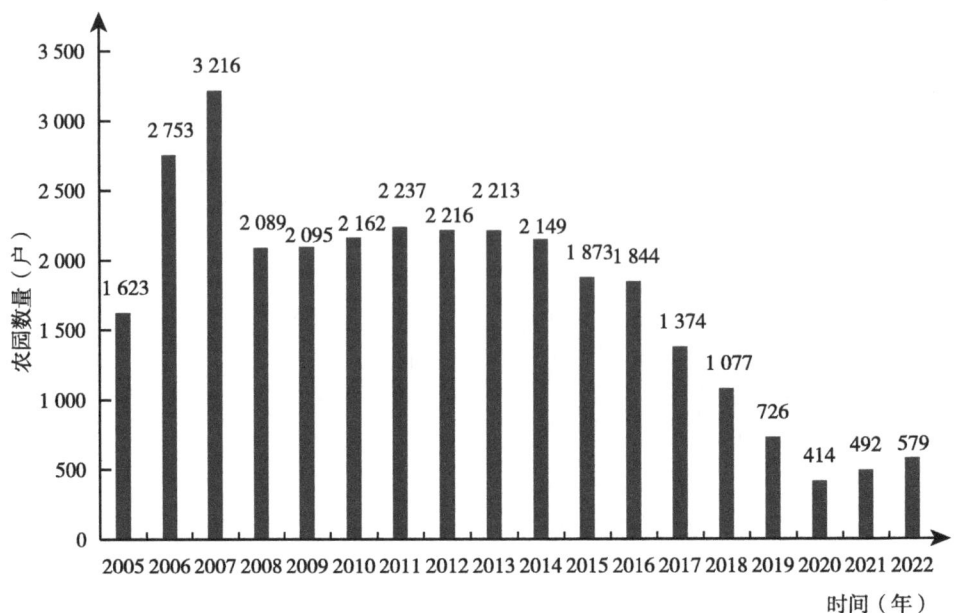

图 3-40　平谷区 2005—2022 年民俗接待户的数量变化

迹象。2005—2022 年密云区民俗接待户数量平均为 1 651 户（图 3-41）。

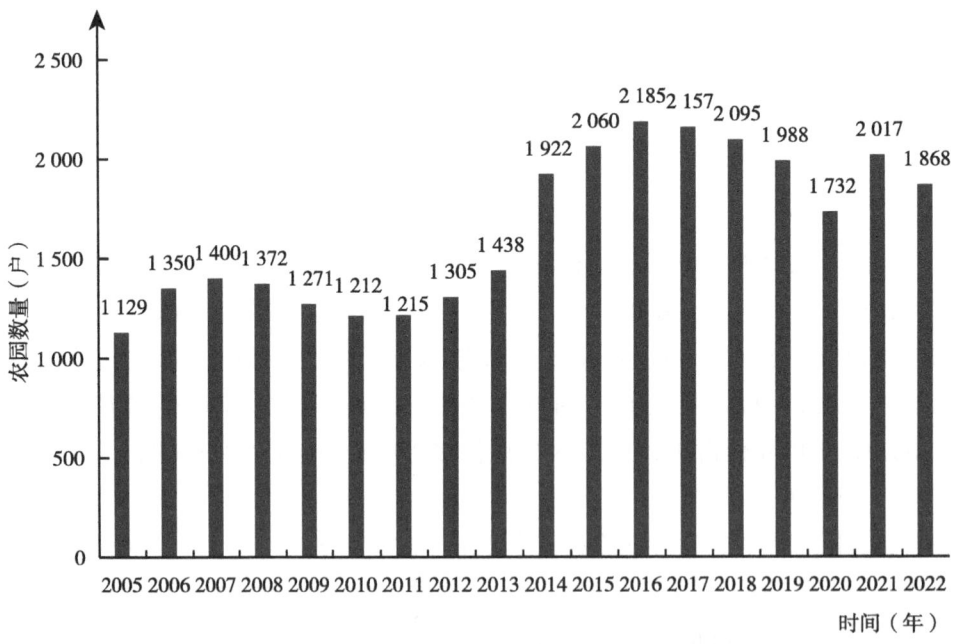

图 3-41　密云区 2005—2022 年民俗接待户的数量变化

7. 延庆区

延庆区 2005—2022 年民俗接待户数量呈波动上升趋势，从 2005 年的 606 户上升至 2022 年的 1 391 户，增加了 1.3 倍。受疫情影响 2020 年民俗接待户降至 716 户，比疫情前的 2019 年下降了 42.6%。但疫情期间（2020—2022年）延庆区的民俗接待户数量反倒呈逐年上升趋势，疫情末年（2022 年）的民俗接待户数量达到了最高值 1 391 户，比疫情初年（2020 年）上升了 94.2%。2005—2022 年延庆区民俗接待户数量平均为 901 户（图 3-42）。

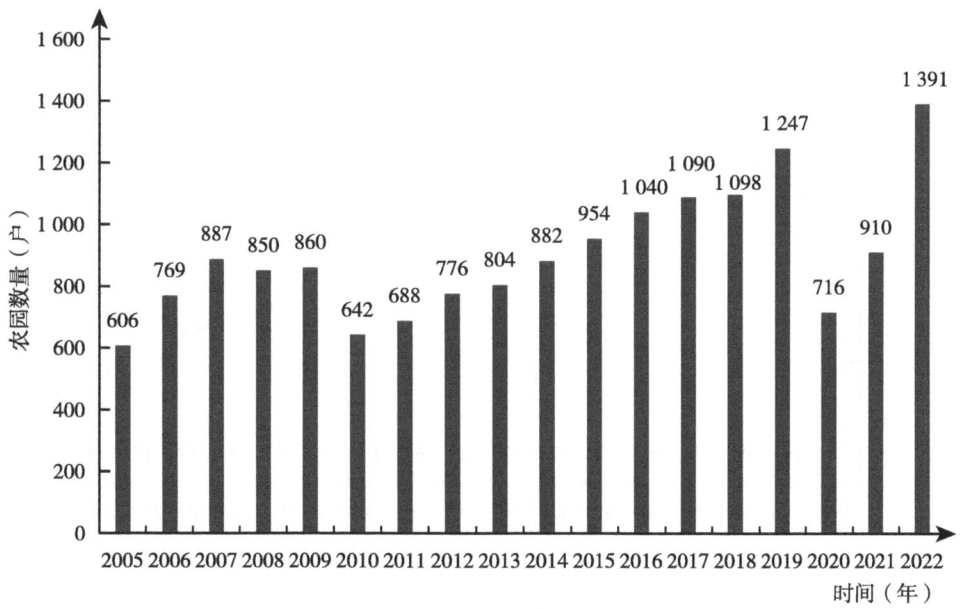

图 3-42 延庆区 2005—2022 年民俗接待户的数量变化

三、各区休闲农业从业人员变化

从经营主体的角度来看，休闲农业从业人员有两种不同性质的雇工。一种是常年雇工，工资以按月发放；另一种是临时性雇工，以应对农忙季节或节假日的短期大量用工，工资按日结算。需要说明的是，《北京统计年鉴》中休闲农业与乡村旅游的从业人员指标名称在 2005—2013 年间为"从业人员"，是指休闲农业经营主体的常年雇工；2014 年起该指标改为"高峰期从业人员"，包括常年雇工人员和临时雇工。本研究统一称为"从业人员"。

(一) 近郊平原

1. 朝阳区

朝阳区2005—2022年休闲农园从业人员远多于乡村旅游从业人员，且呈逐渐减少的趋势，2011年最高达3 047人，到2022年仅有500人，下降了83.6%；乡村旅游从业人员范围为5~19人，其中2014—2018年和2022年从业人员人数均不足10人。2005—2022年朝阳区休闲农业从业人员年均1 876人（图3-43）。

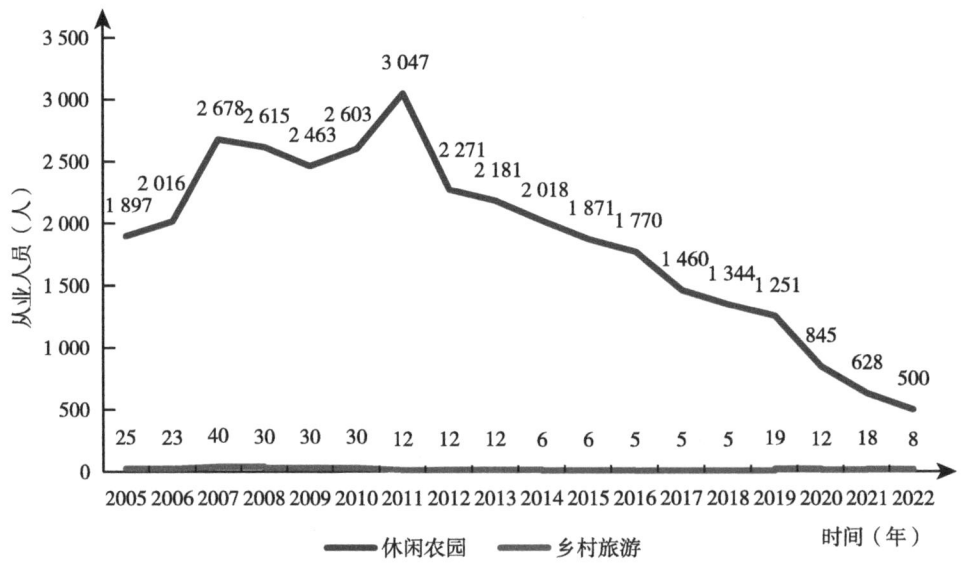

图3-43 2005—2022年朝阳区休闲农业从业人员

2. 丰台区

丰台区2005—2022年休闲农园从业人员数量变化略呈"U"形，在2006年达到最高，为1 348人；之后进入下降通道，至2013年降至最低，636人，较最高值下降了48.5%；随后开始波动上升，疫情期间从业人员反倒有所增加，2022年上升到了1 087人，较最低值上升了70.9%。丰台区乡村旅游从业人员为0。2005—2022年丰台区休闲农业从业人员年均897人（图3-44）。

3. 海淀区

海淀区2005—2022年休闲农园从业人员除2010年不足2 000人（1 354人）之外，其余均在2 000人以上。2005—2010年呈下降趋势，至2010年降至最低，较2006年的最高值（4 390人）下降了69.2%；之后从业人员数量基本

第三章 近 20 年来北京休闲农业的发展变化

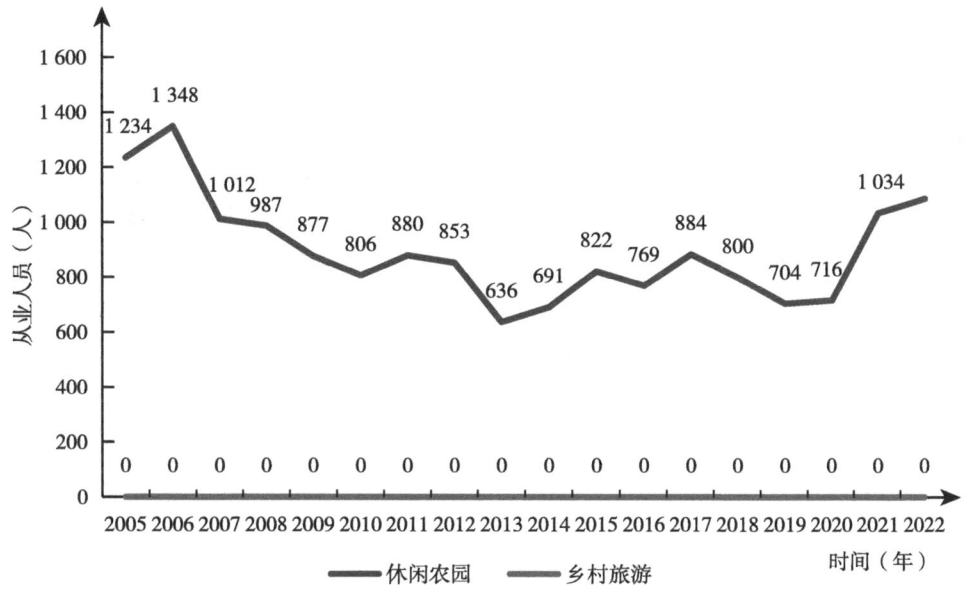

图 3-44 2005—2022 年丰台区休闲农业从业人员

稳定在 2 500 人左右。乡村旅游从业人员在 2005—2018 年人数均在 100 人以下，保持相对稳定；2019 年之后有较大跃升，超过了 300 人，2021 年最多达 323 人。2005—2022 年海淀区休闲农业从业人员年均 2 852 人（图 3-45）。

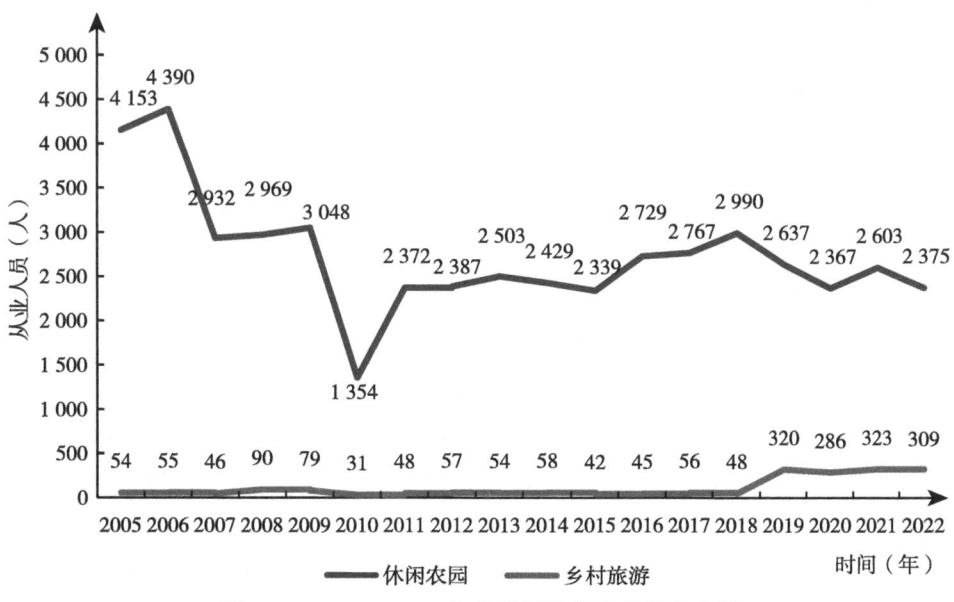

图 3-45 2005—2022 年海淀区休闲农业从业人员

（二）远郊平原

1. 通州区

通州区 2005—2022 年休闲农园从业人员整体呈单峰曲线，在 2015 年达到最高，为 3 809 人，比 2005 年的最低值（885 人）增加了 3.3 倍。乡村旅游从业人员除 2009 年、2017 年和 2022 年不足 100 人外，其余年份都在 100 人以上；2017 年最少为 53 人，2019 年最多为 170 人。疫情期间海淀区乡村旅游从业人员逐年下降，而休闲农园从业人员却呈逐年上升趋势。2005—2022 年通州区休闲农业从业人员年均 2 316 人（图 3-46）。

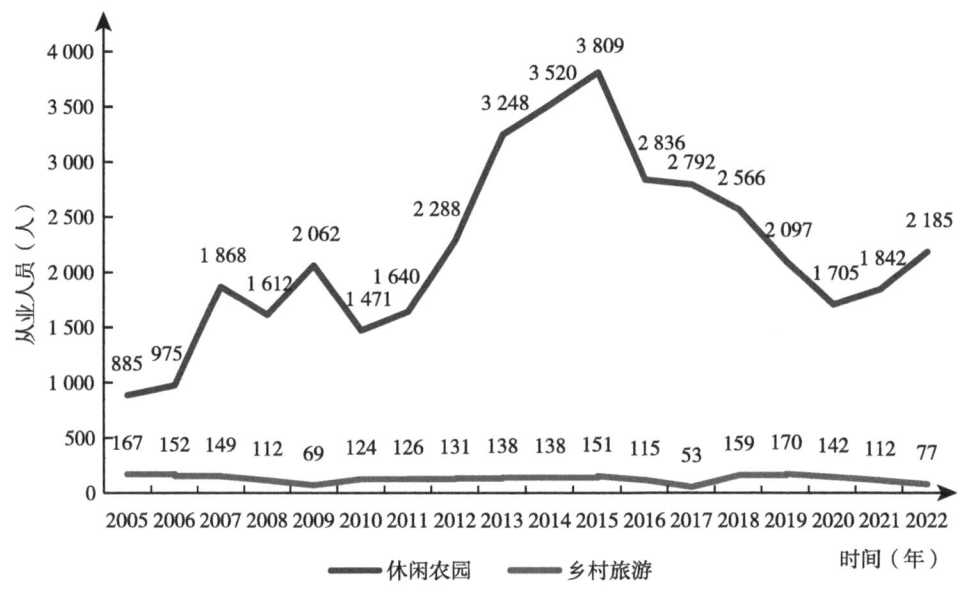

图 3-46　2005—2022 年通州区休闲农业从业人员

2. 顺义区

顺义区 2005—2006 年休闲农园人员从业人员较多，在 5 700～6 100 人之间，2007—2019 年从业人员基本稳定在 2 000～3 500 人；2020—2021 年从业人员降至 2 000 人以下，2021 年最少，为 1 936 人，2022 年又回升至 2 000 人（2 234 人）以上。乡村旅游从业人员在 2005—2015 年，一直稳定在 40～70 人；2016 年开始超过 100 人，2019 年最多，达到了 246 人；疫情期间乡村旅游从业人员数量则回落到 200 人以下。2005—2022 年顺义区休闲农业从业人员年均 2 966 人（图 3-47）。

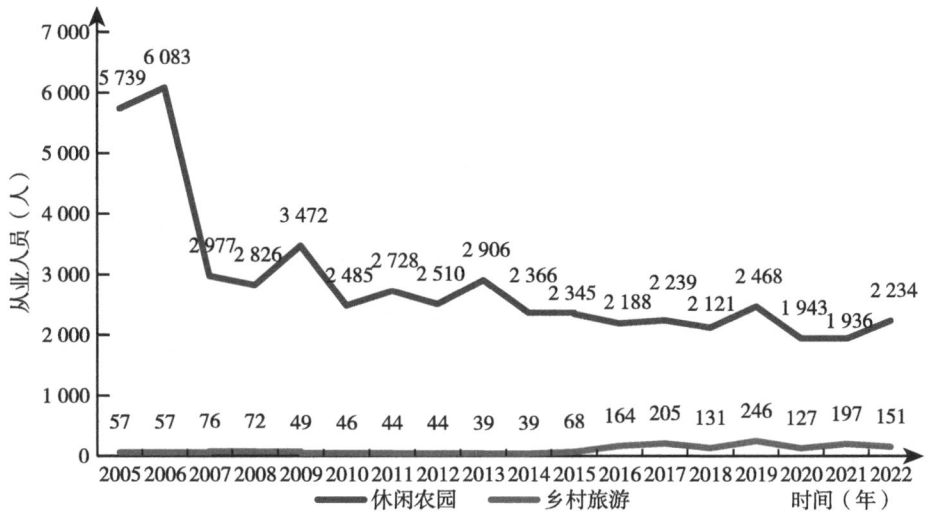

图 3-47 2005—2022 年顺义区休闲农业从业人员

3. 大兴区

大兴区 2005—2022 年休闲农园从业人员变化呈现出明显的阶段性。第一阶段为 2005—2014 年，从业人员数量基本稳定在 9 000~11 000 人；第二阶段为 2015—2022 年，从业人员数量呈逐年下降趋势，2022 年降至最低，只有 1 247 人，比最高值低了 88.8%。乡村旅游从业人员整体稳定在 280~750 人之间；最高峰是 2012 年的 763 人，最低值是 2022 年的 280 人，前者是后者的 2.7 倍。2005—2022 年大兴区休闲农业从业人员年均 7 270 人（图 3-48）。

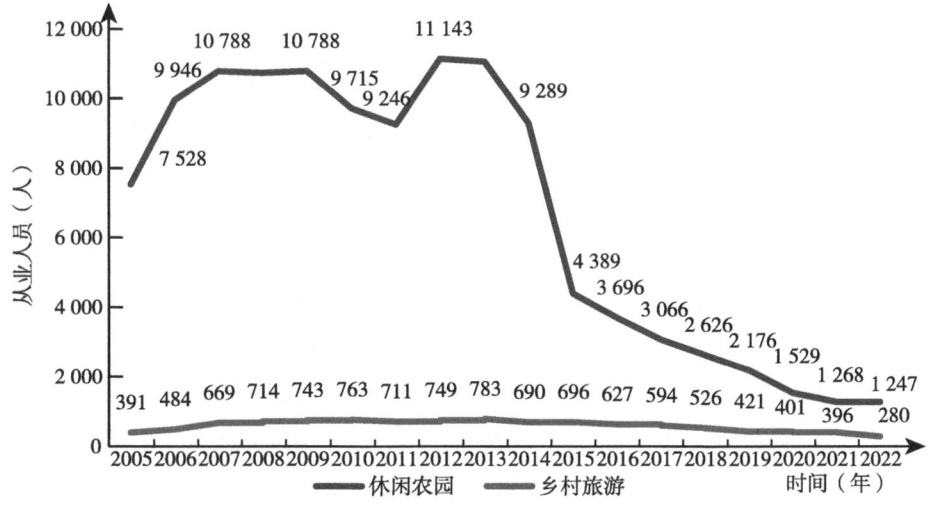

图 3-48 2005—2022 年大兴区休闲农业从业人员

(三) 远郊山区

1. 门头沟区

门头沟区 2005—2022 年间除 2020 年外乡村旅游从业人员人数均在 1 000 人以上；2012 年最多，达到 1 463 人；2020 年最少，为 844 人，较最高值下降了 42.3%。休闲农园从业人员人数呈波动下降趋势，2005—2014 年人数均在 1 000 人以上，2007 年最多，为 1 591 人；2020 年最少，为 307 人，较最高值下降了 80.7%。2014 年起，门头沟区乡村旅游从业人员数量超过了休闲农园从业人员数量，差距呈逐年扩大态势。2005—2022 年门头沟区休闲农业从业人员年均 1 876 人（图 3-49）。

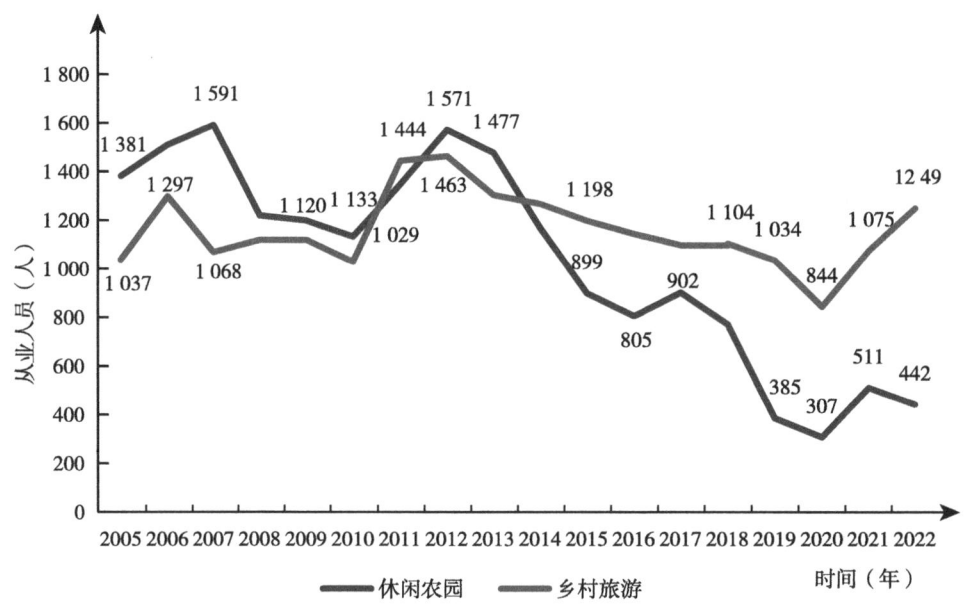

图 3-49　2005—2022 年门头沟区休闲农业从业人员

2. 房山区

房山区 2005—2022 年乡村旅游从业人员数量一直相对平稳，在 2 000 人上下，最多为 2009 年的 2 574 人；2012 年最少，为 1 802 人。休闲农园从业人员在 2005—2006 年超过了 5 000 人；之后处于缓慢下降趋势，2010 年跌至 3 000 人以下，2019 年又跌到 1 080 人；2020 年人数最少，为 900 人。3 年疫情期间对休闲农园和乡村旅游从业人员数量几乎没有什么影响。从 2018 年起，房山区乡村旅游从业人员超过了休闲农园从业人员数量。2005—2022 年房山区休闲农业从业人员年均4 874人（图3-50）。

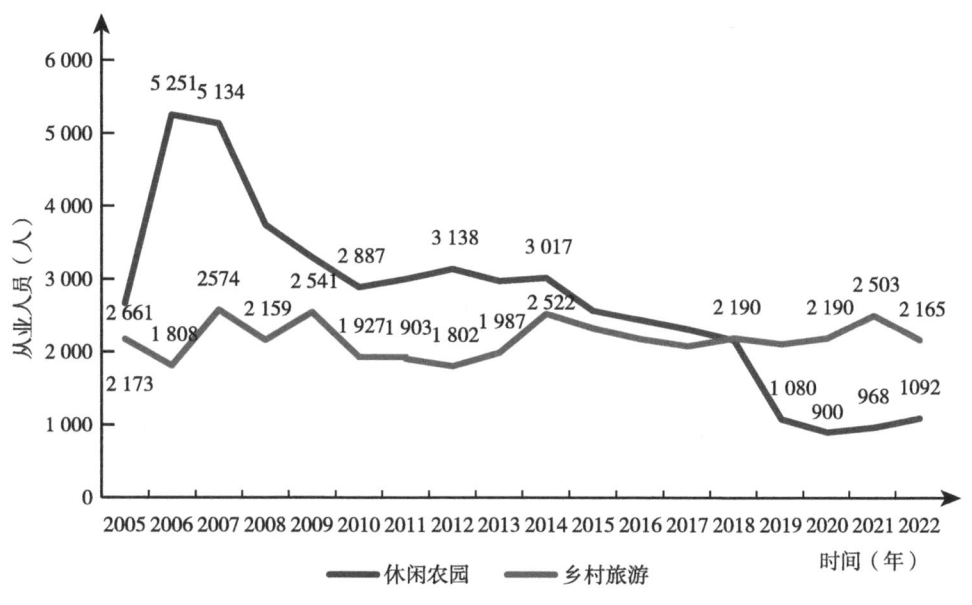

图3-50　2005—2022年房山区休闲农业从业人员

3. 昌平区

昌平区2005—2022年休闲农园从业人员远多于乡村旅游从业人员，前者平均为5 664人，后者平均为1 436人。2005—2022年休闲农园从业人员数量基本上呈单峰曲线，2012年人数最多，为7 227人；受疫情影响2022年跌至4 047人。乡村旅游从业人员数量除2022年（913人）外，均在1 100～1 900人之间，2006年从业人员最多，为1 882人。2005—2022年昌平区休闲农业从业人员年均7 100人（图3-51）。

4. 怀柔区

怀柔区2005—2022年休闲农园从业人员数量变化呈单峰曲线，2009年达到最高为2 621人，2022年最少为1 177人。乡村旅游从业人员整体呈上升的趋势，从2005年的2 396人上升到2019年的4 811人；受疫情影响，2020—2022年较2019年有所下降。除2010年外，怀柔区乡村旅游从业人员均高于休闲农园从业人员，且差距呈逐年扩大态势。2005—2022年怀柔区休闲农业从业人员年均5 568人（图3-52）。

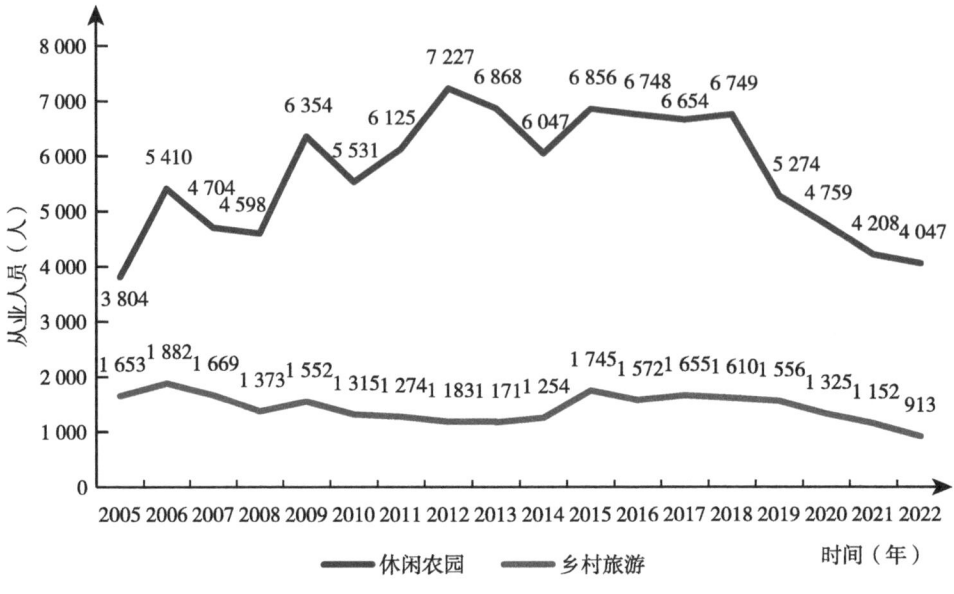

图 3-51　2005—2022 年昌平区休闲农业从业人员

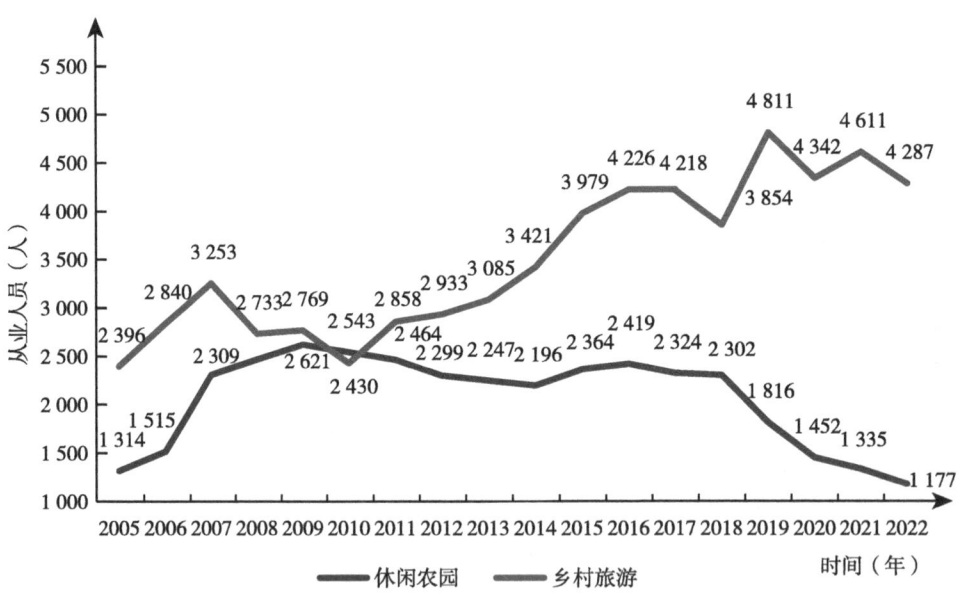

图 3-52　2005—2022 年怀柔区休闲农业从业人员

5. 平谷区

平谷区2005—2022年休闲农园从业人员均在6 000人以上，平均为8 669人，高于乡村旅游从业人员数量（年均4 485人）。两者均在2007年达到了最高值，分别为11 125人和6 333人，之后均呈缓慢下降趋势，乡村旅游从业人员数量下降速度更快。休闲农园从业人员最低值为2022年的6 808人，乡村旅游从业人员的最低值为2021年的1 877人，较最高峰时分别下降了38.8%和70.4%。2005—2022年平谷区休闲农业从业人员年均13 154人（图3-53）。

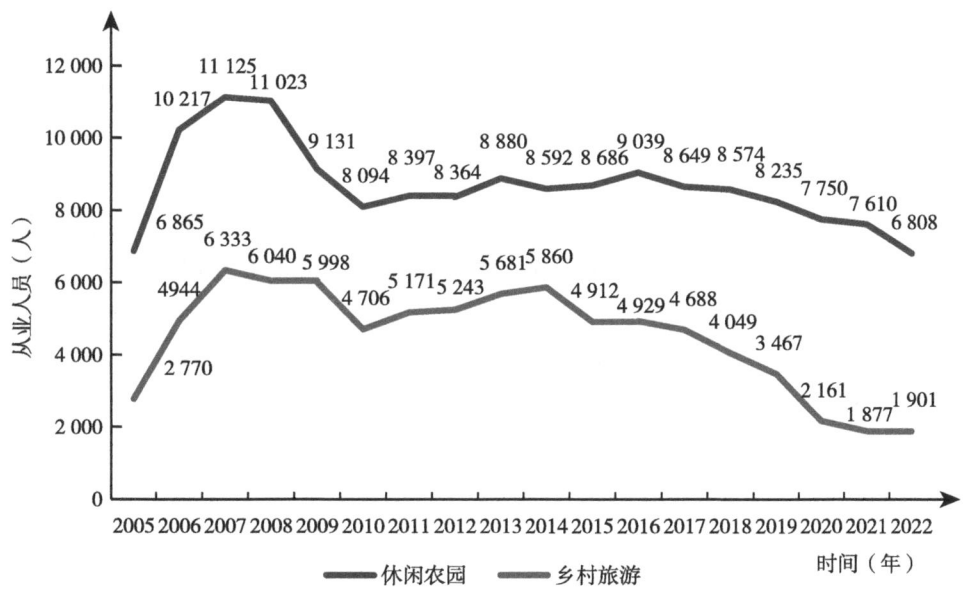

图3-53　2005—2022年平谷区休闲农业从业人员

6. 密云区

密云区2005—2015年间休闲农园从业人员数量高于乡村旅游，之后二者呈犬牙交错上升趋势，2019年起，乡村旅游从业人员数量稳定超过休闲农园从业人员数量。二者整体上呈缓慢上升趋势，休闲农园从业人员的最高值为2018年的4 711人，乡村旅游的最高值为2021年的6 083人，分别较2005年的最低值增加了145.1%和230.2%。2005—2022年密云区休闲农业从业人员年均7 248人（图3-54）。

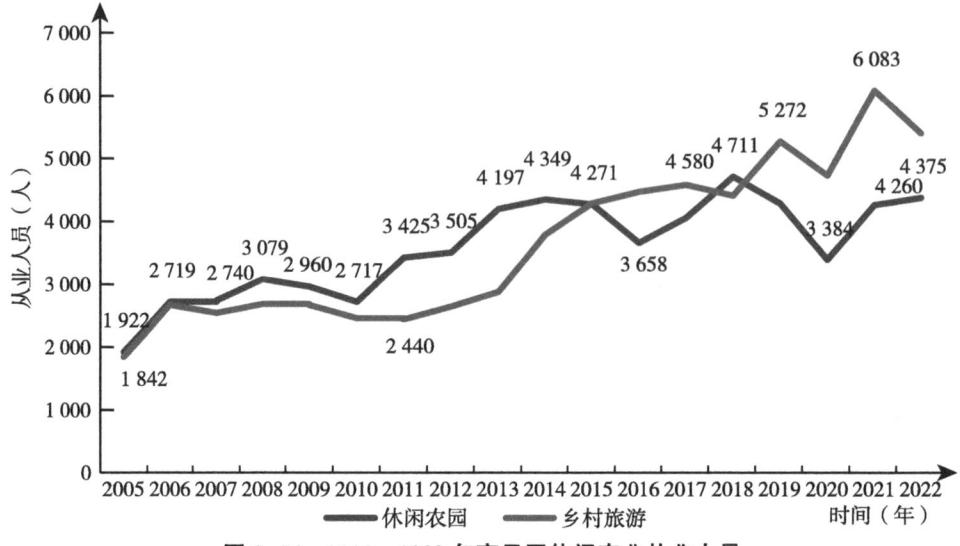

图3-54 2005—2022年密云区休闲农业从业人员

7. 延庆区

延庆区2005—2022年乡村旅游从业人员高于休闲农园从业人员数量;其中,休闲农园从业人员数量相对稳定,除2018年达到最高峰的2 010人外,其余年份均在1 000~2 000人;最低值出现在2020年,为1 049人;18年平均为1 383人。乡村旅游从业人员整体呈上升趋势,除2005年外,人数均在2 000人以上,平均为2 733人。2005—2022年延庆区休闲农业从业人员年均4 116人(图3-55)。

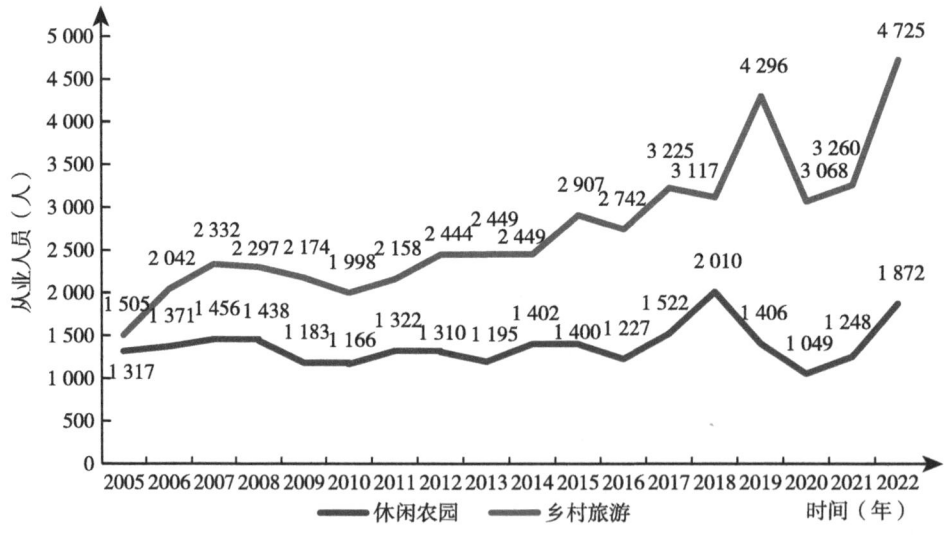

图3-55 2005—2022年延庆区休闲农业从业人员

四、各区休闲农业接待人次变化

(一) 近郊平原

1. 朝阳区

朝阳区 2005—2022 年休闲农业接待人次主要以休闲农园为主,人数在 100 万以上年份占比 64.7%,在 2006 年接待人次最多,达到 172 万;2016 年开始大幅降低,至 2020 年达到最低,为 13.5 万人次;乡村旅游人次均在 1 万人以下,在 2020 年达到最低,仅有 0.03 万人次。2005—2022 年朝阳区休闲农业年均接待 97.4 万人次(图 3-56)。

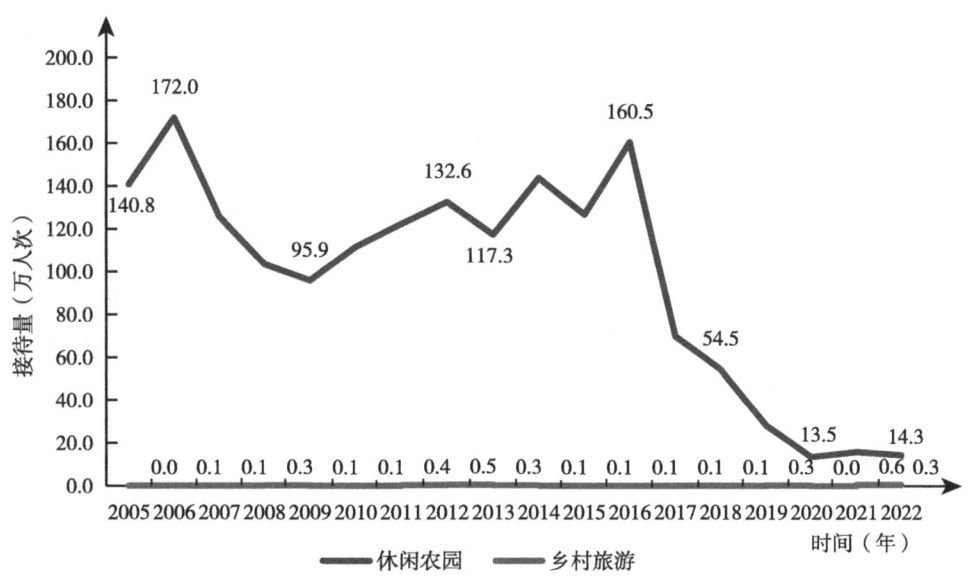

图 3-56　2005—2022 年朝阳区休闲农业接待人次

2. 丰台区

丰台区没有乡村旅游项目,2005—2022 年的休闲农园接待人次,整体呈逐年增加趋势,在 2017 年达到最多,为 265.1 万人次;2005 年最少,为 20.6 万人次;接待人次达到 100 万以上有 11 年,占比 61.1%;接待人次达到 200 万以上有 3 年,占比 16.7%。2005—2022 年丰台区休闲农业年均接待 124.0 万人次(图 3-57)。

3. 海淀区

海淀区 2005—2022 年休闲农园接待人次均在 20 万人次以上,但整体呈逐

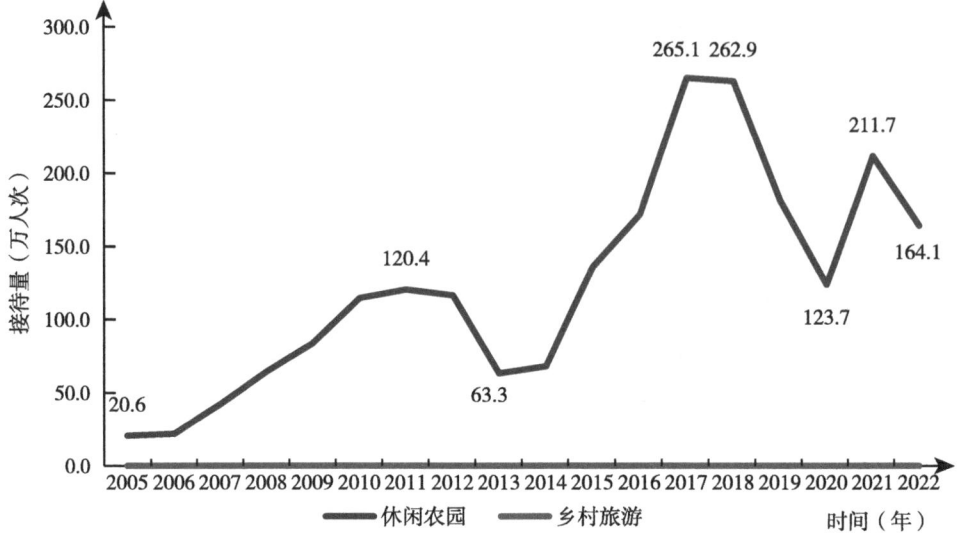

图 3-57 2005—2022 年丰台区休闲农业接待人次

渐减少的趋势，其中北京奥运之年（2008 年）接待人次最多，为 80.9 万人次。2005—2018 年海淀乡村旅游接待人次均在 7 万以下，远低于休闲农园接待人次，2019 年乡村旅游接待人次超越休闲农园接待人次，达到了 36.7 万人次；疫情三年（2020—2022 年）二者不相上下。2005—2022 年海淀区休闲农业年均接待 47.6 万人次（图 3-58）。

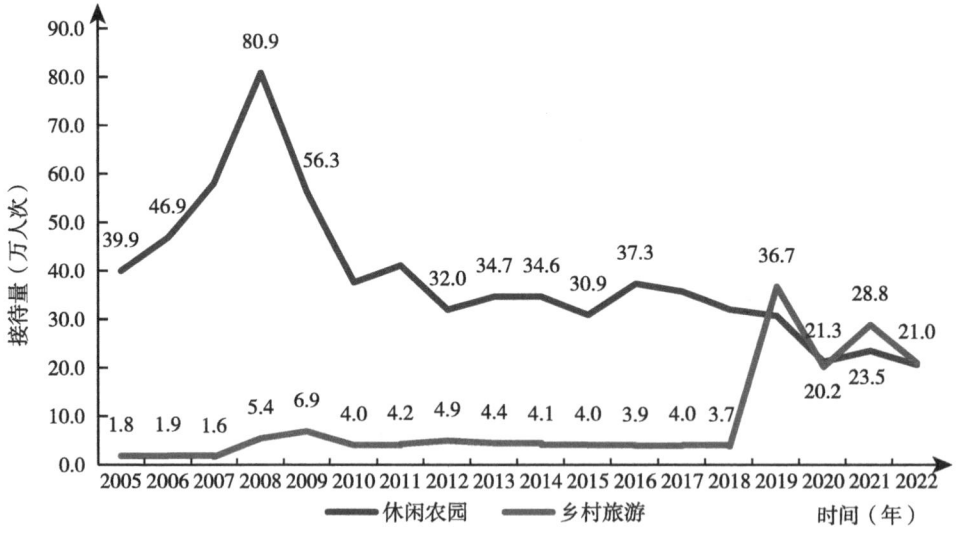

图 3-58 2005—2022 年海淀区休闲农业接待人次

(二) 远郊平原

1. 通州区

通州区2005—2022年休闲农业接待人次以休闲农园为主，整体呈先增加后减少的趋势，最高接待人次出现在2016年，达到134.7万人次；至2020年骤降到29.2万人次，2021—2022年有小幅波动回升。乡村旅游接待人次均在4万人次以下，2020年最低，为0.1万人次。2005—2022年通州区休闲农业年均接待65.8万人次（图3-59）。

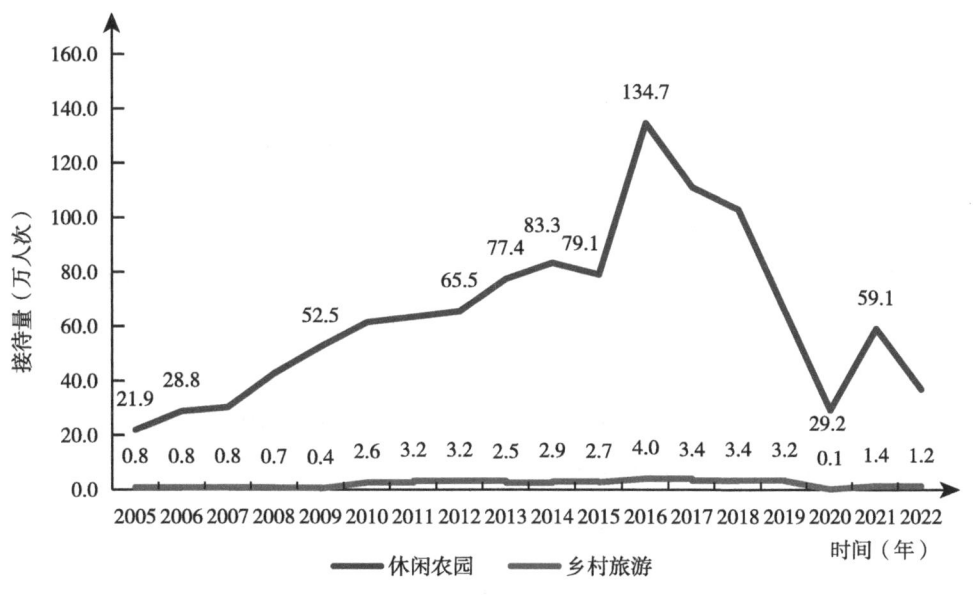

图3-59　2005—2022年通州区休闲农业接待人次

2. 顺义区

顺义区2005—2022年休闲农业接待人次以休闲农园为主，2005—2017年接待人次一直徘徊在50万~100万人次，在2019年达到了最高峰158.9万人次；受疫情影响，2020年陡降至59.1万人次，降幅达到62.8%。乡村旅游在2005—2016年一直处于缓慢上升阶段，2017年之后年接待人次超过了10万，2019年达到了最高峰47.9万人次，之后受疫情影响，接待人次又迅速降至15万左右。2005—2022年顺义区休闲农业年均接待89.0万人次（图3-60）。

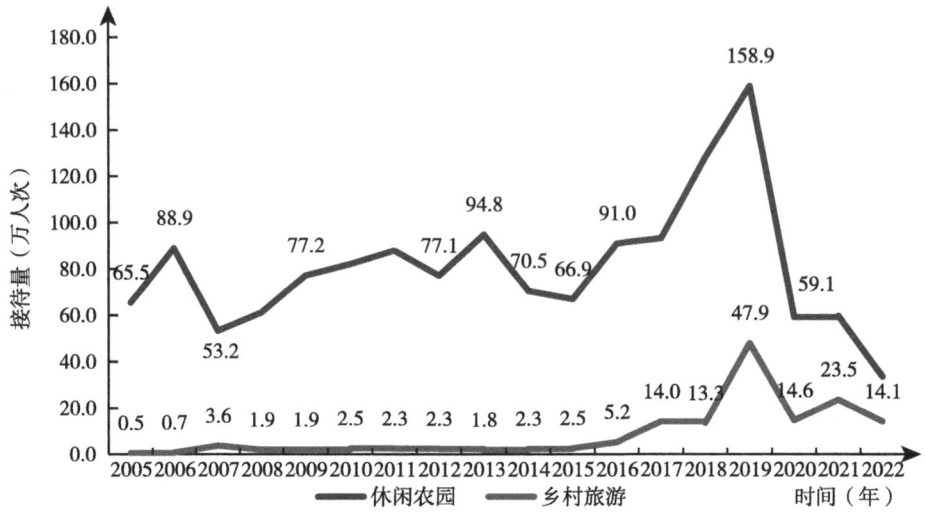

图 3-60 2005—2022 年顺义区休闲农业接待人次

3. 大兴区

大兴区 2005—2022 年期间休闲农园接待人次可分为两个阶段，2005—2018 年间接待人次在 100 万~230 万人次，2019 年开始下降，至 2020 年降至最低点，43.4 万人次；2021 年虽然回升到 65.6 万人次，但 2022 年又降至 29.8 万人次。乡村旅游接待人次在 13.4 万~45.0 万人次，整体呈先增加后减少的趋势；疫情三年平均较 2019 年下降 37.0%。2005—2022 年大兴区休闲农业接待人次年均 165.8 万人次（图 3-61）。

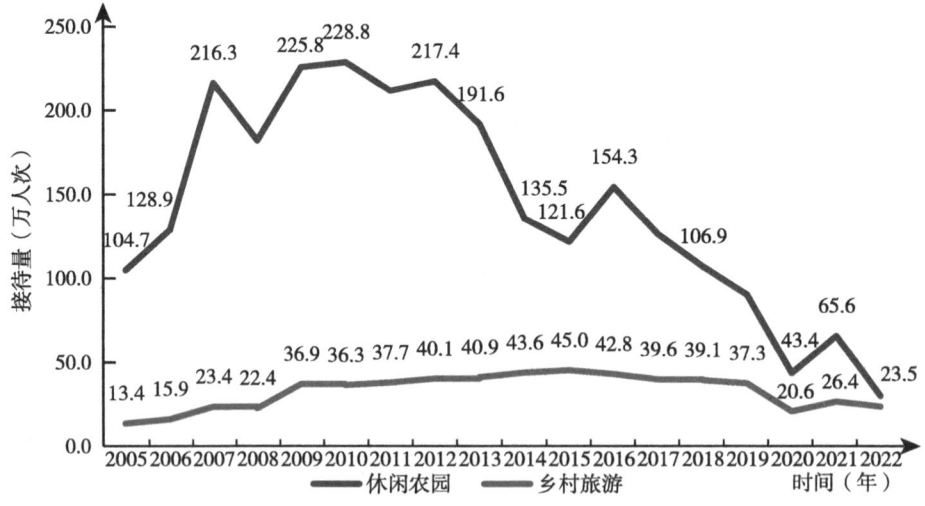

图 3-61 2005—2022 年大兴区休闲农业接待人次

(三) 远郊山区

1. 门头沟区

门头沟区 2005—2022 年休闲农业接待人次中，乡村旅游接待人次比休闲农园接待人次要多。乡村旅游接待人次最高为 85.7 万人次（2016 年），休闲农园接待人次最高为 52.7 万人次（2011 年）；乡村旅游和休闲农园接待人次均在 2020 年降至最低，分别为 21.2 万人次和 11.9 万人次。2005—2022 年门头沟区休闲农业接待人次年均 86.6 万人次（图 3-62）。

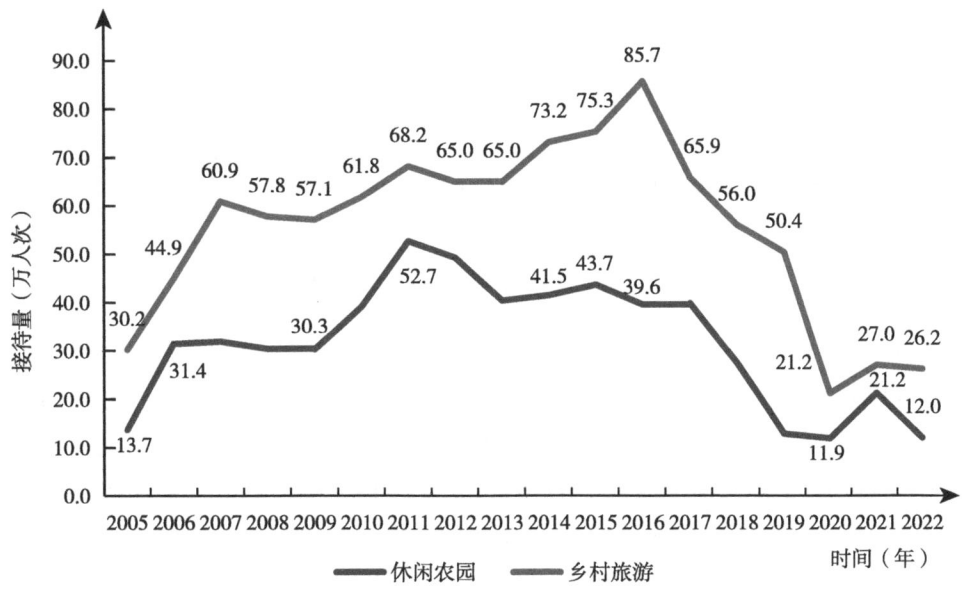

图 3-62 2005—2022 年门头沟区休闲农业接待人次

2. 房山区

房山区 2005—2022 年休闲农园和乡村旅游接待人次均呈单峰曲线。休闲农园接待人次最多为 185.7 万人次（2010 年），乡村旅游接待人次最高为 216.3 万人次（2011 年）；2008 年（含）之前，休闲农园接待人次高于乡村旅游接待人次，2008 年之后乡村旅游接待人次总体上高于休闲农园接待人次，仅 2013 年略低于后者；2016 年双双呈下降趋势，休闲农园接待人次最低点出现在 2022 年（12.8 万人次），乡村旅游接待人次在 2020 年降至历史第二低位（64.4 万人次），2021 年回升至 83.5 万人次，而 2022 年又降至 62.2 万人次。2005—2022 年房山区休闲农业接待人次年均 237.4 万人次（图 3-63）。

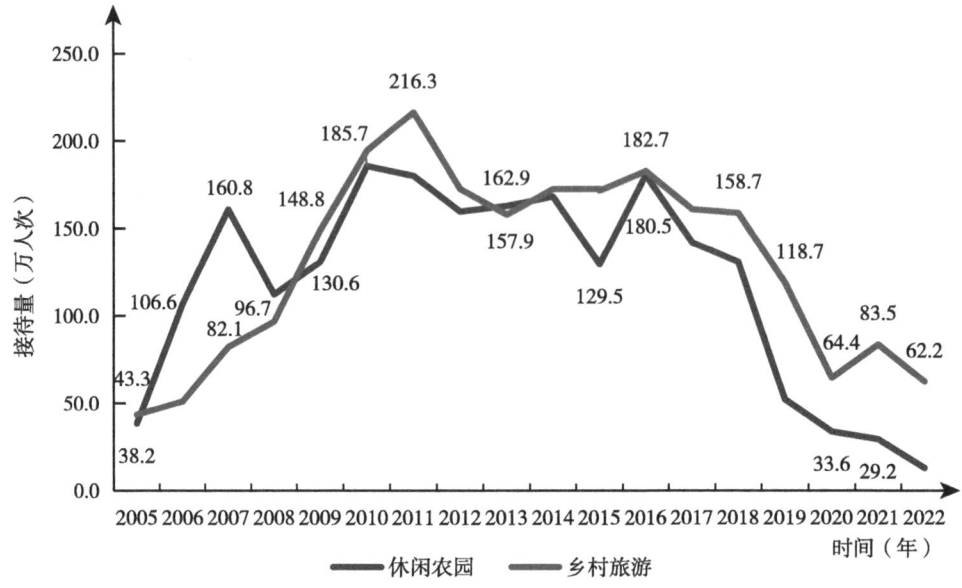

图 3-63　2005—2022 年房山区休闲农业接待人次

3. 昌平区

昌平区 2005—2015 年休闲农园与乡村旅游接待人次交替上升，从 2016 年开始，乡村旅游接待人次稳定高于休闲农园接待人次。休闲农园接待人次从 2005 年的 77.5 万人次增加到 2012 年的最高点 199.1 万人次，从 2015 年开始迅速下降，至 2020 年降至最低点，39.2 万人次；疫情期间保持在 40 万人次左右。乡村旅游接待人次从 2005 年的 108.5 万人次上升到 2019 年的最大值，264.3 万人次；受疫情影响，2020 年比 2019 年陡降 61.3%，达到 102.3 万人次；虽然 2021 年有所回升，但 2022 年再次下滑，至历史最低值 77.6 万人次。2005—2022 年昌平区休闲农业接待人次年均 275.0 万人次（图 3-64）。

4. 怀柔区

怀柔区 2005—2022 年乡村旅游接待人次与休闲农园接待人次旗鼓相当，总体上乡村旅游稍好于休闲农园，前者仅在 2007—2009 年低于后者，其余年份均高于后者；除休闲农园 2020 年和 2022 年接待人次低于 100 万之外，二者的接待人次均在 110 万~280 万人次。2005—2022 年，乡村旅游接待人次达到 200 万以上的年份有 9 年，占比为 50.0%，休闲农园接待人次在 200 万以上的年份有 2 年。2005—2022 年怀柔区休闲农业接待人次年均 375.6 万人次

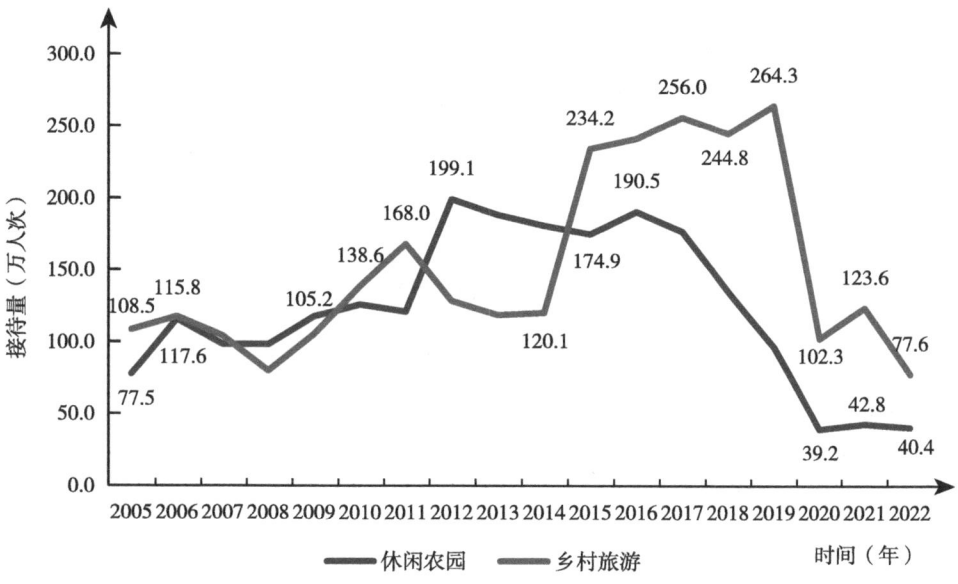

图 3-64　2005—2022 年昌平区休闲农业接待人次

（图 3-65）。

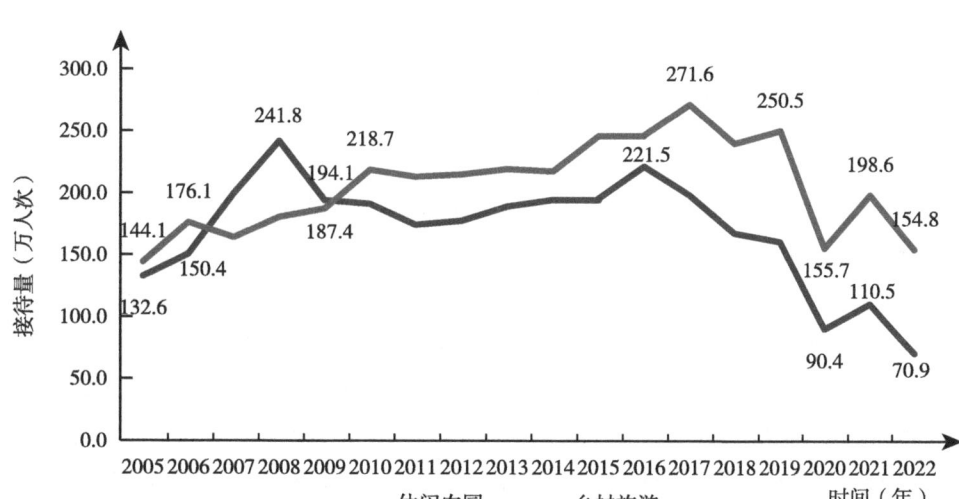

图 3-65　2005—2022 年怀柔区休闲农业接待人次

5. 平谷区

平谷区 2005—2022 年，休闲农园和乡村旅游接待人次变化呈单峰曲线，均在 2016 年达到最高，分别为 439.8 万人次和 470.4 万人次。2005—2022 年间，除 2020—2021 年外，乡村旅游接待人次均高于休闲农园接待人次。休闲农业园接待人次在 400 万以上的年份占比为 16.7%，乡村旅游接待人次在 400 万以上占比为 27.8%。2005—2022 年平谷区休闲农业接待人次年均 604.6 万人次（图 3-66）。

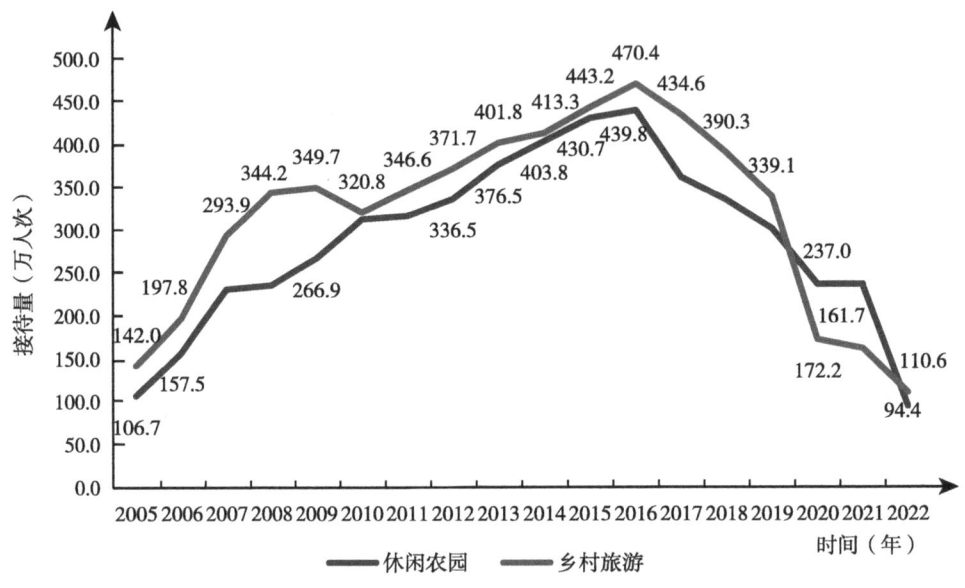

图 3-66　2005—2022 年平谷区休闲农业接待人次

6. 密云区

密云区 2005—2022 年休闲农园和乡村旅游接待人次的变化基本呈单峰曲线，除 2008 年、2011—2013 年乡村旅游接待人次低于休闲农园外，其余年份均高于休闲农园接待人次。乡村旅游接待人次的最高峰出现在 2016 年，达到 493.3 万人次；休闲农园接待人次的最高峰出现在 2013 年，达到 357.3 万人次。受疫情影响，2020 年休闲农园和乡村旅游接待人次分别较 2019 年减少了 52.0% 和 27.5%；2021 年虽有回升，但 2022 年又大幅回落至 149.7 万人次和 316.4 万人次。2005—2022 年密云区休闲农业接待人次年均 589.8 万人次（图 3-67）。

7. 延庆区

延庆区 2005—2022 年休闲农园与乡村旅游接待人次变化基本呈单峰曲线，且前者远低于后者；前者的最高值出现在 2017 年，达到 135.8 万人次，较 2005 年增加了 14.2 倍；后者的最高值出现在 2016 年，达到 521.4 万人次，较 2005 年增加了 4.0 倍。受疫情影响，2020 年休闲农园和乡村旅游接待人次分

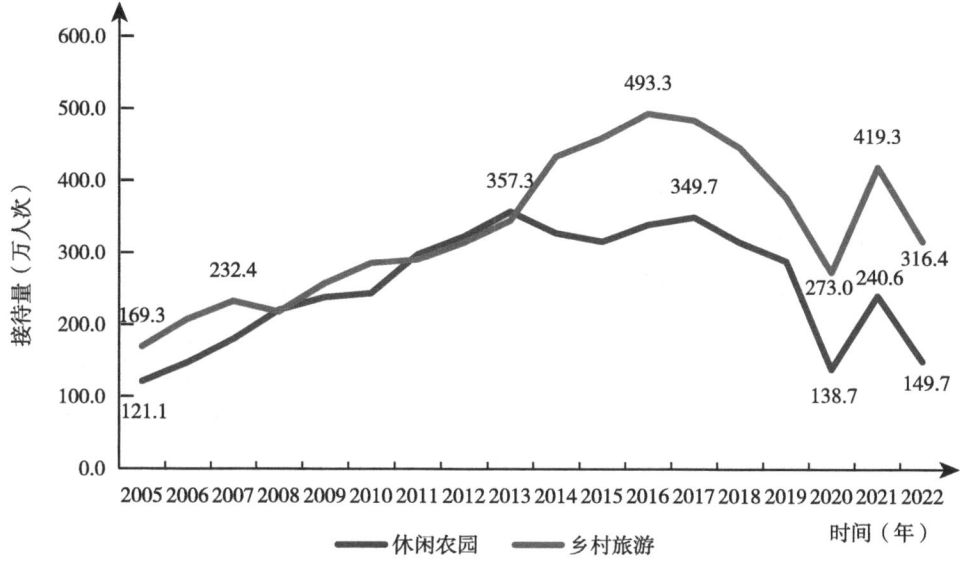

图 3-67　2005—2022 年密云区休闲农业接待人次

别较 2019 年下降了 62.5% 和 58.0%。2005—2022 年延庆区休闲农业接待人次年均 371.80 万人次（图 3-68）。

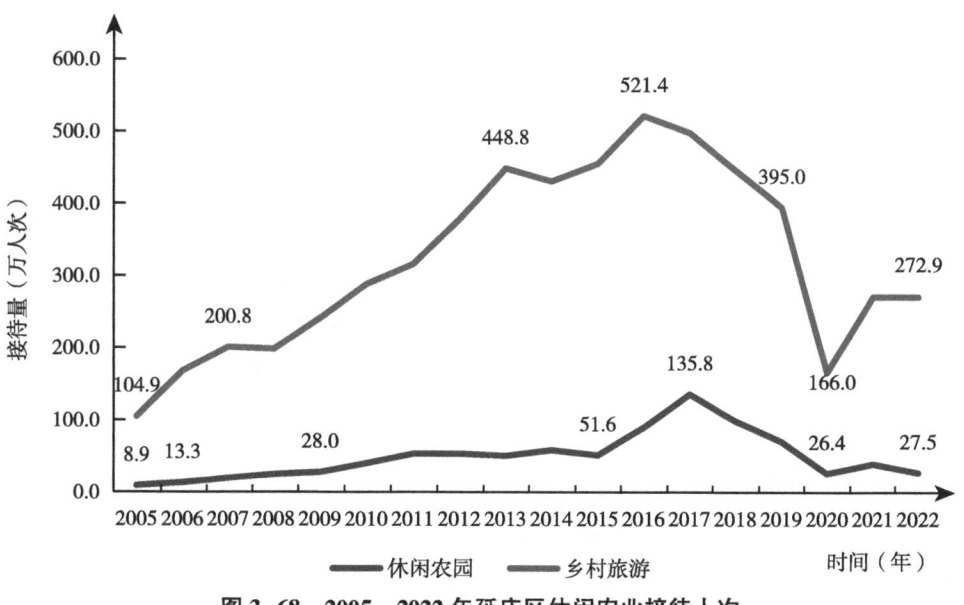

图 3-68　2005—2022 年延庆区休闲农业接待人次

五、各区休闲农业经营收入变化

(一) 近郊平原

1. 朝阳区

朝阳区2005—2022年休闲农业经营收入以休闲农园为主,其变化呈单峰曲线,2005—2018年呈上升趋势,至2018年达到最高值51 194万元,较2005年上升了1.7倍。之后开始快速下降,2022年降至最低点6 954万元,较最高峰时下降了86.4%。2005—2022年朝阳区休闲农园经营收入平均为31 271万元。朝阳区的乡村旅游收入很少,2005—2022年平均为21万元,最高峰时为2022年的120万元。朝阳区2005—2022年休闲农业经营收入年均为31 292万元,其中休闲农园的经营收入为乡村旅游收入的1 490倍(图3-69)。

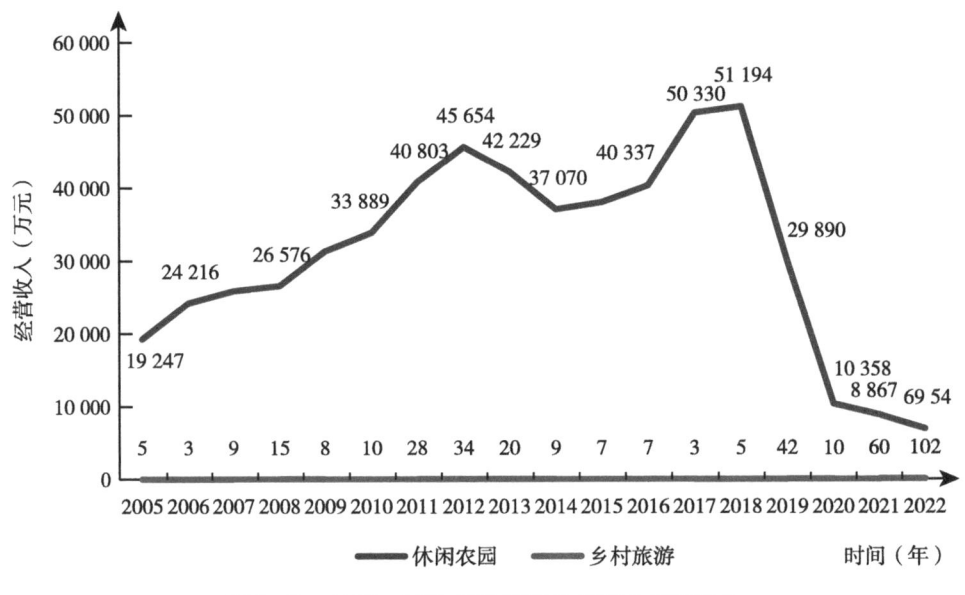

图3-69 2005—2022年朝阳区休闲农业经营收入

2. 丰台区

丰台区的休闲农业收入全部来自于休闲农园。2005—2014年休闲农园收入相对稳定,在1 600万~2 700万元。2015年起开始快速上升,至2018年达到最高值19 439万元,较2014年上升了8.3倍;之后进入下降通道,2020年降至11 283万元,2022年又回升到16 616万元。丰台区2005—2022年休闲农业经营收入年均为7 460万元（图3-70）。

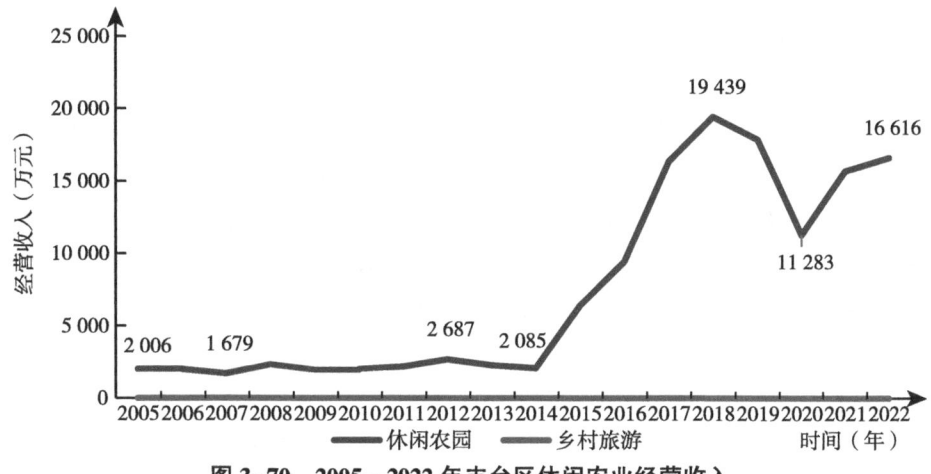

图3-70　2005—2022年丰台区休闲农业经营收入

3. 海淀区

海淀区休闲农业收入主要来源于休闲农园。2005—2022年海淀区休闲农园收入呈缓慢上升趋势，从4 920万元上升到10 541万元，上升了约1倍。乡村旅游收入2005—2007年不足100万元，2008—2018年在220万~310万元，2019年出现大幅度上升，2021年达到了最高值6 058万元，比2018年上升了25倍，比2005年上升了69倍。海淀区2005—2022年休闲农业经营收入年均为8 158万元，其中休闲农园的经营收入是乡村旅游的5倍（图3-71）。

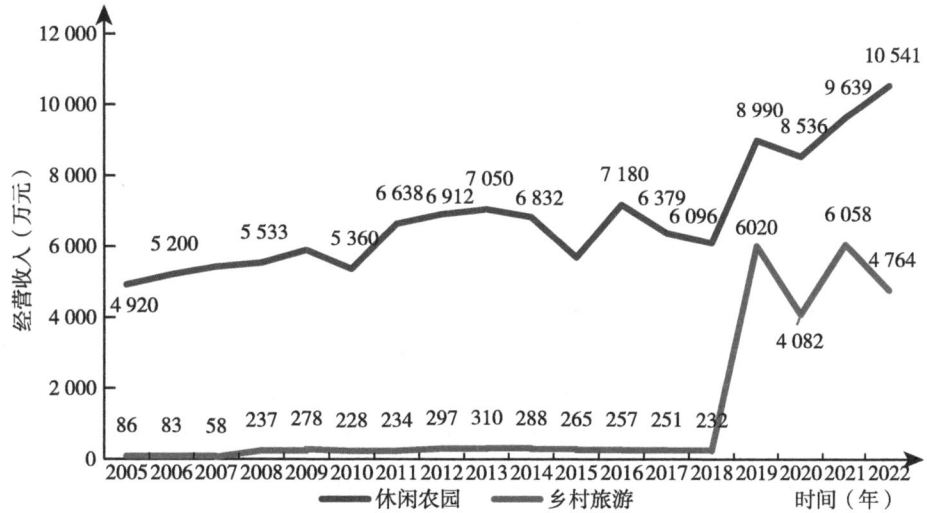

图3-71　2005—2022年海淀区休闲农业经营收入

(二) 远郊平原

1. 通州区

通州区的休闲农业收入主要来自于休闲农园，2005—2022年呈单峰曲线变化，峰值为2017年的29 654万元，是2005年的19.1倍；之后快速下降，2020年降为9 412万元，2022年又回升至17 988万元。乡村旅游收入的峰值为2016年的1 608万元，是2005年的50.2倍；之后开始下降，至2022年降至288万元。通州区2005—2022年休闲农业经营收入年均为14 423万元，其中休闲农园的经营收入是乡村旅游的21.8倍（图3-72）。

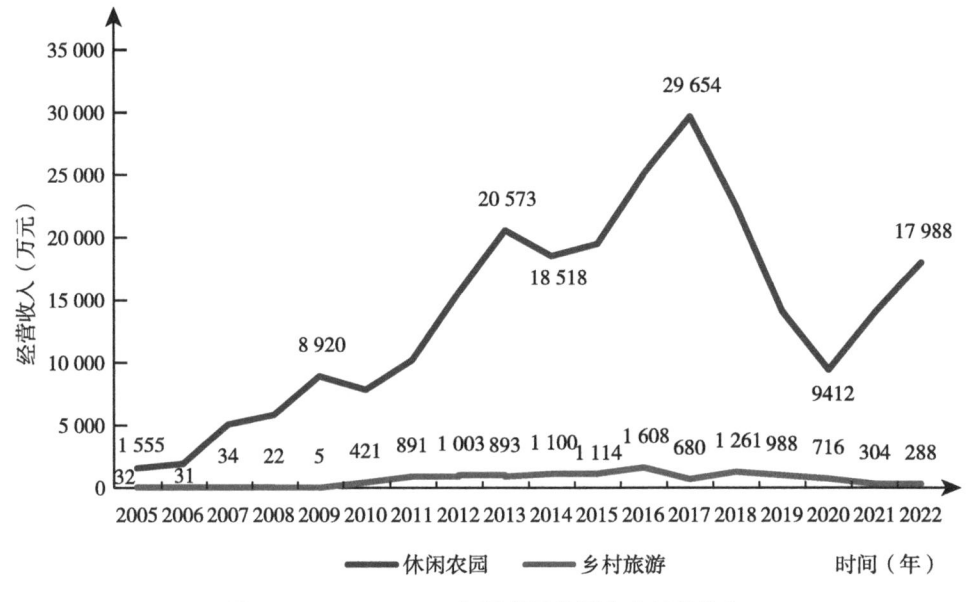

图3-72　2005—2022年通州区休闲农业经营收入

2. 顺义区

顺义区休闲农业收入主要来源于休闲农园，在2019年达到了最高值17 913万元，2020年下降到10 544万元，2022年快速上冲到最高值18 546万元，是最低点2007年的2.6倍。乡村旅游收入在2005—2014年，均不足100万元，2015年超过100万元，从2016年起进入快速增长期，至2022年上升到最高点1 778万元，较前10年上升了26倍。顺义区2005—2022年休闲农业经营收入年均为12 077万元，其中休闲农园的经营收入是乡村旅游的26.8倍（图3-73）。

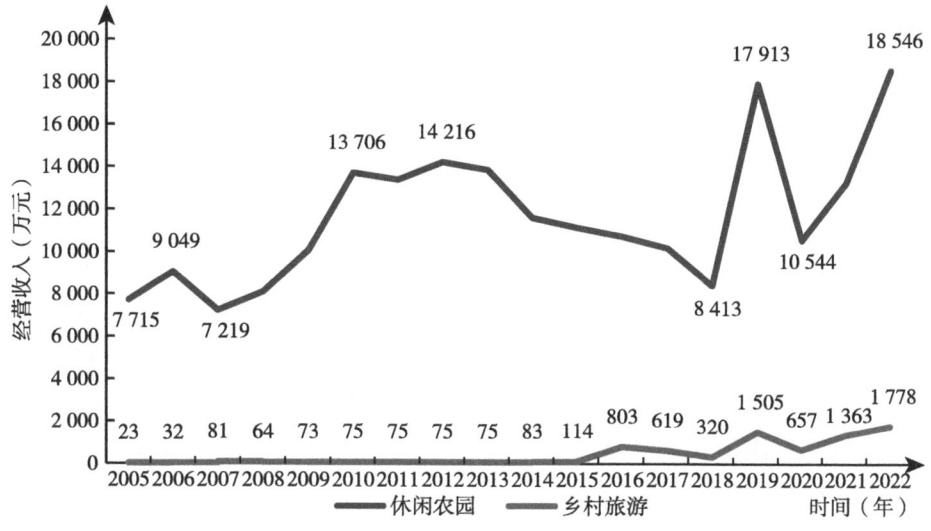

图 3-73　2005—2022 年顺义区休闲农业经营收入

3. 大兴区

2005—2022 年大兴区休闲农园经营收入始终远高于乡村旅游收入。休闲农园经营收入变化呈单峰曲线，峰值出现在 2013 年，达 19 682 万元；2020 年最低，为 7 741 万元。乡村旅游收入呈波动上升趋势，最高值为 2022 年的 1 931 万元，是 2005 年的 4.3 倍。大兴区 2005—2022 年休闲农业经营收入年均为 14 902 万元，其中休闲农园的经营收入是乡村旅游的 10.5 倍（图 3-74）。

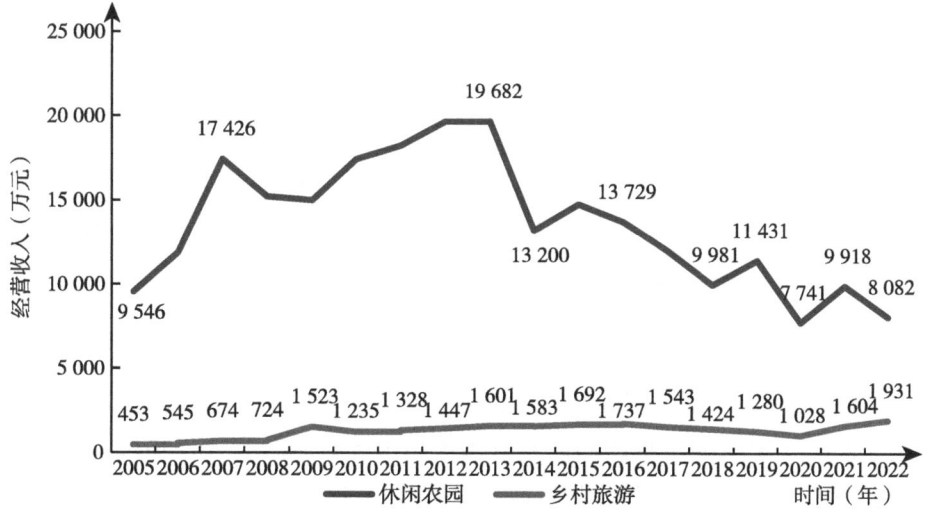

图 3-74　2005—2022 年大兴区休闲农业经营收入

(三)远郊山区

1. 门头沟区

门头沟区休闲农园收入与乡村旅游收入相差不大,基本呈单峰曲线,但前者的峰值较后者出现得早。休闲农园经营收入的峰值出现在2011年,达7 775万元;之后出现较为快速的下降趋势,至2020年达到最低,923万元。乡村旅游收入的第一个峰值出现在2016年,达6 527万元;之后开始平稳下降;疫情初年(2020年)跌至3 911万元,但2021—2022年却逆势上扬,达到最高值7 976万元。2005—2013年,门头沟区休闲农园收入高于乡村旅游收入,但自2014年以后门头沟区乡村旅游收入超过了休闲农园经营收入。门头沟区2005—2022年休闲农业经营收入年均为8 070万元,其中休闲农园的经营收入是乡村旅游的0.8倍(图3-75)。

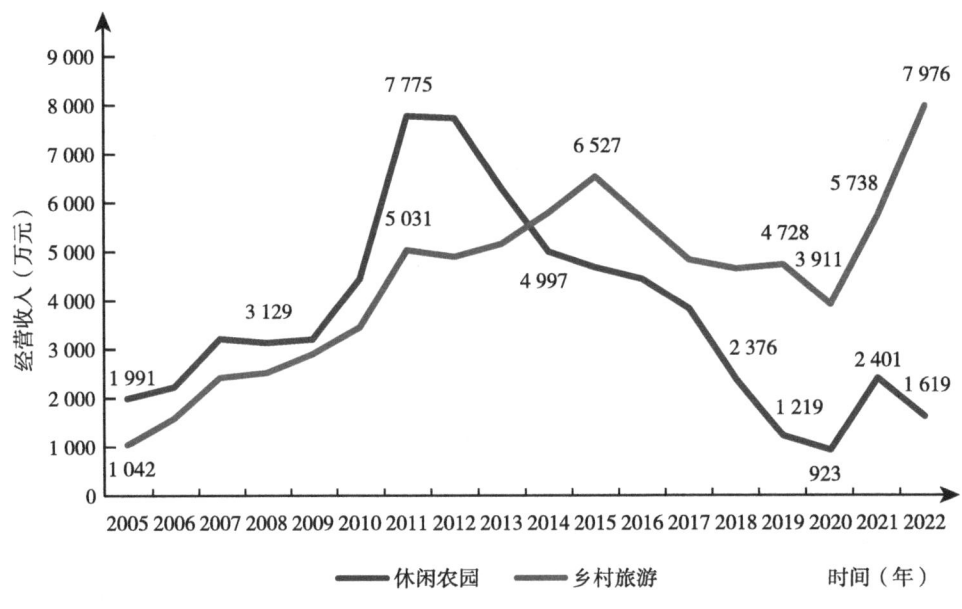

图3-75 2005—2022年门头沟区休闲农业经营收入

2. 房山区

房山区2005—2021年休闲农业经营收入变化幅度较大,但基本上呈单峰曲线。2005—2018年,休闲农园经营收入高于乡村旅游收入;2019—2022年,乡村旅游收入则高于休闲农园经营收入,差距有逐年扩大之趋势。休闲农园与乡村旅游收入的最高点均出现在2011年,分别为17 033万元和12 943万元。

休闲农园经营收入2020年为最低点3 365万元，较最高点下降了80.0%；乡村旅游收入2006年为最低点3 650万元，为最高值的2/7。房山区2005—2022年休闲农业经营收入年均为19 456万元，其中休闲农园的经营收入是乡村旅游的1.5倍（图3-76）。

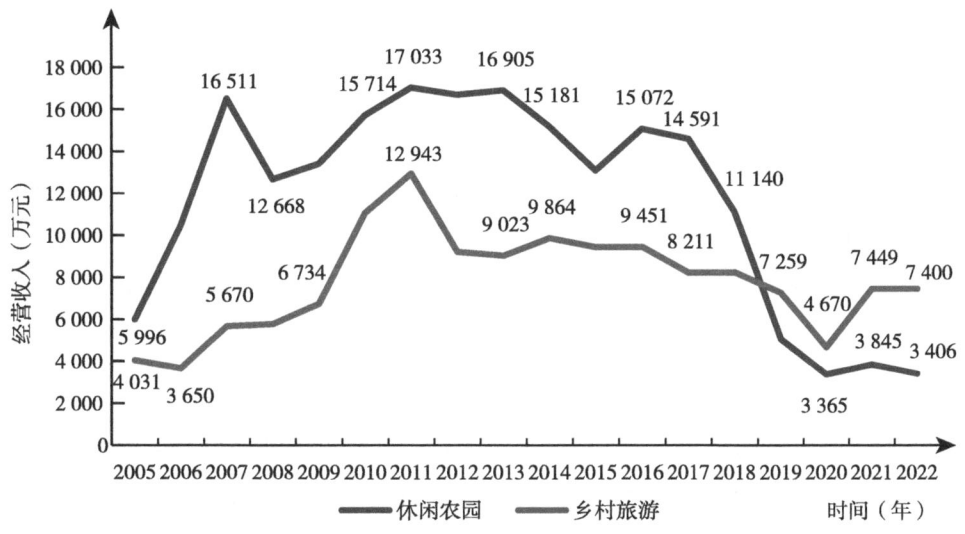

图3-76　2005—2022年房山区休闲农业经营收入

3. 昌平区

2005—2022年间昌平区休闲农园经营收入的变化呈单峰曲线。2012年达到最高值53 406万元，是2005年的7.5倍；之后进入下降通道，2020年降至22 476万元，2022年又回升至27 729万元。乡村旅游经营收入基本上呈缓慢增长趋势，从2005年的4 632万元上升到2019年的13 826万元，上升了约3倍，但远低于休闲农园收入；2020年受疫情影响骤降至5 133万元，比2019年下降了32.9%，2021—2022年又有所回升。昌平区2005—2022年休闲农业经营收入年均为35 692万元，其中休闲农园的经营收入是乡村旅游的4倍（图3-77）。

4. 怀柔区

怀柔区2005—2022年休闲农园经营收入呈先升后降趋势。休闲农园在2016年收入达到最大值为20 874万元，为2005年的3.95倍；之后进入下降通道。乡村旅游经营收入在2005—2017年持续升高，之后开始波动上升，2021年达到最高值，为27 260万元，是2005年的4.0倍。2006—2016年，怀柔区

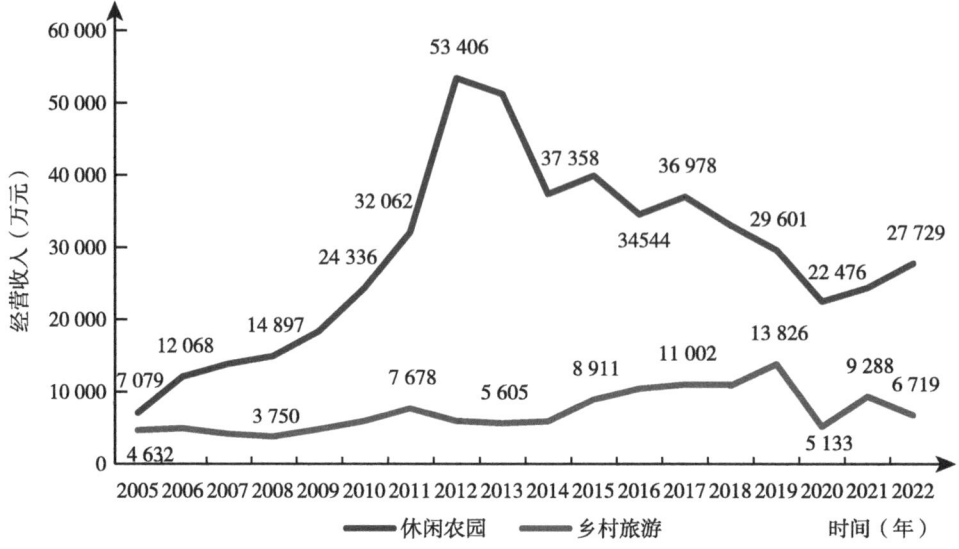

图 3-77 2005—2022 年昌平区休闲农业经营收入

休闲农园经营收入高于乡村旅游收入，但二者相差不大；2017—2022 年间，乡村旅游收入超过了休闲农园经营收入，且差距呈逐年扩大态势。怀柔区 2005—2022 年休闲农业经营收入年均为 30 368 万元，其中休闲农园的经营收入是乡村旅游的 0.8 倍（图 3-78）。

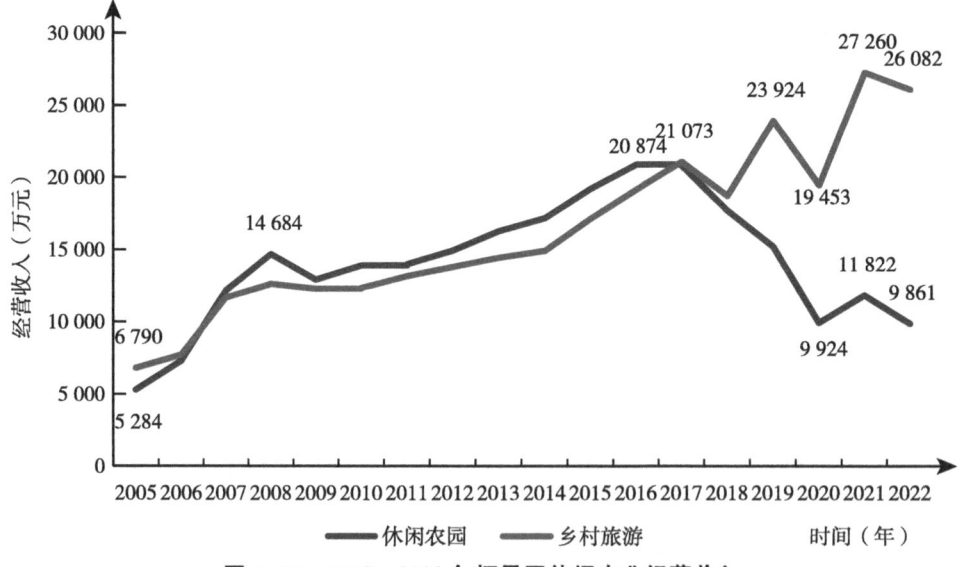

图 3-78 2005—2022 年怀柔区休闲农业经营收入

5. 平谷区

2005—2022 年间平谷区休闲农园的经营收入一直高于乡村旅游收入，而且在 2005—2016 年呈稳步上升趋势，分别从 2005 年的 6 907 万元和 5 541 万元上升到 2016 年的 38 594 万元和 31 188 万元，均较 2005 年上升了 4.6 倍；2016 年以后都呈现了下降态势，至 2022 年分别下降到 14 187 万元和 10 575 万元。平谷区 2005—2022 年休闲农业经营收入年均为 39 199 万元，其中休闲农园的经营收入是乡村旅游的 1.3 倍（图 3-79）。

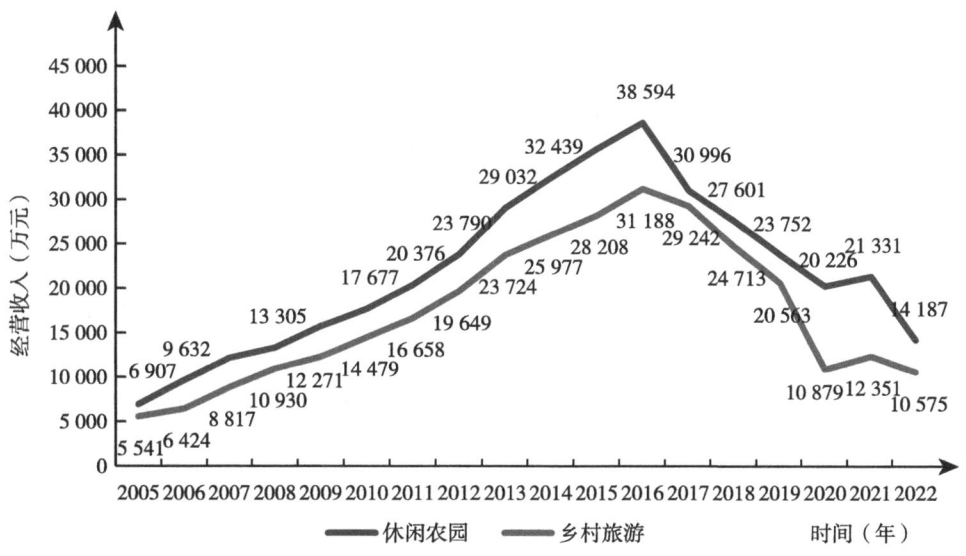

图 3-79　2005—2022 年平谷区休闲农业经营收入

6. 密云区

总体来看，密云区 2005—2022 年休闲农园经营收入高于乡村旅游收入。其中，休闲农园经营收入变化呈单峰曲线，从 2005 年的 5 078 万元增长到 2017 年的最高值 58 440 万元，增长了 10.5 倍；之后进入下降通道，2020 年降至 34 717 万元，2021—2022 年又有所回升。乡村旅游收入基本上呈稳定增长趋势，从 2005 年的 5 557 万元增加到 2021 年的最高值 43 937 万元，增长了 6.9 倍，2022 年稍有回落。密云区 2005—2022 年休闲农业经营收入年均为 55 730 万元，其中休闲农园的经营收入是乡村旅游的 1.5 倍（图 3-80）。

7. 延庆区

延庆区 2005—2022 年间乡村旅游收入高于休闲农园经营收入。乡村旅游

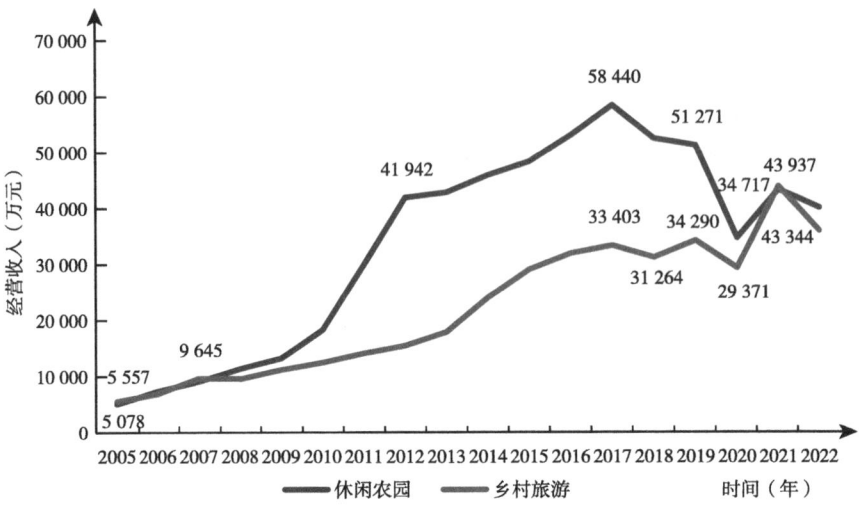

图 3-80　2005—2022 年密云区休闲农业经营收入

收入 2005—2016 年间稳步增长，2016—2019 年进入平台期；2016 年达到最大值 31 266 万元，受疫情影响 2020 年的乡村旅游收入与 2019 年相比几乎腰斩，但在 2022 年上冲至最高值 33 558 万元，比 2005 年增长了 9.5 倍。休闲农园 2005—2018 年也呈增长态势，从 1 444 元增长到 2018 年的最高值 10 707 万元，增长了 6.4 倍，但在疫情期间（2020—2022 年）有所下降。延庆区 2005—2022 年休闲农业经营收入年均为 24 228 万元，其中乡村旅游收入是休闲农园经营收入的 3.7 倍（图 3-81）。

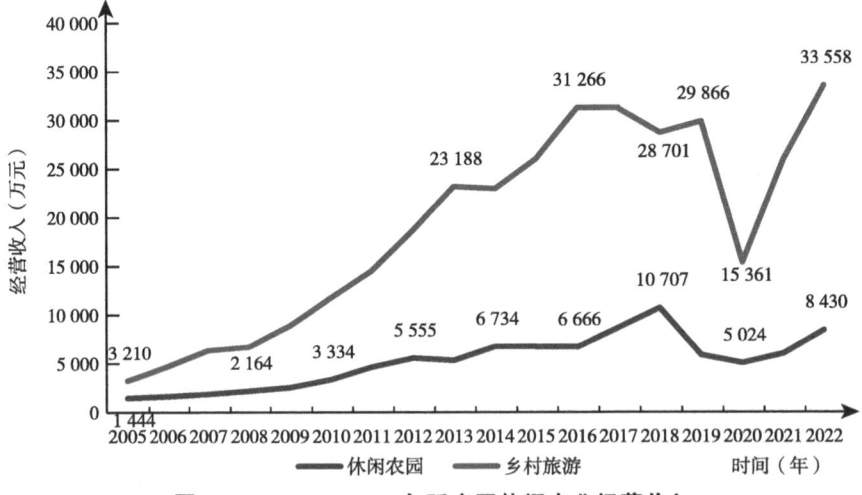

图 3-81　2005—2022 年延庆区休闲农业经营收入

第四章

国内外休闲农业发展经验与启示

第一节 国外休闲农业发展经验与启示

一、国外休闲农业的特点

19世纪50年代以后,休闲农业作为一个产业在欧美等发达国家逐步发展起来。20世纪70年代后,休闲农业在欧美等国家不仅迅速发展,而且形式多样,同时大多数国家的农事休闲企业逐渐实现了规模化经营,为后来的可持续发展奠定了经济基础。近年来发达国家在发展休闲农业方面具有如下一些特点[51]。

1. 注意各方利益的协调

通过市场机制协调各方利益是发达国家发展休闲农业的一个基本特点。例如在美国,市民和农场主通过建立利益共同体促进了休闲农业的发展。按照市场机制,农场主与社区居民自发组成互助的组织形式,运用各自资源,共同经营,共同获利。通过互助形式,市民体验了农事休闲,得到了物美价廉的农产品;农场主也得到了较好的经济收入,顺利地实现了农业转型,可谓一举多得。

2. 崇尚绿色和环保

崇尚绿色、注意环保、注重生活质量的提高一直是许多国家居民的生存理念,这种理念在发展休闲农业的过程中得到了充分的体现与实践。随着收入的提高,逆城市化趋势也越来越明显。城镇居民纷纷走出喧嚣的城市来到农村进行休闲,出现了许多所谓的"绿色假期"和"绿色农业旅游"。不仅促进了城乡之间的经济交流,而且促进了环保意识的增强与社会的进步。

3. 非政府组织发挥了积极作用

在国外休闲农业的发展过程中,不仅政府注重引导,例如美国农业部(USDA)协助农民进行农地转移,德国制定和修订了《市民农园法》,日本制定了《农山渔村停留型休闲活动的促进办法》等,而且非政府组织也积极推进休闲农业的发展和建设。例如法国农会常务委员会（APCA）就联合互助联盟（CNMCCA）、国家青年农民中心（CNJA）等非政府组织建立了"欢迎莅临农场"的组织网络，为法国休闲农业的推销提供了有力的支持。

4. 注意城乡互动

实现城乡互动和交流是许多国家发展休闲农业的基本追求。日本为了强调城郊互动，积极发展体验型农业，例如市民农园、自然修养村、自助菜园等；德国则强调农园建设是为了使得市民能够体验农耕之乐、得到健康食物，或者享有休闲娱乐及社交的场所等。同时通过《市民农园法》，拓展了市民体验农家生活的机会和渠道。

5. 开展科技示范与农事教育

将休闲农业与科技教育相结合是近年来国外发展农事休闲的一个显著特点。例如新加坡就建立了功能多样的农业科技园，不仅使其成为休闲的乐园，而且使其成为科技示范和推广之地。其他一些国家的农业观光园、博物馆等也多兼备休闲与学习等不同功能。

6. 注意立法

市场经济得益于法制。各国都很重视在利用市场机制的同时通过立法等手段来规范休闲农业的发展，例如德国制定和修订了《市民农园法》；日本制定了《市民农园整备促进法》《农山渔村停留型休闲活动的促进办法》等，通过法制，不仅推动了农业休闲的健康发展，而且在更为广泛的范围内规范了人们的行为，提高了人民的素质。

最近几十年来，国外休闲农业的发展不仅得益于经济发展、文化氛围、政府支持等多种因素，而且得益于信息化的发展，尤其是各国农业信息化、公共服务信息化和政府电子政务的发展极大推进了休闲农业的发展。由于信息化的发展和应用，不仅使得休闲农业在数量上得到了扩张，而且在质量上得到了提升。信息化是最近几十年来推动各国休闲农业发展和升级的一个主要力量，这已经成为一个基本的共识。因此，如何利用网络信息技术来改造和发展现代的休闲农业，成为当前理论研究和社会实践的一个热点。以往的理论研究较多关注的是休闲农业和信息化本身，而对两者的相互关系则研究较少。本文则试图通过对国外这方面工作的介绍和分析，总结一些有益的经验，以便能给中国休闲农业信息化的发展以启迪。

二、国外重点地区休闲农业的发展

(一) 欧洲

1. 意大利

1865年,意大利成立"农业与旅游全国协会",标志着休闲农业的产生。当时的协会介绍城市居民到乡村去体味农野间的趣味,他们与农民一起吃饭、一同劳作,搭建帐篷野营,或直接在农民家中留宿。作为意大利旅游业中的新秀,20世纪70年代农业旅游被人们称为"绿色假期",可见其兴盛之势。随着"崇尚绿色、注重提高生活质量"的新生活观念在意大利人中逐渐普及,农业旅游业已逐步发展成为集现代化都市生活、新型生态环境景观、丰富民情民俗于一体的新型产业[52]。

2. 德国

德国的休闲农业最初源于"Klien Garden"。"Klien Garden"是当时许多德国人为享受亲自栽培作物的乐趣,在自家庭院中划分的小块园艺用地形式。到19世纪后半叶,德国推行"市民农园"体制,这成为了德国休闲农业的真正发端。那时,德国政府为每户居民提供一小块荒地,让他们用作自家的小菜园,以实现蔬菜的自给自足,其目的是:树立健康生活理念,让住在狭窄公寓里的都市居民能够获取充足的营养。历经多年的发展,"市民农园"的主旨已成为为市民提供体验农家生活机会,使久居都市的人享受田园之乐。目前,"市民农园"呈兴旺发展之势,其产品总产值已占到德国农业总产值的1/3[52]。

3. 法国

法国休闲农业是由政府、社会团体和农民协会来推动发展的。最初,农业旅游只是贵族的消遣活动,20世纪70年代后,随着五天工作制的推行,越来越多的人到田野欣赏自然风光、品尝特产,有兴趣的甚至亲自参与农活,这些活动极大地促进了"工人菜园"的发展,使法国的农业旅游渐渐兴盛。现在法国旅游收入的1/4来自农业旅游,每年约700亿法郎的收益使农业旅游成为法国的重要支柱产业[52]。

1998年,法国农业会议常设委员会(APCA)设立了农业及旅游服务接待处(Le Relais Agriculturd et Tourisme),并联合法国农业经营者工会联盟(FIVSEA)、法国农会与互动联盟(CNMCCA)和国家青年农民中心(CNJA)等专业农业组织,设计研发了"欢迎莅临农场"组织网络,当时有 3 000 多个农户加盟。APCA 与农业服务接待处还将法国的农场划分为三大类型,即美食品尝类、休闲类和住宿类,三大类农场又以其不同的属性分为 9 个系列,即点心农场、农产品农场、农场客栈、暂住农场、露营农场、骑马农场、狩猎农场、教学农场和探索农场,组织网络不仅提供辅助政府制定相关政策,为农场日常经营提供必要的帮助,还制定了专门的条例,从有效区分市场、严格规范农场行为,禁止售卖或采买远方农场的农产品类型,以保证每个农场都别具特色,避免恶性竞争,从而提高法国农场旅游的竞争指数[52]。

4. 英国

英国的国家公园和早期的一些私人庄园(现已归为国家所有,属观光型农业公园)是英国休闲农业的发源。1981 年以来,受到国内经济问题的困扰及欧盟对农业结构支持的变化等因素影响,英国农业一度陷入困境,而休闲农业成为提高农民收益、拯救农业的极佳选择。资料显示,英国约有 19.7%的农民从事农业旅游服务业,1994 年,休闲农业给每户农民带来约 1 万美元的额外收入,63%的农民认为休闲农业是未来增加收入的有效途径,对他们极其重要[52]。

(二) 美洲

1. 美国

第二次世界大战后,美国出现了食物生产过剩局面,为解决这一问题,美国政府着力推行农地转移计划,即协助农民转移农地的非农业使用,并在经费和技术上提供相应支持。这一举措有力推进了美国休闲农业的发展。20 世纪 60—70 年代,到农村去骑马、骑牛,重温农村生活成为一种风尚。到了 80—90 年代,度假农场、早餐加住宿的乡村旅馆以及商业旅游等形式都已十分普遍。资料统计,2004 年约 5 万家农场从农业旅游中获得总数约 9.55 亿美元的额外收入,其中骑马和农场度假最为普遍,且面积在 400 公顷以上的农场旅游收入最高。

美国的休闲农业特色除规模化外,还有完善的法律法规保护农业旅游发展。美国专门设有全国农业法规中心,其法律法规可划分为三大类,即一般法律(大多数农业旅游经营企业必须遵循的法规)、雇员法(农业旅游经营者雇佣工人时要依据的法律)和经营范围法(农业旅游经营者经营的农业用地只能从事农业活动,要改变土地用途需经过相关部门审批核准)。另外,还专门设有对经营者的保护性法规[52]。

(三) 大洋洲

1. 澳大利亚

近年来，澳大利亚的农副产品出口率高达 2/3，其中最为显著的是牛肉、羊毛、小麦和棉花等商品。澳大利亚农业是以种植业和畜牧业为主，这无异于得天独厚的区位优势以及自然气候。澳大利亚地处南半球，具有独特的地理特点，跨两个气候带，北部属于热带，南部属于温带，独特的气候差异形成了澳大利亚独特的农业地域特征。澳大利亚的自然条件优越，地势既开阔又平坦，并且气候怡和、土地肥沃、灌溉便利。此外，由于澳大利亚地广人稀，对于发展大型农庄有很大的优势，适合集中进行机械化生产。澳大利亚农业在全世界范围内拥有广阔的市场，便利的交通运输条件促进了农产品的大量出口。正是因为自然气候和区位的优势使得休闲农业的发展得天独厚，吸引了越来越多的投资者以及游客[53]。

(四) 亚洲

1. 日本

20 世纪 60 年代，由于经济快速发展，大量的农民涌入城市，农村劳动力不断减少，农村土地普遍出现过疏化现象。为了解决这一问题，日本政府采取了一系列措施，发展都市农业就是举措之一。日本的休闲农业是定位于"特大国际化大都市局部地区"的都市农业，是以工业及科技优势为依托的产业格局，发挥着"食"与"绿"两方面作用，即为市民提供生活所需的各种新鲜的农副产品；为市民营造生存所需的绿色生态环境，发挥其保持生态平衡、抗灾防灾等公益功能。经营形态主要包括银发族农园、市民农园、农业公园、观光农园、观光渔村、民俗农庄、体验农业园[52]。

2. 韩国

韩国约 90% 以上的人住在城市，农渔业人口不足 10%。海滩、山泉、小溪、人参、瓜果、民俗都成为乡村旅游的主题，四通八达的交通网络为韩国发展乡村旅游提供了便利。乡村旅游收入在韩国国内旅游业收入中占 9% 以上。近年来，韩国乡村旅游项目花样翻新，例如茶园采茶"茶园生态游"；前往农村品尝特色韩式套餐的"韩食旅行"，让游客走到哪儿看到哪儿吃到哪儿玩到哪儿的"主题列车活动"游；为城市游客体验劳动而设置的"周末农场"乡村旅游项目等。将自然、生态、旅游、观光、体验、农业科技培训等融为一体的"绿色农村体验村庄",是韩国农林部推广的高端乡村旅游项目,受到城市学生这一旅游群体的喜爱;家庭旅馆是游客在乡村的食宿之地,韩国人谓之"民泊",即"吃住在乡村"之意。韩国政府对每户家庭旅馆的房间数量、室内设施、卫生标准等都有规定。韩国家庭旅馆通过民泊协会管理,该会承担着为开办家庭旅馆的农民服务和协调作用。家庭旅馆通过加入民泊协会的方式在网上注册为会员,无论正式会员和非正式会员,上网均可查询[54]。

第二节 国内休闲农业发展经验与启示

一、国内休闲农业的类型与模式

休闲农业链接农业的一、二、三产业,覆盖农业的生产种植、农产品加工以及相关的服务业,兼具生活、生产、生态等服务功能,实现了农业单一的生产功能,向生态涵养、观光休闲、旅游度假、文化传承、创意产品开发等多功能转变,有效推动农业高质高效、农民富足富裕、农村宜居宜业发展。目前来看,我国休闲农业主要有以下几种类型和模式[30,31]。

(一)主要类型

1. 都市农业和名胜景区周边集中开发型

为满足城市多方面需求发展起来的都市农业,常位于市区周围的近郊(或镶嵌在市区内部)和客源丰富的名胜景区周边,成为休闲农业布局和发展的重要区域,适合政府或企业带动农民集中连片开发。这种模式依托周围的特色景观和民俗文化,辅助建设一些休闲、娱乐设施,为游客提供散步、观赏、度假、娱乐、餐饮、健身等休闲服务,这类模式主要分布在相对集中连片的休闲度假村、休闲农庄、农业嘉年华、市民农园、农事体验乐园以及民宿和乡村酒店,例如北京、上海、成都以及海南、云南等区域,典型案例包括北京朝来农艺园、上海孙桥现代农业开发区、苏州未来园林大世界等。此外,依托科研力量和政府补贴建立起来的农业类园区,也由单一的生产示范功能,逐渐转变为兼有休闲和观光等多功能的农业园区,并衍生出农业观光园、农业科技生态园、农业产品展览馆、农业博览园或博物馆等经营模式,为游客提供了解农业历史、学习农业技术、增长农业知识的渠道和服务。

2. 依托自然生态资源开发的观光养生型

观光养生型休闲农业主要依托山区、滨水地区与草原地区具有的独特气候、植被、生态和人文资源,是在保护生态环境的基础上,发展出来的以农业生态游、农业景观游、民俗风情游、特色农牧渔业为主题的休闲农庄和农家乐。同时,深度挖掘周边的特色村落、小城镇建设,以新农村格局和古村镇宅院建筑为旅游标志物,开发观光旅游,涵盖有古民居和古宅院型、民族村寨型、新村风貌型和古镇建筑型。例如海南省利用独特资源,以共享农庄为载体发展休闲农业。此外,以独特的景观、设计加上互联网带动创建的精品民宿,正逐渐成为这些地区的亮点。民宿除了增加乡村人气、游客消费频率,还大大提升了目的地知名度,通过熟人介绍营销,提高入住率。

3. 具有特色乡村文化的民俗风情型

该类休闲农业依托丰富的特色民风和民俗资源,通过保护特色村庄和田园风光,以特色风土人情、民俗文化为旅游标志物,凸显农耕文化、乡土文化和民俗文化,开发农耕展示、民间技艺、时令民俗、节庆活动、民间歌舞等休闲旅游活动,丰富休闲农业和乡村旅游的文化内涵。聚焦少数民族地区民俗风情的模式更容易吸引游客,例如每年在7—8月牲畜肥壮的季节举办的被喻为"农牧物资交易会"的蒙古族那达慕大会;黔东南地区农历正月至二月由寨老带领男女老少通过吹笙、跳舞、斗牛、对歌等形式进行"祭萨"活动的榕江三宝侗族萨玛节;以展示高原湖泊、雪域风光和白族、藏族、哈尼族等少数民族农村生产生活特性为主题的云南民族农耕文化博物馆;广东省清远市连山壮族瑶族自治县每年农历四月初八举办的"牛王诞"节日活动等。

4. 依托农业产业开发的农家乐、观光采摘型

传统特色农区是以农产品生产为主,同时,立足当地农业资源、农耕文化、生产条件和自然景观,通过拓展农业的多功能性,强化农业生产过程和产品功能创意,提升文化内涵,发展出景观农业、农事节庆、观光采摘、特色动植物观赏及各种农业园区、主题公园等。农民利用自家庭院、自己生产的农产品及周围的田园风光等自然景观,以低廉的价格吸引游客前来吃、住、玩、游、娱、购等的农家乐,主要类型有农业观光农家乐、民俗文化农家乐、民居型农家乐、休闲娱乐农家乐、食宿接待农家乐、农事参与农家乐等,该类休闲农业模式在脱贫致富中发挥了重要作用。

(二) 主要模式

在我国休闲农业的实践中,各地因地制宜,形成了多种多样的发展模式,不一而足。从产业、人才、文化、生态、组织、美食等角度,可以将休闲农业

的发展模式归纳为以下几种。

1. 以产业提升为主导的休闲农业发展模式

以产业提升为主导的休闲农业发展模式是指原来以第一产业为主的地区或涉农经营主体，通过延展产业链，形成一二三产业融合的业态，进而实施休闲农业和乡村旅游开发的发展模式。该模式以产业链的扩展延伸为主要特征。例如浙江省青田县1 300多年来一直保持着传统的农业生产方式"稻田养鱼"，是当地的农业主导产业，并形成了独具特色的稻鱼文化。2005年6月青田县稻鱼共生系统被联合国粮农组织列为首批全球重要农业文化遗产保护试点，成为中国第一个世界农业文化遗产。借助农业文化遗产地品牌，青田对标"五统一"标准，统筹规划稻鱼产业发展布局，持续扩大水稻种植面积及田鱼养殖规模，推动产业升级。2023年，当地稻鱼共生系统面积达到6.54万亩，稻鱼产业总产值超过3亿元。与此同时，青田县对稻鱼共生系统相关农产品进行有机产品加工和品牌开发，在鲜活鱼真空包装、田鱼干深加工、有机稻米加工等方面进行创新，产品不断增值并远销海外。随着农业文化遗产地的知名度不断提高，游客量也随之增加。青田县涌现出一大批农家乐和渔家乐，农业文化遗产旅游也成为了青田主打旅游项目之一。近年来，青田持续深化以"农业文化遗产"为主题的文化活动，开展"农遗保护日"系列活动，常态化组织"稻鱼之恋"系列开犁节、丰收节等创意农业活动，形成农文旅融合的新型乡村旅游业态。通过重塑文明乡风、挖掘稻鱼文创、开发"农遗+"旅游线路等手段，深挖农业文化遗产内涵，使稻鱼共生系统成为乡村旅游的"金字招牌"[55]。过去的稻鱼共生小系统，已逐渐演化为集产业发展、加工增值、农遗传承、文化开发、休闲体验等为一体的大系统。

2. 以人才带动为主导的休闲农业发展模式

以人才带动为主导的休闲农业发展模式是指以乡土能人、返乡入乡创业人才为带头人，立足当地资源，融入外来资源，开发休闲农业的一种模式。这种模式以人才带动为主要特征，主要有乡土能人带动和返乡入乡创业两种形式。

乡土能人是指生于乡村，对乡村社会具有洞察力，对乡村社会的政治、经济和文化有深刻认识，对乡村社会怀有浓厚的情感和社会责任感，并且愿意服务于乡村的本土人才资源。他（她）们一般能够凭借个人优秀的道德品质、过硬的能力素质、丰富的致富经验、良好的群众口碑等特质，带动本地休闲农业和乡村旅游发展的模式。例如北京市大兴区庞各庄两代瓜王宋宝森和宋绍堂父子二人就是典型的乡土能人。父亲宋宝森从1983年开始种植西瓜,凭借多年的种植经验和技术,在大兴区举办的西瓜擂台赛中多次获得"瓜王"称号。儿子宋绍堂于2003年成立了北京老宋瓜王科技发展有限公司,并注册了"宋宝森"品牌,在科学种植的基础上,开发了观光产业,建成以西瓜为主题的老宋瓜园,年接待游客逾10万人次,吸纳472户农民出资成立农民专业合作社,带动周边瓜农共同致富。

返乡、入乡创业人员是指两种流向不同的人员。返乡人员是指在外务工人员、高校毕业生、转业退役军人等从村庄走出去,又回归村庄去创业的人;入乡人员是指来自城市,下沉到乡村去创业的人。这两类人在乡村创业,都带回了城市生活新方式、新思维和新技术,并以本地乡村资源为基础,开发休闲农业和乡村旅游。例如平谷区返乡青年张海龙,2016年放弃央企高薪工作,回到家乡平谷创业,成立了北京市绿谷塔山农业发展有限公司,利用互联网升级传统农业,解决传统养殖业的痛点与瓶颈问题,带动京津冀周边260家养殖户增收。2017年,他又创建了北京桃娃农业科技公司,以平谷大桃切入市场,专注开发精品鲜桃、桃干、桃罐头、桃木文创产品,为农民带来了实际效益。再如海归博士李一方,放弃国际环保组织稳定的高薪工作,来到北京市密云区金叵罗村,与3位合伙人创办了飞鸟与鸣虫生态农场,与当地乡村深度融合和利益链接,促进当地休闲农业与乡村民宿的发展,并带动农民增收。位于密云区的金叵罗村,出台优惠政策,吸引优秀的外来人才到金叵罗村创业,与村庄深度融合,并建立了紧密的利益联结机制。外来人才在金叵罗村创立了老友季花园民宿、飞鸟与鸣虫农场、完美生活农场、金樱谷花园、西口研食社、田妈妈亲子小院、乡村会客厅、乡村振兴直播室等休闲农业经营主体,并全面参与到村庄乡村振兴中,成为乡村资源整合者、城市要素导入者、村庄形象代言者和村庄运营参谋者。

3. 以文化开发为主导的休闲农业发展模式

以文化开发为主导的休闲农业发展模式是指以在地文化挖掘或外来文化引入融合为主要手段,发展休闲农业与乡村旅游的模式。文化挖掘与开发是该模式的主要特征。

在地文化的广义理解是指在一定的历史条件下,受地域社会的组织结构、经济形态、宗教信仰等方面的影响,而形成的特定意识形态、价值观和行为方式。它的载体不仅包括物质的城市风貌、各种工艺产品、特色资源,还包括非物质的地方社会制度、风俗习惯、人文习俗和道德习俗等[56]。在地文化挖掘就是立足当地文化特色进行休闲旅游开发。例如北京市门头沟区的田庄村，把乡村振兴同红色资源保护与开发紧密结合，通过对本村村民崔显芳"一门四烈士"革命事迹的挖掘，建设了崔显芳烈士纪念馆；利用田庄高小党支部旧址打造了"京西山区中共第一党支部"党史教育基地，同时还开发了"英雄谷"爱国主义、英雄主义教育绿道和"红色游"徒步路线，打造2.5千米"薪火田庄"京西星火路和星火玫瑰谷等红色景点，形成红色教育矩阵，带动红色民宿、红色餐饮、红色文创等红色旅游新业态蓬勃发展。

当在地文化资源不足或缺乏特色时，引入外来文化，与在地文化进行融合开发，也不失为一种文化开发的捷径。例如云南省昆明市五华区在平平无奇的稻田里引入了外来餐饮文化咖啡，"稻田+咖啡"文旅模式引爆出圈。在稻田一边喝咖啡，一边享受乡村的清新空气、美丽景致和无忧宁静，抚慰心灵、回馈味蕾，这样的新型旅游模式很契合时下年轻人的游玩喜好。将外来咖啡文化与当地稻田文化相结合，从卖咖啡到"卖风景""卖文化"，半年时间，稻田咖啡营业额达270万余元，村集体经济也跃上新台阶[57]。

4. 以生态建设为主导的休闲农业发展模式

以生态建设为主导的休闲农业发展模式是指立足于农村生态建设、环境保护和综合整治，建设美丽乡村，依托美丽乡村进行休闲农业和乡村旅游开发，把农民的生活和生产空间变成市民休闲和消费空间的发展模式。该模式的主要特征是以生态建设为前提，生态建设与休闲农业开发相辅相成。为推进我国的美丽乡村建设，农业农村部从2010年起开始评选"中国美丽休闲乡村"，至2023年共有1 981个村庄入选。这些美丽休闲乡村，充分依托自然生态环境资源，激活乡土人文基因，打造满足多层次、多样化休闲需求的消费场景，通过挖掘乡村多元价值，把乡村的资源、生态、文化优势转化为产品、产业、经济优势，推动了包括休闲农业在内的乡村产业高质量发展。

在这种模式中，农田景观营造是进行美丽乡村建设的一个重要手段。即按照以农造景、以景促旅的思路，利用多彩多姿的农作物进行设计和搭配，在较大的空间上形成美丽的农田生态景观，进行休闲农业和乡村旅游的开发。在这种模式的推动下，在全国范围内，涌现出了许多农田字画、大地拼图等艺术作品，把农业的生产性、可持续性、审美性完美地融合在了一起。例如云南省宜良县耿家营乡河湾村2017年引入稻田画，发展景观农业和创意农业。每年都会利用红、黄、紫、白、黑等彩色水稻种植出不同图案的充满民族风情的稻田画，成为了网红打卡村。以稻田画为亮点，河湾村深入挖掘当地少数民族文化和农耕文化特色，举办了火把节、山歌节和文化节等系列节庆活动，吸引了大批游客，年接待游客超过5万人次。2019年，河湾村入选第一批全国乡村旅游重点村。依托景观农业和美丽乡村建设，河湾村逐步形成了集自然风景观光、创意农旅体验、乡村民宿、餐饮、垂钓于一体的乡村旅游综合体，走出了一条生态保护互融共生、互促共进的"农文旅"融合新路子，促进了当地休闲农业和乡村旅游的发展。

5. 以集体组织为主导的休闲农业发展模式

以集体组织为主导的休闲农业发展模式是指以村集体为经营主体或统一领导，聚合当地及外部资源，共同进行休闲农业开发的模式。该模式的主要特征是村集体在其中发挥重要作用。例如陕西省咸阳市礼泉县烟霞镇的袁家村，原本是个不足百户的小村庄，现已发展成为以乡村美食休闲游为特色的"关中民俗第一村"。村集体在充分调研与论证的基础上，与村民共同成立了开发经营公司、村庄管理公司和多种行业协会，以乡村旅游为突破口，以"三产带二产促一产"，实现三产融合发展，成为集民俗、饮食、观光、休闲、文化、度假于一体的关中印象体验地。袁家庄探索出了一条以村集体领导为核心，村集体平台为载体，构建产业共融、产权共有、村民共治、发展共享的村庄集体经济发展模式，成功吸引1000多位创客，吸纳了周边村民及外地3000多人就业。2023年，袁家村游客接待量达到800万人次以上，年旅游收入超过12亿元，村民人均年收入达到15万元以上[58]。

在这种模式中，当集体经济组织较为薄弱时，也可以借助外部组织力量，以强扶弱，帮助村庄在短时间内获取成长资本、管理技术和市场资源等，快速提升本村休闲农业的发展水平。例如北京市门头沟区清水镇梁家庄村创艺乡居民宿集群的打造就是这一模式的典型案例。梁家庄村是一个偏远而古老的小山村，人口老龄化、房屋破败，是北京市的低收入村。2018年，该村利用"一企一村"精准帮扶项目，对接北京国资公司的人力、智力和资金资源，合作建立了北京梁家庄村创艺乡居文化有限公司（以下简称"创艺乡居公司"），立足当地优良的生态环境、山水旅游资源，对全村进行了整体规划和重建，打造了"创艺乡居"精品民宿群，通过发展休闲农业和乡村旅游，该村2020年成功实现了"脱低"[59]。

6. 以特色美食为主导的休闲农业发展模式

以特色美食为主导的休闲农业发展模式是指利用人们对美食的向往，通过开发独具特色的美食风味来吸引游客，进而开发休闲农业和乡村休闲旅游的模式。该模式以特色美食为主要特征。主要的业态形式有以吃农家饭为特色的农家乐，这种形式在全国各地均普遍存在；有以开发特色宴席带动整村发展的民俗村，例如北京市延庆区井庄镇柳沟村的火盆锅豆腐宴、昌平区十三陵镇康陵村的春饼宴；还有以乡土美食评选带动区域休闲农业发展的形式，例如江苏省以打造乡土美食地标品牌为抓手，推动休闲农业的发展。2020年，为传承和弘扬乡村美食文化，进一步激发休闲旅游农业消费潜能，江苏省评定了"百道乡土地标菜"，每一道乡土菜，都牵引着一条食娱购产业链。以乡土地标菜为抓手，江苏省推动实施"四个一工程"，即提升一个产业、带动一条游线、挖掘一段文化、致富一方农民。例如江苏特色产业"阳澄湖大闸蟹"，螃蟹年产量为1万多吨，产值45亿元，但因此而带来的餐饮、旅游、度假和酒店收入，可达到100亿～200亿元。在"清蒸固城湖大闸蟹""高淳水八鲜鱼头"这两道地标菜的带动下，2019年，高淳"螃蟹节"两个多月吸引游客235万人，各类餐饮、住宿、特产销售收入10多亿元。仅乡土地标菜"天目湖鱼头"这一道菜每年就可为天目湖景区的十几家宾馆和100多家农家乐吸引游客500多万人次[60]。至2023年已经连续举办23届的盱眙龙虾节，更是成为促进当地发展旅游、吸引投资的"招牌菜"，综合估值200亿元[61]。由此，美食对休闲农业的拉动作用可见一斑。

7. 以节庆活动为主导的休闲农业发展模式

以节庆活动为主导的休闲农业发展模式是指借助举办农业节庆活动、大型农业展览和会议的契机，助推休闲农业和乡村旅游发展的模式。该模式以节庆活动、展览展示为主要特征。例如北京市延庆区借助举办世界园艺博览会的契机，加快推进本区园艺产业的发展，以此为依托开发休闲农业与乡村旅游，永久保留的世园会园区场馆成为区域性大型生态公园、冬奥会服务保障基地、生态旅游目的地、区域农业节庆活动的举办地。以会兴业带动了延庆区园艺产业、休闲农业和民宿产业的发展。再如北京平谷区桃花节，于1992年首次举办，至2024年已举办了26届，成为全国知名的农业节庆活动品牌。每年春天4月中旬20多万亩桃花盛开之际，桃花节开幕，包括但不限于农业观光、传统文化、音乐休闲、美食打卡、体育健身等丰富多彩的活动一直持续至5月中旬。历时1个月的桃花节，每年都吸引超过百万的游客到平谷赏花休闲游，以花为媒，有力地推动了休闲农业及当地经济的发展。

二、国内重点地区休闲农业的发展

（一）成都休闲农业的发展

1. 主要类型

成都市利用当地优势自然和地理资源，以及特色乡村风土民俗来吸引游客，为游客提供休闲、娱乐、观光、住宿及餐饮、科普、教育等综合服务，目前基本形成了以农家乐为主的多种发展类型[62,63,64]。

（1）都市近郊休闲观光型　主要是利用城市近郊短距离可达的优势，利用靠近城市主城区的有利交通区位，结合自身特有的花卉、果蔬资源，来满足城市庞大的消费群体，进而推动休闲农业的发展。如三圣乡、农科村等，这也是目前休闲农业发展的主要方式。

（2）传统民俗文化展示型　依托独特的古典村落、民俗文化、自然景观、建筑景观等传统资源发展休闲农业。以明清街道为代表的古镇和川西林盘村落；以大型水面、山地等自然资源为代表的自然资源，如龙泉湖景区、龙门山沿线景点等，构成了休闲景观农业发展所需的空间环境、景观形态以及旅游产品。

（3）特色农业产业支撑型　依托地方特色农业产业基础，带动休闲农业发展。该类型休闲农业具备3个特征：一是当地农业产业发展基础良好，能够满足观光者对农副产品的消费需求；二是该产业具备景观价值和产品价值，能与休闲农业、乡村旅游融合发展；三是成都多样性气候造就了丰富的农产品品类，典型的有浦江的柑橘、都江堰的茶叶、双流的冬草莓、温江的花木产业等。

（4）风景名胜旅游带动类型　借助毗邻景区丰富的旅游资源和庞大的客群发展休闲农业。该类型休闲农业景区有强大的资源支撑，乡村旅游产品与景区产品能够互补，既节约了消费者开发成本，又推动整个旅游产品链的延伸。例如都江堰市依托青城山、大邑县依托西峰雪山、新津区依托花舞人间这种优势景区资源，带动休闲农业和乡村旅游发展。

（5）技术支撑下的现代农业科技园　主要是依托科技园区的孵化器作用，带动和示范引领具有一定基础条件的农村地区，建立休闲和观光基地，例如温江区的现代农业产业园，在四川农业大学的技术支撑指导下，合作共建了集科研科普、教育教学、培育培训等多功能的农业示范基地。

2. 主要政策

2016 年，成都市人民政府办公厅发布了《成都市促进旅游业改革发展若干政策措施》，提出设立旅游基金、支持打造世界级/国家级旅游资源品牌、支持涉旅资源旅游化、鼓励旅游企业做精做强、推进智慧旅游建设、支持旅游业改革创新、支持旅游产业融合发展、支持乡村旅游转型升级、支持旅游基础设施/公共服务设施建设、加大对小微型旅游企业和乡村旅游的信贷支持、支持开展区域旅游合作、支持旅游用品/旅游装备制造业发展、促进旅游消费、推进旅游科学统计和数据应用、加强旅游用地规划衔接、确保重大旅游生态建设项目用地、支持自驾车房车营地等旅游综合体项目用地、支持旅游融合发展用地、弘扬文明旅游风尚、加强旅游市场诚信体系建设等 20 条政策，从资金、土地、市场、基础设施、诚信体系、旅游大数据中心等角度支持成都市景观休闲旅游业的发展，助推成都世界旅游目的地的建设。2021 年，成都市文化广电旅游局发布《加强文旅企业帮扶促进行业恢复的工作措施》的通知，扶持措施覆盖旅行社、文旅企业、在线旅游平台、旅游景区、酒店、文旅人才等几乎全产业链，最高奖励 1 000 万元。同时，通过"文旅成都"App，面向终端消费者发放 200 万元文旅消费券，推动休闲农业的可持续发展。

3. 经验与成效

政策支持、资源整合和服务提升是成都市休闲农业发展的关键。政府的政策支持和财政资金支持为休闲农业与乡村旅游发展提供了强大动力，产业整合将传统农业与现代旅游相结合，创造出独具特色的乡村旅游项目，服务升级则提升了游客的旅游体验。

经过 30 多年的发展，成都市休闲农业取得了傲人的成就。截至 2023 年底，成都市有全国休闲农业重点县 2 个（蒲江县、彭州市），中国传统村落 10 个，休闲农业收入与接待人次分别达到 445.4 亿元、1.58 亿人次，同比增长分别为 15.75%、15.5%[65]。至 2035 年，成都市休闲农业的发展目标是打造成为"乡村田园秀丽、民俗风情多姿、生态五彩斑斓、功能现代时尚"的世界乡村旅游目的地[66]。

（二）上海休闲农业的发展

1. 主要类型

上海休闲农业发展主要类型可以分为农家乐类型、休闲农庄类型、观光农业类型、农业园区类型、生态园林类型和民俗文化类型等[57]。

农家乐类型的休闲体验包括居住农家小院、品尝农家美食、果蔬采摘、休闲垂钓等农事体验活动，如崇明前卫村、嘉定毛桥村等；休闲农庄类的农园兼具农业生产、休闲、餐饮、娱乐、科普教育等功能，如青浦联怡枇杷乐园、松江雪浪湖生态园；观光农业类的农园，依托特色种植、养殖业资源，开展农园观光旅游，如嘉定马陆葡萄公园、奉贤都市菜园等；农业园区类的休闲农业，利用现代农业园区资源，打造集休闲、观光、采摘、科普教育、科技示范推广等于一体的体验活动，如浦东孙桥现代农业园区、金山廊下现代农业园区等；生态园林类的休闲农业，依托水源涵养林、人工片林、环线绿地等资源，开发生态宜居的休闲娱乐场所，如崇明东平国家森林公园、奉贤海湾国家森林公园等；民俗文化类的休闲农业，充分融合展示乡村民俗、民风、民族文化等元素，如宝山闻道园、崇明三民文化村等。

2. 政策支持

为支持休闲农业的持续健康发展，上海市陆续出台了土地、财政、税收、宣传等方面的政策文件，产业发展的政策支撑体系基本形成[57]。

土地支持政策方面。2015 年，上海市出台《关于积极开发农业多种功能大力促进休闲农业发展的通知》，提出对农民就业增收带动作用大、发展前景好的休闲农业项目，优先安排建设空间，优先列入年度建设用地指标计划。2017 年，出台《关于支持本市休闲农业产业发展的规划土地政策实施意见》，提出统筹安排休闲农业设施用地、探索农用地复合利用、统筹利用农村公共服务设施用地可以结合设置游客集散中心、旅游咨询中心、公共停车场等。2018 年，在《关于促进本市乡村民宿发展的指导意见》中提出要强化用地保障，通过农村土地综合整治、集体建设用地减量化等盘活的建设用地指标，优先用于休闲农业（民宿）配套设施等建设。在《关于推进本市乡村振兴做好规划土地管理工作的实施意见（试行）》中提出，要盘活存量资源、规范用地分类、完善土地供应、规范设施用地类型、鼓励土地复合利用、优化审批监管程序等，为休闲农业发展提供土地方面的支持。

财政支持政策方面。2015 年，上海市《关于积极开发农业多种功能大力促进休闲农业发展的通知》中提出，鼓励金融机构加大对休闲农业的服务力度、加大对休闲农业的信贷支持，探索休闲农业多元化投融资机制和新型融资模式，鼓励利用 PPP 模式、众筹模式、互联网模式、发行私募债券等方式，加大对休闲农业的金融支持。2017年,《市政府办公厅印发关于本市支持返乡下乡人员创业创新促进农村一二三产业融合发展实施意见的通知》提出要加大财政支持力度。加快将现有财政政策措施向返乡下乡人员创业创新拓展,将符合条件的返乡下乡人员创业创新项目纳入强农惠农富农政策范围。2018年,《关于促进本市乡村民宿发展的指导意见》,提出要支持在沪商业银行、小额贷款公司、融资担保公司等金融机构创新金融产品和服务模式,按照国家统一部署,依法开展农村土地经营权抵押贷款试点,引导金融资源配置到乡村民宿产业发展。

税收支持政策方面。2011年,农业部发布《全国休闲农业发展"十二五"规划》,提出要加大相关政策衔接力度,争取"农家乐"经营户减免营业税政策,休闲农业场所销售自产的初级农产品及初级加工品享受免税政策,休闲农业用电享受农业用电收费政策。2015年,上海市《关于积极开发农业多种功能大力促进休闲农业发展的通知》中提出,继续加大财税扶持力度。继续加大对休闲农业产业发展和基础设施建设的支持力度,撬动社会资本,推动本市休闲农业产业的提档升级,带动大众创业、万众创新,扶持休闲农业做大做强。

宣传支持政策方面。2015年,上海市《关于积极开发农业多种功能大力促进休闲农业发展的通知》中提出,鼓励社会资本参与休闲农业宣传推介平台建设,增强线上线下营销能力,全面提升行业的信息化水平。强化行业运行监测分析,构建完善的休闲农业统计制度。2017年,《市政府办公厅印发关于本市支持返乡下乡人员创业创新促进农村一二三产业融合发展实施意见的通知》提出,强化信息技术支撑。加强农村地区信息化基础设施升级改造,为返乡下乡人员的"互联网+"创业营造良好的网络环境。2018年,在《关于促进本市乡村民宿发展的指导意见》中提出,通过举办上海乡村旅游节、乡村民宿主题展等形式,综合利用自媒体、网络、第三方平台等多种信息化手段,宣传推送乡村民宿特色产品,扩大对优质乡村民宿的宣传和推广,引领和带动乡村民宿提升整体服务品质。

3. 主要举措与成效

上海市将休闲农业和乡村旅游作为促进上海农业转型、农民创收、美丽乡村建设,扩大农村消费市场,丰富市民文化生活,推动城乡发展一体化的重要抓手,大力促进其发展。经过多年的努力,休闲农业和乡村旅游已经呈现发展主体类型多元、产业布局逐步优化、发展机制不断创新的格局[67]。

注重顶层设计,坚持规划先行。近年来,上海市先后制定了《上海市休闲农业和乡村旅游设施布局规划(2018—2022年)》《上海市乡村产业发展规划(2021—2025年)》等文件,加强顶层设计,进一步明确休闲农业和乡村旅游发展目标、空间布局和重点发展区域。2023年,市农业农村委联合市文化和旅游局、市公安局、市规划资源局、市住房城乡建设管理委等联合出台了《关于推动上海乡村民宿高质量发展的若干措施》,鼓励各涉农区通过全域土地综合整治、低效建设用地减量化等方式盘活建设用地指标,发展乡村民宿、健康养老、休闲农业、农耕体验、乡村人才公寓、乡村总部经济等新产业新业态。

提升基础建设,夯实发展基础。休闲农业和乡村旅游的发展离不开良好环境、交通等基础设施的支撑,通过示范村建设、人居环境整治、特色产业植入,形成宜居宜游的发展局面,赋予了乡村更多的经济、生态和美学价值。截至2023年末,上海市已建成261个美丽乡村示范村、90个乡村振兴示范村和43个中国美丽休闲乡村,为休闲农业和乡村旅游高质量发展奠定了基础。

促进业态融合,推进特色发展。上海市连续多年持续推进中国美丽休闲乡村创建、全国休闲农业和乡村旅游精品企业(园区)创建、乡村民宿星级评定等工作,培育并推出了一批示范作用大、市场评价好的休闲农业和乡村旅游点位。截至2023年末,全市已有各类休闲农业和乡村旅游景区(点)575个、全国休闲农业与乡村旅游星级企业(园区)98个、市级星级民宿117家。

开展宣传推介,加大品牌推广。上海市农业农村委结合上海旅游节、上海美丽乡村休闲旅游行精品线路推介活动等,持续推介全市优质休闲农业和乡村旅游资源,吸引更多市民游客休闲度假;举办上海农村创业大赛,将休闲农业和乡村旅游创业项目纳入其中;不断发掘优质项目,并积极争取财政和金融政策支持;每年推出《上海美丽乡村休闲旅游行》宣传册,不断加大休闲农业和乡村旅游的宣传力度。

(三)天津休闲农业的发展

1. 发展模式

结合天津市自然资源、农村特色文化等因素,按照休闲农业的主体功能,总结天津市休闲农业的发展模式,可以概括为以下几种[38]。

(1)现代农业展示模式　指在城市近郊和风景名胜周边开展大田种植类、

瓜果蔬菜类、畜牧养殖类、水产养殖类等多种特色的主题活动，向游客提供休闲观光、科普教育、科技展示等服务，主要有农业观光园、农业科技园、农业博览园和科普教育园等类型。农业观光园以观光、体验为主，展示农业生产方式和科技成果；农业科技园区以观光为主，展示现代农业科技、现代化生产设施设备和特色农产品；农业博览园以观光为主，展示国内外名优稀特瓜果蔬菜和农科高科技产品；科普教育园则以农业知识科普和农业生产体验为主，为游客提供科普教育知识和农事体验。

（2）生态旅游观光模式　在山区或沿海等自然资源的基础上，为满足城市游客回归大自然、体验优美生态环境的需求，开拓了休闲休憩、休闲度假等特色功能的功能模块，该模式主要包括生态农园、森林公园、湿地公园、水上乐园、露宿营地等 5 种类型。

（3）乡村民俗文化模式　依托农村独特的民俗文化，如民间艺术、民俗风情、古村落、手工制品等，满足游客体验浓郁乡土风情、传统民俗文化、手工 DIY 等的需求，该模式主要包括民俗文化村、民间小作坊、特色古村落、乡村节庆游等 4 种类型。

（4）农家生活体验模式　结合农村、农业资源，开展品尝农家菜、居住农家小屋、参与农业生产等活动，满足游客向往的农村餐饮、住宿、购物等需求，该模式主要包括民宿农家乐、渔民农家乐两种类型。

（5）休闲度假娱乐模式　满足游客住宿、度假、娱乐、健身等需求，该模式主要包括乡村俱乐部和休闲农庄两种类型。

2. 政策扶持

2013 年，天津市成立休闲农业协会，推动健全休闲农业标准和服务体系；2015 年天津市农委、财政局印发《天津市休闲农业项目建设和资金管理办法》的通知；2017 年天津市农委印发《关于促进休闲农业加速发展的指导意见》以促进天津市休闲农业行业的健康快速发展；同年，启动《休闲农业和乡村旅游发展规划》，提出按照乡村振兴战略的新要求、新理念，本市将依托宝坻区、宁河区的湿地资源，滨海新区的滨海资源，武清区、北辰区、西青区、静海区的运河资源打造 3 条生态观光廊道，围绕北部山水、中部大田、东南沿海打造三大休闲养生板块。2018 年，天津市农委、天津市财政局印发《天津市现代农业产业园创建导则》，天津市农业休闲旅游产业的提升起到巨大的推动作用。2022 年，发布《天津市乡村产业发展"十四五"规划》，提出到 2025

第四章 国内外休闲农业发展经验与启示

年,全市农产品加工业收入将达到1 600亿元,农业科技进步贡献率将达到72%,休闲农业年接待人次将达到2 000万人次,休闲农业年综合营业收入将达到50亿元。

3. 主要举措与成效

近年来,天津市本着念好"产业经"、打好"融合牌"、走好"创新路"的发展思路,大力开发乡宿、乡游、乡食、乡购、乡娱等休闲体验产品,促进休闲农业成为富裕农民、提升农业、美化乡村的朝阳产业[68]。

点、线、面结合发展休闲农业精品工程。点上,以乡村振兴示范村为重点,创建中国美丽休闲乡村,打造一批天蓝、地绿、水净、安居、乐业、增收的示范点;面上,开展休闲农业示范县建设,培育休闲农业的集聚区;线上,开展春赏花、夏纳凉、秋采摘、冬拾趣休闲精品路线推介活动。

大力保护传承优秀农耕文化。做好"天津滨海崔庄古冬枣园"和"天津津南小站稻种植系统"两项中国重要农业文化遗产的保护传承,充分展现天津乡村传统文化的魅力底蕴;启动村歌创作,举办乡村文化创作展演展示大赛,丰富乡村文化传播途径;举办美丽乡村健康跑、京津冀乡村农耕趣味健身竞赛、农民广场舞大赛等群众性农民体育活动,进一步推进全民健身进乡村。

讲好休闲农业与乡村旅游故事。开展"最美丰景、津郊乡约""冬日围炉雪地漫游"等不同主题推介活动。围绕天津市休闲农业"三廊道三板块"布局,以休闲农业示范园、示范村点、一村一品示范村、产业强镇、民宿周边为重点,梳理赏花、丰收、采摘、节庆、亲子、美食、康养、户外等不同主题,利用旅博会、津洽会、丰收节、国际农机展等进行多方位、多角度宣传。

截至目前,天津市美丽休闲乡村达到30个,创建了蓟州、宝坻、武清3个全国休闲农业示范县,已打造6个全国乡村旅游重点镇、28个重点村,推介了四季休闲精品路线34条[69]。全市休闲农业年接待游客1 700万人次,综合收入达到30亿元,休闲农业逐步成为促进产业升级、推动"三美四乡"、带动农民增收的朝阳产业。

(四)台湾休闲农业的发展

1. 主要类型

经过多年来深度挖掘地方特色资源、加强生态保护、注重互动体验的开发,台湾休闲农业已经形成遍地开花的繁荣景象。从经营项目来看,台湾休闲农业可以分为科普教育类、特色民宿、市民农园类和观光农业等几种类型[39,70]。

科普教育类以乡土民俗、儿童活动、农耕体验、农园采摘为主要内容，实现农业休闲区的教育功能，打造学校教育户外实践基地，典型代表有新华教育农园、绿世界休闲农场等；特色民宿类以当地自然环境和特色为招牌，将闲置的房屋出租，游览与民宿结合，以独特的民宿、特色农产品和特色鲜明民俗活动吸引游客，典型代表有新北市瑞芳区九份的农家民宿、垦丁民宿等；市民农园类则以农产品种植与采摘体验农事活动的乐趣为主要内容，典型代表如台中市城市体验农园；观光农业类则综合了观光、采摘、民宿等多种休闲方式，满足游客的多种休闲需求，典型代表有宜兰县冬山乡的香格里拉休闲农场。

2. 政策支持

从1982年至今，台湾陆续出台与休闲农业有关的法令、规定和规划，为休闲农业的发展提供支持、保障和方向指引（表4-1）。

表4-1 台湾休闲农业法令、规定和规范

文件名称	出台时间	方向指引
发展观光农业示范计划	1982年	1983年颁布实施
核定农渔山村发展休闲农业及休闲农业规划书	1988年	
"农委会"规范休闲农业概念界定	1989年	普及社会对新农业经营的认识
改革农业结构提高农民所得方案	1990年	增加"发展休闲农业计划"，规定休闲农业区设立条件
制定"休闲农业区"管理办法	1991年	规范休闲农业区设置与规划、监督与奖励政策
休闲农业区设置管理办法	1992年	
修正《休闲农业辅导办法》	1999年	制定休闲农场专案辅导实施作业规定、休闲农业区划定审查作业要点、都市土地容许作休闲农业区设施使用审查作业要点
民宿管理办法	2001年	旅游民宿管理
休闲农业区划定审查作业要求	2007年	休闲农业区创建
申请休闲农场内农业用地做休闲农业设施容许使用审查作业要点	2007年	休闲农业区内设施用地使用
休闲农场筹设审查作业要点	2011年	休闲农场创建
申请休闲农场内农业用地做休闲农业设施容许使用审查作业要点	2011年	休闲农场内设施用地使用
非都市土地做休闲农业使用兴办实业计划及变更审定审查作业要点	2011年	休闲农业用地变更

第四章 国内外休闲农业发展经验与启示

（续表）

文件名称	出台时间	方向指引
休闲农场专案辅导实施作业要点	2012 年	休闲农场专案辅导申请
休闲农业辅导管理办法	2015 年	总则

资金支持方面，台湾相关部门为推动休闲农业发展建立了专门机构制定金融计划，台湾农业信用保证基金会、土地银行等金融机构设立了专门的放贷业务，为政策的实行提供了资金支持。技术支持方面，在计划发展休闲农业的地区，当地政府聘请了专家协助设计和规划，成立了休闲农业政策咨询小组，对景观、园林、环境、农建和园艺等方面提供相关专家的咨询和建议，指导经营主体运用正确的方法发展。经验交流方面，通过举办讲座、研讨会进行交流学习，探讨会由行政部门、专家、各经营主体组成，就休闲农业的规划、景观、政策等进行沟通，以提升经营主体的管理水平。

3. 经验与成效

近 50 年来，台湾休闲农业的发展积累了宝贵的经验。一是以农为本，开发旅游，即以当地的农业产业或乡村资源为基础，开发休闲旅游。例如以奶牛养殖为主的休闲牧场，以草莓种植为主的苗栗大湖草莓庄园，以蘑菇种植为主的蘑菇主题农园，以水稻种植为主的越光大米农场等。二是精深加工，提升效益。台湾的农产品深加工从果品鲜食、保鲜存放、干品炼制到成分提取制作面膜膏和护肤美容品等具备一整列的生产、制作和包装技术，极大地延伸了产业链，提升了产业效益。例如九品莲花生态教育园区的精深加工产品从雪糕、鲜果饮料、果粒制品、干制果品到护肤品等一应俱全。三是规划辅导，管理规范。台湾的政府部门直接参与规划和辅导，由农政部门负责对休闲农业的管理和咨询，提供补助经费和贷款，出台各种相关法规和管理办法，以规范化和程序化的管理推动休闲农业的健康发展。四是合理布局，组团发展。台湾休闲农场大多数都分布在旅游线路上，每个休闲农业位点都能与旅游结合起来，在保证客源的情况下，也丰富了休闲农业的旅游项目。区域化的布局和整合，使得游客在每一个地方都能得到多方面的体验。截至 2018 年底，台湾累计划定 95 处休闲农业区，台湾休闲农业与乡村旅游每年接待游客逾 3 000 万人次，收入超 100 亿元新台币[71]。

三、国内休闲农业存在的问题

(一) 归口管理较混乱,缺乏整体规划

管理方面,休闲农业的管理需要农业农村部门与文化和旅游部门等协同管理,缺乏对休闲农业发展定位的一致性意见,各个部门都在按各自的理解和权限制定发展规划和行业标准,例如有些地方推出休闲农业基地星级认证,片面强调旅游接待的设施设备完备及服务标准化,忽视了休闲农业的"农业特色""农民特色",造成规划定位不清。规划方面,经营主体自发地规划普遍与当地经济社会发展等规划无法形成"多规合一",导致规划的指导性、引领性作用不强,地方休闲农业发展重点不突出,经营者不能认真分析本地的资源优势和客源市场,盲目发展乡村农业旅游,既没有突出自己的特色,又造成同一地区内项目建设重复,功能雷同,各自为政,互相竞争,效益低下,结果因低层次开发,产品品位不高,配套设施和环境较差,最后逐渐衰落而停业。

(二) 基础设施不完善,难以吸引游客

休闲农业与乡村旅游地区大都位于城市郊区和经济发展水平相对较低的农村,对基础设施建设投资有限,尤其是在少数民族地区、贫困山区和经济欠发达地区,基础设施适应不了游客的需要,无法吸引城市游客前去吃、住、游、消费。垃圾和污水处理方式粗暴,农村人居环境整治滞后,乡村民宿、农家乐等产品和服务标准不完善,连接休闲农业经营主体与消费者之间的信息服务不充分,经营规模普遍偏小,服务质量不高,旅游区道路停车场、洗手间、电话亭等公共设施简陋、设备不足,客房餐厅、茶楼等主要住宿设施条件差,水电供应不正常,安全条件不好,卫生状况和设施条件难以让游客接受,因而难以吸引和留住游客。

(三) 用地指标限制多,业务开展受阻

休闲农业土地上建房子搞建设,土地面积、用地性质包括时间都是有规定、有要求的。对于休闲农业的用地而言,土地性质是否符合规划,是否可以施工建设,离不开政府部门的审批。现行的土地制度是按传统"农业、工业和服务业"行业分类标准对土地进行用途管制的,而休闲农业是三次产业的融合,既是"休闲"也是"农业",生产过程和产品同时包含了"农业和非农业用地"的土地要素。不管哪种模式的休闲农业,要想获得正常的投资收益

和可持续经营，必然需要建设一些基本的餐饮、农产品加工、展销、停车场、住宿、会议、休憩娱乐、科学实验设施。现有的《土地管理法》规定，这些设施用地属于非农建设用地，需要通过征地将集体用地转变为国有的建设用地才能使用。在城市建设用地指标还极为紧缺的情况下，休闲农业的建设用地难有保障。

（四）项目盈利率太低，经营效益欠佳

休闲农业投资周期长，市场波动大，项目的盈利率很低。一是休闲农业自身属性和农地制度限制，需要经营者雄厚的资本为支撑，投资量大，市场风险也大；二是乡村旅游季节性强，客源分散。旅游旺、淡季对休闲农业与乡村旅游发展的影响较为明显，由于乡村旅游产品的缺乏多元化、营销策略及管理手段的不到位等原因，导致旺季无法容纳大量的客源，淡季客源太少难以支撑日常费用；三是很多地区为了追求快速的经济效益，直接复制成功项目，对于项目地区人文特点挖掘不够，从而出现产品根本无法支撑其长久有效发展。

（五）复合型人才缺乏，智力支撑不足

目前，我国休闲农业的从业人员主要以当地或者周边农民为主。而城郊和农村地区农民由于年龄层次、知识能力的限制，导致休闲农业发展经营管理的专业型人才短缺，"互联网+"现代电商人才缺乏。由于我国农村大多数地区经营休闲农业的从业人员年龄偏大、文化水平较低，对互联网知识和技术掌握的人较少，使我国经营休闲农业的人才缺乏，难以满足休闲农业发展对电商人才的需要。此外，我国对休闲农业专业人才的培育体系还不够完善。同时，各地休闲农业培训机构也参差不齐，造成了对既懂农业又懂经营管理和市场营销的复合型休闲农业人才的培养不足。

（六）政策风向难把握，不确定因素多

休闲农业最大的不确定因素就是"政策"。政策的鼓励或限制方向、补贴力度等都对休闲农业项目的发展有着决定性的影响，而地方规划、地方领导轮换等等都会导致当地休闲农业政策的改变，这对休闲农庄或休闲农业园区来说都是致命的。一方面是缺乏足够的资金扶持，部分地方休闲农业的发展基本以乡村和企业自主开发为主，投资以企业自筹为主，政府专项资金支持和政策倾斜力度等不够；二是相关政策把握不准，导致公共服务设施投入不足，道路、公共交通等公用基础设施的建设远不能满足现阶段休闲农业的发展需要。

（七）缺乏文化新创意，产品服务不高

多数休闲农业经营主体缺乏产业支撑，种养业特色不鲜明，优势不突出。主题创意、功能拓展、文化传承成了发展的短板，城乡雷同、土洋结合、盲目复制比较突出，同质化现象严重，缺乏核心影响力和竞争力的休闲农业品牌。一是缺乏对农产品的深加工与特色营销，缺少对当地特色农村景观的提升改造，服务仍停留在采摘、参观、餐饮、住宿这一层面。二是休闲农业区（点）特色不明显、经营方式单一、产品结构一、乡村文化与风情民俗挖掘不够，开发建设上随意性较大，简单仿效，粗放经营，很难满足游客"吃、住、行、游、购、娱"以及健康体验等综合一体化的消费需求。三是一些休闲农业项目开发深度不够，参与性不强，缺乏创意和特色，同质化现象严重，抗经营风险能力较弱，甚至部分休闲农业区（点）出现"昙花一现"现象。

第五章

北京休闲农业专题调研

第一节 北京休闲农业消费情况调研

一、调查背景

休闲农业的人均消费水平是衡量休闲农业发展水平的一项重要指标。根据《北京市统计年鉴》中的休闲农业与乡村旅游经营收入与接待人次，可以计算出休闲农业与乡村旅游的人均消费，但这等同于从经营主体的角度所计算的人均消费情况，而与基于消费者角度计算的人均消费情况可能大不相同。为从消费者角度了解京郊休闲农业与乡村旅游（以下简称"京郊休闲游"）消费情况，北京市产业经济与政策创新团队景观休闲农业产业经济课题组于2023年7月以问卷调查和面对面访谈的方式开展了休闲农业与乡村旅游消费情况调研。通过问卷星设计了"京郊休闲游消费情况调查问卷"，对有过京郊休闲旅游经历的消费者进行随机问卷调查，共获得有效问卷803份。

二、调查结果分析

（一）基本情况

1. 性别

调查对象中，女性多于男性。男性人数为340人，占总样本的42.34%；女性为463人，占总样本的57.66%。

2. 年龄分布

此次参与调研的对象年龄在25~45岁的人群占比最高，为50.06%，是出游的主体人群。其次是46~60岁的人群，占比为43.46%。年龄在25~60岁的人群占比最高。年龄在25岁以下和60岁以上的人群相对较少，分别占比2.24%和4.23%。这说明在京郊休闲游中，25~60岁的青壮年占据主体地位，25岁以下的年轻人和60岁以上的老年人参与度相对较低（图5-1）。

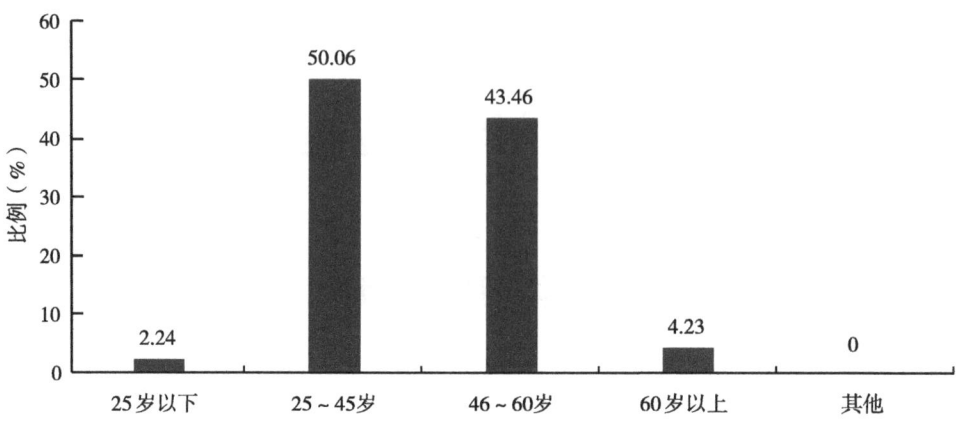

图 5-1 调查对象的年龄分布

3. 从业状态

从调研对象的从业状态来看，处于在职（包括自由职业者）状态的人数最多，为 670 人，占比 83.44%；其次是退休人员（56 人），占比 6.97%；待业和上学的人数相对较少，分别为 8 人和 22 人，占比分别为 1% 和 2.74%。可以看出，京郊休闲游的人绝大多数为在职人员，可以理解为有稳定的工作（图 5-2）。

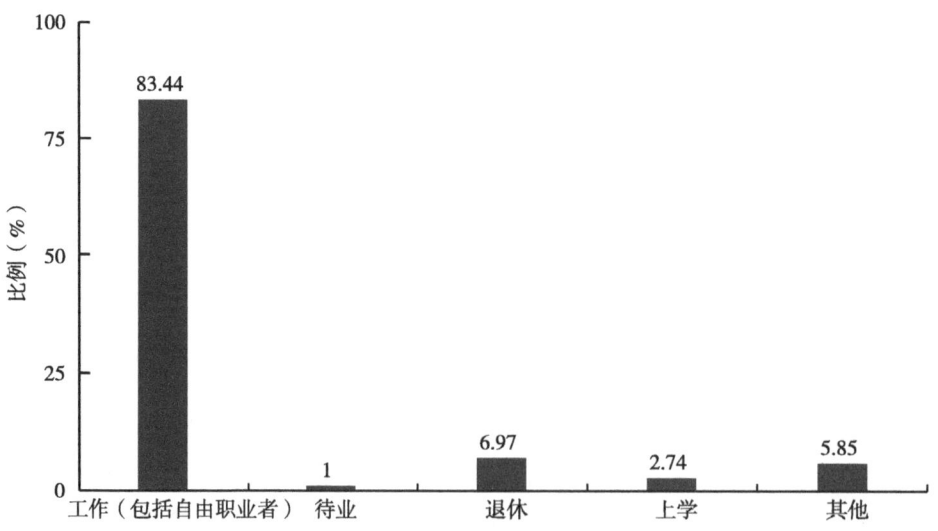

图 5-2 调查对象的从业状态

4. 休闲游频次

28.27%的受访者选择每年1次京郊观光旅游，22.54%的人每季度1次，20.67%的人每1~2月1次，9.34%的受访者每1~2周1次，1年以上1次的游客占19.18%。可以看出，大部分受访者每年都会去京郊观光旅游，而较少有人会每周都去或1年都去不了一次（图5-3）。

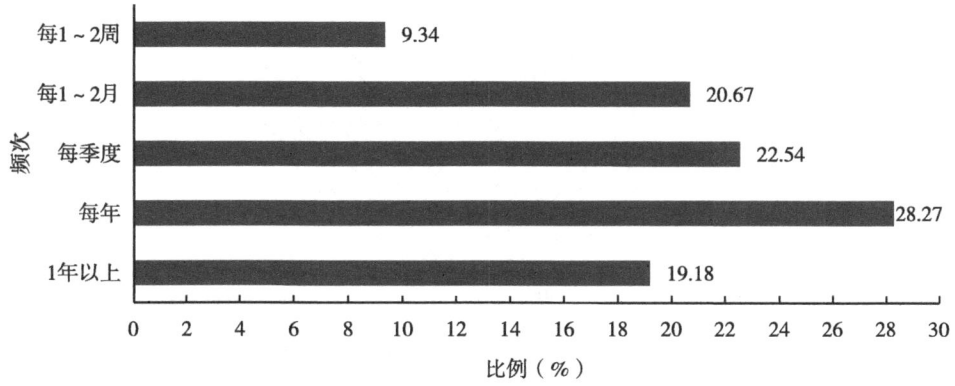

图5-3 调查对象的休闲游频次

5. 京郊休闲游的时间选择

调查结果显示，对于京郊休闲游的时间，周六、周日是最常见的选择，占比达到43.34%；其次是小长假（3天及以上，占比为22.54%；黄金周，占比为21.30%；寒暑假的选择相对较少，占比为7.97%；周一至周五的选择也较少，只有3.11%；最少的是年休假时间，只有1.74%的人选择了京郊游。

可以看出，大部分人在周末选择进行京郊休闲游，是因为周末是工作了一周的人们放松休闲的时间，而2天甚至1天的时间不足以远行，因而较适宜选择京郊游这种短途旅游。小长假和黄金周也是人们进行京郊休闲游的较为常见的时间段，是因为在全国假日里外出旅游的交通拥堵与人满为患，让人们更愿意选择京郊游。寒暑假的选择相对较少，或许是因为这段时间较长，人们更倾向于长途旅行。而主动休息的年休假则往往有探亲和出京甚至出境的旅游安排，因而较少选择京郊游。周一至周五的选择也较少，则是因为大部分人在这段时间处于工作状态。

值得一提的是，不定时到京郊旅游的消费者占比较高，达到了22.54%。这一方面是因为有一部分实现了财务自由和时间自由的人，可以随时选择到京郊休闲游；另一方面是因为有一部分人没有出京甚至出境的旅游需求，不论是周末、小长假、黄金周还是寒暑假和年休假，都会选择京郊游（图5-4）。

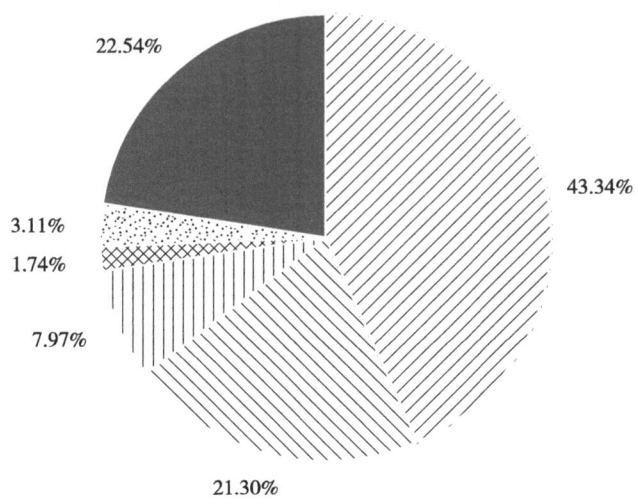

图 5-4 调查对象京郊休闲游的时间选择

6. 京郊旅游的目的

这是一个多选排序题，选用综合得分法对每个选项的选择人次及排序进行综合评估，得分越高表示综合排序越靠前。计算方法为：选项综合得分 = （Σ频数×权值）/本题填写人次。权值由选项被排列的位置决定，如有 n 个选项参与排序，那排在第一个位置的选项其权值即为 n，第二个位置的权值为 $n-1$，依此类推，最后一个位置的权值为 1（表5-1）。

表 5-1 京郊旅游的目的选择   单位：%

选项	综合得分	第一位	第二位	第三位	第四位	第五位	第六位
家庭亲子	4.16	80.6	14.8	3.3	0.9	0.5	0.0
朋友聚会	2.80	45.6	48.7	4.8	0.7	0.2	0.0
其他	0.71	59.3	11.5	15.0	5.3	4.4	4.4
商务团建	0.68	15.1	26.2	43.7	7.9	6.4	0.8
独自出行	0.64	43.5	16.7	20.4	12.0	7.4	0.0
情侣约会	0.31	19.3	36.8	26.3	8.8	1.8	7.0

注：综合得分为该项目频数×权值与填写人次的比值。下同。

从表5-1和多选排序的综合得分结果（图5-5）可以看出，家庭亲子出游是京郊休闲游的首要目的，该选项综合得分为 4.16；其次是朋友聚会，综合得分为 2.80；以商务团建、独自出行和情侣约会为休闲游目的的相对较少。

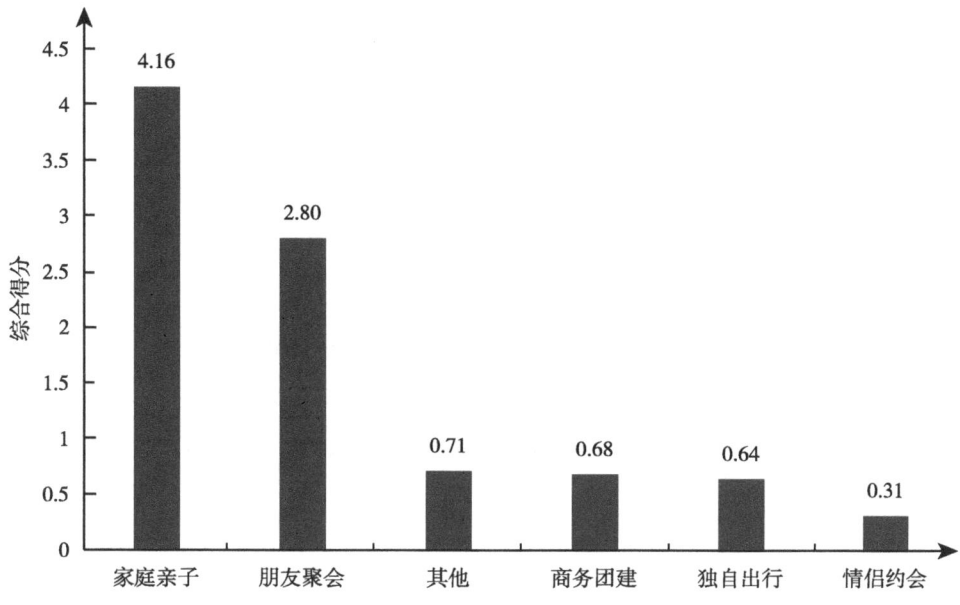

图 5-5　京郊休闲旅游的目的选择

家庭亲子是京郊旅游的主要目的，综合得分最高，为 4.16。其中，469 人（80.6%）将家庭亲子旅游作为第一位选择，86 人（14.8%）将其作为第二位选择。朋友聚会是第二常见的旅游目的，综合得分为 2.80。其中，190 人（45.6%）将朋友聚会作为第一位选择，203 人（48.7%）将其作为第二位选择。其他目的的旅游得分较低，为 0.71。其中 67 人（59.3%）将其作为第一位选择。商务团建作为旅游目的的得分为 0.68。55 人（43.6%）将商务团建作为第一位选择。独自出行和情侣约会是较少选择的旅游目的，得分分别为 0.64 和 0.31。47 人（43.5%）将独自出行作为第一位选择，而 11 人（19.3%）将情侣约会作为第一位选择。

7. 家庭年收入

从调查对象家庭年收入中可以看出，家庭年收入在 10 万~20 万元的京郊休闲游群体占比最高（为 28.77%）；其次是家庭年收入在 20 万~30 万元群体，占比为 19.18%；第三是家庭年收入在 10 万元以下的群体，占比为 17.68%；家庭年收入在 30 万~40 万元的占比为 13.70%；家庭年收入在 50 万元以上的占比为12.45%，家庭年收入在40万~50万元的占比为8.22%。由此可见京郊休闲游以中等收入群体（家庭年收入10万~50万元）为主体，占比高达69.90%（图5-6）。

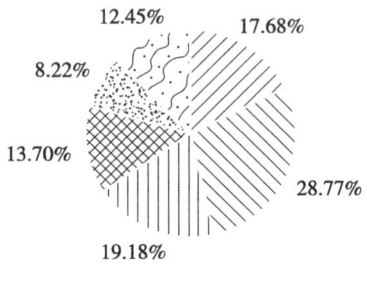

图5-6 调查对象家庭年收入

（二）休闲游消费情况

1. 主要消费类型

从表5-2可以看出，美食餐饮是京郊旅游中消费最多的项目，选择人次占总体的64.5%；其次是住宿，选择人次占总体的80.4%；第三是园区或景区门票，选择人次占总体的56.7%；第四是果蔬采摘，选择人次占总体的36.9%；第五是购物（如土特产品、文创产品等）消费项目，选择人次占比为44.4%；第六是参与活动（如亲子活动、DIY、农事体验活动等），选择人次占比为24.9%；第七是娱乐（如KTV、棋牌等）项目，选择人次占比为33.3%。通过以上分析可以看出，京郊旅游中最受欢迎的消费项目是美食餐饮、住宿和景区游览。

表5-2 京郊旅游的消费项目　　　　　　　　　　　　　单位:%

选项	综合得分	第一位	第二位	第三位	第四位	第五位	第六位	第七位	第八位
餐饮	6.47	26.0	64.5	7.8	1.5	0.1	0.0	0.0	0.0
住宿	5.56	80.4	8.8	4.8	2.6	2.2	1.0	0.2	0.0
门票	4.81	12.3	20.6	56.7	5.2	3.3	1.3	0.7	0.0
采摘	2.42	4.2	8.6	16.6	36.9	28.3	4.2	1.0	0.3
购物	2.21	3.5	7.0	25.4	44.4	10.2	7.3	2.1	0.0

(续表)

选项	综合得分	第一位	第二位	第三位	第四位	第五位	第六位	第七位	第八位
活动	1.57	4.4	5.9	16.9	22.0	24.9	22.3	2.9	0.7
娱乐	0.56	1.6	5.6	7.9	13.5	16.7	18.3	33.3	3.2
其他	0.55	21.5	4.7	3.7	15.9	8.4	12.2	3.7	29.9

注：综合得分为该项目频数×权值与填写人次的比值。

2. 对京郊旅游项目价格的满意度

游客在京郊旅游中的消费主要有采摘、门票、购物、住宿、餐饮、活动、娱乐等。从具体消费项目来看满意度如表5-3所示。

表5-3 消费者对京郊旅游项目价格的满意度　　单位:%

选项	太贵	小贵	还行	满意	比较满意	非常满意
采摘消费	11.33	30.14	36.74	9.71	8.22	3.86
门票消费	6.48	19.93	45.45	14.07	10.21	3.86
购物消费	6.35	19.05	48.69	13.95	8.22	3.74
住宿消费	17.93	26.15	34.12	9.84	8.97	2.99
餐饮消费	5.11	20.92	48.07	14.69	7.97	3.24
活动消费	5.73	19.43	49.81	14.2	8.09	2.74
娱乐消费	7.97	20.92	48.44	12.58	7.47	2.62
其他消费	4.61	13.95	55.17	14.07	9.22	2.99

（1）采摘消费　对于目前京郊旅游的采摘消费价格，36.74%的人觉得"还行"，占比最高；但也有30.14%的人觉得"小贵"；觉得"太贵"的人占11.33%；对采摘价格表示"满意"或"比较满意"的均不足10%；认为采摘价格"非常满意"的只有3.86%。

（2）门票消费　对于目前京郊旅游项目的门票消费价格，45.45%的人觉得"还行"，占比最高；有15%~20%的人认为"小贵"（19.93%）或"比较满意"（10.21%）；认为"非常满意"的只有3.86%。

（3）购物消费　对于目前京郊旅游的购物消费，48.69%的人觉得价格"还行"，占比最高；但也有高达19.05%的人觉得"小贵"；8.22%的人觉得"比较满意"，觉得"非常满意"的人只占3.74%。

(4) 住宿消费 对于目前京郊旅游的住宿消费价格，34.12%的人觉得"还行"，占比最高；但觉得"小贵"和"太贵"的比例也很高，分别达26.15%和17.93%。"比较满意"（8.97%）和"满意"的人（9.84%）均不足10%；对住宿价格"非常满意"的只有2.99%。

(5) 餐饮消费 对目前京郊旅游的餐饮消费价格觉得"还行"的人占比最高，为48.07%；其次有20.92%的人觉得"小贵"，也有7.97%的人对价格表示"比较满意"；对价格表示"太贵"（5.11%）和"非常满意"（3.24%）的人占比相当，均为5%左右。

(6) 活动消费 在京郊旅游中有很多针对不同客群的活动项目，如农事体验、科普研学、手工DIY、美食制作等，这类活动的价格相差较大。对于活动消费的价格，49.81%的人觉得"还行"，占比最高；其次有19.43%的人觉得"小贵"，另有8.09%的人感到"比较满意"，"非常满意"的人只有2.74%。

(7) 娱乐消费 是指卡拉OK、棋牌等活动消费，对于这类消费的价格，48.44%的人觉得"还行"，占比最高；其次是认为"小贵"的人，占比高达20.92%；第三是认为"比较满意"的人（7.47%）；感到"非常满意"的只占2.62%。

(8) 其他消费 除以上消费外，有一半以上（55.17%）的游客对其他消费项目的价格觉得"还行"，约14%的人觉得"小贵"或"满意"，觉得"非常满意"的人只有2.99%。

从单项消费项目来看，在所调查的消费项目中，每一类消费中觉得"还行"的都是占比最高的，其次是"小贵"；除采摘和住宿项目外，居于第三位的都是"满意"，采摘和住宿项目居于第三位的都是"太贵"。综上所述，大部分人对目前京郊旅游项目的价格感到"还行"，但也有相当比例的人觉得价格"稍贵"。

3. 人均消费情况

在本次参与调研的消费人群中，人均消费在500元以上的占比最高，为29.39%，其次是人均消费200~300元的，占21.79%，第三是人均消费100~200元的，占16.94%；人均消费300~400元和400~500元的游客比例均为13%左右。人均消费在100元以下的游客比例最低，只有5.23%（图5-7）。

如果最低和最高值分别取低于或高于其值50%的值为计算值，区间值取

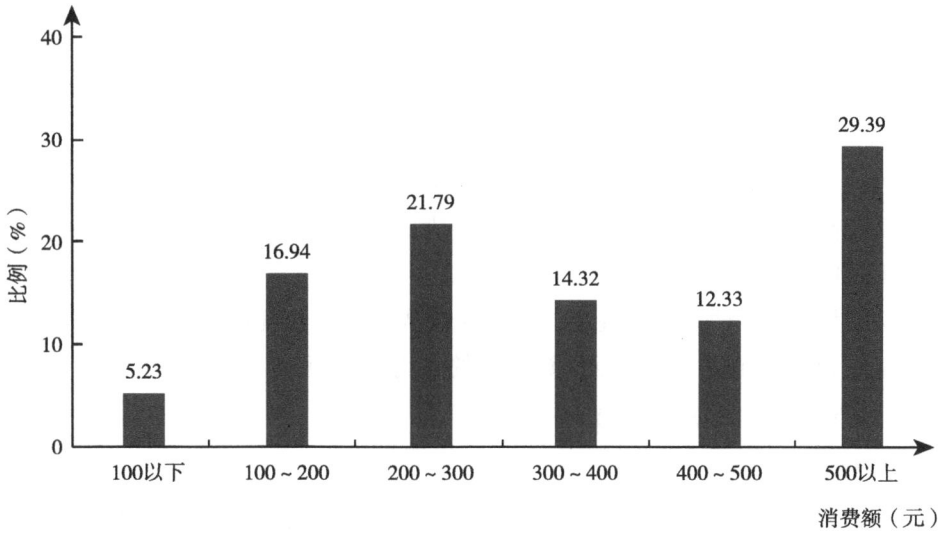

图 5-7 京郊旅游的人均消费情况

中间值为计算值,则可以计算出北京休闲旅游的人均消费额为 408.23 元/人。

这一结果明显高于依据北京统计年鉴中年经营收入/年接待人次计算出来的人均消费水平(2021 年 178.7 元/人,2022 年 179.6 元/人),前者约为后者的 2.3 倍。经进一步调研与访谈得知,之所以造成这一差距,原因有 4 个。

(1) 统计角度和消费者角度的"人次"含义不同 同一消费者在同一次京郊休闲游中,在 N 个消费场所的消费被统计为 N 个人次,而对于消费者而言就是 1 个人次。例如同一消费者的住宿、用餐、休闲活动、购买农产品等行为发生在 4 个消费场所,在统计上被统计为接待了 4 个人次,而消费者角度则只是 1 次休闲游的消费支出。尽管两者的收入与支出数额是一样的,但人均消费则大不相同。这是利用统计数据计算出来的人均消费与从消费者角度调查的人均消费数据差距巨大的最主要原因。

(2) 统计数据有漏项 在京郊旅游中的消费项目多,不可能每一消费场所的经营主体都被纳入统计并上报数据,一方面,属于休闲游消费的项目未能被统计,例如购买路边摊的农产品;另一方面,一些统计项不在休闲农业统计之中,例如消费者在京郊休闲游中的景区游览消费,如门票等,则归属于旅游统计。

（3）统计数据偏低　一方面，经营主体在上报经营收入时，出于多种考虑，往往会低报；另一方面，部分经营主体对"经营收入"理解有误，或将其理解为"纯收入"，因而上报数据偏低。

（4）消费者的估算偏高　一方面，消费者在主观上会倾向于"高估"支出；另一方面，部分消费者估算的消费支出中还包含了其他费用，如交通费、燃油费、高速费等，这些费用确实是消费者的旅游支出，但却无法包含在经营主体上报的经营收入中。

综上所述，4种原因的叠加，最终导致从消费者角度调查的人均消费额远高于从经营主体角度上报数据计算得出的人均消费额。

（三）乡村民宿的选择情况

1. 住宿的选择

在京郊旅游的住宿需求调查中，首选一日游不住宿的，占比39.85%；其次是乡村民宿最受欢迎，占比39.10%；普通酒店占比为17.31%，其他和露营的占比较低，分别为2.49%和1.25%（图5-8）。

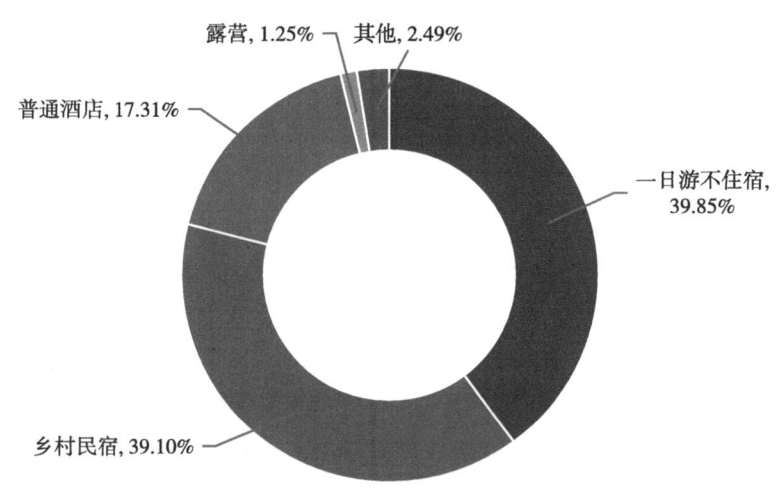

图5-8　京郊旅游的住宿选择情况

2. 京郊旅游不住宿的原因

进一步分析看出，选择不住宿的受访者中43.13%的人是因为没时间；21.25%的人觉得价格太贵；18.13%的人是因为住宿体验差；17.50%的人选择其他原因。因此，没时间是京郊旅游不住宿的最主要原因（图5-9）。

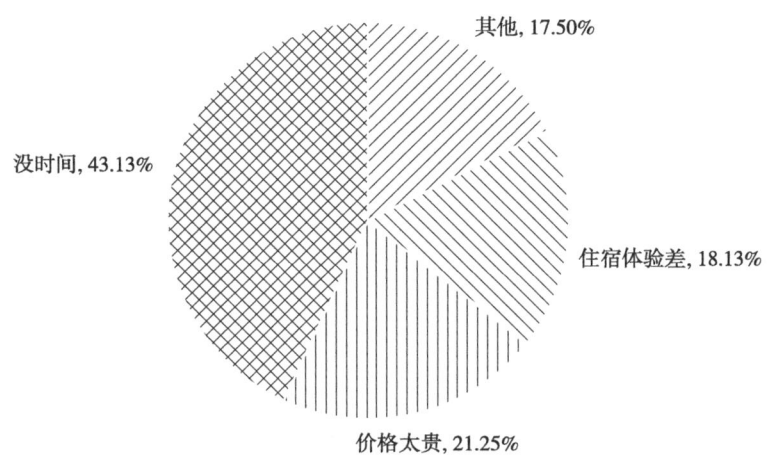

图 5-9 京郊旅游不住宿的原因

3. 不选择入住乡村民宿的主要原因

根据表 5-4 可知，选择不入住乡村民宿的前三位因素分别是：首先是卫生问题，得分为 5.24。游客反映民宿的室内打扫和消毒工作不到位，与酒店的制度化规范化管理有差距。其次是价格问题，得分为 5.09。有些民宿的价格比酒店还贵，影响了人们对于选择入住乡村民宿的决策。再次是环境问题，得分为 3.5。一些民宿周围环境嘈杂，包括蚊虫、动物叫声等，乡村环境脏乱差，也影响了人们对乡村民宿的选择。

"与预期不符"是第四大原因，得分为 2.59。这表明一些民宿的实际情况与宣传存在较大差距，"开盲盒"让人们对民宿的信任度降低。"设施问题"是第五大原因，得分为 2.33。这表明一些民宿的住宿基本设施配备不齐全、不完善，这也是人们不选择入住的原因之一。距离问题、安全问题、人员问题和监管问题，也是不可忽视的问题，得分分别为 2.17、2.07、1.8 和 1.07。

4. 乡村民宿的订房首选

京郊旅游乡村民宿的订房类型看出，家庭房（3~4 人）是乡村民宿订房的首选，占比 40.45%，是最受欢迎的房型选项；标间和独立院落分别占 20.38% 和 21.97%。这说明居民对于私密性和独立空间的需求较高。大床房和单人间分别占比 13.38% 和 3.82%，相对来说较少人选择这两种房型（图 5-10）。

表 5-4 京郊旅游不选择入住乡村民宿的主要原因

选项	综合得分	第一位 人数(人)	第一位 比例(%)	第二位 人数(人)	第二位 比例(%)	第三位 人数(人)	第三位 比例(%)	第四位 人数(人)	第四位 比例(%)	第五位 人数(人)	第五位 比例(%)	合计人数
卫生问题,室内打扫消毒不到位,未能像酒店制度化管理	5.24	29	29	43	43	17	17	6	6	5	5	100
价格问题,有的民宿价格比酒店还贵	5.09	64	70.33	15	16.48	4	4.4	5	5.49	3	3.3	91
环境问题,民宿周围环境嘈杂(包括蚊虫、野生动物声音等),乡村环境脏乱差	3.5	24	35.82	20	29.85	12	17.91	9	13.43	2	2.99	67
与预期不符,民宿参差不齐宣传与实际情况差距大	2.59	9	15.79	6	10.53	12	21.05	18	31.58	12	21.05	57
设施问题,民宿住宿基本设施配备不齐全,不完善	2.33	2	3.92	10	19.61	19	37.25	12	23.53	8	15.69	51
距离问题,民宿距离游玩地方远,偏僻	2.17	16	39.02	14	34.15	6	14.63	2	4.88	3	7.32	41
安全问题,入住登记不规范,安保措施不到位	2.07	7	16.28	13	30.23	9	20.93	7	16.28	7	16.28	43
人员问题,民宿服务人员不专业,服务质量不高	1.8	3	7.5	6	15	13	32.5	9	22.5	9	22.5	40
监管问题,抽查等监管措施不到位,投诉难	1.07	1	4.17	3	12.5	9	37.5	6	25	5	20.83	24
其他	0.88	14	93.33	1	6.67	0	0	0	0	0	0	15

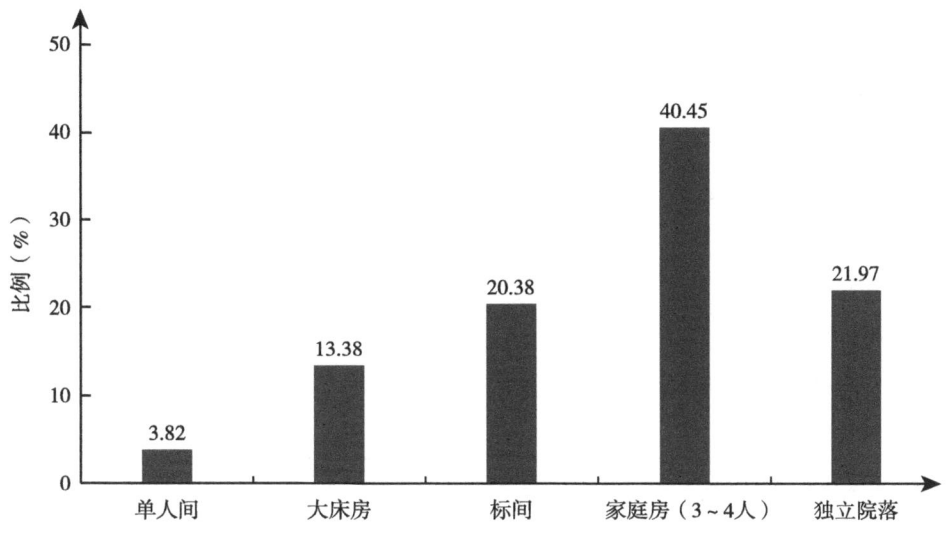

图 5-10 京郊旅游乡村民宿的订房首选

5. 选择乡村民宿时考虑的主要因素

调查结果显示，选择乡村民宿时考虑的主要因素数为：一是民宿主题特色突出、更好地观景、体验乡村文化特色、风俗氛围及乡村生活方式以及性价比高是选择乡村民宿时最重要的因素，它们的综合得分分别为 5.41、5.25 和 5.02。二是离景区近是选择乡村民宿时的重要因素，得分为 4.47。三是独立空间、安全、私密性好和服务周到、亲切友善，可根据需求提供个性化服务是选择乡村民宿时的次要因素，得分分别为 4.73 和 3.67。四是可以体验当地农家美食和特色餐饮，口碑好，娱乐活动、体验项目多是选择乡村民宿时的较次要因素，得分分别为 3.18、1.91 和 1.46。五是被民宿主人文化或故事吸引和其他因素对选择乡村民宿的影响较小，得分分别为 0.61 和 0.16。综上所述，选择乡村民宿时最重要的因素是民宿主题特色突出、更好地观景、体验乡村文化特色、风俗氛围及乡村生活方式以及性价比高。离景区近、独立空间、安全、私密性好和服务周到、亲切友善，可根据需求提供个性化服务也是选择乡村民宿时考虑的因素（表 5-5）。

表 5-5 京郊旅游选择乡村民宿时考虑的主要因素

选项	综合得分	第一位 人数（人）	第一位 比例（%）	第二位 人数（人）	第二位 比例（%）	第三位 人数（人）	第三位 比例（%）	第四位 人数（人）	第四位 比例（%）	第五位 人数（人）	第五位 比例（%）	小计
民宿主题特色突出	5.41	60	34.68	47	27.17	46	26.59	15	8.67	5	2.89	173
更好地观景、体验乡村文化特色、风俗氛围及乡村生活方式	5.25	29	16.11	48	26.67	47	26.11	36	20	20	11.11	180
性价比高	5.02	59	37.58	65	41.4	18	11.46	9	5.73	6	3.82	157
独立空间，安全、私密性好	4.73	52	34.44	50	33.11	30	19.87	10	6.62	9	5.96	151
离景区近	4.47	89	64.96	18	13.14	15	10.95	5	3.65	10	7.3	137
服务周到、亲切友善，可根据需求提供个性化服务	3.67	9	6.67	21	15.56	33	24.44	42	31.11	30	22.22	135
体验当地农家美食和特色餐饮	3.18	4	3.25	11	8.94	26	21.14	37	30.08	45	36.59	123
口碑好	1.91	7	10.14	11	15.94	17	24.64	21	30.43	13	18.84	69
娱乐活动、体验项目多	1.46	2	3.7	11	20.37	10	18.52	19	35.19	12	22.22	54
被民宿主人文化或故事吸引	0.61	0	0	2	8.7	8	34.78	7	30.43	6	26.09	23
其他	0.16	3	60	1	20	0	0	0	0	1	20	5

6. 了解乡村民宿资讯的渠道

调查结果显示，网络平台是乡村民宿资讯的主要来源，综合得分为4.89，高达82.95%的人首选网络平台作为他们了解乡村民宿资讯的第一选择。朋友或亲戚的推荐是第二重要的乡村民宿资讯来源，综合得分为4.02，其中，63.6%的人选择朋友或亲戚的推荐作为他们了解乡村民宿资讯的第二选择。自身经验是第三重要的乡村民宿资讯来源，综合得分为1.06。其中，62.16%的人选择自身经验作为他们了解乡村民宿资讯的第三选择。报纸杂志、旅游宣传册、电视、广告宣传牌等是第四重要的乡村民宿资讯来源，综合得分为0.68。其中，69.39%的人选择报纸杂志、旅游宣传册、电视、广告宣传牌等作为他们了解乡村民宿资讯的第三选择。线下旅行社和其他渠道是最不常用的乡村民宿资讯来源（表5-6）。

表5-6　消费者了解乡村民宿资讯的渠道

选项	综合得分	第一位		第二位		第三位		小计
		人数（人）	比例（%）	人数（人）	比例（%）	人数（人）	比例（%）	
网络平台（如携程网等）	4.89	219	82.95	40	15.15	5	1.89	264
朋友或亲戚的推荐	4.02	77	32.22	152	63.6	10	4.18	239
自身经验	1.06	10	13.51	18	24.32	46	62.16	74
报纸杂志、旅游宣传册、电视、广告宣传牌等	0.68	2	4.08	13	26.53	34	69.39	49
线下旅行社	0.26	2	11.11	5	27.78	11	61.11	18
其他	0.23	4	25	1	6.25	11	68.75	16

7. 预订乡村民宿的方式

调查显示，网络平台是预订乡村民宿最常用的方式，占调查对象总数的82.02%。其次是民宿自己的官网、公众号、小程序等，将近一半的调查对象（49.7%）将此作为第二选择。电话预订是第三常用的预订方式，54.93%的人将此作为第三选择。直接登记入住、线下旅行社预订和其他途径均较少（表5-7）。

表 5-7 消费者预订乡村民宿的方式

选项	综合得分	第一位		第二位		第三位		小计
		人数（人）	比例（%）	人数（人）	比例（%）	人数（人）	比例（%）	
网络平台	4.92	219	82.02	40	14.98	8	3	267
民宿自己的官网、公众号、小程序等	2.6	37	22.42	82	49.7	46	27.88	165
电话预订	2.28	35	24.65	78	54.93	29	20.42	142
直接登记入住	0.66	15	36.59	12	29.27	14	34.15	41
线下旅行社预订	0.33	4	18.18	9	40.91	9	40.91	22
其他	0.17	4	36.36	2	18.18	5	45.45	11

8. 乡村民宿类型的选择

景点附近的民宿是受访者最常选择的类型，综合得分为 3.96，占比为 67.69%，这表明大部分受访者更倾向于选择离景点较近的民宿。设计感强的主题民宿是第二受欢迎的类型，综合得分为 3.17，占比为 45.73%，这说明一部分受访者更注重民宿的设计感和主题。自然景观体验型民宿的综合得分为 2.99，占比为 29.27%，这表明一部分受访者更喜欢选择能够提供自然景观体验的民宿。有品牌故事或文化的民宿的综合得分为 2.37，占比为 16.3%，这说明一部分受访者更倾向于选择有品牌故事或文化内涵的民宿。农家乐式的传统民宿的综合得分为 2.07，占比为 14.63%，这表明一部分受访者更喜欢选择传统的农家乐式民宿。休闲娱乐活动体验型民宿的综合得分为 2.02，占比为 9.68%，这说明一部分受访者更注重民宿提供的休闲娱乐活动体验。其他类型的民宿得分较低，综合得分为 0.21，占比为 63.64%，这表明大部分受访者不太倾向于选择其他类型的民宿（表 5-8）。

（四）乡村民宿消费情况

1. 每年平均入住乡村民宿的次数

调查样本中，参与调研者每年入住乡村民宿的次数较为平均分布，没有明显的峰值。单次入住乡村民宿的比例最高，占调查对象总数的 28.98%。其次是 2 次入住，占 29.94%；3 次入住，占 23.89%。三者相加约占调查对象总数的 80%，表明市民每年入住乡村民宿的次数较少。入住 4 次及以上的比例相对较低，4 次入住占 4.78%，5 次入住占 2.23%，5 次以上入住占 10.19%。值得

表 5-8　消费者对乡村民宿类型的选择情况

选项	综合得分	小计	第一位		第二位	
			人数（人）	比例（%）	人数（人）	比例（%）
景点附近的民宿	3.96	195	132	67.69	26	13.33
设计感强的主题民宿	3.17	164	75	45.73	50	30.49
自然景观体验型民宿	2.99	164	48	29.27	53	32.32
有品牌故事或文化的民宿	2.37	135	22	16.3	55	40.74
农家乐式的传统民宿	2.07	123	18	14.63	39	31.71
休闲娱乐活动体验型民宿	2.02	124	12	9.68	39	31.45
其他	0.21	11	7	63.64	1	9.09
选项	第三位		第四位		第五位	
	人数（人）	比例（%）	人数（人）	比例（%）	人数（人）	比例（%）
景点附近的民宿	21	10.77	9	4.62	7	3.59
设计感强的主题民宿	20	12.2	12	7.32	7	4.27
自然景观体验型民宿	40	24.39	16	9.76	7	4.27
有品牌故事或文化的民宿	37	27.41	11	8.15	10	7.41
农家乐式的传统民宿	39	31.71	15	12.2	12	9.76
休闲娱乐活动体验型民宿	38	30.65	22	17.74	13	10.48
其他	1	9.09	1	9.09	1	9.09

一提的是，5 次以上入住的比重比 4 次和 5 次的占比要高，说明有约 1/10 的人是乡村民宿消费的常客（图 5-11）。

2. 乡村民宿的人均消费

从图 5-12 调查对象最近一次入住乡村民宿的人均消费情况可以看出，调查对象最近一次入住乡村民宿，消费在 100 元以下的占 2.55%，100~200 元的占 12.1%，200~300 元的占 19.75%，300~400 元的占 20.7%，400~500 元的占 14.01%，消费 500 元以上的占 30.89%。可以看出，消费 500 元以上的比例最高，达到了 30.89%。同时，消费在 200 元以上的占比也较高，达到了 84.36%。将最低和最高值分别取低于或高于其 50% 的值为计算值，区间值取中间值为计算值，则可以计算出最近一次入住乡村民宿的人均消费额为 436.0 元/人。

3. 受访者能接受的京郊乡村民宿价格

参与此次调研的消费者中超过一半的人（51.27%）愿意支付人均 100~

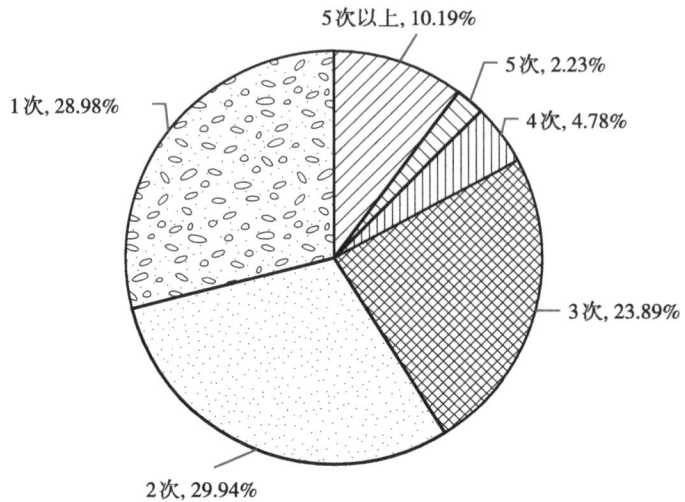

图 5-11 消费者每年平均入住乡村民宿的次数

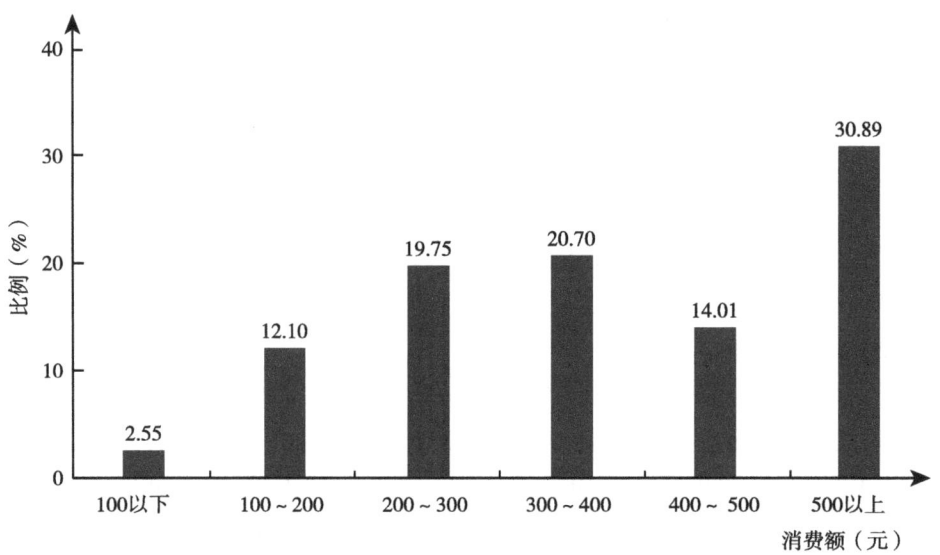

图 5-12 调查对象最近一次入住乡村民宿的人均消费情况

300元的价格入住京郊民宿，其中30.25%的人能接受的价格范围为200~300元/人，21.02%的人能接受的价格范围为100~200元/人。只能接受100元/人以下的价格的人占比最少（3.82%），能接受500元/人以上价格的消费者超过了1/10（11.78%）。按如上方法量化可计算出消费者能接受的乡村民宿价格为 327.0 元/人（图 5-13）。

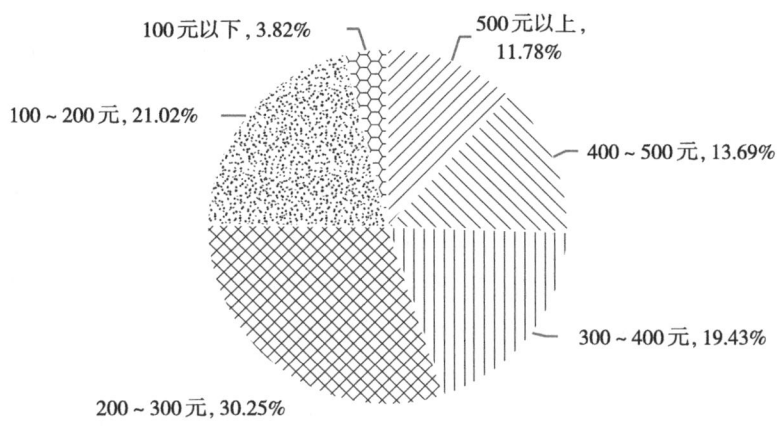

图 5-13 受访者能接受的京郊民宿价格情况

（五）乡村民宿的配套需求

1. 可接受的从乡村民宿到旅游景点的距离

约 2/5 的受访者（41.4%）可接受乡村民宿到旅游景点的距离在 1~3 千米。19.43% 的受访者可接受距离在 3~5 千米，14.33% 的受访者可接受距离在 5~10 千米，5.10% 的受访者可接受距离在 10 千米以上。13.38% 的受访者可接受距离在 1 千米以内。6.37% 的受访者表示不去旅游景点，仅体验乡村民宿。这也从一个侧面反映出景点附近的民宿最受欢迎（图 5-14）。

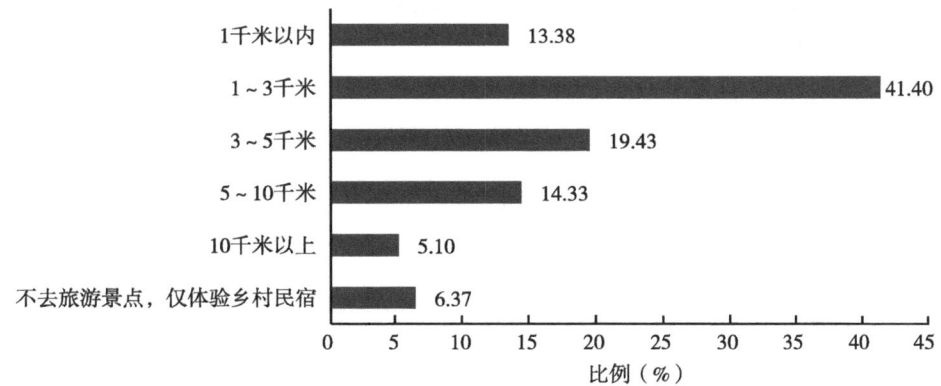

图 5-14 受访者能接受的从乡村民宿到旅游景点的距离

2. 希望乡村民宿提供的服务或旅游商品

对于乡村民宿提供的服务或旅游商品，最受欢迎的是"干净整洁、舒适温馨的房间"，得分最高为9.49。其次是"安静的住宿环境"，得分为8.35。这两项服务被认为是乡村民宿最重要的服务。"优美的自然景观或人文景观"也是受欢迎的服务，得分为8.19。这表明乡村民宿的位置和周边环境对游客来说很重要。"基础设施完善的公共区域"和"特色农家菜、新鲜食材等餐饮服务"得分相对较低，分别为5.21和5.18，这可能意味着游客对这些服务的重要性不如前两项。"高速稳定的网络和方便的充电设施"和"方便充足的停车位"得分较低，分别为3.65和3.09，这表明游客对网络和停车位的要求相对较低，可能更关注其他方面的服务。"儿童游乐场地""附近游玩、美食路线推荐，景点接送及门票代订，明信片代寄等附加服务""棋牌室、KTV、剧本杀等娱乐设施"和"土特产品、新鲜果菜等伴手礼"综合得分分别为2.45、1.83、1.64和1.44，这意味着游客对这些方面的需求相对较少（表5-9）。

表5-9 受访者希望乡村民宿能够提供的服务或旅游商品

排名	选项	综合得分
1	干净整洁、舒适温馨的房间	9.49
2	安静的住宿环境	8.35
3	优美的自然景观或人文景观	8.19
4	基础设施完善的公共区域（如厨房、客厅、露台等）	5.21
5	特色农家菜、新鲜食材等餐饮服务	5.18
6	高速稳定的网络和方便的充电设施（如充电桩）	3.65
7	方便充足的停车位	3.09
8	儿童游乐场地	2.45
9	附近游玩、美食路线推荐，景点接送及门票代订，明信片代寄等附加服务	1.83
10	棋牌室、KTV、剧本杀等娱乐设施	1.64
11	土特产品、新鲜果菜等伴手礼	1.44
12	其他	0.08

3. 对乡村民宿提供餐饮服务的需求

从受访者乡村民宿提供餐饮服务的需求可以看出，乡村民宿提供早餐的需求最高，占比89.81%；其次是提供晚餐的需求，占比59.55%；比提供中餐的需求高。有37.90%的人希望提供厨房和工具，自己做饭。只有3.50%的人对餐饮服务没有需求（图5-15）。

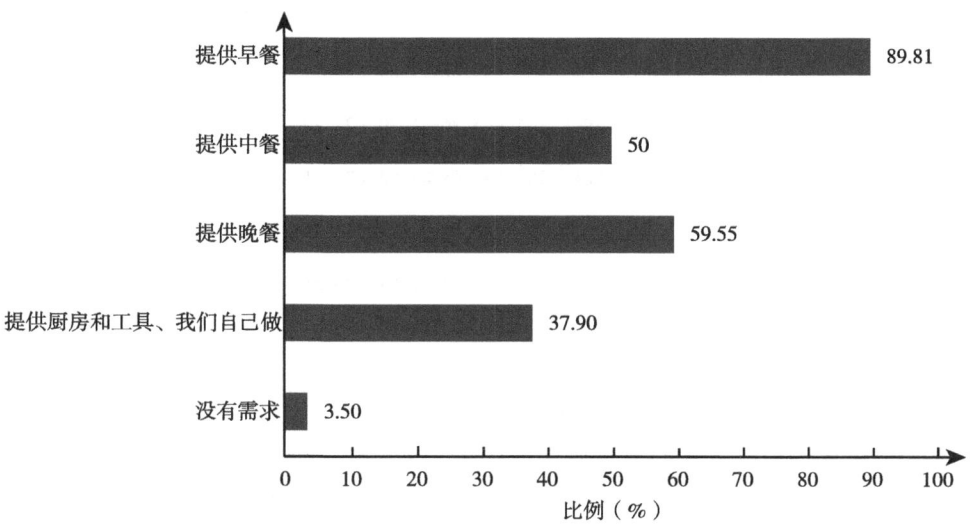

图5-15 受访者乡村民宿提供餐饮服务的需求

（六）对乡村民宿的满意度

1. 对京郊民宿的评价

对京郊民宿的评价主要如下：知名度评价，最多的选择是3分（44.59%），其次是4分（33.76%），最少的选择是5分（9.87%）；服务质量评价，最多的选择是3分（49.36%），其次是4分（26.75%），最少的选择是5分（9.55%）；住宿价格评价，最多的选择是3分（45.86%），其次是4分（22.29%），最少的选择是5分（8.92%）；餐饮价格评价，最多的选择是3分（49.68%），其次是4分（26.11%），最少的选择是5分（8.28%）；娱乐设施评价，最多的选择是3分（48.09%），其次是4分（22.29%），最少的选择是5分（6.05%）；旅游购物评价，最多的选择是3分（47.13%），其次是4分（20.38%），最少的选择是5分（6.05%）（表5-10）。

表5-10 受访者对乡村民宿的评价

选项	1	2	3	4	5	综合得分
评价	差	中	好	良	优	

（续表）

选项	1	2	3	4	5	综合得分
知名度	8（2.55%）	29（9.24%）	140（44.59%）	106（33.76%）	31（9.87%）	3.39
服务质量	5（1.59%）	40（12.74%）	155（49.36%）	84（26.75%）	30（9.55%）	3.30
住宿价格	18（5.73%）	54（17.2%）	144（45.86%）	70（22.29%）	28（8.92%）	3.11
餐饮价格	8（2.55%）	42（13.38%）	156（49.68%）	82（26.11%）	26（8.28%）	3.24
娱乐设施	13（4.14%）	61（19.43%）	151（48.09%）	70（22.29%）	19（6.05%）	3.07
旅游购物	18（5.73%）	65（20.7%）	148（47.13%）	64（20.38%）	19（6.05%）	3.00

注：分值越高表示越满意。

从综合得分来看，各项的评价均超过了3分，达到了"好"的评价水平。

2. 京郊民宿的总体满意程度

从调查对象对京郊乡村民宿的总体满意度可知，京郊民宿的总体满意度较高，其中55.10%的人认为"一般"，35.35%的人认为"满意"，5.41%的人认为"很满意"，2.87%的人认为"不满意"，1.27%的人认为"很不满意"（图5-16）。

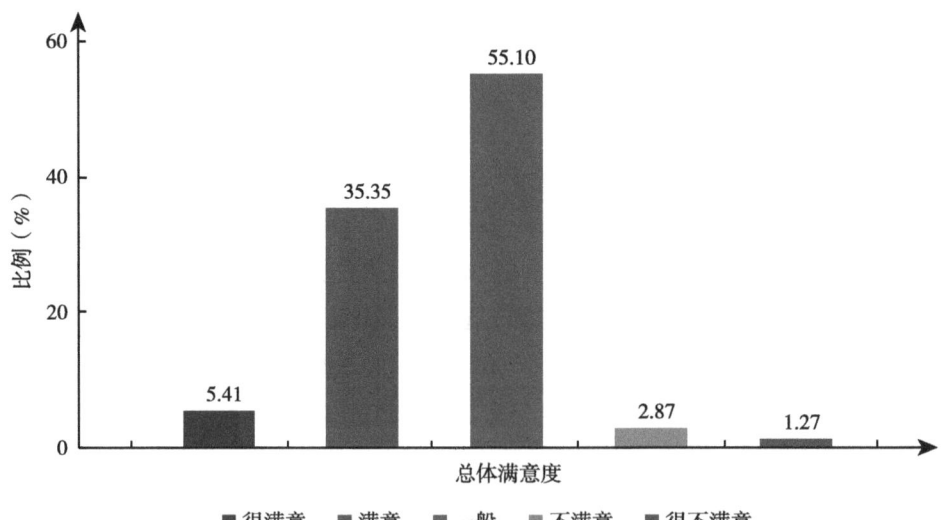

图5-16 调查对象对京郊乡村民宿的总体满意度

3. 向他人推荐京郊民宿的可能性

参与调查的消费者中有 16.56% 的人表示非常可能向朋友或同事推荐京郊民宿，31.85% 的人表示很可能，42.99% 的人表示可能，7.32% 的人表示不太可能，1.27% 的人表示完全不可能。可以看出，多数人对京郊民宿的推荐可能性较高，但也有一部分人表示不太可能或完全不可能。量化后的综合得分为 3.55，表明消费者向他人推荐京郊民宿的可能性介于"可能"和"很可能"之间（图 5-17）。

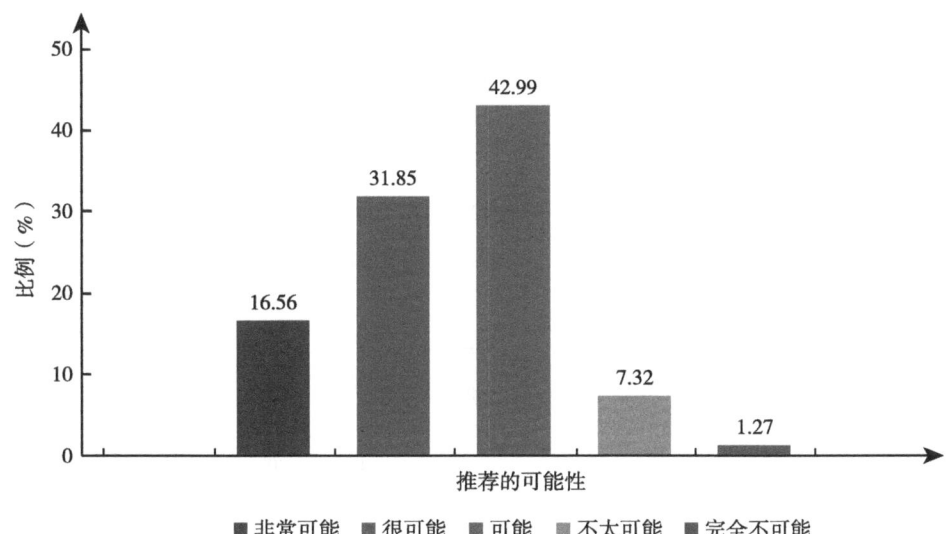

图 5-17 向朋友或同事推荐京郊乡村民宿的可能性

（七）问题与诉求

1. 京郊乡村民宿存在问题

调查结果显示：卫生、消防等存在安全隐患是京郊乡村民宿被认为存在的主要问题，综合得分最高（5.62）。尽管目前乡村民宿的卫生条件较前大有改观，但一些卫生细节做得不到位，出现卫生死角，特别影响游客的住宿体验。住宿基本配套设施不齐全是第二大问题，综合得分 4.88。目前乡村民宿的硬件都很好，但配套设施不全，没有充分考虑到游客的需要，拉低了住宿体验满意度。例如一些民宿空间小，未配备游客放行李箱或挂衣服的地方；有些民宿虽然提供了厨房用具，但未配备聚餐所需的水杯或茶杯；还有些民宿房间内没有垃圾桶或纸巾等。价格过高不合理是第三大问题，综合得分 4.55。服务人员服务意识差是第四大问题，综合得分4.03。自身特色不足是第五大问题，综合得分3.98。没有结合地区特色和文化内涵，存在同质化现象是第六大问题，综合得分3.96（表5-11）。

表5-11 受访者认为乡村民宿存在的问题

选项	综合得分	小计	第一位		第二位	
			人数（人）	比例（%）	人数（人）	比例（%）
卫生、消防等存在安全隐患	5.62	161	61	37.89	54	33.54
住宿基本配套设施不齐全	4.88	136	67	49.26	52	38.24
价格过高不合理	4.55	134	40	29.85	38	28.36
服务人员服务意识差	4.03	110	81	73.64	14	12.73
自身特色不足	3.98	122	17	13.93	41	33.61
没有结合地区特色和文化内涵，存在同质化现象	3.96	120	25	20.83	33	27.5
餐饮品质不高	2.72	86	8	9.3	20	23.26
民宿周边或所在乡村环境差	2.19	74	4	5.41	5	6.76
民宿行业管理无序，经营不规范	1.96	64	3	4.69	10	15.63
前往民宿交通不便捷	1.48	49	2	4.08	9	18.37
没有餐饮服务	0.86	27	2	7.41	6	22.22
其他	0.18	5	4	80	0	0

选项	第三位		第四位		第五位	
	人数（人）	比例（%）	人数（人）	比例（%）	人数（人）	比例（%）
卫生、消防等存在安全隐患	32	19.88	8	4.97	6	3.73
住宿基本配套设施不齐全	8	5.88	5	3.68	4	2.94
价格过高不合理	32	23.88	18	13.43	6	4.48
服务人员服务意识差	8	7.27	2	1.82	5	4.55
自身特色不足	28	22.95	26	21.31	10	8.2
没有结合地区特色和文化内涵，存在同质化现象	34	28.33	15	12.5	13	10.83
餐饮品质不高	27	31.4	20	23.26	11	12.79
民宿周边或所在乡村环境差	21	28.38	24	32.43	20	27.03
民宿行业管理无序，经营不规范	22	34.38	17	26.56	12	18.75
前往民宿交通不便捷	13	26.53	11	22.45	14	28.57
没有餐饮服务	10	37.04	7	25.93	2	7.41
其他	1	20	0	0	0	0

2. 发展诉求

从受访者关于乡村民宿的意见与建议来看，大众的意见主要集中于民宿价格、服务、管理、卫生条件、特色与规范性问题上受访者关于乡村民宿的意见与建议词云图。希望进一步提高服务质量，降低民宿价格，提高乡村民宿的性价比；通过文化开发或主题设计等，提升民宿的特色；希望通过完善民宿设施，打造整洁、干净、卫生的民宿自身环境，美化民宿周边环境，提高民宿的整体环境质量；希望进一步规范民宿管理，制订民宿服务标准与规范，提高民宿管理的规范性和管理水平（图5-18）。

图5-18　受访者关于乡村民宿的意见与建议词云图

（八）交叉分析

1. 年龄与出游频次

从受访者年龄与出游频次的关系来看，25岁以下人群每1~2月出游1次的比例最高，25~45岁人群每季度出游1次的比例最高，46~60岁人群每年出游1次的比例最高，60岁以上1年以上出游1次的比例最高。由此可以看出，年轻人的出游需求较为旺盛（表5-12）。

表5-12　受访者年龄与出游频次的关系　　　　　　　　　　　单位：%

出游频次	25岁以下	25~45岁	46~60岁	60岁以上
每1~2周	16.7	12.2	5.7	8.8
每1~2月	38.9	24.6	15.8	14.7
每季度	5.6	24.9	20.6	23.5

(续表)

出游频次	25岁以下	25~45岁	46~60岁	60岁以上
每年	22.2	24.1	34.1	20.6
1年以上	16.7	14.2	23.8	32.4

2. 年龄与年收入

从受访者年龄与年收入的关系来看（表5-13），25岁以下人群年收入在10万元以下的比例最高，25~45岁、46~60岁、60岁以上人群年收入在10万~20万元的比例最高。

表5-13　受访者年龄与年收入的关系　　　　　　单位:%

年收入	25岁以下	25~45岁	46~60岁	60岁以上
10万元以下	38.9	14.9	18.9	26.5
10万~20万元	27.8	31.8	23.5	47.1
20万~30万元	16.7	20.2	19.5	5.9
30万~40万元	0.0	14.7	14.3	2.9
40万~50万元	0.0	9.5	6.9	11.8
50万元以上	16.7	9.0	16.9	5.9

3. 年龄与出游目的

从受访者年龄与出游目的的关系来看（表5-14），25岁以下人群最主要的出游目的（选择率在35%以上）是朋友聚会、家庭亲子和独自出行，25~45岁人群最主要的目的是家庭亲子和朋友聚会，46~60岁人群最主要的目的是朋友聚会、家庭亲子和其他。由此可以看出，朋友聚会和家庭亲子是各年龄段的受访者共同的出游目的。

表5-14　受访者年龄与出游目的的关系　　　　　　单位:%

出游目的	25岁以下	25~45岁	46~60岁	60岁以上
家庭亲子	55.6	81.1	67.1	35.3
朋友聚会	77.8	52.0	51.6	41.2
情侣约会	22.2	10.5	3.2	0.0
独自出行	38.9	11.2	14.6	14.7
商务团建	22.2	14.4	17.5	8.8
其他	11.1	7.5	19.8	35.3

4. 收入与出游目的

从年收入与出游目的来看（表5-15），不论是哪个年收入水平，最主要的出游目的均为家庭亲子和朋友聚会。而且随着家庭年收入的增加，亲子游和朋友聚会的出游需求也越高。

表5-15 受访者年收入与出游目的的关系　　　　　　　　　单位：%

年收入	家庭亲子	朋友聚会	情侣约会	独自出行	商务团建	其他
10万元以下	48.6	47.9	9.2	20.4	12.7	21.8
10万~20万元	68.8	47.6	7.4	14.3	14.3	17.3
20万~30万元	79.2	56.5	10.4	14.9	16.9	8.4
30万~40万元	79.1	51.8	3.6	9.1	11.8	9.1
40万~50万元	86.4	57.6	4.5	6.1	21.2	6.1
50万元以上	88.0	57.0	4.0	9.0	22.0	15.0

5. 收入与出游频次

从年收入与出游频次来看（表5-16），年收入10万元以下的人群出游频次占比最高的是每年出游不到1次，年收入10万~20万元的人群出游频次占比最高的是每1~2月1次，年收入20万~30万元、30万~40万元、40万~50万元以及50万元以上人群出游频次占比最高的均为每年1次。从年平均出游频次来看，年收入10万~30万元的人群出游频次最高，约为每年7次，年收入30万以上人群约为每年6次，年收入10万元以下人群年出游频次约为4次。由此可见收入与出游频次没有正相关关系。

表5-16 受访者年收入与出游频次的关系　　　　　　　　　单位：%

年收入	每1~2周	每1~2月	每季度	每年	1年以上	平均次/年
10万元以下	6.3	9.2	21.8	30.3	32.4	4.2
10万~20万元	12.1	22.5	22.1	22.1	21.2	7.1
20万~30万元	11.0	24.0	23.4	29.9	11.7	7.0
30万~40万元	7.3	21.8	22.7	32.7	15.5	5.7
40万~50万元	7.6	24.2	19.7	30.3	18.2	5.9
50万元以上	8.0	24.0	25.0	31.0	12.0	6.2

三、结论与建议

(一) 结论

1. 京郊休闲游群体特征

京郊休闲游的消费群体中,女性多于男性(58∶42),25~45岁的人群占比最高,以中等收入群体(家庭年收入10万~50万元)为主体(占比高达69.9%);绝大多数为在职人员(83.44%),约有一半人每年出游1~4次(50.81%),最常见的出游时间选择是双休日,出游的目的主要是家庭亲子游和朋友聚会。

2. 京郊休闲游消费情况

美食餐饮、住宿和景区游览是京郊旅游中排在前三位的消费项目。人均消费在500元以上的占比最高(29.39%),其次是人均消费200~300元的群体(占21.79%),经量化计算得出的北京休闲旅游人均消费额为408.23元/人。大部分消费者对目前京郊旅游项目价格的主体感受是"还行"和"稍贵"。

3. 乡村民宿的选择

在京郊旅游的住宿需求中,首选一日游不住宿(39.85%),其次是乡村民宿(39.1%);不住宿的原因主要是没时间、价格太贵和住宿体验差(三者占比82.50%);卫生问题是不选择入住乡村民宿的主要原因;网络平台是民宿资讯的主要来源也是预订民宿最常用的方式(占比82.02%),景点附近的民宿最受欢迎,家庭房(3~4人)是游客民宿订房的首选(占比40.45%)。

4. 乡村民宿的消费

每年入住民宿1~3次的游客约占调查对象总数的80%,最近一次入住乡村民宿的人均消费额为436.0元/人,而消费者能接受的乡村民宿价格为327.0元/人。

5. 乡村民宿的配套需求

约2/5的受访者(41.4%)可接受乡村民宿到旅游景点的距离在1~3千米。干净整洁、舒适温馨的房间,安静的住宿环境,优美的自然景观或人文景观,是游客对乡村民宿最大的需求,综合得分分别为9.49、8.35和8.19。民宿餐饮服务方面,提供早餐的需求最高,占比89.81%。

6. 对乡村民宿的满意度

游客对京郊民宿的知名度、服务质量、住宿价格、餐饮价格、娱乐设施、旅游购物等方面的评价均超过了3分，达到了"好"的评价水平。对京郊民宿的满意度多数人认为"一般"（55.1%），35.35%的人认为"满意"。消费者向他人推荐京郊民宿的可能性介于"可能"和"很可能"之间。

（二）建议

1. 提高京郊休闲游的性价比

调研发现，京郊休闲游的人均消费约为408.0元，最近一次的乡村民宿人均消费为436.0元，普遍认为还行或偏贵，可以接受的民宿价格为327.0元/人，实际消费高出预期1/3，因而认为京郊休闲游消费性价比不高，尤其是提高乡村民宿的性价比，价格高、卫生死角、服务意识、服务质量、不含早餐等是游客诟病最多的方面。针对游客的诉求切实解决卫生死角问题，努力提高服务意识和服务质量，提升体验感；房价定价包含早餐，丰富早餐供应种类，满足各年龄段群体的需求；或在房价中包含特色农产品、伴手礼赠送，实现变相降价，提高京郊休闲游的性价比。

2. 加大对乡村公共服务设施建设

在游客对乡村民宿的诉求中，高速稳定的网络、方便的充电设施（如充电桩）、方便充足的停车位等也有较高需求，对民宿周边环境差也时有抱怨。而这些公共服务设施的建设与完善都需要政府加大投入，建议以乡村振兴或千万工程的实施为抓手，重点完善乡村民宿集中提供的公共服务设施，或者为民宿提升网速、自建充电桩等给予补贴。

3. 挖掘乡村民宿的文化特色

乡村民宿是农家乐的"升级版"。如今游客选择乡村民宿，不再是满足于吃农家饭、住农家屋、睡农家炕，而且还要满足精神文化需求。民宿自身特色不足、没有结合地区特色和文化内涵，存在同质化现象，是目前京郊民宿存在的普遍问题。而乡村文化、非遗文化、农业文化、历史文化等是游客尤其是亲子游群体希望了解和体验的高层次需求。为此，建议开展特色民宿或最美民宿评选，将文化特色挖掘与打造作为其中一项重要评价指标，提升乡村民宿的文化品位，促进京郊民宿的高质量、高水平发展。

第二节 新冠疫情对北京休闲农园经营情况的影响

一、调研背景及方法

（一）调研背景

休闲农园是指利用位于农村地区的居民自有住宅或其他合法建筑，为旅游者提供住宿、餐饮服务的场所，是景观休闲农业的一种产业形态。北京的休闲农园由原来的观光采摘园发展而来，经过40多年的发展，在休闲功能、服务质量与水平上有了较大的提升。作为人口超大型城市，北京市对休闲农业有着巨大的消费需求。2020—2022年的新冠疫情期间，疫情管控措施和人群聚集限制，不可避免地对京郊休闲农业造成了冲击。为进一步了解疫情对京郊休闲农业的影响，景观休闲农业产业经济课题组开展了疫情前后休闲农园经营情况的调研。

（二）调研方法

本研究采用问卷调查和面对面访谈的调研方法。通过问卷星设计《疫情对北京休闲农园的影响调查问卷》，开展疫情前后休闲农园经营情况的调查。调查对象为北京市休闲农园经营主体。调查时间为2023年11月1日至30日，共获得有效问卷33份。

二、问卷调查结果分析

为表述上的方便，"休闲农园"以下简称为"园区"。

（一）调查对象基本画像

1. 园区负责人性别

参与调查的园区负责人中，女性远多于男性，占比分别为66.67%和33.33%（图5-19）。

2. 园区负责人年龄

参与调查的园区负责人中，年龄主要分布在31~60岁，占比高达90.91%；其中31~45岁的人数最多，占比达到57.58%；其次是46~60岁，占比33.33%；30岁及以下、60岁以上的负责人数量相对较少，占比分别为

3.03%和6.06%（图5-19）。

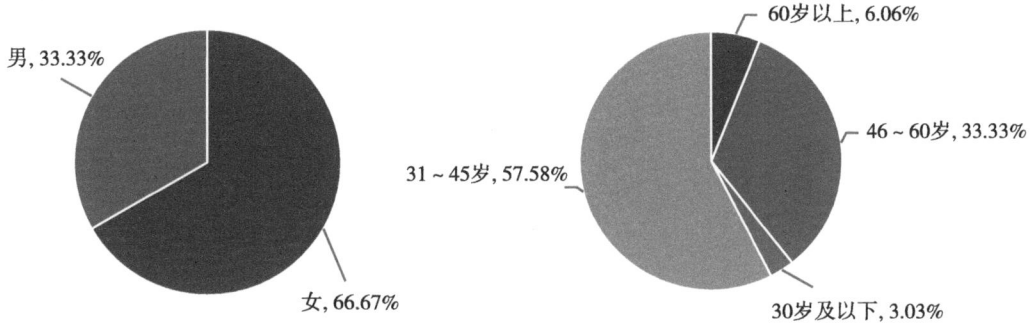

图5-19　园区负责人的性别与年龄

3. 开业时间

参与调查的对象中，绝大多数（81.82%）的休闲农园是在疫情前（2019年及之前）开始营业的，最早的是2000年；18.18%的休闲农园是在疫情期间（2020—2022年）开始营业的。

4. 土地权属

调查显示，高达81.82%的园区土地权属为租赁，9.09%的为自有+租赁，只有3.03%的园区土地权属为自有（图5-20）。

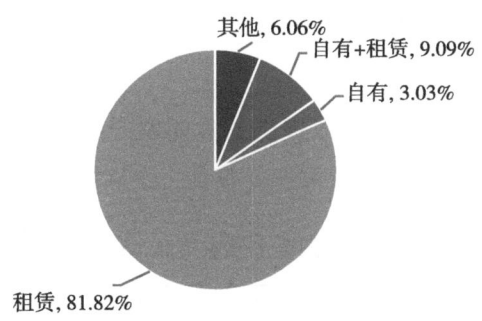

图5-20　园区土地权属

5. 经营主体

园区经营主体类型主要分为村集体、私营企业（指非农户、非村集体注册的公司）和其他。其中，私营企业占比最高，达到87.88%；其次是其他类型，占比为9.09%；村集体经营主体占比最低，仅为3.03%（图5-21）。

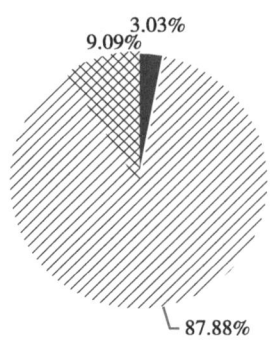

图 5-21 园区经营主体类型

6. 园区规模

参与调查的园区总面积为 8 162 亩，平均每个园区面积为 247.3 亩。大部分园区面积为 100~500 亩，占比达 69.70%。园区面积最大的为 2 000 亩，最小的为 8 亩。建设用地是休闲农业园区的稀缺资源，2/3 的园区没有建设用地，建设用地面积最大的有 50 亩，平均只有 4.37 亩，占园区平均面积的 1.77%。

7. 其他特征

参与调查的园区中，星级园区有 26 家，占调查样本的 78.79%，其中国家级园区有 6 家。72.73% 的园区（或企业）拥有注册品牌。

（二）园区经营基本情况

1. 园区的主要农产品

从表 5-17 可以看出，在可以提供的主要农产品品类中，蔬菜是休闲园区最主要的农产品，其次是鲜果，第三是粮食，个别园区有中草药和蜂产品。

表 5-17 园区主要农产品多选排序

选项	综合得分	第一位	第二位	第三位	第四位	第五位	第六位	小计
蔬菜	5.33	26 (86.67%)	4 (13.33%)	0 (0%)	0 (0%)	0 (0%)	0 (0%)	30 (100%)
鲜果	2.94	4 (21.05%)	14 (73.68%)	0 (0%)	1 (5.26%)	0 (0%)	0 (0%)	19 (100%)
粮食	2.06	0 (0%)	5 (31.25%)	10 (62.5%)	1 (6.25%)	0 (0%)	0 (0%)	16 (100%)

(续表)

选项	综合得分	第一位	第二位	第三位	第四位	第五位	第六位	小计
其他	1.27	2 (20%)	2 (20%)	3 (30%)	2 (20%)	1 (10%)	0 (0%)	10 (100%)
中草药	0.33	0 (0%)	0 (0%)	2 (66.67%)	1 (33.33%)	0 (0%)	0 (0%)	3 (100%)
蜂产品	0.3	1 (50%)	0 (0%)	1 (50%)	0 (0%)	0 (0%)	0 (0%)	2 (100%)

2. 可以提供的休闲项目

调查显示，休闲农园可以提供的休闲项目多种多样，最多的还是果蔬采摘，占比达90.91%，这也是休闲农园最主要的功能。其次是依托农业生产而开发的农事体验和科普研学活动，分别占84.85%和78.79%；第三是亲子活动和手工DIY，分别占69.70%和60.61%。这一类的活动很受亲子家庭休闲游的欢迎。例如飞鸟与鸣虫农场会在农场粮菜果成熟的不同季节设计亲子活动和手工DIY。在甘薯成熟的季节，挖甘薯与美食制作活动，由亲子家庭到田间亲自挖甘薯，一部分直接在田间生火烤甘薯，另一部分在活动老师的带领下DIY制作甘薯面点、窑烤面包等。约有一半的园区可以提供户外烧烤、市民农园和露营，这既是充分利用了园区空间较大的优势，也满足了游客的休闲新需求（图5-22）。

3. 与农民的利益联结机制

从园区与农民的联结机制来看，园区+村集体/合作社+农户的模式最多，占45.45%；其次是园区+农户的模式，占总样本的18.18%；园区只与村集体/合作社有利益关系，而与农户没有利益关系的，占比不足10%。值得一提的是，园区与当地没有任何利益关系的比例也不低，占总样本的18.18%（图5-23）。

4. 营销或宣传渠道

调查显示，园区在营销或宣传渠道的选择上呈现出多元化的特点。微信小程序、微信客户群、视频号（包括快手、抖音、小红书等）、线下（包括展板、宣传册等）、第三方平台（大众点评、美团等平台，他人的视频号、抖音等）、园区自己的网站等，这些目前常用的营销或宣传渠道，每个园区基本上都有不止一种。这些渠道涵盖了线上和线下的方式，展示了园区在宣传策略上

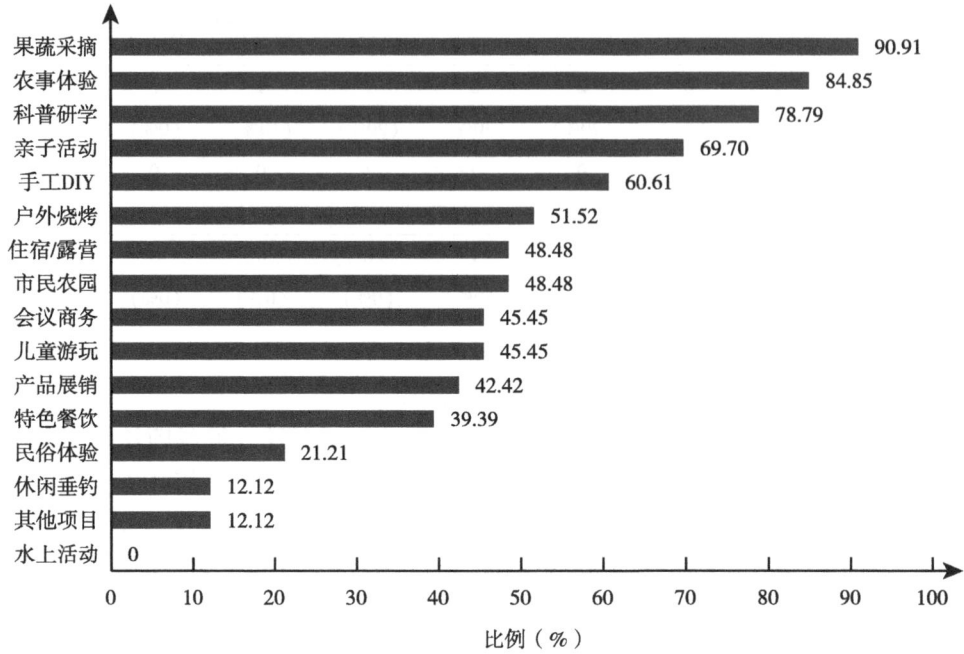

图 5-22 园区可以提供的休闲项目

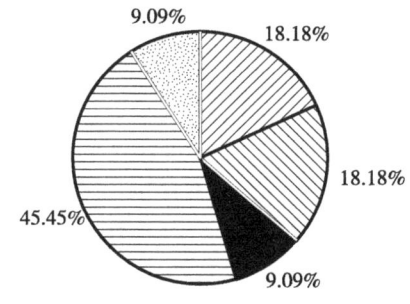

图 5-23 休闲农园与农民的利益联结机制

的多样性和灵活性。然而，各渠道的综合得分并不相同，表明园区在选择宣传渠道时，可能根据不同的渠道特点以及预期的宣传效果进行了不同的权衡和选择。例如微信小程序和微信客户群的综合得分相对较高，可能因为这两个渠道能够直接触达目标用户，且易于传播和互动，而线下渠道如展板、宣传册等，虽然覆盖面广,但互动性较低。值得注意的是,有些渠道如园区自己的网站和第三方平台得分相对较低,是因为这些渠道要么维护成本较高,要么有收入抽成,因而拥有这两种渠道的园区较少(表5-18)。

表5-18 休闲农园的营销与宣传渠道

选项	综合得分	第一位	第二位	第三位	第四位	第五位	第六位	第七位	小计
园区自己的微信小程序	4.27	12 (54.55%)	8 (36.36%)	1 (4.55%)	1 (4.55%)	0 (0%)	0 (0%)	0 (0%)	22 (100%)
园区的微信客户群	3.85	7 (33.33%)	8 (38.1%)	6 (28.57%)	0 (0%)	0 (0%)	0 (0%)	0 (0%)	21 (100%)
园区自己的视频号①	3.48	4 (18.18%)	4 (18.18%)	8 (36.36%)	5 (22.73%)	1 (4.55%)	0 (0%)	0 (0%)	22 (100%)
线下宣传②	2.36	0 (0%)	3 (15.79%)	5 (26.32%)	3 (15.79%)	7 (36.84%)	1 (5.26%)	0 (0%)	19 (100%)
第三方平台③	2.18	0 (0%)	4 (26.67%)	5 (33.33%)	5 (33.33%)	1 (6.67%)	0 (0%)	0 (0%)	15 (100%)
园区自己的网站	1.88	8 (88.89%)	1 (11.11%)	0 (0%)	0 (0%)	0 (0%)	0 (0%)	0 (0%)	9 (100%)
其他	0.42	2 (100%)	0 (0%)	0 (0%)	0 (0%)	0 (0%)	0 (0%)	0 (0%)	2 (100%)

注:①包括快手、抖音、小红书等;②包括展板、宣传册等;③包括大众点评、美团等平台,他人的视频号、抖音等;括号内为比例。

5. 品牌认知情况

调查结果显示,63.64%的参与调查者认为注册品牌对园区的知名度和收入有显著提升作用。从综合得分来看,对知名度的影响得分为4.33,对收入的影响得分为4.12,即总的来看,调查者认为注册品牌对园区的知名度和收入有很大的提升作用,而且品牌对园区知名度的影响要大于对园区收入的影响。这表明品牌对园区发展的重要意义已被园区经营者所广泛认知。在未注册品牌的园区中,表示将来一定会注册品牌的园区占比高达88.89%(表5-19)。

表 5-19 注册品牌对园区知名度和收入的提升作用

作用	非常大	很大	比较大	大	一般	没有	综合得分
分值	5	4	3	2	1	0	
知名度	21（63.64%）	6（18.18%）	3（9.09%）	2（6.06%）	1（3.03%）	0（0%）	4.33
收入	21（63.64%）	3（9.09%）	4（12.12%）	2（6.06%）	3（9.09%）	0（0%）	4.12

注：5 为影响非常大，0 为没有影响。

6. 园区收入构成

从所调查的园区的平均情况来看，园区的收入构成中，农产品销售（除采摘外）收入最高，占总收入的 42.04%。休闲农园区的农产品销售一般通过小程序直接售卖，消费者通过小程序下单，农园接单后采摘、包装、打包，快递到家，与蔬菜从田间—经销商—批发商—经销商—商超/菜店/菜市场的常规流通渠道相比，流通链更短，主打新鲜、快速。休闲农园基本上都有自己的微信客户群，通过维护私域流量销售农产品，基本上可以做到优质优价。其次是举办的各种活动收入，占总收入的 23.41%。园区在附加值提升方面，利用园区的资源条件，开发了科普研学、亲子活动、手工 DIY 等项目，增加了收入。最后是采摘收入，占总收入的 22.07%。虽然游客有在园区就餐的需求，但囿于土地性质，并不是所有的休闲农业园区都有就餐空间。因此，平均来看，餐饮收入最低，只占总收入的 11.67%。由此可以看出，农产品销售仍为休闲农园最主要的收入来源，但为开发休闲功能而举办的各种活动的收入在总收入中的比重也上升到了第二位；农产品除采用配送方式的直销外，采摘仍然是重要的销售方式（图 5-24）。

7. 园区支出构成

从园区的支出构成来看，最大的是人工成本，占总成本的 31.44%；其次是生产性投入成本，占总成本的 27.22%；最后是土地成本（主要是土地租金），占总成本的 16.93%；管理成本和其他成本所占比重 11%～13%（图 5-25）。

（三）疫情对园区经营的影响

1. 疫情期间园区经营情况的变化

调查结果显示，疫情对园区接待人次、经营收入、雇工数量和总支出均有影响，但影响不同。疫情对接待人次的影响最大，66.67% 的园区疫情期间接待人次较疫情前减少了；25.93% 的园区反倒比疫情前有所增加；而认为疫情

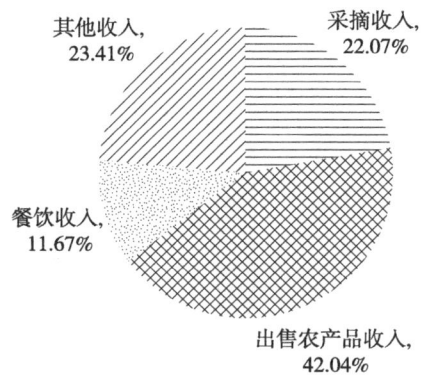

图 5-24 园区收入构成

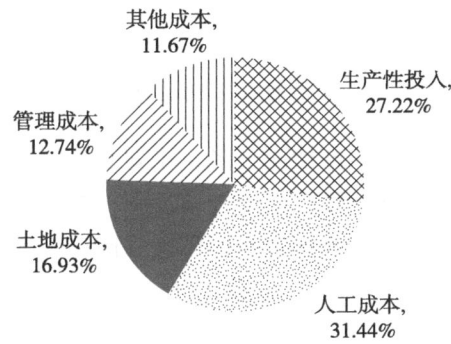

图 5-25 园区支出构成

前和疫情期间接待人次无显著变化的只有 7.41%。疫情对经营收入的影响次之，59.26% 的园区疫情期间经营收入较疫情前有所减少；25.93% 的园区反倒比疫情前有所增加；而认为疫情前和疫情期间接待人次无显著变化的有14.81%（图 5-26）。

可见，虽然疫情期间的防控措施对人们的出游和聚集有所限制，从而影响到了园区的采摘接待人次，但多数园区采取线上销售、快递到家的方式售卖产品，而且由于疫情期间外埠蔬菜进京受阻，北京地产蔬菜价格上升，所以经营收入的影响较接待人次的影响要小。

交叉分析得知，接待人次和收入增加的园区其雇工数量也是增加的，而那些接待人次下降、收入减少或无显著变化的园区雇工数量要么无显著变化，要么是减少。这是因为园区生产不会因疫情而停滞，所以，雇工尤其是长期雇工

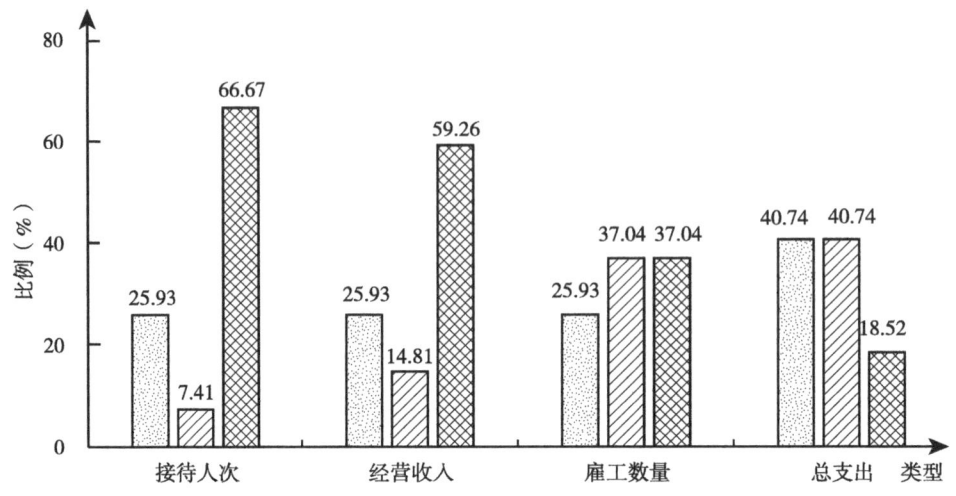

图 5-26 疫情期间园区经营情况的变化

的需求无显著变化。而雇工因疫情而下降，主要是临时雇工减少，还有一部分园区是因为员工主要是附近村民，由于疫情反复，村庄时不时就会采取封控措施，村民宁愿被封在家里也不愿意被封在园区，因而，雇工数量因雇工的主动辞职而减少。调查中也发现，以外地雇工为主的园区，员工本来就吃住在园区，基本上不会受到疫情封控影响，因而雇工数量在疫情期间无显著变化。

总支出方面，疫情期间比疫情前增加或没啥变化的园区各占总样本的40.74%。调研得知，总支出增加主要是因为园区疫情防控的投入增加所导致；而总支出无显著变化则是因为园区生产经营照旧，原来的采摘销售改为线上销售，在生产和雇工数量都无显著变化的前提下，因而总支出也无显著变化。

综上所述，疫情期间约有2/3的园区接待人次下降、约有1/4的园区接待人次反而增加；约有3/5的园区经营收入下降，但也有约1/4的园区经营收入增加；约有1/4的园区雇工数量增加，雇工数量无显著变化和比疫情前减少的园区占比均超过了1/3；总支出增加和无显著变化的园区各占调查总数的2/5，总支出比疫情前减少的园区比例不足1/5。

2. 疫情后园区经营情况的变化

从接待人次来看，疫情后（2023年）接待人次增加和减少的园区所占比重都达40%以上，接待人次增加的园区略多于减少的园区，占比分别为48.48%和42.42%。从经营收入来看，疫情后收入增加的园区比重为36.36%，而收入减少的园区所占比重却达到了42.42%，另有21.21%的园区经营收入无显著变化。从雇工数量来看，疫情后园区雇工数量增加、无显著变化和减少的园区均占总样本的约1/3，分别为36.36%、33.33%和30.3%。从总支出来看，疫情后总支出增加的园区在调查样本中所占比例最大，为42.42%；总支出无显著变化的占1/3，而总支出减少的园区所占比例约为1/4（24.24%）（图5-27）。

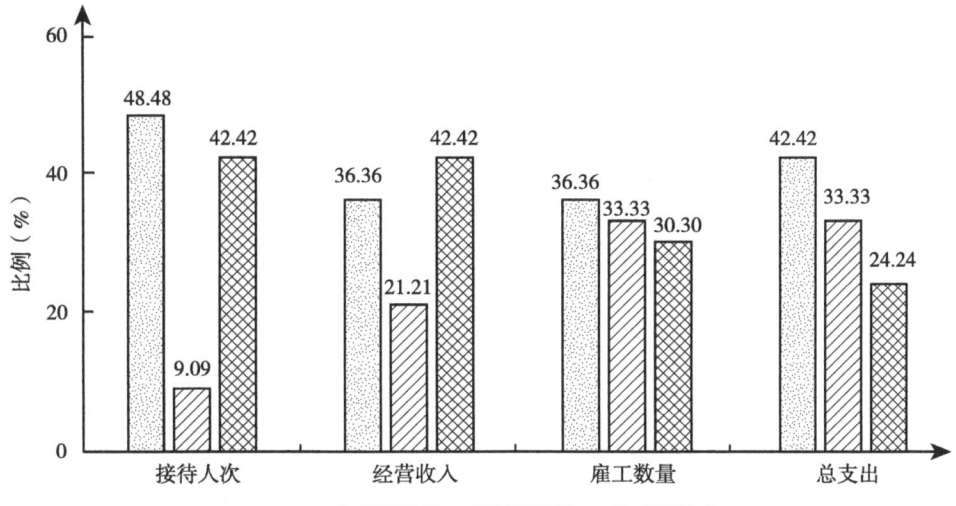

图5-27 疫情后园区经营情况的变化

综上所述，疫情后（2023年）与疫情期间（2020—2022年）相比，园区的经营情况大有改观。约有一半（48.48%）的园区接待人次增加，约1/3（36.36%）的园区经营收入和雇工数量增加，约有2/5的园区总支出也相应增加，这与接待人次、经营收入和雇工数量增加是相一致的。调查表明，疫情后园区的经营情况并非一致向好，而是有好有坏，情况较为复杂。

3. 对疫情后经营意愿的影响

调查发现，超过2/3的受访者（75.76%）认为未来3~5年休闲农业市场会更好，不足1/5（18.10%）的受访者认为持平或差不多，仅有极少数受访者（3.03%）认为会更差或无法预测。因此，大多数受访者对未来休闲农业市场持乐观态度（图5-28）。

基于对未来几年对休闲农业旅游市场的乐观判断，经营主体未来几年的投资意愿较高。在调查对象中，表示要增加投资的主体占到了78.79%；其余约

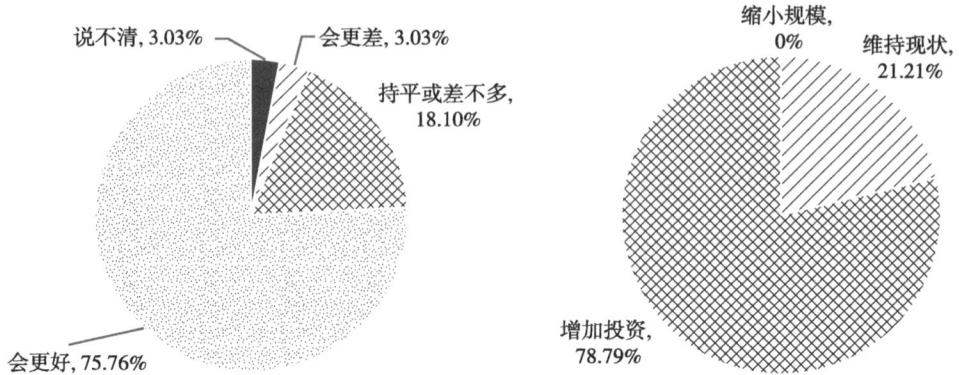

图 5-28 对未来休闲农业旅游市场前景的判断及投资意愿

1/5 的主体表示会维持现状。由此可见，大多数园主对未来休闲农业市场的发展持乐观态度，有增加投资的意愿。

三、结论与建议

（一）结论

1. 园区基本特征

园区负责人中女性（66.67%）远多于男性（33.33%）；31~45 岁的人数最多（占比 57.58%）。绝大多数（81.82%）园区是在疫情前（2019 年及之前）开始营业的；81.82% 的园区土地权属为租赁，经营主体为私营企业的占比最高（87.88%）；大多数园区（72.73%）拥有注册品牌；园区平均规模为 247.3 亩/园，建设用地稀缺，只占园区平均规模的 1.77%。

2. 基本经营情况

蔬菜、果品和粮食是休闲园区最主要的农产品；果蔬采摘是园区最主要的休闲功能，其次是依托农业生产而开发的农事体验和科普研学活动，再次是亲子活动和手工 DIY。园区与农民的利益联结机制有多种，其中"园区+村集体/合作社+农户的模式"最多。园区在营销或宣传渠道的选择上呈现出多元化的特点，微信小程序、微信客户群、视频号、线下、第三方平台、自有网站等是园区常用的营销或宣传渠道，其中，微信小程序和微信客户群最为常用。品牌对园区发展的重要意义被园区经营者所广泛认知，63.64% 的园主认为注册品牌对园区的知名度和收入有非常大的提升作用。园区的收入主要来自农产品销售（除采摘外，占比 42.04%）、活动收入（23.41%）、采摘收入（22.07%）和餐饮收入（11.67%）；最大的支出是人工成本（占比 31.44%），其次是生产性投入（27.22%）和土地租金成本（16.93%）。

3. 疫情影响

疫情对园区经营情况的影响对不同的园区是不同的。疫情期间约有 2/3 的园区接待人次下降、约有 1/4 的园区接待人次反而增加；约有 3/5 的园区经营收入下降，但也有约 1/4 的园区经营收入增加；约有 1/4 的园区雇工数量增加，雇工数量无显著变化和比疫情前减少的园区占比均超过了 1/3；总支出增加和无显著变化的园区各占调查总数的 2/5，总支出比疫情前减少的园区比例不足 1/5。疫情后园区的经营情况整体上有所改观，但并非一致向好，而是有好有坏，情况较为复杂。超过 2/3 的园主对未来休闲农业市场的发展持乐观态度，有增加投资的意愿。

（二）建议

1. 出台切实合理的休闲农业用地政策

土地尤其是多种用途的土地对休闲农业的发展与盈利至关重要。建议农业农村、文化和旅游、国土资源与规划等部门组成联合调查组，针对休闲农业的用地需求进行深入细致的调研，了解用地需求，出台符合实际的用地政策，解决用地难题。例如借鉴台湾休闲农业用地政策的经验，在不破坏耕地的前提下，可以建设一些临建设施，用于餐饮、活动和露营；划定时间节点，时间节点前已经存在的建筑，可以用作休闲设施等，切实解决休闲农业多功能开发的用地需求。

2. 出台休闲农业相关人才政策

调研中，用工难、人才匮乏也是休闲园区反映较为突出的问题。休闲农园是一产与三产融合的载体，既有传统的农业生产，也有现代的服务业，既需要有生产技能的青壮年劳动力，也需要懂经营、会管理的现代青年人才。而如今京郊农村劳动力缺乏的现象越来越严重，休闲农园的长期雇工很难招聘到周边村庄的合适雇工。因此，一部分园区的长期工不得不雇佣外地人，而且农忙时也很难招到雇工。休闲农园因地处偏远，远离城市，大部分青年人不愿意到园区就业，园区经营管理人才匮乏。建议政府加大对返乡入乡创业人才的支持力度，鼓励更多的年轻人加入到休闲农业建设中去；加大对园区农机或智能装备补贴力度，降低劳动强度，提高劳动生产率，在一定程度上缓解休闲农园的用工荒问题；开展休闲农业园区管理技能培训，提高园区现有管理人才的管理能力，同时对园区通用管理软件给予补贴，提高管理水平和管理效率的同时，缓解人才短缺问题。

3. 加大对休闲农园的宣传力度

尽管现在园区的营销与宣传渠道呈现多元化的特点，园区通过微信客户群可以不断积累私域流量，但速度慢，有时难以满足农产品的销售需求。公众号或视频号的传播效率高，引流效果好，但如果要维护与运营这些营销渠道，则需要一支专业的队伍，这笔费用对于很多经营规模较小的园区而言是难以承受的。市级休闲农业十百千万畅游行动上虽然也有休闲农业园区的推介，但数量太少，绝大多数休闲农业园区尤其是小规模园区得不到宣传推介的机会。建议京华乡韵公众号以区为单位，以主题进行分类，以视频、图片、文字等方式相结合展示每个园区的风采，加大向社会公众宣传的力度，提高园区的知名度，为园区引流，从而促进园区增收和带动农民就业。

4. 加大乡村环境与基础设施建设力度

园区的发展最终靠的是园区特色与营销，但也离不开园区周边的环境建设与基础设施建设的加持。一些园区地处偏僻，道路交通不是很方便，还有一些园区所处村庄环境差，这些都影响了游客的选择。建议以乡村振兴为契机，以生态宜居为目标，以美丽休闲乡村建设为抓手，在全市开展乡村环境整治，重点是垃圾处理、污水治理，村庄绿化与美化以及公共服务设施建设，促进农业强、农村美、农民富的目标，间接推动休闲农业的发展。

第三节　新冠疫情对北京乡村民宿经营情况的影响

一、调研背景及方法

（一）调研背景

乡村民宿是指利用位于农村地区的居民自有住宅或其他合法建筑，为旅游者提供住宿、餐饮服务的场所，是景观休闲农业的一种产业形态。北京的乡村民宿由原来的农家乐发展而来，在住宿条件和服务质量上又较前者有较大的提升，是农家乐的高级阶段。作为人口超大型城市，北京市对乡村民宿有着巨大的消费需求。2020—2022年新冠疫情期间，疫情管控措施和人群聚集限制，不可避免地对京郊乡村民宿产业造成了冲击。为进一步了解疫情对京郊乡村民宿产业的影响，景观休闲农业产业经济课题组开展了疫情前后乡村民宿经营情况的调研。

（二）调研方法

本研究采用问卷调查和面对面访谈的调研方法。通过问卷星设计《疫情对北京乡村民宿的影响调查问卷》，开展疫情前后乡村民宿经营情况的调查。调查对象为北京市乡村民宿经营主体。调查时间为2023年11月1日至30日，共获得有效问卷23份。

二、问卷调查结果分析

（一）调查对象基本画像

1. 主理人性别

参与调查的民宿经营者中，女性主理人远多于男性，占比分别为60.87%和39.13%。

2. 主理人年龄

参与调查的民宿负责人中，年龄主要分布在31~60岁，占比高达82.61%，其中31~45岁的人数最多，占比达到43.48%；60岁以上的民宿负责人也达到了13.04%；30岁及以下的民宿负责人占比最低，只有4.35%（图5-29）。

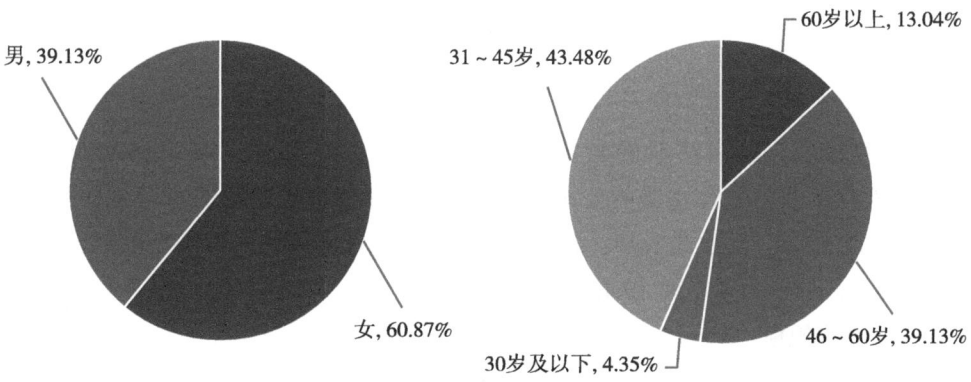

图5-29　民宿主理人的性别与年龄

3. 开业时间

参与调查的对象中，不到一半（43.48%）的民宿是在疫情前（2019年及之前）开始营业的，最早的是1999年；56.52%的民宿是在疫情期间（2020—2022年）开始营业的。这从一个侧面说明，疫情期间火爆的乡村民宿吸引了更多的社会资金投入民宿经营中。

4. 房屋权属

调查显示，大部分民宿主体的房屋属性为租赁，占比达65.22%；自有房屋（含购买）的民宿主体占比为26.09%；其他类型的房屋权属占比为8.70%。可以看出，租赁房屋的民宿主体数量是自有房屋（含购买）民宿主体数量的2倍（图5-30）。

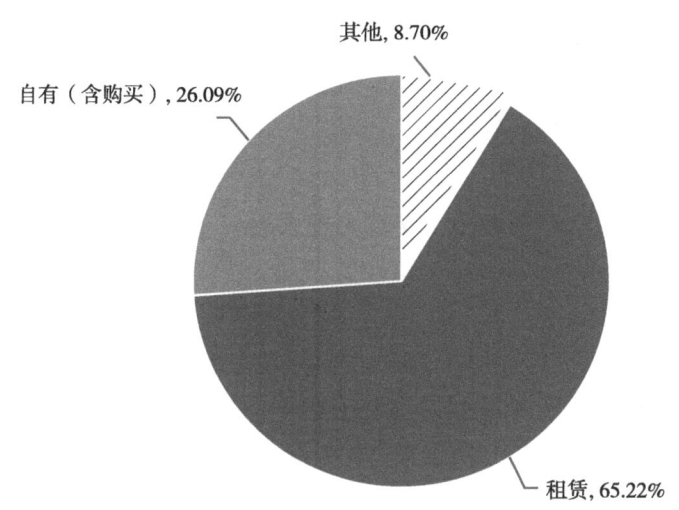

图5-30　民宿房屋权属

5. 注册主体

调查显示，民宿注册经营主体类型主要分为村集体、农户和私营企业（指非农户、非村集体注册的公司）。其中，私营企业是主要的经营主体类型，占比为69.57%。其次是农户，占比为17.39%。村集体和其他类型的经营主体占比较小，分别为8.70%和4.35%（图5-31）。

6. 接待规模

参与调研的民宿中，住宿规模为304间房（平均13.2间房/家），626个床位（平均27.2床/家），可同时接待游客1 320人/日，平均每家民宿日可接待游客57.4人；可提供餐位1 444个，平均每家65.6个餐位；有特色餐品的民宿有9家，占39.1%。除西餐和烧烤外，特色餐品有五味五彩面、小米包

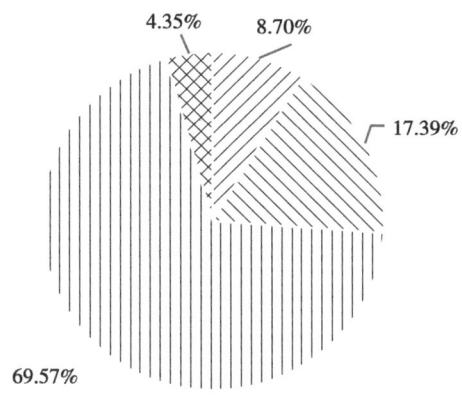

图5-31 民宿注册主体类型

饭、黑金鸡腿、烧焖鱼头泡饭、泰餐、八大碗、特色缸烤羊腿、扒猪脸、驴打滚、小锅饽饽等。绝大多数民宿（78.3%）可提供会议空间（882位次），平均每个民宿可提供会议空间40.1位次。

7. 其他特征

参与调查的民宿中，34.78%为星级民宿，21.74%加入了旅游协会，100%拥有民宿营业执照，不足一半（43.48%）的民宿有注册品牌。

（二）民宿经营基本情况

1. 可以提供的休闲项目

在所调查的民宿中，除住宿外，可以提供的休闲项目多种多样，最多的是户外烧烤、会议商务、亲子活动和娱乐消遣，占比均在60%以上，其中，户外烧烤占比高达69.57%；具备儿童游玩设施的占52.17%，可以进行手工DIY、科普研学、民俗体验活动的民宿，占比均在40%~50%；约有2/5的民宿还提供农产品展销服务，带动本村及周边村庄或本区特色农产品（包括加工产品）的销售（图5-32）。

2. 与农民的利益联结机制

根据调研结果，高达95.65%的民宿主体与农民存在利益关系，这表明民宿业的发展对带动当地农民的就业，提高农民的收入有较大作用。其中"民宿+农户"的利益联结模式最多，占比达47.83%。这种模式中民宿主与农户

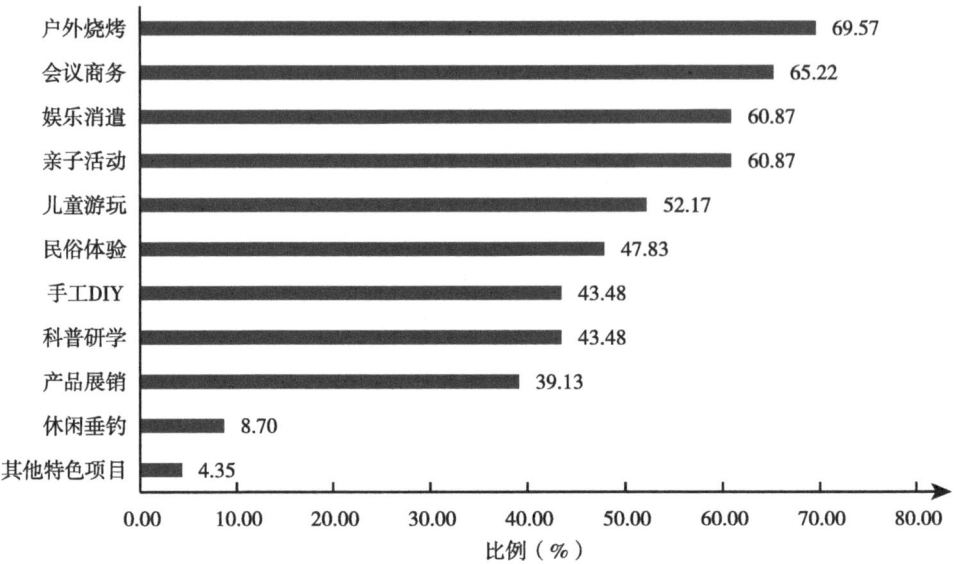

图 5-32 民宿可以提供的休闲项目类型

签订房屋租赁协议,或雇佣农户在民宿中开展服务。其次是"民宿+村集体/合作社+农户"的模式,占比为30.43%。在这种模式中,民宿从村集体/合作社租赁房屋,租金交给后者,后者将租金分给将房屋流转到村集体/合作社的农户;民宿经营者雇佣农户在民宿中开展服务。由此可见,民宿业与当地农民的就业与增收紧密相连,可以实现双赢(图5-33)。

3. 营销或宣传渠道

调查显示,民宿的营销或宣传渠道主要包括第三方平台、视频号、微信客户群、公众号、小程序、线下宣传以及自有网站。其中,第三方平台如携程、途家等是民宿最主要的营销渠道,综合得分最高,尤其是他人的抖音、快手等平台的营销效果最为显著,被民宿主选为第一重要的渠道。其他渠道如自有公众号、小程序等虽然也有一定的营销效果,但相对于第三方平台而言,其重要程度较低。同时,线下宣传如展板、宣传册等也能带来一定的曝光度,但其效果相对有限。总体来看,民宿主更倾向于选择能带来大量曝光和潜在客户的渠道,如第三方平台、视频号等。同时,他们也意识到建立和维护自己的客户群体,提供优质服务的重要性,因此微信客户群和自有公众号等渠道也得到了较高的重视。此外,一些新的营销渠道如抖音、快手等短视频平台也受到了民宿主的关注和青睐,说明他们愿意尝试新的营销方式以吸引更多的潜在客户(表5-20)。

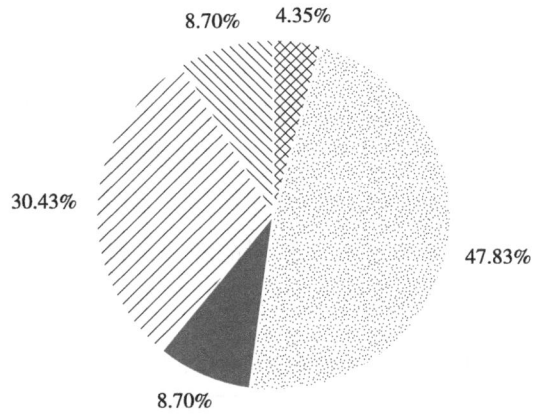

◨ 没有利益关系　▨ 民宿+农户　■ 民宿+村集体/合作社　▨ 民宿+村集体/合作社+农户　⊠ 其他

图 5-33　民宿与农户的利益联结机制

表 5-20　民宿的营销或宣传渠道

选项	综合得分	第一位	第二位	第三位	第四位	第五位	第六位	小计
第三方平台①	4.87	2 (11.11%)	3 (16.67%)	11 (61.11%)	1 (5.56%)	1 (5.56%)	0 (0%)	18 (100%)
有自己的视频号②	4.22	2 (13.33%)	7 (46.67%)	4 (6.67%)	1 (6.67%)	0 (0%)	1 (6.67%)	15 (100%)
有自己的微信客户群	4.17	7 (53.85%)	5 (38.46%)	0 (0%)	1 (7.69%)	0 (0%)	0 (0%)	13 (100%)
有自己的公众号	3.91	7 (58.33%)	4 (33.33%)	1 (8.33%)	0 (0%)	0 (0%)	0 (0%)	12 (100%)
有自己的小程序	1.78	2 (33.33%)	2 (33.33%)	1 (16.67%)	1 (16.67%)	0 (0%)	0 (0%)	6 (100%)
线下宣传③	1.13	0 (0%)	0 (0%)	2 (40%)	2 (40%)	1 (20%)	0 (0%)	5 (100%)
有自己的网站	1.04	3 (100%)	0 (0%)	0 (0%)	0 (0%)	0 (0%)	0 (0%)	3 (100%)
其他	0.22	0 (0%)	0 (0%)	0 (0%)	1 (100%)	0 (0%)	0 (0%)	1 (100%)

注：①包括携程、途家等平台,他人的抖音、快手等；②包括抖音、快手、小红书等；③包括展板、宣传册等；括号内为所占比例。

4. 品牌认知情况

调查结果显示，65%～70%的参与调查者认为注册品牌对民宿的知名度和收入有非常大的提升作用。从综合得分来看，对知名度的影响综合得分为4.57，略高于对收入影响的综合得分4.43，即被调查者认为注册品牌对民宿知名度的提升作用要大于对收入的提升作用。这表明品牌对民宿发展的重要意义已被民宿经营者所广泛认知。在未注册品牌的民宿中，表示将来一定会注册品牌的民宿占比高达92.31%（表5-21）。

表5-21 注册品牌对民宿知名度和收入的提升作用

选项	5	4	3	2	1	0	综合得分
作用	非常大	很大	比较大	大	一般	没有	
知名度	16（69.57%）	4（17.39%）	3（13.04%）	0（0%）	0（0%）	0（0%）	4.57
收入	15（65.22%）	4（17.39%）	3（13.04%）	1（4.35%）	0（0%）	0（0%）	4.43

注：5为影响非常大，0为没有影响。

5. 民宿收入构成

总的来看，接受调查的乡村民宿中，一半以上（56.10%）的收入来自住宿，其次是餐饮收入（24.45%），娱乐亲子活动、科普研学等其他收入占11.52%，出售农产品（包括采摘或加工农产品）只占到了民宿总收入的7.35%（图5-34）。

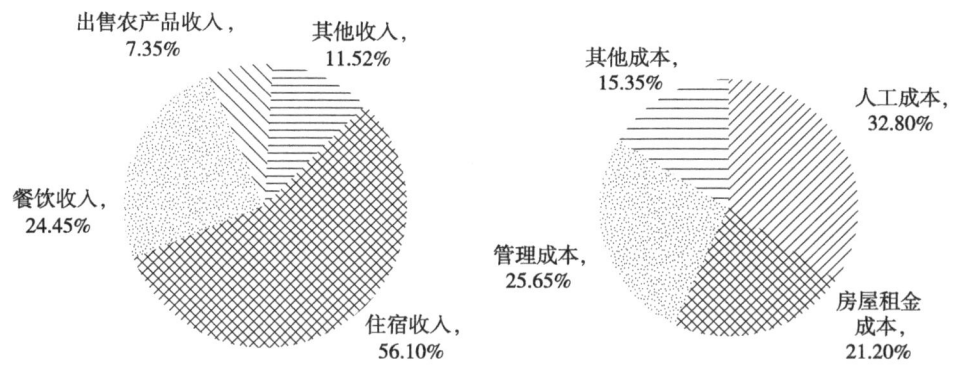

图5-34 民宿收入构成　　　　图5-35 民宿支出构成

6. 民宿支出构成

总的来看，接受调查的乡村民宿中，支出成本最大的是人工成本（工资支出),占32.80%;其次是管理成本(水电费和消耗品等),占25.65%;第三是房屋租金成本,占比超过了1/5(21.20%);其他成本虽然占比最少,也但占到了支出的1/6(图5-35)。

(三)疫情对民宿经营的影响

1. 疫情期间民宿经营情况的变化

疫情前开始营业的民宿,在疫情期间,接待人次比"疫情前少"和"比疫情前多"的情况各占40%,而"没啥变化"的只占20%。经营收入和总支出的变化相一致,比疫情前少和无显著变化各占30%,比疫情前多的占40%。分析认为,与接待人次的变化相比,经营收入"比疫情前少"的比例下降,而"没啥变化"的比例上升,这说明,尽管接待人次减少,但收入并没有减少,这得益于疫情期间受人群聚集的限制,民宿多数以包院整租的价格经营,导致人均消费提高,所以民宿的经营收入并没有受到影响(图5-36)。

在雇工数量方面,20%的被调查民宿的雇工数量比疫情前下降,说明受到了疫情影响;但50%的民宿雇工数量无显著变化,30%的民宿雇工还有所增加。这表明在疫情期间,民宿业雇佣了更多的员工来应对更大的需求或应对其他挑战。从雇工数量变化上可以看出疫情期间民宿的经营情况整体上较好。

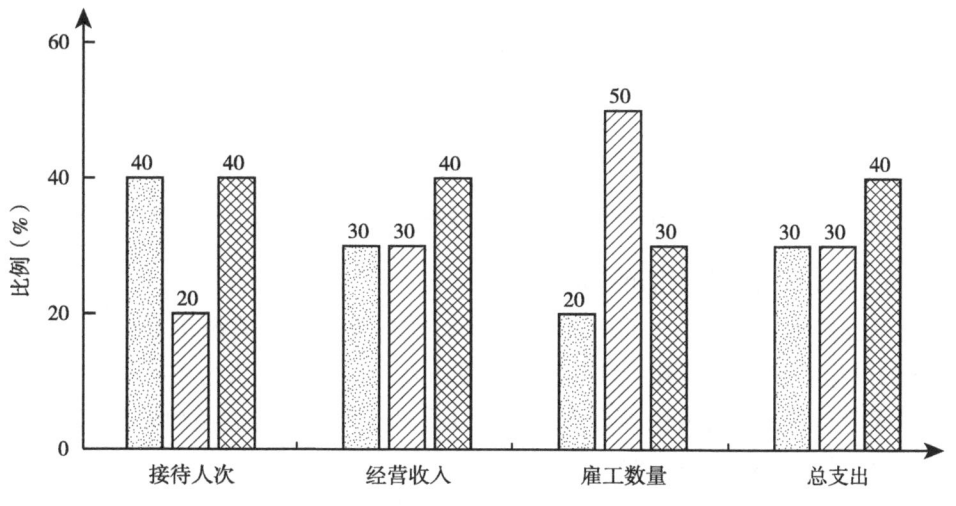

图5-36 疫情期间民宿经营情况的变化

2. 疫情后民宿经营情况的变化

与疫情期间相比，疫情后的民宿经营情况发生了显著变化。相较于疫情期间，民宿在接待人次、经营收入、雇工数量和总支出四个方面在疫情后有明显减少。具体来说，2/3左右的民宿疫情后的接待人次与经营收入比疫情期间有所减少，比疫情期间有所增加的民宿只占调查对象的不足1/3。但雇工数量与疫情期间相比，有近一半的民宿雇工数量疫情后无显著变化，这反映出民宿的常年雇工数量受接待人次多少的影响不大。总支出的变化与雇工变化相同，这与总支出构成中房屋租金、雇工成本占比较大有关。综上所述，疫情后的民宿经营情况相较于疫情期间有明显的下滑（图5-37）。

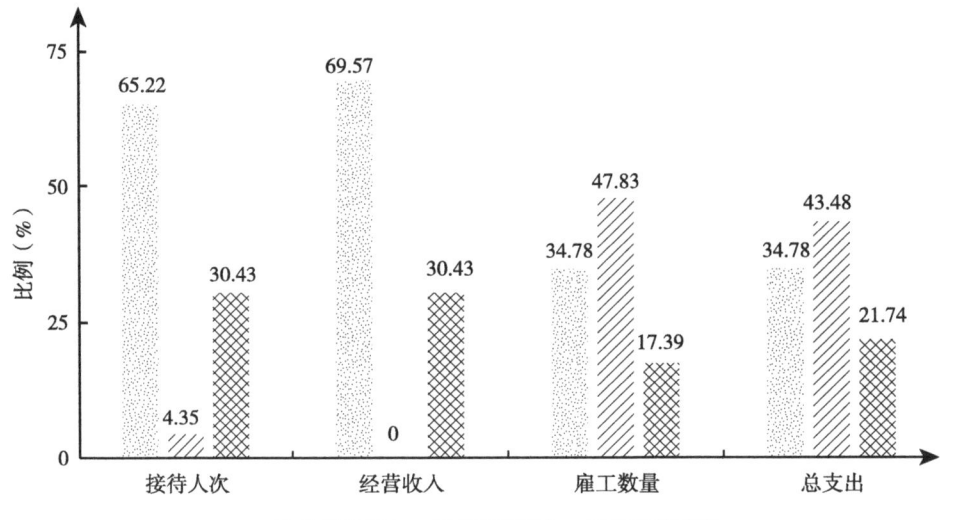

图5-37 疫情后民宿经营情况的变化

3. 对疫情后经营意愿的影响

调查显示，超过2/3的受访者认为未来3~5年乡村旅游市场会更好，约1/5的受访者表示说不清。只有极少数受访者（8.70%）认为乡村旅游市场会持平或差不多，没有人认为会变差。可以看出，大部分受访者对未来乡村旅游市场持乐观态度（图5-38）。

基于对未来乡村旅游市场的判断，有一半以上（52.17%）的民宿主表示会增加投资，有约2/5（39.13%）的民宿主表示将维持现状，只有8.70%的民宿主表示会缩小经营规模。可以看出，大部分人对乡村旅游市场持乐观态

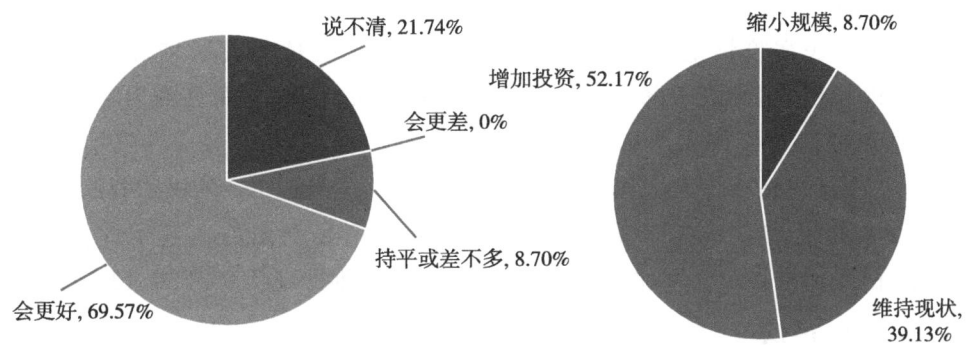

图 5-38 对未来乡村旅游市场前景的判断及投资意愿

度,希望增加投资或者维持现状;只有少部分人不看好乡村旅游市场倾向于缩小规模;没有人选择关闭民宿经营。这表明乡村旅游市场仍然具有吸引力和潜力,值得进一步投资和开发。

三、结论与建议

(一)结论

1. 民宿基本特征

女性主理人远多于男性,占比分别为 60.87% 和 39.13%;31~45 岁的人数最多,占比达到 43.48%。不到一半(43.48%)的民宿是在疫情前开始营业的;大部分民宿(65.22%)的房屋属性为租赁;注册经营主体主要是私营企业(占比 69.57%),其次是农户(17.39%);34.78% 为星级民宿,21.74% 加入了旅游协会;均拥有民宿营业执照;不足一半(43.48%)的民宿有注册品牌;约有 40% 的民宿能够提供特色美食。

2. 基本经营情况

民宿可以提供的休闲项目多种多样,最多的是户外烧烤、会议商务、亲子活动和娱乐消遣。民宿对当地农民的就业与增加有较大的带动作用,与农户的联结机制中"民宿+农户"的模式最多(47.83%)。第三方平台如携程、途家等是民宿最主要的营销渠道。65%~70% 的民宿主理人认为注册品牌对民宿的知名度和收入有非常大的提升作用。民宿一半以上(56.10%)的收入来自住宿,其次是餐饮收入(24.45%)。民宿最大的支出是人工成本(占总成本的 32.8%)

3. 疫情影响

40%的民宿疫情期间接待人次和经营收入比疫情前有所增加，但也有30%~40%的民宿出现下降，而保持不变的有20%~30%。而且因为客单价提升，所以疫情对接待人次影响较大，对经营收入影响相对较小。疫情之后，65%~70%的民宿接待人次和经营收入出现下降，只有近1/3的民宿有所增加。超过2/3的受访者认为未来3~5年乡村旅游市场会更好，基于此，高达96.4%的民宿主表示会增加投资（占52.17%）或维持现状（占39.13%）。

（二）建议

1. 加大对民宿建设与改造的资金支持

调研发现，民宿在建设与经营过程中遇到最大的困难是资金不足问题。精品民宿的建造资金或房屋改造资金少则几十万元，多则几百万元，对于一般的农户来说，是无法承受之重，即使是经济条件较好的农户，打造一家精品民宿也需要倾其所有甚至债台高筑。这也是民宿经营者多为社会资本的主要原因。因此，要加大对民宿的支持力度，民宿建设与改造提供优惠贷款、贴息贷款或项目扶持，助力更多的农户将自家闲置房屋改造装修后开展民俗接待，实现就地就业增收。

2. 重点支持受灾地区民宿的复工复产

加上2023年7月底至8月初北京遭遇特大暴雨导致洪灾，民宿及其所依托的周边景区、基础设施等都受到了损毁。因此，一是要以灾后重建为契机，针对灾后重建的民宿设立专项资金，定向资助，专款专用。二是发放消费券，引导市民助力民宿的灾后重建，或助力民宿复苏。三是尽快恢复景区及基础设施建设，消除影响民宿获客的不利因素。

3. 加大公共服务设施建设

调研发现，民宿的获客能力受基础设施建设水平和公共服务设施的完善程度影响较大。反映较大的是周边停车空间不足、公共卫生间少、村庄亮化工程不够等。这些外围环境的改善只有依靠政府投入。因此，建议加大基础设施与公共服务设施建设（如公共卫生间、停车场等），为民宿营造良好的周边环境，以吸引游客。另外，建议政府多组织一些宣传推介活动，在公共平台上加大对民宿的宣传力度，提升民宿的知名度，助力民宿的可持续发展。

第六章

北京休闲农业品牌资源与品牌建设

第一节 北京休闲农业资源现状

一、生态旅游资源

（一）山地资源

北京位于华北平原北缘，西部、北部和东北部三面环山，北部是燕山山脉，西部是太行山脉余脉西山。地形以山地、平原为主，其中山地约占全市面积的62%。地势西北高、东南低，呈西北向东南倾斜的半盆地形，东南部是一片缓缓向渤海倾斜的平原。北京境内多山的地形为乡村旅游中的森林康养、骑行、登山、地质研学等活动提供了良好资源。北京海拔2 000米的山峰有3座。

1. 灵山

位于门头沟区西北部，与张家口市涿鹿、怀来两县交界处。主峰海拔2 303米，是北京第一高峰，其与横亘于周边的高大山脉、错落有致的山峰共同组成了北京地区的"屋脊"山系网。

2. 海坨山

海坨山位于延庆县张山营镇北部与河北赤城县交界处属军都山系。主峰海拔2 241米，为北京第二高峰，延庆县第一高峰。海坨山山岩多为花岗岩，侏罗纪的安山岩、火山凝灰岩和角砾岩等，山中多峡谷，是登山爱好者向往之地。

3. 百花山

位于门头沟区与房山区交界处，海拔1 800~2 000米。最高峰百草畔海拔2 050米，为北京市第三高峰。百花山山体主要由于火山喷发、剥蚀形成，山势高峻挺拔。

总的来说，北京的地形地貌多样，既有连绵起伏的山地，也有广袤的平原。丰富多样的地形地貌也使得北京的自然景观和人文景观十分丰富。

(二) 河湖资源

水是生命之源，是城市发展之源和历史文化的载体，是城市风韵和灵气之所在。水是生态环境的核心，而河流是水资源的重要载体。北京地区要河流有属于海河水系的永定河、潮白河、北运河、拒马河和属于蓟运河水系的沟河。在河流上自然形成或人工修建水库以抵御洪水、防灾减灾。依托河湖形成的几处湿地成为了鸟类和珍稀植物的天堂。

1. 永定河

永定河斜贯北京西南部，是北京市最大的过境河流。流经延庆、门头沟、石景山、丰台、房山、大兴等区，长约170千米，流域面积3 168千米，均处于山地丘陵区，由于受上游降水季节分配不均匀的影响，其流量极不稳定，加之上游经黄土区，河水含沙量较多，平原地区的河道不断发生淤决，迁徙无定，历史上曾有"小黄河"之称和"无定河"的别名。

2. 潮白河

潮白河为北京市第二大河，是北京市重要水源之一。上游有潮河和白河两大支流，两河在密云区河槽村汇合始称潮白河，流经密云、怀柔、顺义、通州四区，北京境内干流全长83.5千米，境内流域面积5 613平方千米。流域内有密云水库和怀柔水库。

3. 北运河

发源于北京市昌平区及海淀区一带的军都山南麓，自西北而东南，至通州北关与通惠河相汇合后始称北运河。北运河是京杭大运河的北起点，于通州区西集镇牛牧屯东南流出北京界，流经河北香河，入天津汇入海河。北运河在北京境内长约41.9千米，是北京城区重要的排水河道，承担着90%的排水任务。

4. 拒马河

拒马河发源于河北省涞源县西北太行山麓，在北京市房山区十渡镇套港村入市界，流经十渡风景区、张坊镇、大石窝镇，在张坊镇张坊村分为南北两支。北支为北拒马河，流经大石窝镇，于二合庄村东出市境，至东茨村以下称白沟河，在白沟镇与南拒马河汇合入大清河。

5. 沟河

沟河发源于河北省兴隆县大青山南侧，经天津蓟州区泥河村进入北京市平谷区海子水库，在马坊乡东店村南流出北京市境，最终汇入蓟运河。沟河是平谷区唯一的排涝和泄洪河道，因此，被称为平谷的母亲河。北京境内河道全长

54.4千米,流域面积为1 377平方千米。

6. 水库

水库既是北京市重要的水源地,还可以调蓄山区洪水。北京市面积较大的水库有密云水库、怀柔水库、官厅水库等。其中,密云水库是华北地区最大的水库,水库库容40亿立方米,是首都北京最重要地表饮用水水源地,有"燕山明珠"之称。110千米长围绕水库的环湖公路,是北京旅游风景区之一。库区夏季平均气温低于市区3℃,为避暑胜地。密云水库特产野生密云水库鱼,是北京著名的鱼乡。官厅水库位于河北省张家口市怀来县和北京市延庆区交界处,是永定河上历史最久的大型水库,也是新中国成立后建立的第一座大型水库,总库容21.9亿立方米。怀柔水库也是京郊主要水利工程之一,位北京市怀柔区城西侧,蓄水面积12平方千米,总库容1.4亿立方米。

7. 湿地

野鸭湖湿地位于延庆区康庄镇刘浩营村西,是由官厅水库延庆辖区及环湖海拔479米以下淹没区及滩涂、河流、库塘、沼泽组成的自然—人工复合型湿地,占地总面积283.4公顷;是北京地区重要的鸟类栖息地,有鸟类303种,被评为"北京十佳生态旅游观鸟地",被列入《国际重要湿地名录》。汉石桥湿地总面积1 900公顷,是北京市平原地区唯一的大型芦苇沼泽湿地;有鸟类153种,是许多珍稀濒危鸟类迁徙的栖息地和中转站。

(三)景区资源

自然和人文景观是休闲农业的重要旅游资源,有着显著的引流作用。北京市山区面积大,地形地貌多样,历史悠久,其自然和人文景观众多。全市有A级以上景区219处,其中5A级景区9处,4A级景区70处。位于远郊平原和远郊山区的A级以上景区有135处,其中5A级景区3处,4A级景区39处。从景区分布来看,主要在远郊山区,A级以上景区、4A级景区和5A级景区分别占全市总数的54.3%、48.6%和33.3%(表6-1)。

表6-1 北京市风景区分布情况

区		A级	2A级	3A级	4A级	5A级	合计
全市	合计	2	27	111	70	9	219

(续表)

	区	A级	2A级	3A级	4A级	5A级	合计
远郊平原	小计	0	0	11	5	0	16
	顺义	0	0	5	2	0	7
	通州	0	0	2	2	0	4
	大兴	0	0	4	1	0	5
远郊山区	小计	2	21	59	34	3	119
	昌平	1	3	5	6	1	16
	门头沟	0	1	12	4	0	17
	怀柔	0	3	9	4	1	17
	平谷	0	3	1	5	0	9
	房山	0	4	15	5	0	24
	密云	0	6	12	4	0	22
	延庆	1	1	5	6	1	14

除此之外，北京市有5类79处自然保护地，总面积36.8万公顷，约占市域面积的22%，形成了以自然保护区为基础，各类自然公园为补充的生物多样性保护地空间格局，全市90%以上的国家和地方重点野生动植物及栖息地得到有效保护。其中自然保护区21处（国家级2处、市级12处、区级7处）、风景名胜区11处（国家级3处、市级8处）、森林公园31处（国家级15处、市级16处）、地质公园6处（国家级5处、市级1处）、湿地公园10处（国家级2处、市级8处）。北京市自然保护地空间分布主要涉及11个区，其中延庆15处、房山13处、门头沟12处、密云10处、怀柔9处、平谷6处、昌平5处、海淀3处、大兴3处、顺义2处、丰台1处（表6-2）。

表6-2 北京市自然保护地类型与数量

序号	类型	数量	国家级	市级	区级
1	自然保护区	21	2	12	7
2	风景名胜区	11	3	8	—
3	森林公园	31	15	16	—
4	地质公园	6	5	1	—
5	湿地公园	10	2	8	—

第六章 北京休闲农业品牌资源与品牌建设

2012年以来，北京陆续开展了两轮百万亩造林绿化工程，全市累计新增绿化面积243万亩，大片的林海构建了稳定健康的森林生态系统，奠定了北京建设生物多样性之都的绿色基底，造就了丰富的物种。据统计，全市现有维管束植物2 088种，陆生野生动物608种，其中鸟类达515种。这些动植物资源既是生态环境的重要组成部分，也是开展自然科普的重要对象。2012年以来，新增城市绿地7 293公顷，人均公园绿地面积由15.5平方米提高到16.9平方米。近年来，在森林城市创建工作的带动下，积极开展森林进城、森林环城和森林乡村建设，成功创建全域国家森林城市。森林覆盖率由2012年的38.6%提高到了2023年底的44.9%，全市绿色生态空间大幅拓展，城乡生态环境明显改善，为休闲农业与乡村旅游的可持续发展提供了良好的生态环境。

二、文化旅游资源

（一）村落文化

据考证，在距今1万多年前的旧石器时代，东胡林人便生活在门头沟区；新石器时期北京地区便有了原始聚落。随着农耕文明的发展，村落逐渐兴起，又随着朝代的更迭而兴替。传统村落承载着乡村文明和民俗生活的演变，是历经千百年传承至今的历史文化遗产[72]。截至2023年底，全市共有中国传统村落*26个、市级传统村落44个，中国历史文化名村5个；陆续建成48个中国美丽休闲乡村，96个北京市美丽休闲乡村，50个全国乡村旅游重点村镇**。其中门头沟区是北京市传统村落最多的区，有中国传统村落12个，占全市总数的46.2%（图6-1）；2022年入选我国传统村落集中连片保护利用示范县。

（二）古道文化

北京有着3 000年的建城史，因为通商、军事和宗教活动的需要，在境内形成了纵横交错的古道，成为古代文明的重要标志和历史见证。尤其是位于门头沟区的京西古道，因其历史悠久、路网发达、保存相对完好而被称为北京古道的活化石。古道按照功能和用途大致可以分为以运输和贸易煤炭、木材等物

注：* 2012年由中国城乡住房与建设部牵头组织评选，至2023年共公布了六批中国传统村落入选名单，5 188个村庄被列入保护名单。

** 2019年以来，文化和旅游部会同国家发展改革委开展全国乡村旅游重点村镇名录建设工作，至2023年底，先后推出四批共1 399个全国乡村旅游重点村和198个全国乡村旅游重点镇（乡）。

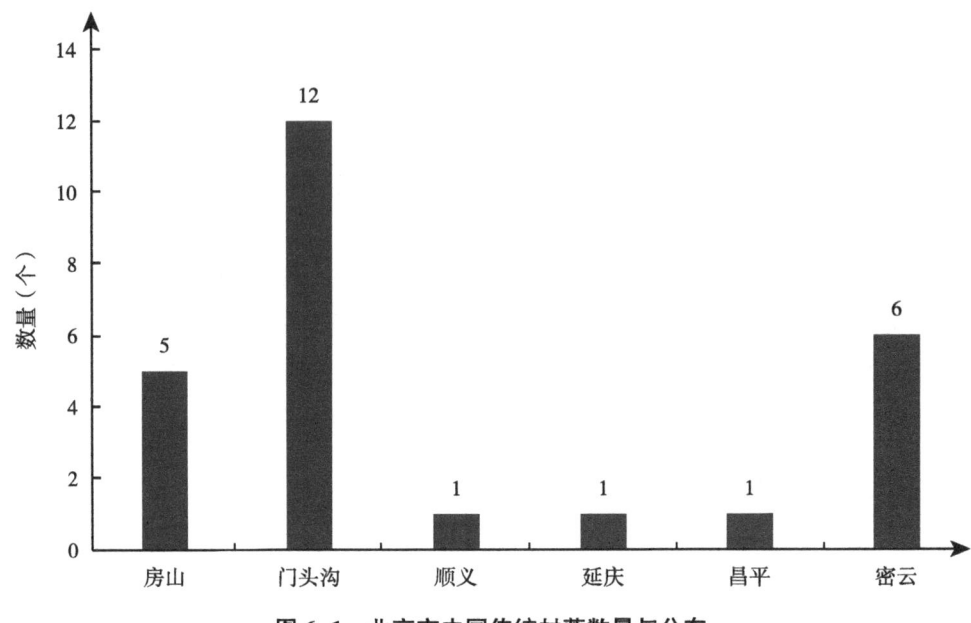

图 6-1 北京市中国传统村落数量与分布

资为主的商旅古道,以宗教活动为主的进香古道及以防御外敌为主的军用古道三大类型。其中较为有名或保存较为完好的古道约有 10 条。

西山大道:是京西古道中的北路,也是其中最重要的一条古道。古道东起门头沟的龙泉镇的三家店村,西至清水镇的洪水口村。全长约 80 千米。

玉河古道:玉河古道为京西地区最重要的古商道线路之一。其中东起石景山麻峪、西至王平口关城路段,全长 20 多千米。相传玉河古道修建于唐、五代年间,因穿越古玉河县而得名。

庞潭古道:庞潭古道自永定河东岸石景山区庞村起始,经卧龙岗、石门营等,终至皇家寺庙潭柘寺,全程约 20 千米,是一条古香道。

卢潭古道:卢潭古道自宛平城西卢沟桥起始,经石佛村、戒台寺等处,终点潭柘寺,全长约 25 千米,是一条历代君王国戚出游巡幸及进香礼佛之皇家御道。

妙峰古道:妙峰古道是一条古香道。妙峰山上的娘娘庙旧年香火鼎盛,四面八方的烧香许愿者,从不同地点出发,经年累月踏出了这条进香之路。妙峰山古道有五条起点不同的古香道,最后都汇集到涧沟村(位于妙峰山下)。老北道、中北道、中道、中南道分别起于海淀区的聂各庄、北安河、大觉寺和卧佛寺，南道则起于门头沟的三家店村。

仓米古道：仓米古道位于延庆区东部山区的白河峡谷，古代是珍珠泉乡仓米道村向山区运送仓米的要冲，并由此得名。仓米古道全长百余千米。

张坊古战道：位于房山区张坊镇，是一条修建于北宋真宗年代的古战道，主要用于军事防御。古战道位于地下4米，宽2米，高2~3米，迂回曲折，全长约1 500米。

白马古道：位于北京市密云区的冯家峪镇。明朝时，从山海关到北京的居庸关全程500多千米，在密云境内设置了边城四路，白马古道属于其中的石塘路段。白马古道是关内和关外经商或行军的重要通道，是北京的东北大门。古道上遗留了大量的历史文化古迹，如白马关堡、白马关水关遗址、独秀峰、西白莲峪村的古长城、将军石、下营城和番字牌摩崖石刻等。

将军关古道：将军关位于北京市平谷区域东北部，金海湖镇境内，将军关村西北隅。始建于明永乐二年，明隆庆三年经戚继光重修。一称因建关前此谷口曾由都司将军把守而得名，又称因附近有块巨石称将军石而得名。

南岭古道：南岭古商道位于房山区南窖乡，是古代西南方向进京的必经之路，沿途客栈商铺众多。主要遗存位于水峪村和南窖村，全长约25千米。

现代交通的发展与建设，使这些古道早已失去其原有的实用价值。但在乡村旅游的背景下，古道则逐渐成为了旅游景观和徒步、探险的理想线路。这一转变不仅让古道重新焕发生机，更使其历史价值得以重现与重视。

（三）红色文化

北京是中国共产党早期萌芽和活动的重要地点，也是华北抗日的重要阵地。在北京区域内有着众多的红色遗迹，每一处遗迹都是一座纪念碑镌刻着共产党人为民族独立和解放英勇奋斗的光荣历程。根据《北京市红色旅游景区（点）评定管理办法》，截至目前，北京市文化和旅游局共评定了111家红色旅游景区（点），其中，有62处位于远郊区，占全市总数的55.9%；其中房山区20处、怀柔9处、门头沟8处、延庆6处、密云和大兴各5处、昌平和平谷各4处、顺义1处。

2023年7月，为更好地弘扬北京丰富厚重的红色文化，传承革命红色基因，讲好北京红色故事，北京市文化和旅游局结合党建、主题教育、主题党日、企业团建、学生研学等活动需求，推出9条红色旅游精品线路。其中，位于远郊区的有 3 条精品线路，即门头沟红色旅游精品线路：平西情报联络站纪念馆—安家庄红色教育基地—冀热察挺进军司令部旧址陈列馆，房山红色旅游精品线路：房山红色旅游精品线路：平西抗日战争纪念馆—红色马安—没有共产党就没有新中国纪念馆，延庆红色旅游精品线路：延庆奥林匹克园区—小庄户村遗址—平北抗日烈士纪念园—北京世园公园—八达岭夜长城—大庄科红色旅游景区。

经过多年的红色资源保护与开发，目前已形成"红色马栏""薪火田庄""平北红色第一村""平西谍报"等在京郊有较高知名度的红色文化品牌。

红色马栏：斋堂镇马栏村在抗日战争期间为挺进军司令部以及被服厂、枪修所、医疗所等部门、单位驻扎地。1995 年，冀热察挺进军司令部旧址被列为市级文物保护单位。1996 年开始筹建冀热察挺进军司令部旧址陈列馆。1997 年，村中出资将司令部旧址院落从村民手中买回，进行整修。经过多年扩充和维护，马栏村已成为京西著名的红色旅游景点，景点由挺进军路、冀热察挺进军陈列馆（全国第一家村级抗战陈列馆）、红色讲解区、小延安红色创意街、演绎戏台、大食堂、革命之路、萧克故居组成。马栏村也因此被称为"京西第一红村"。

薪火田庄：门头乐观区雁翅镇田庄村是京西山区中共第一党支部诞生地。2011 年田庄村开始建设京西第一党支部纪念馆红色教育基地，2018 年扩建后的基地由京西山区中共第一党支部纪念馆、崔显芳烈士纪念馆、田庄高小党支部旧址、崔显芳故居、雁翅镇革命烈士纪念碑、崔显芳烈士墓、红满天大食堂、村文化活动中心、红雁初心红色教育基地等构成，红色旅游产业成为该村的主导产业，并形成了"薪火田庄"红色文化品牌，成为名副其实的京西红色第一村。

平北红色第一村：沙塘沟村位于延庆区大庄科乡西北部，是平北地区第一个农村党支部诞生地，被誉为平北红色第一村。1938 年，时任中共昌（平）滦（平）密（云）联合县工委书记的刘国梁率领八路军部队来到沙塘沟开辟抗战根据地，成为中国共产党和八路军部队进行游击斗争的"安营地"。沙塘沟村民积极响应号召，发展了延庆区最早的农村共产党员，成立了第一个农村党支部，村内的民兵武装力量参加了八路军队伍，使革命的薪火迅速在这片土地上形成燎原之势。在中国共产党的领导下，沙塘沟村民在平北地区的抗战斗争中书写了可歌可泣的英雄诗篇。

平西谍报：平西情报联络站位于门头沟区妙峰山镇涧沟村，于1941年2月成立，主要职能是针对北平、天津、保定等大中城市和东北派遣的骨干人员及发展建立的情报站组，承担指挥联络、建立电台、接送人员、传递情报、运送书刊、输送药品及重要战略物资等任务。抗战初期还承担与东北抗联的联络任务，解放战争时期是解放区联系北平最主要的战略通道，是北方局与敌区情报组织的联络枢纽和开展情报工作的前沿指挥机关。平西情报联络站纪念馆由涧沟村关帝庙改建而成，情报站原址位于村西的两个农家小院里。平西情报联络站作为北京市爱国主义教育基地、全国国家安全局教育基地、首都隐蔽战线传统教育基地2020年建设了馆，打造了"北平民居""苏静山洞""根据地作战指挥中心""前线战场"四个沉浸式体验场景，开发了"收发报"体验课程，成为干部群众尤其是青少年开展红色研学、传承红色基因、接受红色精神洗礼的生动课堂。

（四）寺庙文化

北京地区是佛教、道教、基督教（新教）、天主教、伊斯兰教五大宗教文化的交融之地，以佛教为盛，寺庙是佛教文化重要遗存。北京的寺庙有很多，位于郊区的主要有戒台寺、潭柘寺、红螺寺、云居寺等。

戒台寺：位于门头沟区永定镇，始建于隋朝，至今已有1 400多年的历史，原名慧聚寺，因寺内建有全国规模最大、等级最高的佛教戒坛，可授佛门最高戒律菩萨戒，故有"神州第一坛"的美誉。戒台寺是中国北方保存辽代文物最多、最完整的寺院。

潭柘寺：位于门头沟区潭柘寺镇，始建于西晋，寺院初名"嘉福寺"，清代康熙皇帝赐名为"岫云寺"。因寺后有龙潭，山上有柘树，故民间一直称为"潭柘寺"，距今已有1 600多年的历史，是北京现存寺庙中最古老的一座，素有"先有潭柘寺，后有北京城"之说。

红螺寺：位于怀柔区，建于东晋年间，是我国北方最大的佛教园林，世有"南有普陀，北有红螺"的说法，自古便是北京地区拜佛祈福的圣地。寺内古树参天，"春看花、夏避暑、秋观红叶、冬赏岁寒三友"是红螺寺的特点。红螺寺分为两部分，一为大殿附近的红螺寺主寺区和五百罗汉林；二为山顶的观音庙。

云居寺：位于房山区大石窝镇，始建于唐贞观五年，初名"智泉寺"，后改称"云居寺"，经过历代修葺，形成五大院落六进殿宇。由云居寺、石经山藏经洞和唐辽塔群构成中国佛教文化特色宝库。尤以1 122部、3 572卷、14 278块石刻佛教大藏经著称于世，被誉为"佛教圣地，石经长城"。

（五）长城文化

长城是我国古代的军事防御工程，是我国古代劳动人民创造的伟大奇迹，历经十多个朝代的修筑，绵延万里，被称为"万里长城"，是世界八大奇迹之一，也是中国悠久历史的见证。北京的长城主要包括：

八达岭长城：位于北京市延庆区，是明长城的一个隘口，以其雄伟的景观和悠久历史而著称于世，是万里长城中最为著名的一段，也是举世闻名的旅游胜地。八达岭长城典型地展现了万里长城雄伟险峻的风貌，气势磅礴的城墙南北盘旋延伸于群峦峻岭之中，视野所及，不见尽头，陡壁悬崖上古人所书的"天险"二字，确切地概括了八达岭位置的军事重要性。

慕田峪长城：位于北京怀柔区，享有"万里长城，慕田峪独秀"的美誉，1987年被联合国教科文组织列入"世界文化遗产"名录。慕田峪长城是明代万里长城的精华所在，该段长城东连古北口，西接居庸关，自古以来就是拱卫京畿的军事要处，有正关台、大角楼等景观，长城墙体保持完整，较好地体现了长城古韵，有着深厚的历史价值和较高的文化价值。

居庸关长城：位于北京市昌平区，是明长城的重要关口，与嘉峪关相似，同样号称"天下第一雄关"。主要景点有云台、券城、南北关、古炮、云台石刻、水门等。

黄花城水长城：位于北京市怀柔区，灏明湖水将三段长城自然断开，形成长城戏水、水没城垣的奇特景观，是北京唯一一处与水相连的长城，有"塞外景，江南风，尽在水长城"的美誉。

箭扣长城：位于北京市怀柔区，是一段20多千米长的唐代、明代长城，以其险峻和未经过多人工修缮的自然状态而吸引游客，是北京著名的野长城，是万里长城最著名的险段之一，向来是长城摄影的热点，也是近年来各种长城画册中上镜率最高的一段。

古北口长城：位于北京市密云区，是中国长城史上最完整的长城体系。由北齐长城和明长城共同组成，包括卧虎山、蟠龙山、金山岭和司马台4个城段。其中，司马台长城是我国唯一保留明长城原貌的古建筑遗址，东起望京楼，西至后川口，全长5.7千米，共有敌楼35座。主要景点有将军楼、二十四眼楼、杨令公庙等。

这些长城段落不仅展现了万里长城的壮观和雄伟,还提供了丰富的历史文化体验。

(六) 民俗文化

民俗文化作为北京文化的重要组成部分,不仅承载着深厚的历史积淀和地方特色,也反映了当地人民的生活方式、价值观念和社会风貌。民俗文化的传承,不仅让人们深刻感受传统文化的魅力,也加深了对本土文化的认同和热爱。

妙峰山庙会:妙峰山庙会是北京市门头沟区地方传统民俗,国家级非物质文化遗产之一。妙峰山庙会每年农历四月初一至十五和七月二十五至八月初一举办春香和秋香各一次,以春香为最盛,活动区域分娘娘庙和香道茶棚两部分,庙会的主要活动在山顶的娘娘庙内。每年庙会期间,香客们蜂拥直至,尤其是为了抢四月初一"头炫香"的灵验,香客们往往在前晚即登山守候。子时到来之时,妙峰山灵官殿内香烟弥漫、磬声不断,燃起的火光辉映半空,蔚为壮观[73]。因此,形成了一种民间组织——香会,有文会、武会(见庙会)之别,另有老会、圣会、皇会等。妙峰山庙会兴盛时期香会多达几百档,自1993年恢复庙会以来,已有130余档民间花会遵循传统会规到妙峰山朝顶献艺。香客长年络绎不绝,由此也形成了民间香客从北京城到妙峰山朝圣进香的5条山道,即香道,是京西古道的重要组成部分。

丫髻山庙会:丫髻山庙会是平谷区的传统民俗及民间信仰活动,是平谷区唯一被列入国家级非物质文化遗产的项目。丫髻山位于平谷区刘家店镇,因山最高处有两个突起的岩峰,远看似古代女孩头上梳的两个发髻,因此得名。每年农历四月初一,丫髻山都会举办庙会,有"京东第一庙会"之称,已有近500年的历史。丫髻山的娘娘庙会在康乾时期达到鼎盛,之后趋于衰落。直到20世纪80年代,庙会才得以恢复。2024年是第三十五届丫髻山庙会。庙会上不仅有高跷、旱船、舞龙、舞狮、大鼓、中蟠等民俗表演,也有来自全区各乡镇、街道的特色好物,例如文玩核桃、烙画葫芦、木板拓印等非遗体验,更有粘卷子、烙饸子、平谷肉饼、丫髻山特色素食等地方特色美食以及桃花扇雪糕等创意美食,让游客们在亲身感受传统文化的魅力的同时,也大饱眼福和口福[74]。

千军台庄户幡会:千军台庄户幡会是存在于北京门头沟区——庄户和千军台两个村落的一种民间仪式性表演活动。每年正月十五和正月十六两个村庄互为主村和客村进行联村走会活动,两村各有的幡旗以及表演会档组合在一起,按一定的顺序组成一个队列沿街和山道而行,最后到达主方村落庙宇进行集中表演。幡会联合走会的过程分为起会、接会、走会、敬神表演、送会等几个部分。活动中,村民们身着传统的民族服饰,配合鼓乐,进行幡旗展示和耍幡表演,乐器、秧歌、鼓乐等表演。幡旗的图案丰富多彩,有龙、凤、麒麟等吉祥动物,以及各种花卉纹饰,展示了高超的民间工艺水平。活动中还有唱大戏、杂技、武术等各种民间艺术表演[75]。

走会过程中有幡鼓齐动十三档。"幡鼓齐动十三档"是老北京民间花会"武会"中的代表会档。共有"开路""五虎棍""秧歌""中幡""舞狮""双石""石锁""杠子""花坛""吵子""杠箱""天平""胯鼓"十三档[76]。在幡鼓齐动十三档活动中,参与者们通过鼓乐击打、幡舞表演等方式,展现着节奏感强烈的民俗风情,传承着古老的文化传统和宗教仪式。

敛巧饭:怀柔区琉璃庙镇杨树底下村,自清代嘉庆、道光年间(1821年)建村时起,每年正月十六全村在大杨树下吃敛巧饭,这一风俗流传至今已有200多年历史。正月十六这天一大早,各家小孩挨家挨户去拜年,同时敛收一些各家过节剩余下来的五谷、肉类、豆腐、蔬菜等,由村里的中年妇女将这些敛收的百家粮和百家菜做成百家饭,全村人共享美食。做饭期间,在锅内放入针线、铜钱等物,吃到这些东西便意味着祈祷巧艺及财运。巧饭揭锅前,由村中老者主持进行神雀祭拜仪式,以感谢当年神雀叼啄谷种而救活杨树底下村民的恩情。为了更好地传承"敛巧饭"习俗,琉璃庙镇政府从2006年开始举办"敛巧饭"民俗风情节。这一传统民俗促进了家庭和美、邻里和睦、人与自然和谐,承载着村民对丰收、健康和幸福的祈愿。2008年6月,敛巧饭民俗活动成功入选第二批国家级非物质文化遗产名录。2010年获得市"非物质文化遗产展示奖""北京市年度非遗保护贡献奖"。2011年,又成功注册了商标,进一步推动了这一民俗活动的保护和发展。2012年,建成敛巧饭文化展示馆[77]。

金钟总督老会:密云区东邵渠镇西邵渠村金钟总督老会已创立500多年,是一支仍保留着古老传统、演艺形式多样的花会。共有7档会,依次是大筛、五虎棍、仙家老会、奉秧歌、奉秧福、雷音、响器,按规定需要148名演职人员。各档会都有不同的乐器、道具,不同的表演形式[78]。这一活动不仅是对历史传统的珍视和传承,更是当地文化认同和社区凝聚的象征,展现着北京地区丰富多彩的民俗风情和社会生活面貌。

秉心圣会:石景山区古城村秉心圣会,诞生于明朝万历年间,距今已有

600多年的历史,是京西妙峰山百会朝顶中较为著名的花会。秉心圣会由"花十档"组成,包括灵官旗、椴框、钱粮筐、公议石锁、太平歌会、龙旗牌棍、中军、四执、娘娘驾、督旗。主要民俗活动为"十一踩街、十二扬香、十三朝顶、十四还乡"[79]。其传承特点是家族式传承和师徒式传承相结合。花十档既有文会的仪仗执事功能,又有武会的表演特点,集音乐、舞蹈、表演于一体,是村民自娱自乐的年俗活动[80],寄托了劳动人民朴素的审美情趣和对美好生活的追求。

善缘老会:流传于北京市怀柔区杨宋镇年丰村的善缘老会,是中国北京市一项具有深厚历史底蕴和独特民俗特色的民间传统活动,始于明末,盛于清乾隆年间,有300多年历史。于乾隆年间获御赐龙旗一面,并钦封年丰村花会为"善缘老会"。表演项目达13档之多,举凡走会,参与者达200多人,声势浩大。善缘老会的表演文武结合,以武为主,其中开路、狮子、少林、五虎棍等都刚劲威猛,为其他地区花会中少见。文档会则以戏曲性取胜,情节细腻,表演逼真,如"小车""一枝梅"等[81]。

大石窝石作文化习俗:"大石窝石作文化"是北京市辖区极其珍贵的非物质文化遗产资源。其石作工艺包括敲、打、滑、拉、安等基本技能,贯穿了从开采、运输到加工、雕刻的全过程[82]。现今依然保存的与大石窝石作技艺相关民间习俗有:"石匠节祭拜鲁班""祭山节""开山时祭拜山神"和开山采石的其他习俗讲究[83]。

丰富多彩民俗活动反映了北京深厚的历史文化底蕴和独特的地域特色。

(七) 农耕文化

在永定河流域发现了东胡林人遗址,从遗址出土的资料证明,出现粟和黍的集约采集,出现了石磨盘、石磨棒以及陶器等相关工具,发展了"畦田耕作"的种植经验,成为北方粟作农业的起源地,旱作农业的发祥地、中华农耕的文明源。农业文化遗产是一个地区农耕文化的重要代表。北京作为六朝古都,农业文化遗产资源丰富,许多农业文化遗产至今仍具有重要的文化、生态和经济价值。据北京市农业文化遗产资源普查结果,北京市现存系统性农业文化遗产48项,要素类农业文化遗产428项。其中,北京平谷四座楼麻核桃生产系统(2015年)、北京京西稻作文化系统(2015年)和北京怀柔板栗栽培系统(2023年)、北京门头沟京白梨栽培系统(2023年)已被农业农村部(原农业部)认定为中国重要农业文化遗产。系统性农业文化遗产中农作物种植系统1项，蔬菜瓜果栽培系统10项，林果复合系统31项，禽畜鱼虫养殖系统5项，水土资源管理系统1项。林果复合系统数量最多，占比65%。从区域分布来看，北京市系统性农业文化遗产资源分布于各涉农区。其中，数量分布最多的是房山区（8项），其次是大兴区（6项）、门头沟区（6项）和昌平区（6项），四区合计大约占全市总量的57%。

（八）贡品文化

北京有着3 000多年的建城史，800多年的建都史，这就决定了京郊农业在供养城市、服务都城有着不同于其他地区的地位与特色。其中最突出的特色就是农业贡品种类众多，在全国独树一帜。一方面，京郊地形地貌种类丰富，局地小气候多样，造就了京郊唯一性特色农产品众多；另一方面，京郊由于地处都城周边，拥有"近水楼台先得月"的优势，其农产品被宫廷品尝的机会也多，因此，被历朝定为贡品的农产品也很多。这些农业贡品中，有的从唐代（如板栗等），有的从宋代（如金鱼等），有的早至汉代（如安定的桑葚等），更多的是从明、清时代即成为王朝宫廷的"贡品"。据了解，在王朝时代，皇宫对于贡品的选定有一定要求，包括外观、品质和风味等。凡被宫廷选定的农产品贡品都是各类中的上品，并按宫廷的要求进行栽培和管理，并保障供奉，甚至对贡品的运输环节都有严格的要求。这些进入皇宫的农产品衍生出了贡品文化。据不完全搜寻，京郊以"贡品"特供的农产品有50多种[84]（表6-3），每种贡品都有一定的文化背景。这些历史上的宫廷"贡品"历经几百年甚至千年而传承下来，是北京活态传承类农业文化遗产。经过不同程度的保护与开发，已成为京郊特产的"原生态""唯一性"农产品，如今已走入了寻常百姓家，成为百姓的"口福"。

三、特色产业资源与发展状况

（一）特色果业

2022年北京市干鲜果产量29.35万吨，其中鲜果产量26.75万吨，干果2.60万吨。鲜果中，桃产量最高，达14.94万吨，占鲜果总产量的55.9%；其次是梨（4.33万吨）、苹果（2.88万吨）、葡萄（1.01万吨）和柿子（0.49万吨）。干果中，板栗产量最高，达1.85万吨；其次是核桃，为0.63万吨。各区依托独特的资源禀赋，以适生性为基础，发展唯一性果品，形成了各区的特色果业。

表6-3 北京市农产品贡品名录（不完全统计）

序号	特产名称	产地	现规模	传承时间	贡品朝代
1	京西稻	原产于海淀区玉泉山水系覆盖地，现仅在上庄镇有种植	1 000亩		清贡
2	御塘米	原产于房山区大石窝镇高庄村，现多产于长沟镇（有泉水）	4 000亩		清贡
3	心里美萝卜	原产于大兴西红门，现散落郊区各地。	普遍种植		清贡
4	红头香椿	一是平谷区峪口镇西凡各庄村，二是门头沟区雁翅镇洞家水村	现扩展到3 500亩	300多年	清贡
5	金顶玫瑰花	产于门头沟区妙峰山镇涧沟村	现有面积近万亩		辽金贡
6	京白梨	门头沟区军庄镇东山村等	2 000亩以上	400多年	清贡
7	红肖梨	密云、平谷山区	大面积种植	900多年	清贡
8	金把黄梨	大兴区庞各庄镇梨花村	万亩	400多年	明贡
9	黄土坎鸭梨	密云区不老屯镇黄土坎村	1.2万亩	600多年	清贡
10	磨盘柿	房山区张坊镇	1.9万亩	630多年	明贡
11	郎家园枣	原产于朝阳区郎家园，现产于孙河乡	2 000亩	清乾隆前后	清贡
12	洪村大枣	大兴区黄村镇洪村	纳入市级抢救品种	300年以上	清贡
13	棱枣	原产于顺义南乡乐镇三岔村，现在怀柔	万亩园		明清贡
14	杂杂枣	原产于昌平区西峰山，现在怀柔	有大面积种植		清贡
15	香白杏	门头沟区龙泉务村	千亩左右		清贡
16	北寨红杏	平谷区南沙河镇北寨村	万亩园	百年	清贡
17	铁吧哒杏	顺义区北石槽镇西赵各庄村	新建御杏园	数百年	清贡
18	板栗	怀柔、密云、昌平、房山等地	60多万亩	2 000多年	唐及明清贡

（续表）

序号	特产名称	产地	现规模	传承时间	贡品朝代
19	灵水核桃	门头沟区灵水村	万亩以上	1 200 年	清贡
20	文玩核桃	门头沟、房山等地	千亩上下	数百年	清贡
21	樱桃	门头沟区樱桃沟村及海淀区香山樱桃沟			清贡
22	玉皇李	密云区东邵渠乡石峨村	万亩园		清贡
23	龙王帽杏仁	门头沟区龙泉务镇			清贡
24	京西白蜜	门头沟区特产			清贡
25	金丝小枣	原产密云区西田各庄镇	现近消失		清贡
26	坟庄核桃	密云区坟庄村	现存一定面积		清贡
27	黑小米	怀柔区喇叭沟门镇	现存并成商品		清贡
28	苏子峪蜜枣	平谷区苏子峪村	现存		清贡
29	蟠桃	平谷区刘家店村	万亩园		明贡
30	八棱海棠	延庆区康庄镇帮水峪村	扩大开发		清贡
31	白莲藕	海淀区西苑	现正恢复种植		清贡
32	玉吧哒杏	海淀区北安河村	现存		清贡
33	庞各庄西瓜	大兴区庞各庄镇	10 万亩	600 多年	明贡
34	五色韭	原产大兴区同和庄村，现怀柔区北房镇，以盆栽为主			清贡
35	麋鹿	大兴区海子（一度消失），回归成群			元明清贡
36	永宁豆腐	延庆区永宁镇	形成产业集团	千年	明清贡
37	咸鸭蛋	延庆区珍珠泉镇上水沟村	已成品牌商品		清贡
38	北京鸭	原产海淀区玉泉山下	千万只	300 多年	清贡

第六章 北京休闲农业品牌资源与品牌建设

（续表）

序号	特产名称	产地	现规模	传承时间	贡品朝代
39	北京油鸡	原产朝阳区洼里、海淀区清河一带，科学院保种，现在北京市农林		300多年	清贡
40	糖炒栗子	栗子由京郊产，京人加工	城乡皆有	800年以上	明清贡
41	冰糖葫芦	原料京郊产	城乡皆有		清贡
42	秋梨膏	原料京郊产	现存		清贡
43	山楂糕	原料京郊产	现存		清贡
44	北京烤鸭	原料京德	全聚德		清贡
45	延庆贡米	延庆区丁家堡村蔡河两岸	现存700余亩	300多年	清贡
46	莲花白酒	原产海淀区，现房山区			清贡
47	宫廷金鱼	原产于崇文门金鱼池，现移至朝阳、通州养殖			元明清贡
48	黑白花奶牛	原由清华大学单位引进养殖	现发展到15万头		清贡
49	月季花	丰台花乡			清贡
50	桑葚	大兴安定镇北野厂村	1 000亩	2 000年左右	汉贡
51	小白藕	昌平小汤山莲花池			清贡
52	康庄西瓜	延庆区康庄镇			清贡
53	太子墓苹果	门头沟村太子墓村			清贡
54	菊花	丰台区花乡			清贡
55	菊花白酒	原产海淀区，现房山区			清贡

注：表中所列现种养规模为估计数，非统计数据。

1. 桃产业

桃是平谷区的特色果业，种植面积达 22 万亩，年产值约 15 亿元，是农业部授予的"中国桃乡"。有白桃、油桃、黄桃、蟠桃 4 大类 300 多个品种，早、中、晚熟品种的合理搭配，使得平谷鲜桃的上市期长达 7 个月，从 3 月下旬一直持续到 10 月底。"平谷大桃"先后获国家地理标志保护产品、中国和欧盟"10+10 地理标志国际互认"产品、全国农产品博览会金奖、中国百强农产品区域公用品牌等众多荣誉，还拥有"世界最大集中连片桃园""种植品种最多"两大吉尼斯世界纪录，更远销东南亚、日韩、欧美和俄罗斯等几十个国家和地区。每年桃花盛开的季节，平谷处处是花海。1992 年，平谷区举办首届桃花节，1999 年正式更名"平谷国际桃花节"，历经 30 多年的发展、转型和升级，如今已成为集农业、音乐、休闲、美食、文化于一体的品牌节庆活动。2023 年以"桃醉平谷·醉享桃花"为主题举办了第二十五届平谷国际桃花节，以文化旅游体验、休闲运动健身、乡村振兴活动、创意农业体验为主线，开展了文化、旅游、农业、体育、招商五大类 18 项系列活动，历时 51 天。大桃特色产业的发展，壮大了一批生产、运销和加工龙头企业，交通、物流、参观、培训、休闲文化、农耕体验等产业链正在快速延伸和生长，智慧农业、科研科教、数字乡村、特色非遗……围绕大桃产业的创意开发也如火如荼。平谷依托大桃特色产业，实现了一品兴，百业旺[85]。

2. 梨产业

北京也是梨的适生区域，主要产区包括大兴、密云、门头沟、延庆和平谷。北京独特的土壤气候形成了众多的特色梨品种，如大兴的金把黄鸭梨、门头沟的京白梨、密云的黄土坎鸭梨和红肖梨、平谷的佛见喜梨等。

大兴区梨树种植面积最大，达 1.8 万亩，特色果品为"金把黄"鸭梨，明代起即为宫廷贡品。2 000 年以来，大兴区大力开展"兴果富民"工程，着力提高果品产业技术支撑能力。通过品种更新、高接换优、网架栽培，提高梨产业科技含量；通过原始创新、集成创新、示范带动，促进产业快速发展；通过科技、生态和文化创意开发，打造"健康梨""祝福梨""故事梨"，促进产业提质增效。依托特色梨产业，大兴区开发了梨花节、梨采摘节，以节庆活动，提高梨的知名度，带动梨产业的发展。2023 年，以"心耕四季·生生不息"为主题的第三十届梨花旅游文化节在大兴区庞各庄镇举办。

红肖梨又称"红梨"，素有"京北名果"之称。密云区大城子镇是华北地区规模最大的红肖梨产区，素有"红梨之乡"的美称。有红肖梨树30万余株，树龄100年以上的梨树有近万株。大城子梨树基地种植面积近万亩，年产量8 500吨，产值5 000多万元。另外，平谷区镇罗营镇、怀柔区怀北镇也有种植。

京白梨为北京特产，是全国唯一以京字头冠名的水果，主要产于西部山区的门头沟及西南部的房山区，是国家地理标志保护产品。门头沟区京白梨种植面积最大，超过4 000亩。据考证，门头沟京白梨的栽培已有400年左右的历史，区域内的"百年梨树"达600余株。因品质优良，自明代起，京白梨就成为了皇家贡品。2023年门头沟京白梨栽培系统被认定为第七批中国重要农业文化遗产。

黄土坎鸭梨特产于密云区不老屯镇黄土坎村。黄土坎鸭梨果皮金黄，核小肉厚；果肉细嫩，脆甜多汁；含糖量高（最高可达20%）；果味香醇，窖藏后香气更加浓郁。黄土坎鸭梨始种于明朝，至清朝成为皇家贡品。

秋梨是延庆区的特产品种。果实近圆形或椭圆形，果皮黄绿色，粗厚，果点密而明显，果肉黄白，肉质中粗，汁多而脆，味甜（糖含量达12%），极耐贮藏。秋梨是做梨膏的上佳之选。

佛见喜梨是平谷区的特产，产自金海湖镇茅山后村。为清朝贡品，深受慈禧喜爱，故得名"佛见喜梨"。果实呈扁圆形或近圆形，果型端正，阳面有鲜红晕，香脆多汁，口感细腻，甜度适中、营养价值丰富、耐储性强。2016年佛见喜梨获得国家地理标志农产品登记保护。

慕田峪糖梨是怀柔区传统特产。梨果多为圆形，少数为长圆形；个大，果皮为褐色或黄绿色；皮薄、肉厚、质脆、汁多、味甜，石细胞较少。糖含量高达39%，脆甜爽口，耐储运。

3. 苹果产业

北京引进和栽培大苹果始于20世纪初期，经过近百年的发展，已形成独具北京特色的苹果产业带。目前全市苹果面积12万余亩，其中昌平区苹果种植面积2万亩，年产量约1 000万千克，总产值稳定在1亿元左右。昌平盛产苹果，早在明代的《群芳谱》中就有记载，"苹果出北地，燕赵者尤佳"。因属于近郊的燕山山脉，横贯东西，形成了一道天然屏障，昌平北依燕山、南傍京密引水渠，中间一道由东至西狭长的山前丘陵岗台地貌，称之为"山前暖带"，成为苹果主要产区。20世纪50年代昌平区开始种植苹果，70年代末引进日本苹果品种"红富士",是全市最早引进富士苹果栽培的地区。1998年,昌平苹果在全国名特优果品展示会上被评为"全国优质果品"并授予"中华名果"荣誉称号。2004年,举办了第一届苹果文化节。2006年"昌平苹果"获得国家地理标志产品保护。2017年获得"最受消费者喜爱的中国农产品区域公用品牌"和"北京农业好品牌"荣誉。近年来,结合苹果特色主导产业优势,昌平区不断推进果业深加工,提升果品附加值。历时3年推出了有26道特色菜品的苹果宴,包括苹果冰淇淋、苹果干红烧肉、苹果神仙鸡等。与此同时,苹果主题画展、采摘体验、苹果音乐节……苹果元素融入农耕文化、民俗文化,激发新动能、开辟新空间,全面带动苹果产业发展。为强化昌平苹果品牌优势,昌平区印发了"昌平苹果"统一标识的包装箱,并与邮政、顺丰等快递物流集团合作,并开展昌平苹果直播带货、进商圈、进社区等线上线下活动,延长产业链、提升价值链、优化供应链,昌平苹果产业焕发了新的生机。

4. 葡萄产业

北京地处北纬40°,气候、水土等自然条件与世界著名的葡萄之乡——法国波尔多相近,同处葡萄的最佳生长地带。良好的自然环境造就了葡萄良好的品质。目前,北京现有葡萄栽培面积2.7万亩(含鲜食葡萄和酿酒葡萄),占全市鲜果栽培面积的3.2%,主要集中在房山、延庆、密云、大兴、顺义、通州、昌平等区。其中,通州、昌平和顺义以食用葡萄为主,大兴、房山、延庆和密云则食用葡萄和酒用葡萄兼而有之。2022年全市葡萄产量1万吨,其中房山栽培面积居全市之首。通州区张家湾镇的葡萄种植历史最为悠久,自元朝开始种植葡萄至今已有七八百年历史,张家湾也因此被称为"北京的吐鲁番"。大兴区采育镇被称为"中国葡萄之乡",葡萄产业是全镇的主导产业与特色产业。密云区的葡萄产业主要集中在巨各庄镇,全镇现已发展鲜食葡萄2 000多亩,葡萄年产量达百万斤。通过早、中、晚熟品种合理搭配,使得整个采摘季可以从8月持续到11月中旬。串联起镇域内的国际酒庄、葡萄种植园,巨各庄镇形成了"酒乡之路"旅游精品线路。独特的山水土壤环境造就了风味和品质独特的葡萄,2013年"张家湾葡萄"获国家地理标志产品保护,2014年"延怀河谷葡萄"获得国家农产品地理标志保护,产区主要包括延庆区张山营、延庆、康庄等乡镇。为延长产业链条,打造一二三产融合产业,北京市大力推进葡萄酒加工和酒庄文化旅游,建设了一批国内知名的红酒庄园,如密云的张裕爱斐堡酒庄、邑仕庄园国际酒庄、橡树堡国际酒庄，大兴的玛莱特红酒庄园，房山的波龙堡酒庄等，也打造了与葡萄相关的节庆文化品牌。如大兴区采育镇自2001年起每年8月18日举办葡萄节，至今已成功举办23届，并设计了葡萄品牌"采小萄"IP形象；2023年"以山水密云 酒香世界"为主题，举办了北京密云葡萄酒文化节。活动推出3条"探秘葡萄酒文化，体验轻奢休闲游"主题微度假旅游线路，并启用了全市首家葡萄主题邮局。为做大做强北京葡萄产业，打造葡萄产业名片，2014年在延庆举办了第十一届世界葡萄大会①，建设了集葡萄品种展示、观赏采摘、生态体验、景区游览、科普教育、休闲娱乐等功能于一体的世界葡萄博览园，顺势大力推进了延庆区乃至北京市葡萄和葡萄酒产业的快速发展，产品远销海外。

5. 樱桃产业

北京市的樱桃产业的发展经历了从无到有，再到规模化的转变。樱桃种植最初主要集中在通州区西集镇沙古堆村等地，逐步形成了樱桃产业集群。后来，在市场需求驱动下，逐渐扩散至各涉农区。樱桃是最受欢迎的采摘果品之一，现已形成海淀、顺义、昌平、通州、门头沟、房山、大兴和密云等环六环樱桃观光采摘带，有樱桃采摘园近200家。近年来，北京市大力推进以顺义环舞彩浅山和潮白河沿岸樱桃产业带为中心，带动海淀、昌平、通州、门头沟、密云和大兴等樱桃主产区发展，形成环六环樱桃观光采摘带[86]。目前，北京市樱桃种植面积达4.9万亩，其中通州区种植面积约1万亩，海淀区近8 000亩[87]，顺义区为7 500亩。生产上樱桃的栽培品种有百余个，主要有早大果、红蜜、红艳、红灯、布鲁克斯、萨米脱、先锋、美早、雷尼、拉宾斯等，此外还有佳红、美红、冰糖脆、辉煌、塔玛拉、鲁樱3号等[88]。目前，北京市樱桃产量约0.8万吨，产值3.15亿元，是北京市经济效益最好的果树之一[89]。经过多年发展，全市范围内初步形成了以通州西集、海淀四季青、顺义南彩镇、昌平十三陵镇、密云蔡家洼、门头沟樱桃沟等为代表的具有一定知名度和影响力的樱桃产区和品牌[90]。"通州大樱桃"2010年获国家农产品地理标志

---

① 世界葡萄大会由国际园艺学会（ISHS）主办，是全世界葡萄界最高级别、参会国家最广泛的盛会，每4年举办一次，被称为"葡萄界的奥运会"。世界葡萄大会是世界各国交流葡萄研究进展与成果，展示葡萄新品种、新栽培技术、新加工产品的最重要的学术会议，也是举办国和举办城市展示葡萄与葡萄酒产业成就、推介打造本地葡萄品牌、与外界开展合作洽谈最具影响力的一个国际性平台。

登记保护。北京的樱桃产业现已形成了较为完善的产业链条,包括品种选育、种植、采后处理、加工及销售等多个环节,樱桃产业成为休闲农业的重要依托产业和农民增收致富的重要产业。2023年北京市承办了被誉为樱桃界"奥运会"的第九届国际樱桃大会,同时举办了首届北京樱桃文化节。乘着国际樱桃大会的东风,北京樱桃产业迎来了新的发展时期。

6. 板栗产业

北京所处的燕山山脉是板栗的适生地,种植历史悠久,所产板栗具有果小、茸毛少,果皮富有光泽,涩皮易剥,肉质细腻、糯软香甜等特点,是糖炒板栗的首选品种。主要分布在密云、怀柔、延庆、平谷、昌平、房山等6个区,其中密云、怀柔为燕山板栗主产区,被国家林业局认定为"中国板栗之乡"。密云区板栗种植面积30万亩,主要分布在古各庄、不老屯、高岭、石城、太师屯等十多个乡镇,占北京市板栗种植总面积的48%,居全市首位。密云区于2004年实施有机板栗基地建设工程,已有24个基地栗园按有机标准生产,19个基地通过有机转换认证,其中5 250亩获得日本JAS有机认证[91]。怀柔区板栗种植面积达22万亩,产业覆盖率达85%以上。怀柔板栗的主产地渤海镇被认定为全国一村一品示范乡镇。怀柔板栗栽培种植技术于2007年被列为第二批北京市级非物质文化遗产;2023年9月,怀柔板栗栽培系统入选第七批中国重要农业文化遗产名单。"燕山板栗""怀柔板栗""密云甘栗"均被登记为国家地理标志保护产品,这不仅提升了北京板栗的品牌价值,也为保护和传承板栗品种资源与栽培技术提供了保障。

7. 鲜枣产业

枣也是一种适合采摘的果品。北京的特色枣资源很多,比较知名的有密云田各庄的金丝小枣、郎家园枣、桥梓尜尜枣、长辛店白枣、西峰山小枣和马牙枣等。金丝小枣在北京地区多有种植,但以密云田各庄所产的金丝小枣为最佳。其特点是色泽鲜亮、皮薄肉厚、核细脆甜;干枣掰开后,金黄的枣肉间可见细细的金丝,甜如糖、色如蜜,欲断还连,最长可拉伸至30厘米。以其为原料制作的果脯"金丝蜜枣"是北京特产之一。20世纪70年代金丝小枣一度濒临消失。经恢复发展,至今已达3 000余亩、2万余棵。郎家园枣以朝阳区高碑店乡郎家园产地命名,曾为清朝皇家贡品。果实长圆,中等大小,外形整齐,浓红色,具光泽,枣皮薄而细,果核细小,肉绿色白,质细而脆,味甜汁多。桥梓尜尜枣主要产自怀柔区桥梓镇,起源于明朝,曾是皇家贡品。果实两头小、中间大，果皮暗红，果面光滑，色泽艳丽，皮薄肉厚。除桥梓镇外，北京各地均有零星种植，曾一度濒临灭绝，经抢救性恢复发展，在休闲农业采摘需求的带动下，种植面积迅速扩大，目前可采摘面积达 2 万亩。长辛店白枣产于北京市丰台区长辛店、朱家坟、张家坟一带，以庭院栽植为主。起源于元代，距今 700 多年，果形端正，果皮深红色，光滑平整，皮薄汁多核小，9 月上旬成熟，最适合时令观光采摘。西峰山小枣主要产自昌平区流村镇西峰山村，个儿大、味儿甜，品质优良。马牙枣又称子弹头枣、马牙枣、白马牙枣、辣椒枣、尖尖枣、美人指，因枣果为长锥形至长卵形，下圆上尖，上部歪向一侧，形似马牙而得名。果皮红色，果肉淡绿色，致密细嫩，多汁味极甜。菱枣又名大尖枣，因外形为菱形而得名。皮薄肉细、清脆香甜，曾为清廷贡品。目前菱枣种植规模以房山区大石窝镇为最大，达 4 000 余亩，年产超 15 万千克。葫芦枣：也称猴头枣，因既似倒挂的葫芦，又似小猴缩脖而坐，因此得名。主要产于密云区，因形状奇特而深受采摘游客的喜爱。

8. 果桑产业

果桑主产区为大兴区安定镇，有 1 000 多年的种植历史，拥有华北最大的古桑树园，享有"中国桑椹之乡"的美誉。2010 年，安定桑椹被批准实施农产品地理标志登记保护。安定镇现有果桑 4 000 多亩，年产量达 2 000 余吨，主要分布在高店、前野厂、后野厂、堡林庄、通马房等村，前辛房、大渠、沙河、后安定等部分地区少量分布。在安定占地 300 亩的御林古桑园里，超过百年的桑树有 468 棵，最老的桑树已有 426 年树龄。安定果桑以紫黑色为主，也有白色和紫红色，其出产的白腊皮桑椹因品质优良而成为了明清时期的宫廷贡品。为最大限度地开发果桑的经济价值，安定镇经过探索走出一条春采桑枝、夏采桑椹、秋采桑叶、冬剥桑皮的桑树开发路径。桑果不耐储运，除了采摘，多余的桑果则加工成桑椹干、桑椹酒、桑椹茶、桑椹果酱、桑椹醋、桑椹饮料等产品，提高其加工附加值；采集经霜的桑叶做成桑叶饮片、桑叶茶、桑叶酱等，以增加果桑产业的收入。为了在采摘季吸引更多的游客，安定镇连续多年在桑椹成熟期举办桑椹旅游文化节，每年 5 月下旬，安定镇会在古桑园举办"桑椹旅游文化节"，至 2023 年已举办了 21 届。此外，还打造了"全桑宴"，菜品包括桑叶菜团子、蜂窝桑叶豆腐、桑椹糯米糕、桑叶天妇罗以及明星产品桑叶包子等。如今，"桑椹旅游文化节"已经成为安定镇的特色名片。2014 年，北京市引进台湾优质果桑品种长果桑试种成功。长果桑果长 10~18 厘米，又名超级果桑、紫金蜜桑，设施栽培条件下可提前 1~2 个月成熟；露地条件下比普通果桑品种提前 10 天左右成熟，填补了北京地区五一节果桑采摘的空白。目前京郊设施果桑种植面积约 20 亩，昌平、通州、平谷、大兴等区县均有种植[92]。

（二）草莓产业

北京市草莓产业于 2002 年起步，经过多年的发展，已成为北京特色农产品之一[93]。2015—2022 年，北京市草莓种植面积和产量持续上升。2022 年草莓播种面积 915.3 公顷，单产 2.4 万千克/公顷，总产量 2.2 万吨。草莓栽培方面，日光温室土培模式占主导地位，主栽品种为日系品种。昌平区是北京市草莓产业的重要产区，草莓种植大棚稳定在 5 000 栋左右，年产量 600 万千克以上，种植面积和产量均占到了北京草莓产能的 50% 左右，总产值达 3 亿元以上[94]。昌平区兴寿镇被誉为"京郊草莓第一镇"，2022 年草莓种植大棚达到 2 922 栋，产量 3 277 吨，产值高达 1.45 亿元[95]。"昌平草莓"2011 年获得国家地理标志产品登记保护。2012 年在昌平召开的第七届世界草莓大会，为北京乃至中国草莓产业的发展带来了新的机遇，全面提升了中国及北京草莓产业发展水平[96]。

北京市主要种植的草莓品种有 30 多个，包括红颜、粉玉、隋珠、白雪公主、圣诞红、黑珍珠、梦之莹、梦之芙、宝珠、白珍珠、京香 2 号、京藏香、京桃香、太空 2008 等[97]，为草莓采摘提供了多样化的选择。近年来，通过引进国外先进技术，如高架基质栽培、营养钵育苗等，北京市草莓的栽培模式更加丰富[98]，也为采摘活动提供了更便利的条件。

（三）花卉产业

蝴蝶兰：蝴蝶兰是重要的年宵花品种，因其品种丰富、花期超长、花色艳丽而成为年宵花"当家花旦"。北京有多个蝴蝶兰种植基地，主要位于顺义区、大兴区、昌平区和延庆区，品种有红、粉、黄、白、橙等多种色系。顺义区北郎中村花木中心是北京市最大的蝴蝶兰生产基地，年产蝴蝶兰种苗 80 万株、成花 50 万株，通过线上、线下多个平台进行销售，实现全年供应开花蝴蝶兰[99]。位于丰台的世界花卉大观园、房山区长阳镇的兰花种植产业园、昌平区小汤山现代农业科技园、位于大兴区的北京龙运锋农业科技有限公司和延庆区八达岭镇小浮坨村也都是北京市重要的蝴蝶兰生产基地。2023 年 12 月，在北京世界花卉大观园的兰花展上，现场展出了由 2 000 盆蝴蝶兰组成的国内最大的蝴蝶兰瀑布,吸引了大量游客打卡拍照。2015年第四届中国兰花大会在房山区长阳镇占地320亩的兰花文化休闲公园举办。

菊花:北京地区有关菊花种植的最早记载始于辽代[100]。1987年北京市将菊花与月季共同作为北京市花,并称为姊妹花。北京地区的菊花品种资源极为丰富,生产面积达上万亩,包括切花菊、花坛小菊、独本菊、茶菊、食用菊五大类。平谷区作为食用菊的主要种植区,拥有规模较大的食用菊生产大棚,成为全国食用菊花的种质资源库。功能型菊花主要分布在京郊的延庆、密云、怀柔、昌平、房山等地。北京市延庆区四海镇以万寿菊、茶用菊、药用茶和食用茶为主要花卉打造的四季花海,总面积超5 000亩,是北京面积最大、观赏效果最佳的大地"花海"景观之一,成为了北京市沟域经济发展的样板。菊花是北京城市秋季重要的花卉品种,广泛种植于城市微绿地、公园等地。在科研、教学、推广、企业和园区等单位的大力合作下,北京市菊花产业已经形成了从育种研发到种苗生产,从高效栽培到产品开发及主题景观设计的全产业链条发展模式[104]。在菊花产品的开发上涵盖了观赏性、食用性和药用性等多个方面,包括菊花茶、菊花饼、菊花酱、菊花酒、菊花香皂、菊花精油等深加工产品。以万寿菊为原料提取的叶黄素可以作为纯天然染色剂和食用色素使用。2009年,北京市举办了首届菊花文化节,至今已成功举办了15届,成为展示菊花文化的重要活动。2023年北京菊花文化节期间,使用70余种、150万株菊科和菊亚科花卉,以及100余种名品菊花,打造出五彩斑斓的菊花特色景观[101],此外还有以造型艺菊为主要题材的艺术创作,打造了主题花坛、地栽花境、室内菊科盆景展等不同形式的花卉景观。

牡丹:北京地区的牡丹栽植始于元代,至今已有14个牡丹专类园[102]。北京市植物园成功收集了中原、西北及日本、欧洲和美国牡丹5大品种群500余个品种[103]。目前延庆已发展成为北京市牡丹产业规模最大的区域,种植面积达到1 800亩,收集种植牡丹1 800余个品种。北京西山国家森林公园的牡丹种植面积达47 000平方米,栽植了来自中原牡丹群、西北牡丹群、日本牡丹品种群共160多个品种,八大色系的牡丹8 000余株。牡丹作为景山公园"一园一品"的特色植物,共有569个品种,其中中原牡丹346种,西北紫斑牡丹109种,国外牡丹品种114种,种植面积约40 000平方米。颐和园内牡丹品种有70多个品种,520余株,栽种面积约1 100平方米。北京植物园的牡丹芍药园,始建于1980年,1983年正式对外开放,占地约7公顷。园内栽植了500余个品种近 6 000 株牡丹，涵盖了中原牡丹、西北牡丹、江南牡丹、西南牡丹四大品系，展示的牡丹颜色也极其丰富，包括了红、白、蓝、绿、黄、粉、紫、黑、复色九大色系的牡丹品种，涵盖了牡丹的所有花色[104]。牡丹不仅是名贵花卉，还是中药材，其籽油中亚麻酸含量高达42%以上，是多用途经济树种[105]。近几年，北京市通过牡丹文化节等活动，积极打造以牡丹为主题的特色景观。2022年，北京牡丹文化节共设有北京西山国家森林公园、景山公园、北京世界花卉大观园、北京世园公园、世界葡萄博览园、旧县镇妫州牡丹园、大榆树镇国色牡丹园七大展区，展出观赏面积 1 200 亩。其中延庆展区超过 1 000 亩，形成牡丹产业区域优势；展出品种丰富，共有四大种群、九大色系、十大花型的800余个品种，包括自育"北京牡丹"新优品种30多个。首次推出牡丹文化节主题花——"姚黄"[106]。2023年，牡丹文化节首次联合津冀两地特色牡丹园，共设13个展区，展期横跨"五一"小长假。其中北京展区展出 2 500 余亩、800 余个牡丹品种，不仅有我国传统牡丹珍品，还有引进的国内外新优牡丹品种，个别展区特别展出具有北京自主知识产权的"北京牡丹"新品种[107]。借助牡丹文化节，还重点开发了牡丹系列文创产品，包括牡丹冰激凌、"景山牡丹"限定款北冰洋汽水、牡丹茶叶和牡丹点心等[114]。

芍药：北京市芍药的发展历史悠久，京西百花山的芍药已有上千年的历史，明、清时期已有十里草桥"牡丹芍药栽如稻麻"的牡丹、芍药等大规模种植记录[108]，有"丰台芍药甲于天下"之美誉[109]。北京大面积的芍药种植主要集中在海淀、丰台和延庆区。位于海淀的国家植物园（北园）种植有200余个芍药品种[110]。2017年，香营乡与延彩芍药基地达成合作，种植芍药360亩，共同打造以芍药种植、观赏、研发、销售为一体的产业链[111]。位于延庆的北京世园公园所种植的芍药的颜色及花形都十分丰富，且重瓣芍药居多，观赏效果极佳。园内现有芍药约 40 000 丛，包括莲台、粉玉奴、黄金轮、大富贵、粉池金鱼、杨妃出浴等品种[112]。芍药根药用，称"白芍"，能镇痛、镇痉、祛瘀、通经。此外，芍药种子含油量约25%，可供制皂和涂料用[113]。2023年5月28日，延庆区延彩芍药基地举办以"芍药盛典·汉韵延彩"为主题的芍药文化节[114]；2024年莲花池公园的牡丹文化节期间展示了60多种芍药[115]。

百合：北京是百合属植物的自然分布中心之一，拥有丰富的百合属植物资源。北京市百合产业自20世纪80年代开始发展，至今已形成一定的产业规模，主要分布在丰台、昌平、顺义、密云和延庆。位于北京市农林科学院的国家百合种质资源库共收集百合品种213个[116]。除观赏百合外，在科研单位的支持下，北京地区从2010年开始尝试食用百合种植，目前食用百合种植面积约200亩，主要产区在昌平区流村镇。北京的百合观赏区主要有延庆世葡园和北京国际鲜花港。位于顺义的北京国际鲜花港百合花种植规模80万余株、百合花海达5万平方米[117]。2015年，首届北京百合文化节在延庆区世葡园举行，种植了237个品种、150万粒百合种球，花海总观赏面积达1 000亩，成为世界最大的百合主题公园[118]。第二届北京百合文化节以"共赴百合之约·梦圆世园延庆"为主题，展示了240个珍贵品种，种植了220万株百合[119]。2019年6月28日，第四届中国百合论坛在北京举办[120]。2022年北京世园公园也举办了首届百合生态文化节，种植了黄、白、红、粉、橙五大色系60多个品种、400万株百合[121]。

月季：月季作为北京市市花之一，在园林建设中的应用非常广泛，可以用于花墙、庭院装饰、阳台盆栽等多种形式。2022年北京市月季栽植面积已达2.5万亩，品种超过2 500个，包含藤本月季、灌木月季、地被月季、微型月季、丰花月季等众多类型[122]。北京的环路及主要联络线和重点街区形成了长达300余公里的"月季项链"，全市的公园绿地、大街小巷共有2 000多万株各类月季[123]。位于北京市大兴区半壁店村的纳波湾园艺有限公司拥有近2 000亩的月季花田，栽植了2 560种不同的月季，成为北京市面积最大、品种最全的月季基地[124]。北京市园林绿化科学研究院作为"月季研发的大本营"，已经培育出21个获得国家林草局颁发的新品种权保护证书的新品种月季[125]。大兴区月季的品种储备已达到4 000余个[126]。除观赏外，北京市还开发了月季花的各种衍生产品，如月季花茶、月季精油，以及利用月季花制作的化妆品。为挖掘和宣传月季文化，2009年北京市举办了首届月季文化节，至今已成功举办多届。2014年第六届月季文化节以"赏美丽月季、享幸福人生"为主题，展示了千余个品种、上百万株月季，其间举办了50项特色月季文化活动、7大展区和7条精品旅游线路，吸引了大量市民参与[127]。2017年北京市花30周年暨第9届北京月季文化节开幕式在大兴区世界月季主题园举行。2024北京月季文化节共设有国家植物园（北园）、天坛公园、陶然亭公园、北京园博园等11个展区，数量达到历届之最。月季观赏面积3 000余亩，展示品种3 000多个[128]。

玫瑰：门头沟区妙峰山镇一带栽培玫瑰花已有几百年历史，自明代以来就是我国玫瑰种植的集中地之一，被誉为"中国玫瑰之乡"。目前生产规模超过5 000亩。此外，密云蔡家洼玫瑰情园也是一个重要的玫瑰种植基地，占地面积1 600多亩。玫瑰情园是北京市郊首家人工打造的多功能玫瑰主题花园，花园依山而建，呈现出梯田花海的景观，被农业部评为"中国美丽田园花海景观"。从清代至今，"妙峰山玫瑰"一直是北京名点"京八件"食品加工中不可缺少的作料。妙峰山玫瑰花以其朵大、色艳、味浓、含油量高、品质优异、经济价值高而驰名中外。2011年，原农业部批准对"妙峰山玫瑰"实施农产品地理标志登记保护。妙峰山下有"玫瑰谷"之称的涧沟村所产玫瑰，因花型大、颜色深、花瓣厚、香味浓、含油高等优异品质而被专称为"金顶玫瑰"，是玫瑰中的极品。在种植基础上，先后开发了玫瑰饼等糕点，炸玫瑰花、玫瑰酱等特色菜肴，玫瑰酒、玫瑰花茶、玫瑰黄芩茶等饮品，玫瑰系列化妆品等特色产品，极大提升了玫瑰的经济附加值。玫瑰具有丰富的营养物质和活性成分，因此在食品加工和保健品行业中应用较为广泛。妙峰山金顶玫瑰精油含量高，由玫瑰花提取的玫瑰精油被称为"液体黄金"，气味芳香，被广泛用于香水制作[129]。

郁金香：北京植物园是北京地区种植郁金香较早的地方，早在20世纪70年代已有试种。1994年首次进行露地小范围栽种。2004年随着"首届世界名花展"的举办，开始较大面积的种植，形成郁金香花田的壮观景象，此后成为一年一度的郁金香盛会[130]。北京郁金香文化节通常在每年的4月至5月举行。2011年的北京市郁金香文化节以"童年·家庭·梦想"为主题，展出了84个品种、300万株郁金香[131]。2016年的第七届郁金香文化节以"春来鲜花港，最美郁金香"为主题，展出了400万株绚彩郁金香[132]。2024年，北京市郁金香文化节共设有七大郁金香展区，包括国家植物园（北园）、中山公园、北京国际鲜花港、北京世界花卉大观园、朝阳公园、长阳公园和首农·紫谷伊甸园，共展示了超过160个品种的郁金香，种植总数近300万余株[133]。

依托花卉和果树产业，北京市大力发展花经济，助力休闲农业发展。2023年北京市发布了春季7大花系以及21条赏花休闲农业线路。7大花系分别是杏花、樱花、桃花、油菜花、郁金香、梨花、牡丹；21条赏花休闲农业线路涵盖了除怀柔外的12个涉农区。花经济通过景观打造、文化节庆开发、创意产品开发、美食开发等路径，推动了北京美丽休闲乡村建设和休闲农业的美丽蜕变。

（四）蜂产业

北京山区面积大，蜜源植物丰富，养蜂历史悠久，是我国现代养蜂发源地之一。北京的"京西白蜜"和"潮河白蜜"久负盛名。潮河白蜜被清乾隆皇帝御封为"琥珀蜜"，京西白蜜作为白蜜印子之原料，曾为清朝贡蜜。早在20世纪20年代北京就引进并开始饲养意大利蜜蜂，改革开放以来家庭蜂场纷纷成立，个体养蜂业进入快速发展时期。北京市饲养的蜜蜂主要是传统的中华蜜蜂和引进的意大利蜂。蜂产业在北京市各区均有分布，其中以密云、怀柔等区域为主要集中地。2023年，目前蜜蜂饲养量25.8万群，其中西方蜜蜂24.1万群，中华蜜蜂1.7万群。蜂产品原料年产量563万千克，养蜂户4 500户，有蜂业合作组织64家，专业化蜂产业基地60个，养蜂年总产值1.2亿元，户均收入2.6万元，蜂产业直接带动2.5万农民就业。以蜂产品产销加工为主的第二产业初具规模，有蜂业龙头企业42家，40余个蜂产品品牌，生产十大类1 000余个蜂产品品种，蜂产品加工年产值超过12亿元，培育了百花、颐寿园、天宝康、华林、花彤、京密国内知名品牌[134]。密云区是北京市养蜂第一大区，是300年养蜂史的"天然蜂场"，拥有12.35万群蜂群，占北京市蜂群总量的51.5%，已建成国家级蜂产品标准化示范基地、蜂产品深加工基地和成熟蜜生产基地等基地22个，有蜂产品公司2家，蜂业专业合作组织26个，合作社入社社员1 982户。全区蜂业年产蜂蜜约4 000吨，原料蜂蜜年产值约1.4亿元[135]。目前北京蜂业已经形成很完备的集管理、科技、组织、生产、加工、销售为一体的蜂业发展体系，形成了"蜜蜂种业保护、蜂授粉市场培育和产业融合发展"三大发展格局[136]。京郊较为知名的养蜂专业合作社有北京奥金达蜂产品专业合作社、北京京纯养蜂专业合作社等，注册了"花彤""京纯""京密"等蜂产品品牌，"密云京密蜂蜜"获得国家生态原产地产品保护。北京在蜜蜂养殖、蜂产品开发和蜂文化开发方面做了大量探索和实践，通过举办蜜蜂文化主题活动、建设蜜蜂主题文化科普馆/示范区等路径，大力挖掘蜂产业的休闲功能，在满足市民对美好生活向往的多元化和个性化需求方面发挥了重要作用。密云区奥金达蜜蜂生态科普馆被评为2022年"北京市休闲农业十大学农教育和农理体验园"；2023年在密云冯家峪镇以"蜂盛蜜匀、生态富民"为主题举办了北京·密云割蜜文化节暨冯家峪镇第五届中华蜂割蜜节。

(五) 设施农业

设施农业是现代农业的重要产业。除了生产功能外，还具有观光采摘的休闲功能，是休闲农业所依托的重点产业。设施农业的周年生产为北京休闲农业的全年采摘活动提供了保障。北京的设施农业产品以蔬菜为主，除此之外，还有花卉、草莓、小型西瓜、葡萄、樱桃、桃、杏等，这些产品基本上以采摘为主，深受市民喜爱。2022年北京市设施农业播种面积3.2万公顷，产值59.8亿元，从设施类型来看，日光温室占据主体，播种面积约占总数的45.1%，产值约占64.6%。由于冷链物流的快速发展，北京的设施花卉产业受到南方花卉冲击。2009—2022年北京市设施农业中设施花卉苗木的发展呈逐年下降趋势。设施花卉苗木产值从2009年的4.7亿元下降至2022年的2.4亿元。设施花卉苗木产值在设施农业产值中的比重也由2009年的13.8%下降至2022年的4.0%。但设施农业的发展除具有保障首都鲜活农产品的应急供应功能之外，还作为休闲农业采摘与研学、农食教育等的载体，保持了一定的稳定性，甚至在近年出现了小幅上升的发展趋势（图6-2）。

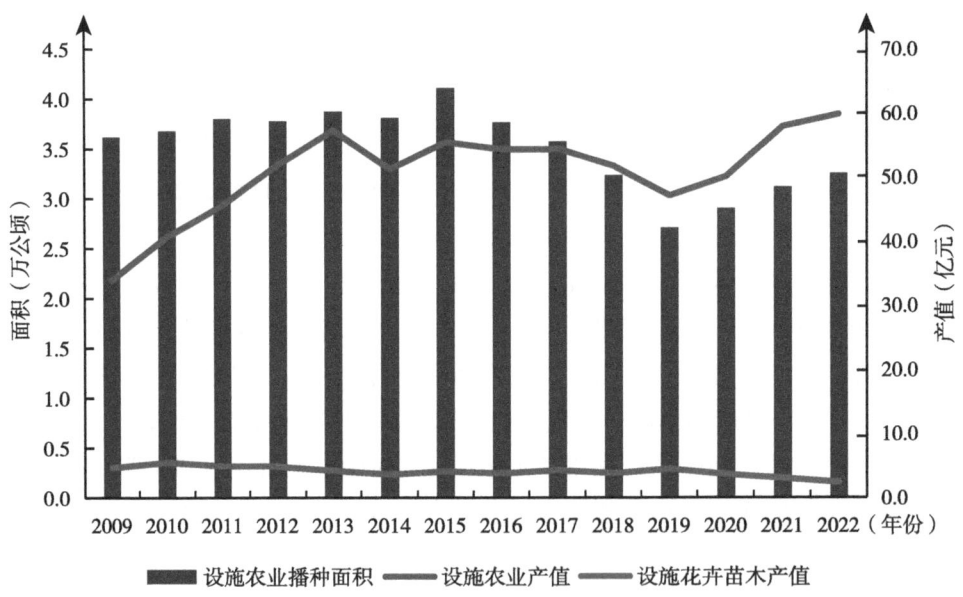

图6-2 2009—2022年北京市设施农业与设施花卉苗木产业发展情况

(六) 其他特色产业

香椿：红头香椿是北京市的特产，现有种植面积约3 000亩，主栽品种为红椿。主要分布在门头沟区雁翅镇泗家水村军庄镇香峪村、妙峰山镇岭角村和平谷区的峪口镇东樊各庄村,房山区韩村河镇圣水峪村以及延庆区大庄科乡。红头香椿在北京已经有600多年的种植历史,是明清时期的宫中贡品。峪口镇现已发展标准化种植红芽香椿900亩,年产量达3.5万余千克,主要覆盖东樊各庄村、西樊各庄村以及周边地区,在乾隆年间被选为贡品,东樊各庄村因此成为"中国贡椿第一村"。上方山香椿在房山区韩村河镇圣水峪村具有数百年种植历史,目前全村共有超过4 000亩的种植面积。延庆大庄科乡红油香椿,面积不足千亩,年产量1万千克。泗家水村的红头香椿、房山上方山香椿分别在2014年和2020年被认定为中国农产品地理标志保护产品。为延长香椿的食用期,提高其加工附加值,陆续开发了香椿芽茶、香椿酱、椿红米酒、香椿蘑菇等。为开发香椿的休闲旅游价值,门头沟区的泗家水村、平谷区的东樊各庄村、房山的圣水峪村先后举办了香椿采摘节和文化节,对香椿文化的传播与价值提升起到了显著作用。2023年在平谷区峪口镇举办了第九届香椿文化节。

奇异莓:奇异莓是近几年北京引进种植的一种稀有水果,以门头沟区清水镇为主,主要种植在李家庄村、黄安坨村,种植面积约400亩,鲜果产量60多吨,产值高达600多万元,是高附加值农产品的典范,主要以订单方式生产,直供高端会员。

综合上述,北京农业的特色产品为休闲农业的观光采摘提供了丰富的品种资源。除上述品种外,适合采摘的小众特色果品还有密云区东邵渠镇的御皇李子,延庆区香营乡的脆八棱海棠、八大岭镇的槟子、四海镇的冰糖李等。近年来,食用菌尤其是林下食用菌种植,也开展了多种多样的采摘活动。

第二节 北京农业及休闲农业品牌现状

农业品牌是农业农村现代化的重要标志,培育发展农业品牌是全面推进乡村振兴、加快建设农业强国的重要抓手。近年来,国家围绕打造农业品牌出台一系列政策措施。将2017年确定为"农业品牌推进年",召开全国农业品牌推进大会;2018年农业农村部印发《关于加快推进品牌强农的意见》,明确了新时期品牌强农的主攻方向、目标任务和政策措施;2019年,指导启动中国农业品牌目录制度建设,指导发布《中国农业品牌目录制度实施办法》《中国农产品区域公用品牌建设指南》等文件,构建现代农业品牌管理体系,引导规范农业品牌建设，培育了一批有影响力的农业品牌。2022年农业农村部印发《农业品牌精品培育计划（2022—2025年）》，启动实施农业品牌精品培育计划，并连续两年公布农业品牌精品培育名单，共有144个品牌入选[137]。这些农业品牌是休闲农业品牌开发的重要基础资源。

一、北京市农业品牌现状

（一）全域公用品牌

为着力培育和打造一批社会知名度高、市民认可度好和市场竞争力强的北京农业品牌，让北京农业的"农"味更浓，"京"味更足，以品牌建设助力北京农业发展，北京市优质农产品产销服务站协同北京农业产业化龙头协会等五家单位一起遴选出30个具有北京特色和重要影响力的"北京农业好品牌"。

为加强北京农业品牌建设，促进品牌赋能农业发展，推进品牌强农战略，强化品牌引领带动，促进农民增收、农业增效、农村富裕，助力乡村全面振兴，北京市着手打造市级农业区域公用品牌——"北京优农"，并出台了《"北京优农"品牌认定管理办法（试行）》。2021—2023年北京市农业农村局组织专家对区级农业农村主管部门、行业协（学）会、首农食品集团推荐的"北京优农"品牌进行了评审，遴选认定了一批具有基础条件好、产品有特色、市场认可度高等条件的区域公用品牌、企业品牌和产品品牌，180个涉农品牌纳入"北京优农"品牌目录。2024年对存在违法经营和经营不畅的6个品牌注销其"北京优农"品牌资格。目前，共有"北京优农"品牌174个。其中，区域公用品牌10个、企业品牌107个、产品品牌57个，分别占品牌总数的5.7%、61.5%和32.8%。为了让社会大众对"北京优农"品牌有一个全面的了解和认知，北京美丽乡村网还特别开设专题进行介绍（表6-4）。

表6-4 "北京优农"全域品牌体系及分布情况

区域	区域公用品牌	企业品牌	产品品牌	合计
平谷	1	12	5	18
昌平	2	9	1	12
怀柔	1	5	4	10
大兴	2	15	1	18
密云	1	10	9	20
延庆	1	6	7	14

(续表)

区域	区域公用品牌	企业品牌	产品品牌	合计
门头沟	1	2	4	7
通州	0	4	1	5
房山	0	12	5	17
顺义	0	15	16	31
朝阳	0	1	0	1
海淀	0	1	2	3
丰台	0	2	0	2
首农集团	1	13	2	16
合计	10	107	57	174

(二) 区域公用品牌

《北京市"十四五"时期乡村振兴战略实施规划》中提出,要聚焦小品种,培育大品牌,打造"北京水果"区域公共品牌,建设樱桃、大桃、葡萄、梨、苹果等品种繁育和高标准生产示范基地50个。目前,北京市已拥有区域公用品牌10个,分别是平谷大桃、昌平草莓、昌平苹果、怀柔板栗、大兴西瓜、大兴农品、密云农业、妫水农耕、灵山绿产、北京鸭。其中,昌平和大兴分别有2个,平谷、怀柔、密云、延庆、门头沟和首农集团分别有1个。

"平谷大桃"是平谷农业的金字招牌,是中国百强农产品区域公用品牌,已经构建起大桃三级品牌体系。一级"平谷国桃"品牌连续四年成为国宴用桃;二级平谷鲜桃品牌入选国家地理标志保护产品;三级平谷大桃作为百强区域公用品牌,富民增效效应极广,品牌价值达101.84亿元。

"妫水农耕"是延庆区农业的区域公用品牌。延庆生态环境优良、风景如画、冬冷夏凉、气候独特,是北京重要的生态涵养地和水源保护地,这里的净水净土净气赋予了农产品天生好味,孕育出了清脆可口的苹果、鲜嫩多汁的葡萄、酸甜爽滑的番茄等种类丰富的优质农产品。"妫水农耕"是延庆优质农产品区域公用品牌,秉承"妫水农耕,健康之源"的产品理念,坚持品质优先,在准入资质、规范生产、质量检测等环节全程监控、严格把关,产品涵盖绿色安全蔬菜、优质干鲜果品、高档花卉园艺、精品优质粮经、健康特色养殖五大类。"妫水农耕"的品牌含义为:一是净土净水净气,青山绿水环绕的延庆,赋予农产品天生好味。在延庆的净水净土净气中,农产品自然成长、自然成熟,最大程度地保留了食材原味的清香与口感。二是新鲜绿色有机,延庆拥有青山、碧水、湿地、森林等生态资源要素,是依山傍水的京郊农业大区,北京市唯一有机农业示范区,孕育出有机蔬菜、有机葡萄、国光苹果、有机杂粮等优质农产品。三是基地源头直供,种植环境无污染、种植过程无污染,依托京郊的距离优势和全程冷链运输的管理体系,在果蔬最佳成熟期,送到消费者身边,让首都百姓吃上不催熟、自然熟的农产品。四是绿色公约保障,建立优质农产品营销流通与品牌体系,加入成员共同遵守体系《绿色公约》,保障从田间到餐桌的关键环节无缝衔接。

(三) 地理标志保护产品

地理标志,是指标示某商品来源于某地区,该商品的特定质量、信誉或者其他特征主要由该地区的自然因素或者人文因素所决定的标志。2019年以前,我国对地理标志的保护分别由原国家工商总局、原农业部、原国家质检总局3个部门进行注册、登记和管理,对应的地理标志保护模式分别为地理标志商标(GI)、农产品地理标志(AGI)、国家地理标志保护产品(PGI)。直至2019年10月16日,国家知识产权局发布地理标志专用标志官方标志(GI),合并了原国家工商总局、原国家质检总局的地理标志管理职能。

截至目前,北京已经有多达35种国家地理标志农产品,涉及主粮与畜禽林花果蜜,有的农产品甚至延续千百年而长盛不衰[138]。

北京鸭:北京鸭是拥有完全知识产权的优良水禽品种,历史长达400年,全身羽毛纯白,略带乳黄光泽,体形硕大丰满,体躯呈长方形,也是"北京烤鸭"唯一正宗原料鸭种,地理标志生产地域保护范围覆盖北京8区46个镇与街道。

北京油鸡:北京油鸡是北京唯一一个地方鸡品种,"三黄三毛五趾"的外貌特征,符合宫廷审美,清中期已经出现,是当时御用品种。北京油鸡遗传稳定,鸡蛋卵磷脂含量比普通鸡蛋高30%,地理标志生产地域保护范围覆盖北京9区27个镇与街道。

京西稻:京西稻曾是皇家贡米,现在是指北京西郊万寿山、玉泉山周边地带生产的优质粳型稻米。海淀在三国曹魏时期就开始建渠种稻,至今已有1700多年的历史。乾隆皇帝对食用京西稻米情有独钟,那时还有歌谣形容:"京西稻米香,炊味人知晌,平餐无须菜,可口又清香。"

昌平草莓:昌平草莓产地范围为兴寿镇、崔村镇、小汤山镇、百善镇、南邵镇、沙河镇。昌平草莓果形端正、饱满，果面光泽亮丽，瘦果分布均匀，果肉质地细腻，口感纯正、香味浓郁，果实硬度较大，耐储运。

泗家水红头香椿：门头沟区雁翅镇泗家水村的红头香椿只采头茬顶芽，已经有600多年的历史，明清时期为宫中贡品。泗家水红头香椿嫩芽呈红色或紫红色，色泽红润光亮，香气浓郁，汁多鲜嫩、食后无渣。

上方山香椿：自东魏以来，香椿已伴随着上方山佛教文化兴盛了1 400余年，明永乐年间为贡品，清乾隆年间由六必居加工成香椿酱供宫廷食用。上方山的香椿梗粗叶小，口感脆嫩、叶面油亮，香气浓郁。

海淀玉巴达杏：原产于海淀区北安河，有数百年栽培历史，曾为贡品。玉巴达杏根据个头又分为大、中、小玉巴达，其中小玉巴达杏品质最好，每斤约8～12个。史料记载"卧佛寺面面皆杏花、杏树可十万株，此香山第一圣处也。"

妙峰山玫瑰：门头沟妙峰山一带栽培玫瑰花，被誉为"中国的玫瑰之乡"，自辽代至今已经繁衍数千亩，以品种纯正而被称为"华北一绝"。妙峰山金顶玫瑰具备天然的独特优势，属于重瓣红玫瑰中的精品。

通州大樱桃：通州大樱桃主要生长于西集沙古堆村、儒林村、供给店村、小辛庄村等地，以及北运河沿线的潞城镇、张家湾镇等地，特征为汁多、肉厚、果甜、色艳、味香，短短30年发展，已成为高端品牌走进顶级商超。

安定桑椹：在大兴区安定镇岔河河畔前野厂村，拥有华北最大的古桑树园，享有"中国桑椹之乡"的美誉。这里的桑树起源于清代，品种繁多，有35 000余株，有3株"树王"，树龄达300年以上，每年5月是桑椹收获的季节。

庞各庄金把黄鸭梨：大兴庞各庄有个梨花村，村里古梨园有棵429年的古梨树，梨子在明朝曾作为贡品进奉皇宫。至今每年还能产1 000千克左右的"金把黄鸭梨"，被村里人称为"吨梨树"。现在，"吨梨树"不仅成为梨花村的象征，也成为大兴特产"金把黄鸭梨"的代表。

茅山后佛见喜梨：佛见喜梨是产于茅山后村独特红壤上的珍品，是清朝时期宫廷贡果，集独特的品种、讨喜的外形、丰富的口感于一身。20世纪60年代曾一度濒临灭绝，后经当地挽救性保护，实现了种质扩繁。相传，这种梨原名笑梨，进贡后得到赞扬被改名为"佛见喜"。

延庆国光苹果：国光苹果是北京人念念不忘的味道，生长在延庆北山产业带，色泽艳丽、肉脆多汁、酸甜适中、香味浓郁，20多年前，在北京苹果市场上的份额占到了70%以上。在老一辈北京人的回忆中，国光苹果曾是过节才能吃到的甜蜜味道。

延怀河谷葡萄：延怀河谷产区拥有500多年的葡萄栽培史，主要包括延庆区张山营、延庆、康庄等乡镇，栽培历史可以追溯到明代嘉靖年间。由于独特的冷凉气候和土壤条件，主要栽培成熟期较晚的品种，葡萄色泽艳丽、口感好、香味浓郁。

大兴西瓜：大兴素有"中国西瓜之乡"的美誉，大兴西瓜种植历史悠久，在距今千年以前的辽太平年间，大兴就有栽培西瓜的历史。大兴西瓜种植范围包括庞各庄镇、北臧村镇、礼贤镇、榆垡镇、魏善庄镇、安定镇，西瓜瓤色鲜艳、晶莹剔透、皮薄、果实含糖量高。

京白梨：京白梨是北京果品中唯一冠以"京"字的地方特色品种，两大特点是"后熟"和"核儿小"，需要在常温下放置3~4天才能变软变甜。相传起源于门头沟军庄镇东山村青龙沟一株生长于沟中的野树，现在京白梨产地范围为军庄镇、妙峰山镇、王平镇、潭柘寺镇。

房山磨盘柿：磨盘柿主要产自房山区张坊镇，起源于明代初年。果实缢痕明显，位于果腰，将果肉分成上下两部分，形似磨盘，果色为橘黄色，果味甘甜，对老北京来说，房山磨盘柿曾是最熟悉的甜蜜味道。

平谷大桃：平谷大桃的产地具有唯一性，只有生长在平谷14万亩果园中的大桃才能称得上平谷大桃。平谷大桃的特殊主要是因为水、土壤、光照这三个平谷才有的独特条件。大桃拥有白桃、黄桃、蟠桃、油桃四大系列，200多个品种。

张家湾葡萄：张家湾有着上百年的葡萄种植历史，素有"北京吐鲁番""京郊葡萄之乡"的美誉，以种植面积大、品种多、品质好著称。张家湾自元朝就种植葡萄，到现在已有700多历史。张家湾葡萄，果穗整齐，果肉细腻。

昌平苹果：昌平盛产苹果，素有"苹果福地"美誉，最早历史记载在明代《群芳谱》中，"苹果，出北地，燕赵者尤佳。"现在主要产区为昌平区山前暖带，兴寿、流村、崔村、马池口等。苹果口感爽脆，含糖量高，果面光滑有光泽。

桥梓尜尜枣：尜尜枣主要产自怀柔区桥梓镇24个行政村，起源于明朝，曾是朝廷贡品。果实两头小，中间大，果皮暗红，果面光滑，色泽艳丽。

北寨红杏：主要产自平谷区南独乐河镇北寨村，红杏起源于20世纪50年代，北寨村民通过嫁接"芽变"野生杏选育而出。果大形圆，色泽艳丽，黄里透红，皮薄肉厚，味美汁多，酸甜可口，食用后口有余香。

燕山板栗：燕山板栗属华北品种群，栽培历史悠久，在中国的板栗生产中具有独特的地位。板栗具有香、甜、糯的独特风味，主要分布在燕山山脉的河北和北京辖区内。

密云甘栗：主要产自密云水库东、西、北岸10多个乡镇，起源于春秋战国时期，《论语》《史记》《礼记》等古文献中均有记载。甘栗外形美观、底座小、果形端正、颜色鲜艳有光泽。

长辛店白枣：白枣产于北京市丰台区长辛店、朱家坟、张家坟一带，以庭院栽植为主。起源于元代，距今700多年，果形端正，果皮深红色，光滑平整，皮薄汁多核小，9月上旬成熟，最适合时令观光采摘。

门头沟京西白蜜：门头沟区养蜂历史超过300年，所产白蜜在明清时期是朝廷贡品。京西白蜜属于荆条蜜，水分含量低，总糖含量高，清澈透明，口感清凉甜滑。京西白蜜是全国独家享用"京"字号的区域蜂产品品牌。

怀柔板栗：主要产自怀柔区渤海镇九渡河镇，历史起源可追溯到汉代。果形玲珑、色泽美观、肉质细腻、果味甘甜、便于储存，有"天然果脯"之称。

延庆香白杏：延庆区海拔高，光照充足，加之独特的山前小气候和优质的水资源，发展果业得天独厚。但延庆农户表示，卖得最好的还是香白杏，肉质细、汁液多，甜度高，香气浓郁。

高口红椿：主要产于昌平区流村镇漆园村，生长期较普通香椿更长，香椿芽长得慢，看上去也更加厚实，因而积累了更多风味。村里一棵"槐抱椿"已有近千年的树龄。

西峰山小枣：主要产自昌平区流村镇西峰山村。西峰山地处平原与深山区过渡带，阳光充沛，雨水适中，土质上好，孕育了西峰山小枣个儿大、味儿甜的优良品质。

丰台芍药：明清时就有"丰台芍药甲天下"之说。丰台有排水良好的沙质壤土，气候条件又能满足芍药耐寒喜阳、忌湿畏热的要求。芍药主要用作切花，也有少量入药。

花乡月季：花乡月季具有花期持久、花色繁多、花瓣层多、花形俏丽、花枝高大、抗病耐活的优良特点，可以四季开花，适合北京城市美化和家庭栽培。

花乡牡丹：花乡牡丹主要有大荷红、小荷红、石榴红、花二娇、二娇等。

花乡茉莉：花乡茉莉花序聚伞状，花色白而甚香，花型美丽、重瓣、高香。《花田旧闻录》中谈到"京城的茶庄都在茉莉花开的季节，派人住到花乡，摘完花才走"。

草桥菊花：菊花品种从花型、花色、花期等项目上细化，有近千种。主要花型有单瓣、复瓣、球形、外翻、龙爪、松针等，花卉色彩主要有黄、白、紫、绿、枣红、淡粉、双色等。

二、北京休闲农业与乡村旅游品牌现状

与农业品牌体系相似，北京休闲农业与乡村旅游也初步形成了"全域公用品牌""区域公用品牌""集体品牌"与"单体品牌"构成的金字塔形品牌体系。

（一）全域公用品牌

1. 休闲农业全域公用品牌——京华乡韵

"京华乡韵"休闲农业以季节为主题每年举办4场宣传推介活动，京彩线路、京韵乡村、精致园区、京味民宿吸引着众多城里人逛京郊、品京品、享京韵，文化传承、亲子研学、生态体验等新业态，乡村综合体、"乡村民宿+"产业等新模式日益丰富着"京华乡韵"的内涵。在休闲农业的发展实践中，在"京华乡韵"全域公用品牌框架下，北京已培育出"晓月丰花"（丰台区）、"桃醉平谷"（平谷区）、"妫水农耕"（延庆区）、"京制暖阳"（朝阳区）等区域休闲农业品牌。

2. 乡村民宿全域公用品牌——长城人家

近年来，作为北京市乡村旅游的主管部门，北京市文旅局按照"政策支撑、金融扶持、项目推动、宣传推介、人才培养"的发展思路，推动全市乡村民宿产业得到快速发展，水平和质量不断提高，品牌和价值不断提升，形成了景区依托型、文化主题型、特色餐饮型、景观建筑型、创意创新型、亲子乐园型六种类型的乡村民宿品牌。并于2020年11月以"新地标、新发展、新跨越"为主题召开了北京首届乡村民宿大会。

2023年，北京市文化和旅游局、北京市文物局联合开展了"长城人家"乡村民宿遴选工作，将"长城人家"作为北京市乡村民宿的全域公用品牌进行打造，最终有15家乡村民宿获得认定。其中门头沟1家（创艺乡居）、昌平

区1家（葵花小院），怀柔区4家（道承有冷、水源观山、村里故事、城边栖居），密云区4家（矾根民宿、拱院民宿、隐谷私院、拾光小院）、延庆区5家（石光长城、自游自在、伴月山舍、原乡里三司、里家民宿）。

（二）区域公用品牌

北京市各区在休闲农业与乡村旅游的实践中，依据本区资源禀赋与特色，努力打造区级休闲农业与乡村旅游公用品牌。

平谷区为全面提升平谷大桃品牌影响力和市场竞争力，依托大桃特色产业，大力推进农文旅融合，着力打造"桃醉平谷"休闲农业区域品牌。在办好每年一度的平谷国际桃花文化节的基础上，借助鲜桃季、丰收节等活动平台，平谷区不断深挖"桃文化"、做大"桃文章"，以大桃为媒讲好平谷故事，以传统文化加持"平谷大桃"品牌价值，以"平谷大桃"弘扬乡土文化内涵，涵养"桃文化"的深厚底蕴，丰富大桃文化IP，培育出更多消费业态、打造了更多休闲产品。平谷文创桃图案已由最初的6个增加到200多个，分为北京文化、福寿延年、趣味生肖、姓名姓氏、金榜题名、喜迎佳节等10余个系列。依托中关村现代食品营养谷，平谷深入开展桃胶、桃叶、桃花酒等产品研发和应用，进一步提升大桃附加值、延伸产业链；开发出桃花扇雪糕、桃花普洱茶、桃木工艺品等丰富多彩的桃文创产品，成为了平谷休闲农业的特色伴手礼。

丰台区依托著名的"芦沟晓月"景观和花乡的花卉特色产业，着力打造"晓月丰花"休闲农业区域品牌。丰台花乡是北京花卉历史文化的发源地，有800余年种花、养花历史，是我国唯一以"花"字命名的乡镇，素有"丰台芍药甲天下""草桥十里百花妍"的盛名。民国年间，花乡成立花卉行业，花卉开始向专业化方向发展。新中国成立后，花乡花卉业重新振兴，后来成立的专业鲜花生产队，让大量名贵花木得以保留下来。改革开放后，花乡花卉产业向现代化转型，花乡也成为首都市民买花看花的首选地。为了保护花乡花卉历史文化，花乡出版了《花田往事》，并拍摄《花乡花韵》，于2015年成功申请丰台芍药、花乡月季、花乡牡丹、花乡茉莉、草桥菊花等为花乡的地理标志证明商标。随着城市化进程发展，目前，花乡花卉更多地在展现历史文化、传承文化价值中发挥作用。丰台区以"晓月丰花"主题线路为纽带，永定河以东地区点状发力，河西地区成片发展，串联全区农林花卉自然资源，推进休闲农业集群发展，形成特色化、差异化、品牌化的休闲农业聚集区，擦亮首都农业新名片。通过区级休闲农业品牌打造，丰台区的精品花卉、鹦鹉园、稻田蟹、油菜花海、市民农园、蓝莓樱桃、萌宠乐园、人民公社等休闲农业主题化形式丰富多样，品牌化、差异化程度逐步提升，主题功能日渐完善，休闲农业品牌形象逐渐提升。

除了区级休闲农业公用品牌外，延庆区井庄镇还打造了"醉美井庄"镇级休闲农业与乡村旅游公用品牌。

(三) 集体品牌

集体品牌是指一些经营主体组织起来形成一个共同的品牌进行运营，旨在增强其整体竞争力和认知度。集体品牌的建立和维护需要各方共同努力，共同推广，并在内容和形式上有所统一。这类品牌的典型案例有延庆的冬奥人家、密云的山里寒舍和门头沟的创艺乡居。

例如延庆区借助2019年世界园艺博览会在该区举办的东风，在世园会主园区周边的康庄镇、刘斌堡乡等，打造了一批以园艺为主题的中高端民宿集体品牌——世园人家。之后，延庆区作为2022年冬奥会的赛区之一，以体验冰雪运动、服务冬奥为主题，引入社会资本或鼓励村民投资，将闲置房屋翻新改造为精品民宿，打造融合乡愁与冬奥元素的"冬奥人家"民宿集体品牌，以冬奥为契机，促进乡村旅游住宿业升级。除了"世园人家""冬奥人家"外，延庆区还依托长城文化和山区特色，培育"长城人家""山水人家"等主题文化的乡村民宿集体品牌。通过打造乡村民宿的四大集体品牌，提升了延庆区民宿品牌影响力，为延庆区发展全域旅游示范区提供重要支撑。

"山里寒舍"是北京地区发展较早的集体民宿品牌。2013年密云区北庄镇干峪沟村成立民俗旅游专业合作社，由农民将闲置的农宅流转至合作社，由合作社招商引资，引入旅游开发企业，采取村企合作的形式，进行民宿开发与经营。在乡村宅基地上改造建设了30套创意乡村民居，依地势坐落在村庄的各个角落。这些民居外表保留着乡村的原始生态特征，内部则是精装修，管家式服务。奢华与朴素的混搭，将城市化的住宿享受与乡村自然宁静的生活相融合。在村庄里有民居共用的公共活动空间，如前台、会议室、活动室、餐厅、停车场等。配套的公共空间与各具特色的乡村民宿组成一个民宿集群，形成同一个品牌"山里寒舍"。

"创艺乡居"位于门头沟区清水镇梁家庄村。该村是低收入村，在对口帮扶单位的协助下,将村内闲置农宅流转后进行土地整理与民宿开发。2019年8月投入运营,拥有17套院落,26间客房,可同时容纳60人入住。民宿院落一院一主题,各有特色,满足不同游客的需求。村子配套有共用的餐厅和会议室等公共空间。村民就近集中上楼后,回村就业,实现了就业增收。民宿开发也带动了该村农产品的生产与销售,也增加了村集体收入。这种造血式的帮扶模式,使该村成功实现"脱低"。

(四)单体品牌

1. 休闲农园单体品牌

随着休闲农业园区经营主体的品牌意识不断提高,园区也立足园区主题和特色,在安全生产、休闲开发、服务管理、生态景观等方面不断提升园区的休闲功能与水平,着力打造属于自己的品牌,也因此创建了一些休闲农业与乡村旅游的精品企业或园区。

在国家层面上,从2010年开始,由中国旅游协会休闲农业与乡村旅游分会根据《全国休闲农业与乡村旅游星级企业(园区)创建标准》对全国休闲农业园区进行了星级评定,经农业部加工局认可。截至目前,北京市共有83家休闲农业园区获评国家级星级园区,其中五星级、四星级园区各33家,三星级园区17家(表6-5)。

表6-5 北京市国家级及市级星级园区数量及分布

区域	市级星级园区						国家级星级园区			
	五星	四星	三星	二星	一星	合计	五星	四星	三星	合计
朝阳	3	0	1	0	0	4	2	0	0	2
海淀	2	7	13	1	0	23	2	5	0	7
丰台	3	3	9	0	0	15	2	1	0	3
门头沟	2	7	15	1	0	25	4	1	1	6
房山	5	3	11	0	0	19	3	2	0	5
通州	2	6	10	0	0	18	5	2	0	7
顺义	12	16	34	0	0	62	4	7	2	13
大兴	5	15	4	0	0	24	0	4	0	4
昌平	4	8	16	0	0	28	0	0	0	0
怀柔	1	4	2	1	0	8	0	1	0	1
平谷	2	2	10	0	0	14	0	0	0	0

（续表）

区域	市级星级园区						国家级星级园区			
	五星	四星	三星	二星	一星	合计	五星	四星	三星	合计
密云	8	12	11	0	0	31	6	1	0	7
延庆	6	14	23	2	1	46	5	9	14	28
合计	55	97	159	5	1	317	33	33	17	83

自2012年开始，由北京观光休闲农业行业协会依据《北京市休闲农业星级园区评定办法》对园区的农业生产、休闲接待、服务管理、互动体验等方面进行评定，到2023年共评定5批317家市级星级园区。其中五星级园区55家、四星级园区97家、三星级园区159家。

休闲农园单体品牌的典型案例——飞鸟与鸣虫农场。农场位于密云区溪翁府镇金叵罗村，占地50亩，2019年建成开放，是北京首家以食农教育为核心的有机农场。经过几年的经营与发展，农场2023年被评定为"北京市五星级休闲农业园区"。园区的主要做法与经验包括如下。

（1）精心打造低碳循环的生态农场　遵从国际先进的朴门农业设计理念，农场在不使用任何化肥农药的基础上，致力于构建一个丰富、多样、自我循环零废弃的农业生态系统。农场建立了一个种养结合的生态水池，用于收集生活与生产废水，经过在地过滤沉淀后全部汇入生态水池，池水用于农业灌溉，水池生态系统则成为鸟类和昆虫的栖息地。农场建设了粪、尿分离的生态厕所，所有的人畜粪便，与农场种植产生的废弃物（秸秆、蔬菜废弃物等）一起经过腐熟堆肥后，重新回归果园与农田。农场果园生产所产生的果木废枝则作为面包窑的燃料，燃烧后的草木灰再回归土地。如此，在农场范围内形成了废弃物的零排放和低碳循环。

（2）为均衡农场全年收入的稳定性，开发了以天然酵母窑烤面包为核心的美食产品。农场从台湾请来建窑大师修建了一座罗马式柴烧面包窑，通过面包的生产和销售，把"来农场"这样一个区域性、低频次的需求，拓展成了365天的日常。同时也通过面包维系着农场与游客的热络情感。农场的窑烤面包2022年被评为"北京市休闲农业十大特色美食"。

（3）以农场和产品为依托开发体验项目　在飞鸟与鸣虫农场，有机蔬果只是副产品，主产的是"田野中的时光"。农场上的土地整理与耕作、作物的种植与采收、产品的加工与制作、生态农业设施的修建等都由客人通过付费体验活动完成。农场中的道路、雨水收集器，甚至夯土羊圈全部出自客人之手。在体验的过程中游客可以了解到生态农业的科学知识、传统文化和农场可持续发展的设计理念。

（4）打造城乡融合的共创模式　农场由创始团队与农民合作社共同投入，风险共担、利益共享。合作社提供土地、劳动力，并按照创始团队的设计完成土木建设；创始团队负责运营管理，双方进行利润分成。在建设初期，农场还征集了 30 位农场共建人。初期投资中创始团队、农民合作社、共建人三方各占 1/3。多方参与、城乡共创的建设与运营模式，实现了城市与乡村的融合与优势互补。

（5）与乡村共生共赢　农场雇工 90% 是周边村庄的妇女，在就近就业并增加工资性收入的同时，也学会了一项面点制作技艺——窑烤面包，足不出村的乡村妇女成为了可以媲美北京使馆区的面包师。每年农场还拿出面包收入的一部分用于帮助周边大病、失独的困难妇女家庭，为村里 80 岁以上的老人赠送面包。通过为金叵罗村制作导览网页、策划万人乡村嘉年华活动、协助申请市级中小学社会实践大课堂资质等，为所在村庄提供力所能及的帮助，带动乡村增收超 200 万元。

（6）注重品牌建设　农场从建设之初就十分重视品牌建设，设计了农场自己的品牌 LOGO、开通了农场公众号和小程序网店，建立了微信客户群。在农场的多种生产、生活与教育场景中，在面包售卖的包装上、市集上的摊位上到处都有农场醒目的 LOGO。以品牌打造，塑造农场的产品与服务质量和水准，以品牌美誉度提高游客的忠诚度。农场创始人李一方被评为"北京市休闲农业十大杰出创业女庄主""2022 北京青年榜样"。农场先后被 CCTV、BTV、《人民日报》《北京日报》《新周刊》《三联生活周刊》等百余家媒体报道。未来农场将开发更多关于生活美学、艺术文化的农场活动，开展零碳与生态循环的教育与宣传，以实现"零碳"为目标，打造减排固碳的休闲农业样板园区。

2. 乡村民宿单体品牌

2023 年 3 月，北京市旅游行业协会发布了 2022 年北京市乡村民宿等级评定结果，公布了 369 家符合等级标准的乡村民宿。其中五星级 37 家，四星级 90 家和三星级 272 家。从区域分布来看，涵盖了 10 个远郊区县，星级民宿最多的是延庆，其次是怀柔、房山、密云和门头沟，通州最少，只有 4 家。从星级分布来看，五星级民宿只分布在 6 个远郊山区县，最多的是怀柔 13 家，其次是延庆 9 家和房山 6 家；四星级民宿分布在 9 个区，最多的是怀柔 29 家，其次是延庆 26 家；三星级民宿分布在 10 个区，最多的是延庆 98 家，其次是怀柔和门头沟均为 26 家，房山和密云均为 22 家，其余区县均不足 20 家（表 6-6）。

表 6-6　北京市星级乡村民宿及分布情况

区域	五星级	四星级	三星级	合计
门头沟	3	7	26	36
房山	6	9	22	37
昌平	2	1	15	18
怀柔	13	29	26	68
密云	4	11	22	37
延庆	9	26	98	133
通州	0	2	2	4
顺义	0	3	4	7
大兴	0	2	8	10
平谷	0	0	19	19
合计	37	90	242	369

2023 年北京市文化和旅游局根据乡村民宿地方标准《乡村民宿服务要求及评定》（DB11/T 1752—2020），评定出北京市级等级乡村民宿共 252 家。其中，甲级民宿 30 家、乙级民宿 118 家、丙级民宿 104 家。从区域分布来看，怀柔最多，达 81 家，其次是延庆 41 家，其余各区均不足 30 家，顺义最少，为 3 家（表 6-7）。

表 6-7　2023 年北京市级等级民宿分布情况

区域	甲级	乙级	丙级	合计
门头沟	3	11	10	24
房山	1	12	6	19
通州	1	6	1	8
顺义	1	2	0	3
昌平	2	15	6	23
平谷	5	9	12	26

(续表)

区域	甲级	乙级	丙级	合计
怀柔	9	34	38	81
密云	4	9	9	22
延庆	4	18	19	41
大兴	0	2	3	5
合计	30	118	104	252

乡村民宿单体品牌的典型案例——五星级民宿隐北野奢。隐北野奢是北京隐北叶崖民俗旅游专业合作社所创办的民宿，位于北京市门头沟区清水镇西达摩自然风景区，是以文化旅游休闲度假为主题，依靠地域特色的景和物为素材，依山而建，错落有致，视野辽阔，周边群山绿树环绕，为都市生活的人们建起一处藏匿于山水之间的清雅之所。隐北野奢总建筑面积1700平方米，原建筑为民宅，基于原始的宅基地，进行重新规划设计，定位为野奢酒店，共有客房23间，每间客房都有独立的设计风格和室外景观，满足出游人群各种需求，酒店配有停车场、餐厅、室外露台餐区、酒吧、健身房、泳池、会议室、阅读书吧等休闲娱乐场所。整体的规划设计呼应周围的村庄形态，让建筑与场地文脉紧密联系，建筑、村落和周围的自然环境有机地成为一个整体。

第三节 北京休闲农业品牌建设思路

一、北京休闲农业品牌建设的SWOT分析

（一）S——优势（strength）

1. 自然资源十分优越

北京市地形地貌多样，有着"六山一水三分田"之称。地域内群山延绵，不仅拥有"华北天然动植物园"之称的百花山，"北京之巅"之称的北京市最高峰灵山，还有号称"北京一盆水"的密云水库以及永定河、潮白河等五大水系，更有天门山、西山、八达岭等国家森林公园，林木覆盖率较高，生物多样性丰富。位于远郊区的4A级及以上景区有52处，约占全市的2/3。丰富的自然资源为美丽乡村建设以及休闲农业的发展与品牌建设提供了坚实的物质基础。

2. 文化资源特别丰富

北京有延宕千年的长城文化，尤其是八达岭长城蜚声中外；还有爨底下村、灵水村、焦庄户村等全国知名的中国传统村落 26 个；红色马栏、京西情报站、红色霞云岭等遍布全市的红色文化基地，如群星闪耀，成为京郊红色旅游与爱国主义教育的重要基地；京西古道纵横交错，深深的马蹄窝与光滑的路石，述说着千年的古道文化；历史久远、文化深厚的寺庙文化，在晨钟暮鼓里穿越古今；京西古中幡、妙峰山庙会等非物质文化遗产在乡村振兴的新时代重获新生、大放光彩。丰富的文化资源为北京休闲农业的发展提供了物质上的滋养和精神上的涵育。

3. 品牌资源相对较多

基于丰富的地形地貌，北京市的特色农产品较多，有一定的知名度，并形成了一些农产品品牌，如平谷大桃、大兴西瓜、怀柔板栗、昌平草莓、房山磨盘柿等。在品质保障或地理标志产品的加持下，这些特色农产品在北京很受欢迎，不仅成功打造了"北京优农"全域农产品公用品牌以及"妫水农耕""灵山绿产"等区域农业公用品牌，也推出了"京华乡韵"全域休闲农业公用品牌以及"桃醉平谷"等区域休闲农业品牌，通过星级评定，认定了一些休闲农业单体品牌，初步建立起了休闲农业品牌体系。在乡村民俗旅游方面，门头沟依托传统村落、古道文化、长城文化、民俗文化打造了"京华乡韵"乡村旅游全域品牌，以及"桃醉平谷""晓月丰花"等区域公用品牌；另外还有以村为单元的乡村旅游集体品牌，如门头沟区的爨底下村乡村、灵水村等，以及以乡村民宿集群为单元的乡村旅游集体品牌，如创艺乡居、冬奥人家、山里寒舍等，更有众多的个体品牌，如灵山木屋、姥姥家、老友季、百花山社、山楂小院等，已经初步建立起来的北京休闲农业品牌体系对休闲农业的发展起到了较大的推动作用。

（二）W——弱势（weakness）

1. 休闲农业品牌文化内涵挖掘普遍不深

休闲农业作为一种融合了农业、生态、文化和旅游的新兴产业，其品牌文化内涵的挖掘对于提升产业竞争力、满足消费者需求具有重要意义。然而，当前休闲农业在品牌文化内涵挖掘方面存在不足，普遍体现为文化内涵表述浅显、文化元素提炼不足、文化融合创新不足。在休闲农业在品牌塑造过程中，仅停留在表面，未能深入挖掘和提炼地域文化、农耕文化、民俗文化等特色元素，而且缺乏与现代农业技术、旅游服务创新等方面的融合。这导致品牌文化缺乏独特性、创新性和时代感，难以形成强大的品牌识别度和吸引力，也限制了游客对休闲农业品牌的认知深度和情感体验。

2. 休闲农业品牌体系不完善

虽然北京市已经从单体、集体、区域和全域四个层次上初步建立起了休闲农业品牌体系，但还很不完善，更谈不上强大。从单体品牌来看，虽然数量多，但规模小，多数缺乏设计与推广，知名度不高，难以做大做强。从集体品牌来看，数量少，宣传不足，产业带动作用不强。从区域品牌来看，覆盖度还很低，仅有四个区推出了区域休闲农业公用品牌，其中两个为新近推出，尚未形成品牌效应。从区域公用品牌来看，虽然北京市已经推出了休闲农业区域公用品牌——京华乡韵，并通过一系列宣传推介活动，提升了品牌知名度，但在京城及全国的知名度还不高，品牌 LOGO 的辨识度不高，缺乏品牌 IP 形象设计，没有细分品牌子品牌，品牌的美誉度、游客对品牌的忠诚度都仍有很大提升空间；品牌宣传与各区的各种节庆活动没能很好地结合起来，减弱了品牌影响力的扩大。

3. 产业发展与品牌建设的支撑政策欠缺

产业发展是品牌建设的前提和基础。目前北京休闲农业发展中最为迫切的政策需求是土地、人才和资金。其中，用地问题是休闲农业发展中最强的制约因素。用地问题集中体现在休闲农园用于开展餐饮接待、体验活动、露营住宿等方面，主要问题是建设用地指标少、用地成本较高、配套用地政策落实难等。休闲农业是一种融合型产业，对复合型人才需求强烈，但由于缺乏相应的人才政策，导致休闲农业企业高素质人才招聘难、留不住。休闲农业是资金密集型产业，对资金需求大，普通农户难以承受。2000 年以来，市区两级对休闲农业的资金支持只存续了 4 年就停止了。产业发展政策的欠缺制约了产业发展，迟滞了休闲农业品牌建设。

4. 产业发展与品牌建设人力资源严重不足

调研发现，乡村劳动力不足且老龄化严重，很多村庄已成为老人村庄，几乎没有 50 岁以下的人口。这些老年人文化程度低、缺乏技能，服务意识差，很难满足精品民宿对雇工的综合素质要求。这使很多民宿主理人只能高薪聘请外地人。人是第一生产力，人力不足，不论是农业产业、休闲农业还是乡村振兴，都缺少了富有活力的驱动力。而品牌对于农业而言也是一个新事物，年轻人都未必了解，更别谈老年人了。

（三）O——机会（opportunity）

1. 乡村振兴政策支持力度进一步加大

乡村振兴是我国当前乃至今后相当长一段时期内农村工作的重点。北京市已进入全面推进乡村振兴的阶段，政府加大了资金、人力等相关资源对乡村的支持力度，也鼓励城市要素向乡村流动。相对于农业产业而言，休闲农业对资金和人才有着更高和更为迫切的需求，因此，这些要素向农村的倾斜与流动，不仅为乡村振兴注入新的活力，也为休闲农业的发展带来了新的发展机遇，推动其迈上新台阶。

2. 乡村产业融合发展进一步加强

产业兴旺、生态宜居、文化振兴、生活富裕是乡村全面振兴的基本要义。产业融合发展是产业兴旺的一个重要标志。大力推进乡村产业融合发展是乡村振兴政策的鼓励方向，而休闲农业正是农文旅产业融合发展的新业态。休闲农业以农业为依托，延伸产业链条，拓宽产业发展途径，与其他产业交叉融合发展，从而提高农业效益和农民收入，因而也是乡村振兴中产业振兴、文化振兴、生活富裕的重要抓手。

3. 百千工程的实施使得乡村旅游发展进一步加快

为贯彻落实习近平总书记对"千万工程"的重要指示批示精神，学习"千万工程"经验，2023年底，北京市推进实施"百村示范、千村振兴"工程（简称"百千工程"）。未来五年，将重点建设100个"产业强、乡村美、农民富"的乡村振兴示范村，提升1 000个村庄的村容村貌和经济发展能力，建成一批融农耕文化、自然山水与现代设施于一体，体现京东运河文化、京西古道文化、京南田园牧歌、京北山水长城和红色革命记忆的乡村振兴示范片区，梯次推进3 000多个村庄补短板、强弱项、促振兴。百千工程既是乡村振兴的重要抓手，也为休闲农业的发展带来了新的机遇。

（四）T——威胁（threat）

1. 国内尤其是周边休闲农业市场竞争激烈

我国海陆空立体交通网的飞速发展，以及私家车的普及，缩短了全国旅行的距离，这对京郊休闲农业的发展是一把双刃剑。一方面，京郊休闲游的车程基本都是在2~3个小时，这一距离足以到达津冀；如果是乘坐飞机，甚至可以到达江南沿海，这就导致了除双休日外大量游客外流至全国尤其是北京周边地区；另一方面，交通便利既缩短了游客到达京郊旅游目的地的时间，也方便了游客当日返，减少了在京郊的停留时间、住宿消费及其他相关消费，因而人均消费水平难以提高。

2. 保护与开发的矛盾较为突出

一方面，乡村旅游资源丰富的山区，也是北京的生态涵养区，生态保护、水源保护等环境保护与休闲农业开发矛盾十分突出，靠山不能吃山、靠水不能吃水，生态红线对产业发展形成了制约，绿水青山转化为金山银山的难度较大；另一方面，传统村落保护、文物保护等，对休闲农业与乡村旅游发展也是一把双刃剑，对乡村旅游资源保护的同时，也限制了休闲农业与乡村旅游的开发；更为严峻的是由于缺乏足够的村落保护与文物保护资金支持，一些传统村落和文物只能眼看着破败，却无可奈何，造成了资源的严重浪费。

3. 生态价值变现的市场机制欠缺

2018年10月，北京市出台《关于推动生态涵养区生态保护和绿色发展的实施意见》，建立生态保护补偿转移支付引导政策，每年安排30亿元资金，对包括门头沟在内的7个生态涵养区给予支持，支持各区探索从绿水青山向金山银山转变的方法路径。但政府给予的生态保护补偿并不能完全覆盖生态涵养区生态保护所形成的巨大价值与利益，以及生态涵养区为保护生态而牺牲的发展机会。而且，从世界范围来看，生态补偿更多的是依靠市场机制来变现，而非完全依靠政府购买的方式。从北京市的现实情况来看，生态变现的市场机制十分欠缺，也缺乏相应的实践探索。

4. 城市生活对农业农村环境的影响持续上升

一方面是城市生活垃圾对农业农村环境的影响。有着2 100万人口的北京是全国生活垃圾产生量最大的城市，长期以来，主要采取以卫生填埋为主、堆肥和综合处理为辅的无害化处理方式处置生活垃圾。垃圾填埋产生的渗漏对土壤和水体造成了污染，而垃圾焚烧则污染着大气环境。另一方面，由于水资源约束，城市生活污水用于农业灌溉的比重不断增加，不合理的污灌也影响着农业土壤环境安全和产品安全。

（五）策略组合分析

根据对北京休闲农业发展与品牌建设的优势、劣势和面临的机遇与挑战的分析，总体来看，北京市发展休闲农业发展与品牌建设的优势十分突出，弱势也相当明显，面临的机遇难得，制约产业发展和品牌建设的威胁不容忽视。结合SWOT矩阵分析，提出北京休闲农业发展与品牌建设的4类策略组合（表6-8）。其中SO策略为增长型策略，WO策略为扭转型策略，ST战略为多种经

表 6-8 北京休闲农业发展与品牌建设的 SWOT 矩阵分析

内部因素 \ 外部因素	优势（S）： 1. 自然资源十分优越 2. 文化资源特别丰富 3. 品牌资源相对较多	劣势（W）： 1. 休闲农业品牌文化内涵挖掘普遍不深 2. 休闲农业品牌建设体系不完善 3. 产业发展与品牌建设的支撑政策欠缺 4. 产业发展与品牌建设人力资源严重不足
机会（O）： 1. 乡村振兴政策支持力度进一步加大 2. 乡村产业融合发展进一步加强 3. 百千工程的实施使得乡村旅游发展进一步加快	SO策略： 立足资源优势，加快生态、文化和品牌开发，变资源优势为产业优势和品牌优势，做大做强休闲农业及产业品牌。	WO策略： 抓住乡村振兴与实施"百千工程"的机遇，加大乡村产业融合发展体系，健全产业发展的政策支撑体系，完善休闲农业品牌建设内涵，强化品牌内涵挖掘，提高品牌影响力。
挑战（T）： 1. 国内尤其是周边休闲农业市场竞争激烈 2. 保护与开发的矛盾较为突出 3. 生态价值变现的市场机制欠缺 4. 城市对农村环境的影响持续上升	ST策略： 立足资源优势，做出特色，细分市场，形成差异化发展，坚持保护与开发并重及良性发展，以休闲农业的高质量发展实现生态价值的变现。	WT策略： 完善产业发展与品牌建设的政策支撑体系，以品牌建设为抓手，挖掘品牌文化内涵，探索生态价值变现的途径与机制，以品牌塑造为依托，在休闲农业竞争中脱颖而出。

营策略，WT 策略为防御型策略。

1. 强化型策略—SO 策略

立足资源优势，加快生态、文化和品牌开发，变资源优势为产业优势和品牌优势，做大做强休闲农业及产业品牌，以品牌建设推进休闲农业高质量发展。

2. 扭转型策略—WO 策略

抓住北京市乡村振兴与实施"百千工程"的机遇，加大乡村产业融合发展推进力度，健全产业发展政策体系，完善休闲农业品牌体系，强化品牌内涵挖掘，提高品牌影响力，推动品牌赋能休闲农业的发展。

3. 差异化策略—ST 策略

立足资源优势，做出特色，细分市场，形成差异化发展，坚持保护与开发并重，实现两者的良性互动与协同发展，以休闲农业的高质量发展实现生态价值的变现。

4. 防御型策略—WT 策略

完善产业发展与品牌建设的政策支撑体系，以品牌建设为抓手，挖掘品牌文化内涵，探索生态价值变现的途径与机制，以品牌塑造为依托，在休闲农业竞争中脱颖而出。

北京休闲农业与品牌建设的进一步发展，应选择以 SO 策略为基本策略，同时以 WO 策略和 ST 策略为重点策略，并兼顾 WT 策略。

二、北京休闲农业产业品牌体系建设的思路与路径

（一）指导思想与原则

1. 指导思想

以国家农业品牌建设政策为指导，以满足城乡居民休闲消费需求为导向，以促进休闲农业发展、增加农民收入、实现乡村全面振兴为目标，立足北京特色农业、生态和文化资源优势，推进休闲农业和乡村旅游资源整合与产业链优化，注重农耕文化传承与创新，推动一二三产业融合发展，加强公共服务与市场开拓，强化政策支持与引导，打造具有本地特色的休闲农业品牌，以品牌建设促进产业高质量发展，提升休闲农业产业的整体质量和效益。

2. 建设原则

（1）特色最大化原则　品牌具有地方性、独特性，甚至不可取代性。因

而具有更持久的影响力，能够获得较大的竞争优势和利益。因此，突出特色应成为品牌体系建设的首要原则。在文化方面，长城文化和贡品文化是北京农业农村最有特色的文化；在产业方面，北京的农业规模小，但特色产品多，农产品"小而精、小而美、小而强"的特点突出，众多地产特色农产品在京城享有较高知名度和认可度；同时，北京山区面积占全市总面积的62%，生态涵养区面积大，传统村落和风景区数量多，森林覆盖率高，生态旅游资源较好。因此，品牌策划与体系建设应在全市休闲农业与乡村旅游中找共性、创个性。

（2）体系化建设原则　区域品牌的策划，从来都不是一个单一品牌的策划，而是一个品牌体系的建设。从区域来看，既有全市区域、区级区域，也有镇级区域甚至是村级区域；从层级来看，既有公用品牌，也有企业品牌和产品品牌；从业态来看，既有特色农产品品牌，也有农业观光园、乡村美食、乡村民宿、山地运动等不同业态的子品牌。这些子品牌共同构成北京休闲农业区域品牌的丰富内涵。

（3）市场化导向原则　品牌培育的最终目的是提升品牌价值，品牌价值是一个品牌长久生存和发展的内生力量，而品牌价值只有在市场化条件下才能实现。北京休闲农业品牌体系的构建应该依据市场变化和消费者的需求，适应市场多样化需求。产品生产者与经营者要适应市场环境，不断提升产品生产水平和服务水平，以高质量的产品，打造高端品牌，增强品牌竞争力，扩大市场占有率。政府的宏观调控应遵循市场规律，发挥市场在资源配置方面的决定性作用，以市场为导向引领产业发展和成长。只有以市场化为导向、以品牌商业化为抓手而构建的北京休闲农业品牌体系才能经得起市场的检验。

（4）系统化协同原则　品牌建设涉及的主体主要有政府、企业、专业合作社和农户。不同层级的品牌，其主体不同，承担的职能也不相同，如区域品牌的核心功能是平台功能，而企业品牌的核心功能则是商业运营，因此，完全靠政府或完全靠品牌企业都难以打造区域品牌。因此，在品牌体系建设的组织层面上，不同层级各主体之间要分工协作；规划和实施层面，应以品牌定位为核心，实现形象系统、产品系统、传播系统、商业运营系统与危机预防处置系统的"五位一体"。

（二）建设目标

聚焦城乡资源整合、部门联动和政策扶持，通过3~5年的品牌建设，构建起结构合理、品牌丰富、竞争力强、美誉度高的北京休闲农业品牌体系，使北京休闲农业项目在市场中更具竞争力，为消费者提供更好的体验和服务，同时推动休闲农业的升级和乡村全面振兴。

具体指标：截至2030年，打造覆盖13个涉农区的休闲农业区域公用品牌，打造30个休闲农业镇域公用品牌、50个休闲农业集体品牌、100个休闲农园精品品牌和1 000个乡村民宿精品品牌。

（三）休闲农业品牌体系构建路径

休闲农业是一种消费弹性较大的产业，因而流量是产业可持续发展的生命线。品牌塑造是增加流量的有效手段，对于休闲农业的持续发展有着不可估量的作用，因而品牌体系打造就显得尤为重要。为实现品牌对于休闲农业产业升级的赋能效果，应从战略高度构建北京休闲农业品牌体系。

北京休闲农业品牌体系构建可分为4步走，依次是品牌规划、品牌设计、品牌壮大及品牌管理。其中，品牌规划包括产品选定、环境分析、要素建设、确定目标市场等步骤；品牌设计就是要将合理的品牌规划付诸行动，设计品牌的形象识别系统，对外统一形象标识；品牌壮大和管理则主要围绕品牌构建要素及品牌内部管理建设来进行。

从纵向来看，品牌体系应包括5个层级，第一层级是全域品牌，第二层级是区域品牌，第三层级是镇品牌和集体品牌，第四层级是企业品牌，第五层级是产品品牌。品牌体系呈金字塔形，品牌数量从上到下逐渐增多。最上部的塔尖是全域品牌，数量最少，甚至只有一个；最下层是产品品牌，数量众多。

从横向来看，除最上层的全域品牌外，每一层级的品牌体系都包括休闲农业品牌与乡村旅游品牌两大类。休闲农业品牌包括休闲农园品牌、休闲采摘农产品品牌等，乡村旅游品牌包括乡村民宿品牌、乡村美食品牌、乡村休闲运动品牌等。

纵向的品牌层级与横向的品牌产品，纵横交织，形成完整的，涵盖休闲农业各领域的一个金字塔形的休闲农业品牌体系。

（四）品牌体系建设

1. 品牌规划

（1）顶层设计　从品牌战略高度对北京休闲农业品牌体系进行顶层设计。要突出特色，打造北京休闲农业好品牌；要坚持文化赋能，打造北京休闲农业强品牌；要推动生态赋能，打造北京休闲农业优品牌。既要着力塑造"门头沟小院""长城人家""山里寒舍"等北京休闲农业的集体品牌或区域品牌，也要在特色塑造的基础上，打造一批特色单体品牌，如休闲农园单体品牌丰台区的绿野仙踪、通州区的慢时光境农场、延庆区的青山园、怀柔区的鹿世界等，乡村民宿单体品牌怀柔区的 himama 亲子庄园、密云区的老友季花园民宿、房山区的姥姥家民宿、门头沟区的灵山小木屋等。由全域品牌、区域品牌、集体品牌、单体品牌共同形成一套完整的休闲农业与乡村旅游品牌体系。

（2）品牌定位　根据北京的自然资源与文化资源优势、特色产业优势、乡村旅游产业优势，北京休闲农业品牌体系的定位应突出长城文化、贡品文化，以绿水青山、森林氧吧、乡村旅游、文化休闲为主题，体现其独具特色的田园农家生活、原始古村生活、森林人家生活、历史文化名城和活力运动生活的氛围，让游客在北京的山水、文化、历史中徜徉，乐享休闲时光。

（3）品牌目标　对内整合北京休闲农业与乡村旅游的自然资源、历史文化资源、产品资源、品牌资源，形成全域休闲农业与乡村旅游公共品牌，以品牌赋能全域休闲农业与乡村旅游的高质量发展；对外推介北京休闲农业与乡村旅游品牌，打造品牌"三度"，即社会知名度、市场美誉度、消费者忠诚度。

2. 品牌设计

设计北京休闲农业品牌的形象识别系统，包括品牌名称、品牌标志和品牌口号，这三者是一个统一的整体。品牌的标志要简洁易懂、适当抽象、体现特色，将当地的特色和品牌特点进行艺术升华，成为容易被大众记住的符号。品牌标志应该体现北京独特的山水风光、生态田园、历史文化和现代动感。品牌口号既要体现北京的特色，也要朗朗上口，易于大众记忆和传播。品牌设计完成后，要进行注册，取得知识产权。

建立品牌统一的对外形象，包括广告语、手机固定电话服务热线视频、日常用品（名片、手提袋、工服、纪念品、徽章、工作证、纸杯、笔、信封信笺、笔记本）、营销资料包（产品 PPT、企业介绍 PPT、广告、水晶杯、新闻链接、话术、面对销售团队和经销商等的百问百答等电子版和印刷版资料包）、邮件、企业项目手册、产品项目手册等。

建立统一的宣传标牌、广告牌的装置规格和设置区位，征集、确定、录制品牌歌曲，拍摄品牌宣传片，使品牌视觉识别系统、理念识别系统、行为识别系统达到规范化、程序化和个性化。

3. 品牌壮大

（1）扩大休闲农业和乡村旅游的品牌数量　按照品牌体系建设的金字塔

理念，首先建立全部13个区的区域休闲农业品牌，总结"桃醉平谷"和"丰花晓月"2个品牌的建设经验，综合各区在历史文化、特色产品、休闲农业和乡村旅游方面的优势，凝练设计区域品牌。照此思路，在有条件的乡镇，积极推进镇域品牌的打造。鼓励休闲农业经营者申请注册单体品牌商标，开展品牌建设，对成功注册品牌商标的给予一次性奖励。

（2）做大做强名优品牌　针对休闲农业和乡村旅游品牌企业开展品牌运营的培训；对休闲农业和乡村旅游品牌企业基于质量与品牌提升的改造与技术引进等给予支持，鼓励其制订高于地方标准或行业标准的品控标准，鼓励休闲农业和乡村旅游企业延伸产业链条，注册系列产品商标，培育一批在全市叫得响的高端休闲农业品牌。

（3）提升品牌形象　鼓励品牌所有人深入挖掘品牌内涵和品牌文化，讲好品牌故事，建立品牌文化体系。

4. 品牌传播

（1）媒体宣传　挖掘长城文化、西山永定河文化、农业贡品文化、农业非物质文化遗产、农业重要文化遗产系统等北京特色文化，搭建北京休闲农业与乡村旅游品牌文化宣传平台，通过多种渠道宣传北京休闲旅游品牌。规划、设计与执行北京休闲农业品牌的传播系统，包括广告、发布会、各类展会、社交化媒体以及组织产业大会等。组织拍摄全市和区域休闲农业品牌专题片、微电影、短视频，举办摄影作品展，在各级媒体上进行大力宣传。除传统渠道外，要充分利用新媒体的传播特点，立足北京、面向津冀，针对不同的受众群体精准投放、定制传播，提高北京休闲旅游品牌传播效率。与此同时，对休闲旅游经营者进行品牌知识培训，提高其品牌意识和品牌宣传的主动性、自觉性。

（2）活动策划　围绕品牌定期策划并举办相关节会活动。如举办北京休闲农业推介会，向社会大众推介休闲农业特色农产品、精品旅游线路、乡村休闲运动、乡村美食、特色乡村民宿、特色小镇、美丽休闲乡村等；举办北京特色文化研讨会，如西山永定河文化研讨会、长城文化研讨会、东胡林论坛、琉璃文化研讨会、贡品文化研讨会等；依时节举办各种农业节庆，如花节（菊花节、桃花节、梨花节、百合花节等）、采摘节（草莓采摘、香椿采摘节、樱桃采摘节、西瓜节、苹果采摘节、杏采摘节、京白梨采摘节等），通过"前期策划—方案落实—前期推广—活动实施—材料收集—二次传播"的活动链条对品牌进行持续传播。如举办北京休闲农业与乡村旅游品牌评选，提高经营者及全社会的品牌意识；举办各种果品擂台赛，评选"果品王"，扩大北京市优质农产品的影响力和知名度。2024年大兴区第36届西瓜节上举办了延续多年的标志性赛事——西瓜擂台赛，88.95千克的京欣8号西瓜夺得"瓜王"称号。

5. 品牌管理

（1）品牌运营　一是制订北京休闲农业品牌标准体系和准入政策，包括农业观光园建设规范、产品包装规范、品牌形象系统使用规范，休闲农业品牌平台准入与退出管理等政策文件，对区域公用品牌进行规范化管理，避免出现"公地悲剧"问题。二是实行品牌目录管理制度，健全动态管理机制，实行动态跟踪管理，严格执行准入退出，对质量管理不严、不按标准组织生产、不规范使用品牌标识、互促共建不力的企业商标品牌，采取退出品牌目录。三是实行品牌门店授权管理制度，对各类线上线下品牌门店纳入品牌门店名录进行监管，建立优胜劣汰的动态调整机制，及时从名录中清退出不能诚信经营、出现假冒伪劣产品的品牌门店。

（2）品牌服务　一是组建"北京休闲农业与乡村旅游区域品牌运营服务中心"，全面负责全域公用品牌培育、平台建设和全面服务。发挥政府和协会的协同作用，以市农业农村局、文旅局为组织单位，与产业行业协会以及优势企业共同组建，突出服务中心的公益性、平台性、服务性。以需求为导向设立服务模块，为经营主体提供品牌注册服务，为品牌主体提供运营指导服务和法律咨询服务。二是构建北京休闲农业综合服务平台，以品牌为纽带，链接投资商、生产者、加工商、销售商和消费者，提供信息互动、各种检测、品种技术及生产运营指导、各类培训等全产业链条、全方位服务。三是建立北京休闲农业与乡村旅游信息平台，实时更新农业观光园和乡村民宿的信息，依时节发布各种花节、采摘节、农事节、山地运动节等的活动信息以及不同时长的旅游线路，定期发布区内休闲园区、乡村民宿接待游客的排行榜，或口碑榜等，与游客形成线上线下的品牌互动。

6. 品牌保护

加大品牌保护力度，依法保护品牌创建主体的合法权益，维护品牌形象，营造良好的市场环境，促进品牌健康发展。

一是加大农业品牌支撑体系建设。严把特色农产品生产质量关和安全关，既是生产主体的责任,也是政府的职责所在。为此,应加大对土壤改良、绿色防控、生产补贴力度,夯实安全生产的基础条件;加快推进北京特色农产品全产业链质量标准体系建设,加强质量监督,落实安全生产责任;加强农药销售与使用管理,加大抽查与处罚力度,创造安全生产环境;建立特色农产品全程质量追溯系统,构筑起北京农产品质量安全之网。

二是对休闲农业品牌与乡村旅游品牌的保护,加大对各类乡村旅游投诉事件的快速处理,减少对品牌的影响时长;加强对从业人员的素质培训和品牌意识的提高,努力维护品牌的质量、信誉和形象。

第七章

北京休闲农业典型案例分析

在北京休闲农业实践中,涌现出了一大批典型案例,各有特色、各有所长,其发展经验对同类型的经营主体有较大的借鉴意义。本章将对休闲农园、乡村民宿、景观农业的典型案例进行分析。

第一节 休闲农园典型案例

一、三分地有机农场

(一)基本情况

北京三分地有机农场成立于2011年,位于顺义区北务镇,有林上村园区和闫家渠村园区共两个园区,占地面积共514亩,主要从事农业有机种植、销售及农业技术开发,配套修建了采摘大棚、观光长廊、生态餐厅等旅游设施。农场坚持"生产、生活、生态"并重的原则,"以发展现代农业为重点、以建设植物园环境为亮点、以一流的旅游设施为支点"的三点互动发展模式,努力建设一个集设施农业、观光采摘、旅游休闲、生态教育为一体的新型多元化都市休闲观光农场。农场通过微信、手机App等宣传广告形式,年可吸引入园游客1 000多人,固定会员200余名,实现年产值300万元。农场被认定为"北京休闲农业星级园区(企业)""北京市菜篮子工程优级农业标准化基地"、中国农业大学"科技小院"。

(二)典型做法

1. 坚持生态有机的生产方式

农场秉持人与自然和谐共生的理念,采用生态有机的种植方式,不使用农药、不使用化肥、不使用除草剂,同时依照种养结合的生态模式,将种植业的各种资源与养殖业有机结合在一起,用采摘剩余的菜叶和自种的杂粮喂养家禽,家禽产出的农家肥发酵后再返回到田间使用;同时引进农业废弃物资源化利用智能堆肥系统,实现蔬菜废弃物的资源化利用。在病虫害防治上采用物理方法和农艺方法,物理方法如黄板、防虫网等,农艺方法包括利用他感作用间作种植驱虫作物或诱集作物,减少对蔬菜的为害,为游客提供安全放心的食材。在品种选择上,以"还原小时候的味道"为目标选择"原味"蔬菜品种,如原味西红柿、心里美萝卜等,一解客户舌尖上的乡愁。农场秉承"原香、园种、缘味"的绿色理念,共种植蔬菜品种50余种,主要有草莓、西瓜、茄子、韭菜、西红柿、红薯、胡萝卜等。为降低劳动强度,农场引进了"卷帘机保温被"农业机械、智能物联水肥灌溉一体机、撒粪机等,提高了蔬菜生产机械化水平[139]。

2. 坚持在地直销的销售模式

三分地农场生产的农产品全部采用直销模式,减少了流通环节,保证了蔬菜的新鲜度,也实现了生产者与消费者的互惠互利。农场每年采收的蔬菜一半是通过微信小程序销售,约1/4通过会员订单方式销售,进行社区精准宅配送;另有约1/4通过北京有机农夫市集销售,均实现了农场与消费者之间的直销。

3. 积极推进品牌建设

农场按照"五统一"的管理模式,即统一生产、统一育苗、统一农资、统一加工、统一销售,严把生产、贮藏保鲜、加工、销售、配送等各环节质量,在此基础上,开展商标注册和有机认证,打造属于自己的特色品牌。农场于2013年注册了"原香"商标,对生产果蔬均进行无公害认证,并通过谱尼测试等认证体系,其中农场种植的番茄通过了有机认证。于2018年注册"晴空树"商标,在蔬果种植基础上发展有机轻加工自主品牌。农场建立了品牌管理团队,加强品牌监督管理,通过严把质量关不断提升品牌的知名度和美誉度,最终提高品牌的获利能力。

(三)联农带农机制

三分地有机农场在自身发展的同时,也通过多种方式与农民建立起紧密的利益联结关系,带动农民增收。一是直接吸纳周边农民在园区就近就业,增加工资性收入;二是农民将土地流转至村集体,农场通过村集体租赁土地支付租金,农民获得土地租金收入;三是附近村民在农场学习有机种植方式或低碳循环生产方式,运用于自家农田生产,践行有机低碳农业,提高产品品质和销售价格;四是附近村民的农业废弃物在农场进行集中处理后用作还田的肥料,改善土壤理化性状,提升土壤健康度,为农业可持续生产奠定良好基础;五是农场对游客的引流也带动了周边农民的农产品销售，实现了农场与农民的利益共赢。

二、三宝香农业园

（一）基本情况

三宝香农业园位于通州区漷县镇大香仪村北，2012年开始营业。基地占地265亩，全部为租赁土地。有高标准日光温室55栋，塑料大棚141栋。产品以香菇、平菇、茶树菇为主，另有金耳、银耳、滑子菇、黑皮鸡枞、蛹虫草等特色食用菌，年产量1 500吨左右；园区蔬菜生产占地面积150亩，品种主要有生菜、番茄、黄瓜、甘蓝和草莓等；另外还种植有一些杂粮如鲜食玉米、花生等。园区因食用菌生产规模大、品种多、品质好、技术优而于2022年成为北京市食用菌创新团队综合试验站。

此外，三宝香农业园获得的多项荣誉和资质还有：北京市休闲农业星级园区（三星），北京市蔬菜病虫全程绿色防控技术示范基地，北京市通州区农村科普示范基地，北京市农村妇女双学双比活动示范基地，第二届"金菇榜"暨"京菌京秀"推介活动最受欢迎品牌奖、最佳生产主体奖（二等奖），北京市示范家庭农场（五星），北京市农民专业合作社示范社，首都巾帼现代农业科技示范基地，北京市农村妇女"双学双比"活动示范基地等。

三宝香农业园区于2021—2022年连续两年获得北京市休闲农业"十百千万"畅游行动项目资助，重点对园区的场景和品牌进行提升，并进行线上和线下的宣传推广，以扩大园区的知名度。截至2022年底，主要完成了园区入口及主通道前段部分景观提升改造，包括入口形象景观节点提升、主通道两侧景观节点和整体景观提升、标识标牌升级改造、品牌策划与包装以及科普教育展示棚提升、"蘑幻"产品创意提升等重点内容。

（二）典型做法

三宝香园区立足园区的主导产业，坚持食用菌特色，以打造"食用菌主题休闲农园"为目标，开展了一系列活动，提升园区的效益和影响力。

1. 以食用菌为主题开展科普研学和农事体验活动

园区首先依托食用菌这一特色主导产业全方位打造菌文化景观。园区在百米绿色生态长廊顶部装饰以蘑菇蔬菜等为主题形象的挂饰，温室侧面外墙统一以"菌"文化主题彩绘点缀，在主通道两侧增设了"蘑菇奇遇故事"文化主题景观小品,将这些文化景观打造成园区拍照打卡的人气爆点景观;在园区主通道上设置了食用菌科普宣传栏,同时打造了室内科普教育展示棚,以图文并茂的形式对园区的品牌理念、品牌 slogan,"菌"文化知识等进行科普宣传,让游客在浏览之余更深入地了解园区文化和菌文化。其次园区以食用菌为主题开发了食用菌的"前世今生""蘑幻太空舱"体验种养食用菌研学课程和"蘑力堡"创意产品,充分利用科普教育展示棚,定期开展"蘑幻奇遇记"文化特色主题活动,组织家庭、学校、社区等人群参与活动,2022 年参与活动的游客达 5 000 人次以上,比 2021 年增加 30%。

2. 以品牌建设为抓手提高园区的知名度

三宝香农业园于 2015 年注册了"陆陆源"商标,2022 年依托休闲农业"十百千万"项目,以"陆陆源"产品品牌提升和"三宝香"园区品牌建设为重点,多方位树立园区对外形象。通过景观氛围营造及产品包装形象将园区理念传递给消费者,扩大消费者对"三宝香"园区品牌和产品品牌的认知度。园区委托专业公司进行品牌策划和设计,确立了"三宝香"品牌理念、品牌口号及品牌标识。为突显园区特色,植入品牌理念,结合产品品类对已有包装进行了分类整合,统一包装形式,形成"菌+蔬+果"三大类产品系列,即①君子之约—鲜品菌类礼盒,②知蔬达礼—蔬菜组合礼盒,③莓好将至—草莓礼盒。在此基础上,以"菌子之约"为题开发了菌菇伴手礼,目前已开发出由蛹虫草、羊肚菌、鹿茸菇、花菇、松茸、竹荪六种自产珍稀食用菌干菌组合菌包,小袋真空包装,方便用于煲汤、涮火锅、炖菜等。产品礼盒上均印有"三宝香"园区品牌。通过品牌塑与包装提升,进一步提高了园区的品牌认知度和辨识度,提升了产品附加值,延长了产业链,大幅提升了园区的经济效益。

3. 利用多种新媒体渠道扩大客户群

将微信公众号与视频号深度绑定,打造以食用菌类科普加贴合生活场景的菌类食用做法为主题的宣传软文,发布园区动态信息和日常小视频,提升游客对园区的关注度。在采摘季和活动举办期间,联合抖音等直播平台对园区产品和活动进行宣传、直播,提高园区产品销量。同时,结合农场产品特点,开通了抖音小店——三宝香菌子小店,并上架了两款产品:金耳与白玉黄瓜。通过多种新媒体对园区整体内容进行立体呈现,实现了从公众号推送到私域引流,从线上到线下到店转化的过程。

(三) 联农带农机制

园区的联农带农作用主要表现为就业带动、产业带动和采摘带动。一方面,园区常年雇工从事食用菌生产、蔬菜种植、销售等工作,农忙时用工更多。在"十百千万"项目的支持下,园区通过开发各种活动又可新增固定工作岗位6个、临时岗位8个,带动就业农民增加工资收入达46万元。另一方面,园区通过技术培训和输出带动周边农民发展食用菌产业。园区自制菌棒给农民,农民生产的食用菌由园区负责销售,解决了农户产品的销路问题,通过食用菌产业的发展带动农民增收,实现经济增收130万元以上。此外,园区通过举办各种活动和开展公众号、抖音等新媒体组合宣传,吸引游客到园区休闲、采摘,同时每年为周边农户引流1 000人次,带动周边的农产品采摘和产品附加值的提升,增加农户收入15万元。

综上所述,园区通过休闲农业"十百千万"项目实施,促进了传统农业产业与休闲业态有机结合,延长了农业产业链,促进产业升级和农文旅融合发展,提升了园区效益和带动周边农户的能力。

三、曹女阳光农场

(一) 基本情况

曹女阳光农场位于北京市通州区西集镇沙古堆村,2018年开始营业,总占地面积50亩,其中,建筑面积0.5亩,果树28亩,以樱桃为主,有少部分苹果、梨等果树;农场还种植有蔬菜、鲜食玉米等。园区开辟了市民菜园,游客可以体验农事与收获,有会员约600人。园区日最大待客量8 000人,可提供餐位300人,特色餐品为烤全羊。有一间可容纳100人的会议室。

曹女阳光农场的资质及荣誉主要有:北京市四星级休闲观光园区、北京市五星示范家庭农场、通州区农村实用人才实训示范基地、通州区青少年校外教育基地、北京市农村妇女"双学双比"活动示范基地,园区创始人被评为"北京市休闲农业十大杰出女庄主"。

(二) 典型做法

曹女阳光农场通过市场分析,将农场客户群精准定位为新中产阶级,细致分析客户群体的消费习惯与服务需求,据此策划服务于客户群体的消费项目,在农场中落地,在运营中具体呈现。基于客户群定位将农场的建设目标定为

"小而美的家庭农场",农场运营分为4个板块:共享菜园,精致民宿,拓展营地,明星单品。

1. 开辟共享菜园

在农场中开辟出一块共享菜园,分割成30平方米/块的菜田,举办"做自己的农场主"活动,由家庭承租,由专业技术人员提供种植指导,为亲子家庭提供农事体验。认领者不定期参与菜园管理,也可以委托农场进行有偿管理。蔬菜成熟时,认领者既可以亲自采摘,也可以由农场采摘后宅配到家。认领菜园的游客每年会多次来到农场,增加了游客对农场的黏性。

2. 发展精致民宿

为了留住来农场游玩的客人,利用村里的闲置农宅配套了"田里花间"民宿,提供酒店式高品质服务,定位于打造"带农场的民宿"。农场与民宿相配套延长了游客在乡村的逗留时间,让游客完整体验种在菜园、吃在农场、住在村庄的乡村生活。

3. 不断拓展营地

利用农场的优良生态环境和林下空间,拓展团建活动、自然教育活动、美学教育、插花、自助野炊、露营等丰富多彩的活动,增加游客流量。同时,镇里相关部门还给田里花间民宿对接了巧娘团队,手把手教客人制作月饼,学习非遗-花馍的制作;客人也可以在民宿体验亲子烘焙活动、欣赏传统乐器表演等。拓展活动提升了农场的升值空间。

4. 打造明星单品

在坚持20年有机樱桃种植的基础上,严格把控果品品质,进行精心挑选,统一樱桃规格,设计具有高辨识度和品位的包装,打造樱桃明星单品。与中粮、叮咚买菜、盒马等平台合作进行线上销售,在12小时内宅配到家,保证产品的新鲜度。

(三) 联农带农机制

农场采取"农场+合作社+农户+民宿"的模式促进联农带农效益的发挥。一是带动农产品销售收入增加。充分发挥园区的品牌影响力,通过市集和举办农场活动吸引游客,带动周边农户的水果、蔬菜等农产品销售,增加收入。二是服务互补联农带农。农场通过与周边农户、民宿和农业经营主体建立合作关系,利用自身的品牌和客流优势,与周边的经营主体建立密切的合作关系,通过向农场游客推介和引流,带动周边农户、民宿和经营主体共同发展。三是就

四、慢时光·境农场

(一) 基本情况

慢时光·境农场位于通州区漷县镇吴营村，紧邻京哈高速漷县出入口，位置优越，交通便利；毗邻通州运河水系，水源充足。农场占地面积80余亩，分为蔬菜种植区、果树种植区、私家菜园认养区、农耕文化科普区、休闲娱乐区等。在蔬菜种植区有6个日光温室，种植的蔬菜主要有番茄、黄瓜、豆角、茄子、绿叶蔬菜等；果树种植区的果品主要有杏、樱桃、李子、油桃、梨、桃、苹果、西梅等。另外，露地还种植有玉米、花生、甘薯、胡萝卜等。已注册品牌"慢时光"。

慢时光·境农场获得的荣誉主要有：通州区科普基地、通州区中小学生社会大课堂资源单位、通州区农村实用人才实训示范基地、国家三星级休闲农业园区、北京市休闲农业四星级园区，园区创始人许月被评为"北京市休闲农业十大杰出女庄主"。

(二) 典型做法

慢时光·境农场充分利用优势农业资源和乡村文化资源，深度挖掘乡村多元价值，打造农业园区特色主题，深化创意设计，开发精品伴手礼，举办农业特色节庆活动，提高了农产品附加值，增加了农民经营性收入，延长了乡村产业链，带动了餐饮、住宿、农产品加工、文化等一系列关联产业，实现了接待人次和经营收入的不断增长。

1. 以丰富多彩的活动吸引不同游客群体

慢时光·境农场利用丰富的农业资源，在不同功能区开展了不同的体验活动。游客可以在蔬菜种植区采摘时令新鲜蔬菜，在私家菜园认养区体验不同时节的耕种与收获的快乐，在鱼塘垂钓区休闲垂钓，漫步在农耕文化科普区学习图文并茂的节气与农谚知识，在休闲娱乐区的体验活动则更为丰富，主要有非遗手编笤帚、贵州非遗手工豆染手做DIY、厨房制作体验（磨豆浆、做豆腐、玉米脱粒等）、农疗体验等，让游客在这里过一把工匠的瘾。另外，农场还利用林下空间和边角地饲养了一些小动物（孔雀、鸵鸟、梅花鹿、矮脚马、羊、鸡等）、添置了儿童游玩设施，使整个农场成为了孩子们亲近自然、尽情撒欢的游乐场；利用农场的生物多样性开发了植物科普研学课程，教游客识植物、做植物画、探索植物的神奇世界；同时，农场还充分利用场地优势，为团体提供集体团建活动、党建活动、露营派对、露天烧烤、特色餐饮等。丰富多彩的活动，既为农场增加了收入，也为市民提供了放松全身心、体验慢生活的休闲场所。

2. 科技加持打造北京市首个无人机科技农场

2023年慢时光·境休闲农场与京东物流教育深度合作，创新教育模式，联手打造北京市首个无人机科技农场，并投入使用30台定制款儿童专用无人机，推出无人机亲子项目。孩子们可以在农场深度了解无人机的相关知识、学习无人机编程与操控、开展无人机竞赛，观摩无人机在农业上的运用，让孩子们在轻松愉快的氛围中体验高科技带来的魅力。另外，参加无人机营地课程的学员还可以获得京东认证的无人机飞行员证书，增强孩子们对科技探索与创新的兴趣。

3. 传承非遗手工编织带动就业与增收

手工苕帚由高粱秸秆配以五彩丝线，纯手工编织而成，是通州区非物质文化遗产。为传承非遗手工编织技术，农场组织农村就业困难人群（如残疾人、农村妇女），免费培训手编工艺，制作的手工苕帚统一回收、统一销售。通过打造线上线下销售平台，不仅带动了当地农民的就业与增收，也增加了农场收入。

（三）联农带农机制

园区采用"园区+村集体/合作社+农户"的模式联农带农，增收致富。一方面，由于农场开发的活动不断丰富，农场的用工数量也不断增加。长期雇工10人以上，季节性雇工50人以上，这些雇工大多（80%）来自附近村庄，使村民足不出村就增加了一份工资性收入。另一方面，农场游客的增加也带动了周边农副产品的销售。2023年上半年，农场通过现场展销和电商平台带动周边农户销售蔬菜、樱桃、杏、桃等农副产品达到了10万元。此外，农场还与村集体合作壮大集体经济。农场2021年开始与村集体合作种植鲜食玉米，由村集体组织农户种植，农场负责收购，依托农场的客户群和电商渠道进行销售，解决了农民的后顾之忧，壮大了集体经济，实现了农场与村集体、农民的三方共赢。最难能可贵的是，农场还针对周边残疾人、老人和不能外出工作的妇女，组织开展手编苕帚技能培训，让他们掌握一技之长，在闲暇时编织苕寻，产品由农场回收和售卖，通过农场非遗体验活动，在传承非遗的同时，也增加了收入，为这一特殊群体提供了实现社会价值的平台。

第二节 乡村民宿典型案例

一、乡村精品民宿——老友季花园民宿

（一）基本情况

老友季花园民宿位于密云区溪翁庄镇金叵罗村，经营主体是一位入乡创业的白领，在村里租赁了4座光绪年间的老宅，采用修旧如旧的方式于2015年开始改造，外部保持了建筑的原貌，而内部则采用现代装修技术改造成了16间美式乡村风格的客房，一流的硬件设施，加上独具匠心的装饰设计，使客房外貌的历史感与居住的舒适感融为一体。可同时接待50人，有餐吧及咖啡厅，还有儿童游戏区、研学分享区。庭院里种植了300多种植物，融入四时之景。2020年，老友季花园民宿被评为北京市网红打卡地。

（二）典型做法

老友季花园民宿自开业以来，以打造"原味民宿"为目标，以民宿为载体，以"民宿+"的经营模式，有机链接休闲农园、乡村研学、手作体验、餐饮美食、乡村特产等多种业态或休闲方式，形成了民宿与乡村的融合生态。

1. 民宿+休闲农园

在金叵罗村有4个休闲农园，一个是金叵罗村合作社集体经营的以观光体验和劳动教育为主的"金叵罗农场"，一个是由4个海归白领和名校学霸入乡创业经营的以生态循环和食农教育为主的"飞鸟与鸣虫农场"，一个是由海归新农人经营的以休闲与自然疗愈为主的"完美生活农场"，一个是由一群园艺界专业人士与金叵罗村农民合作社共同打造的以自然花境为主的"金樱谷花园"。这4个农场各有特色，在主题上形成差异化和互补。老友季花园民宿与这些农场建立良好的合作关系，相互引流，来农场游玩的游客被推荐到老友季住宿，在老友季住宿的游客被引流到农场或花园去游玩。这种合作关系既稳定或增加了民宿的获客量，也满足了游客的游玩需求，并丰富了其休闲体验。

2. 民宿+乡村研学

在每年的寒暑假，老友季都会设计不同时长和不同内容的研学活动，吸引

学生参与，也培养了一批老友季的潜在客户。乡村研学紧贴乡村生活，寓教于乐，让学生吃在乡村、玩在乡村、学在乡村、爱上乡村。如针对寒假和春节的研学内容包括陶艺和冰糖葫芦制作、豆腐和豆浆加工体验、溜冰玩雪、捡拾鸡蛋、喂小动物，体验剪窗花、制作新年装饰花环和花灯、包饺子、写春联等新年习俗。将民宿与研学相结合，在增加民宿的趣味性与知识性的同时也增加了收入。

3. 民宿+手作体验

老友季与汉青陶艺工作室合作，开辟了一间陶艺作坊，由陶艺匠人手把手地教游客拉坯、制作个性化的陶瓷餐具、杯具，并负责烧制后邮寄给住客。老友季也推出了龙年定制款陶瓷茶具随身旅行"钱龙杯"+大葱明摆件，住客可以当场选购或在线上下单配送到家。

4. 民宿+餐饮美食

老友季为了满足游客对美食的需求，依托金叵罗农场的有机食材开发了中式和西式美食菜品，满足不同口味游客的需求。如依托金叵罗村自产的有机小米，开发了小米打包饭，成为了老友季的招牌美食；利用山里和村里产的山楂、杏、萝卜等加工成了山楂汁、山楂酱、杏酱和咸菜等。老友季民宿的用餐空间内，除现场制作咖啡供游客品饮之外，还研发了咖啡挂耳包，方便住客购买。同时老友季以民宿为平台代销飞鸟与鸣虫农场的自制的面包礼盒、月饼礼盒，金樱谷花园自制的曲奇、面包、甜点等。通过微店，长期销售肉包子、花卷、肉烧饼、肉饼、辣椒油、腊八蒜、柴鸡蛋、山楂汁等，弥补了民宿收入的工作日和季节性波动。每到逢年过节还会推出节日礼盒，如春节期间推出的"富得流油大礼包"，包括扣肉、红烧肉、鱼肉、柴鸡肉、四喜丸子等。民宿+美食开发使得餐饮收入成为了老友季住宿之外的重要收入来源。

5. 民宿+乡村特产

老友季民宿开辟了特产展示售卖区，一年四季代为销售金叵罗村的时令农产品，如有机小米、樱桃、柴鸡和柴鸡蛋、山楂、玉米面等乡村特产，在增加民宿收入的同时也带动了农民增收。

6. 民宿+生活用品

老友季民宿中所用或所展示的东西都是可以售卖的，如床品、桌椅、茶具、行李箱、助眠晚安喷雾、手工布艺书衣等，住客在体验过后，均可购买，把老友季的民宿优品带回家。整个民宿空间既是住宿休闲空间也是商品售卖空

间，极大地拓展了民宿的收益空间。

7. 民宿+创意活动

老友季会不定期举办烘焙、摄影、咖啡、插花、音乐、植物画创作、植物拓染、读书会等活动，吸引游客住宿，提升住客的体验感。

(三) 联农带农机制

老友季花园民宿充分挖掘当地物产及旅游资源，用生活来分享乡村田园美学，用乡村生活方式使老友季成为城市人在乡村的亲戚家，使金匚罗成为城市人的第二故乡。经过多年的发展，老友季花园民宿与金匚罗村，形成了共建共生的利益联结关系，成为了金匚罗村推进乡村振兴的重要力量、美丽休闲乡村的重要组成部分。老友季花园民宿对当地农民的带动作用主要体现在以下4个方面。

就近就业：老友季民宿常年雇佣村民作为民宿管家、花草园丁、厨师、面点师等，这些农民可以实现在家门口就业，增加了工资性收入。

导流增收：老友季以金匚罗农场为依托开展研学活动，既为农场带来了客源，同时也向农场交纳一定的合作费用，因此，农场可以获得两份收入。

助销代售：老友季以民宿为平台，辟出专门空间展销当地乡村特产，为金匚罗农民合作社代销有机小米、樱桃、柴鸡、柴鸡蛋。同时与村里擅长做面点的村民合作开发乡村美食，如肉包子、肉饼、咸菜、红豆饭、花卷、花馍等，通过民宿开发的小程序进行线上销售，增加了农民收入的同时，也增加了民宿的收入，二者互利共赢。

利润分红：老友季与金匚罗村互为依托、互相导流，并与农民合作社建立了利益共享机制，每年拿出一定比例的利润给合作社，合作社按照农民的入股情况统筹进行分红，使成为股民的农民也能获得股份分红。

二、乡村民宿集群——唐大庄民宿

(一) 基本情况

唐大庄村早年间曾是全市养殖水面最大的观赏鱼养殖专业村，可随着产业结构调整，养鱼产业逐渐退出，村集体收入近几年骤降，如何找到新的经济增长点成为了新课题。2019年被确定为扶持壮大集体经济试点村，同年北京环球影城开业，从全国蜂拥而至的游客催生了游客在影城周边住宿的刚需。唐大庄紧邻北京环球度假区（直线距离2千米），环球影城每年可接待游客1 000多万人次,而影城内自营酒店价格每晚1 500元起步,住宿需求溢出效应明显,村集体研究确立了新的发展思路——打造距离北京环球影城最近的民宿村。此后,村集体推出一系列举措发展精品民宿,积极承接环球影城外溢功能,走出了一条特色民宿产业发展之路。经过三四年的发展,全村已有9家精品民宿取得营业执照,今年还将有10余户民宿逐步改造完成,全村签约民宿院落达到50家,成为了游环球、住民宿的最佳打卡地,远近闻名的"民宿旅游村"。

(二)典型做法

唐大庄村充分利用区位优势,立足满足影城游客住宿刚需,围绕打造"环球最近民宿集群",在区、镇两级政府的合力支持下,推出了一系列举措,可以概括为"筑巢,引凤,百鸟齐鸣,组团发展"。

1. 筑巢——完善配套设施与条件为民宿产业发展铺路搭桥

第一是提升村里的基础设施水平,修复了1千米的进村主路,新建800米进村人行步道,为民宿产业发展夯实硬件条件。第二,借助"金融助力乡村振兴"平台,村里与华夏银行北京城市副中心分行对接"民宿贷"业务,为民宿产业发展提供金融助力。第三,在村委会专门设立了民宿项目接待处,提供"接待咨询、餐饮购物、休闲活动、后勤管理"等多种服务功能,同时设置沙盘模型立体展示唐大庄村区位和资源优势。第四,村里印制了《台湖民宿工作30问》,详细阐述民宿发展政策依据、审核流程等,为前来洽商的投资者和村民提供便利条件。

2. 引凤——引入社会资本发展精品民宿

本村没有发展民宿的经验,最好的办法就是引入有能力的企业先"打个样"。通过沟通洽谈,村集体引入了暖唐文旅(北京)有限公司建设精品民宿。暖唐文旅承租了本村四个民宿一共有三个院落,分别是暖唐·欢喜、暖唐·香色、暖唐·私汤。每个院落的设计风格均不相同,不同的主题客房满足不同的客人需求。除此之外,还有咖啡厅、酒吧等公共休闲区。民宿客人以环球影城的游客为主,也有一些大学生、朋友聚会包院等,整体入住率超过80%。之后又有伍陆居、隐趣、悦棠、合影等民宿品牌入驻唐大庄,形成了本村的民宿头雁方阵。

3. 百鸟齐鸣——带动本村民宿产业的发展

在村集体的引导下,在北京市休闲农业"十百千万"项目的支持下,在民宿头雁方阵的带领下，本村村民也积极行动起来，相继建成了金禧唐、顺安两个精品民宿。看到民宿火爆的需求市场，全村近2/3的村民签订了民宿意向书，唐大庄的民宿产业呈现出蓬勃发展态势。今年端午假期前夕，唐大庄还全新开辟了环球半岛露营地，吸引游客到村庄露营、野餐、游玩。

4. 组团发展——与民宿主体形成利益共同体

为避免民宿的单打独斗和恶性竞争，唐大庄村村委会与镇属全资企业星湖公司合作成立新型平台公司——北京唐庭旅游开发有限公司，该公司作为村庄产业发展的实施主体，承担了盘活利用农民闲置房屋及其他资源型资产的运营工作，与村民、民宿投资运营商签订三方合同，形成利益共同体，组团发展。一是村集体统一对民宿进行推广、宣传，通过美团、抖音、小红书等平台进行集中宣传和客户引流。二是村集体统一建设开放租赁的共享布草间，为各家民宿提供布草服务，为民宿节省了布草间的占用空间。三是村集体组织妇女组成保洁服务队上门为民宿提供环境清洁服务。既解决了部分就业，也为民宿运营解决了人手不足的问题。四是村集体统一为游客提供行李寄存、北京环球影城接送等从入住到退房一站式管家服务。

（三）联农带农机制

唐大庄村民宿用工80%来自本村。发展民宿产业给村民带来的收入主要包括房屋租金、村集体经济组织分红和工资性报酬3个方面，房屋租金由新型经营主体根据市场情况确定租金参考价；村集体经济组织分红根据村庄产业发展情况确定；工资性报酬主要是村民从事民宿管家、厨师、保洁等工作获取的收益。其中村集体分红资金来源于民宿与村集体收益绑定的收入。这部分收入包括民宿统一办理入住收益、统一后台管理系统收益、统一布草服务收益、统一保洁服务、统一物业服务、集中配餐服务收益等，村集体为民宿经营主体提供统一服务，民宿经营收入与村集体按比例利润分成。按年接待游客11万人计算，每年村集体可增加收入约300万元。这种利益捆绑模式使村集体与民宿经营主体成为了利益共同体，村集体通过绿化美化与保洁服务等为民宿提供了良好的外围环境，民宿经营者得益于村集体提供的统一服务，减轻了经营压力与成本支出，民宿经营壮大又带动了村民的就业与增收，真正实现了村民、村集体与民宿经营主体的互惠互利、共同发展，集体经济和村民增收步入快车道。唐大庄村入选2022年北京市农民增收典型案例和致富能手行列。

第三节 景观农业典型案例

北京市景观农业主要有两种类型,一种是各种草本或木本花卉形成的农田花海,一种是以彩色水稻种植为主的稻田字画。

一、农田花海

(一)萱草花海

萱草花海位于延庆区永宁镇前平坊村的艺园绿泽农场,占地 60 亩,是由北京艺园绿泽科技有限公司两年多的时间打造而成的,通过营造萱草花海、打造萱草景观园、开发科普研学和休闲娱乐项目吸引游客,成为了北京市郊旅游的热门目的地[140]。

通过大面积种植不同品种的萱草,形成大地景观,打造萱草花海,品种包括"金星""粉美人"和"橙色风暴"等。这些萱草品种的花期从 6 月 20 日开始,一直持续到 8 月 15 日,所以游客在整个夏季都可以欣赏到绚丽多彩的萱草花海。除了萱草花海,园区还打造了一处专门的萱草景观园,展示了不同品种和不同花色的萱草,花期可从 4 月一直开到 10 月。园内不仅设计了不同品种和花色的萱草组合,还与不老梅、五味子、桤叶唐棣、刺五加、苍术、酸浆、枸杞等其他药食同源植物进行了搭配种植,并结合了园林小品景观,初步形成了专类园景观的雏形。园区还开发了农业种植、中草药科普、花卉种植、循环农业、阳台农业等课程,现为北京市中小学生大课堂资源单位,并与中国童子军联盟建立了良好的合作关系,提供学农劳动实践课程。

园区围绕萱草主题,举办了萱草文化节,开展了丰富多彩的活动,吸引游客参与。如萱草插花体验活动、飞盘套圈射箭、围炉煮茶话人生、对月看星跳锅庄舞、露营烧烤篝火派对等,让游客们在萱草花海中充分体验休闲农业的乐趣。在萱草文化节期间,园区还举办了萱草推广应用交流会,来自全国各地的萱草专家就北京地区萱草的优势、不同场景的应用形式以及市场推广等进行了讨论和交流。

除了萱草花海,园区还融合了有机瓜果蔬菜、特色食用菌、高端中草药的种植等,并以灵芝和高端食用菌的种植为特色,开发出灵芝盆景、灵芝切片、灵芝孢子粉、灵芝孢子油、灵芝白茶、灵芝挂面、昆仑雪菊茶、不老莓酵素等产品，打造"田园+养生+康养"的发展模式，一方面，园区延伸产业链条，建设了农产品产后加工车间、包装车间、物流配送、仓储车间等设施，通过一二三产业融合引导辐射周边农户共同发展，提供就业岗位40个，其中本地员工25人，人均年纯收入6万元。另一方面，园区与前平坊村集体和农户合作在村内开发休闲民宿、食疗工坊等项目，以"公司+合作社+农户"的运营模式发展休闲农业和乡村旅游，带动农民增收致富。

（二）油菜花海

房山长沟镇油菜花海占地2 000亩，是北京最大的油菜花海。为提高花海的观赏性，引进了彩色油菜花。2010年房山区长沟镇举办了首届花田节。

以花海吸引游客，以丰富多彩的活动留住游客，房山的油菜花海实现了由生态景观向经济效益的转变。在花田节期间主办方开发了花田漫步、花田骑行等活动，吸引游客在花海中畅游、赏花；在田间装饰性地布置了稻草人，在路边停放一些破旧的拖拉机等农具，增加乡土气息，让人们留住乡愁。一望无际的花海不仅吸引了游客拍照打卡，也吸引了年轻人来此拍摄婚纱照。花田节期间还有一项游客参与度高、群众喜闻乐见的节事活动——花田音乐节。借助油菜花海的生态景观优势，长沟镇连续多年举办了花田音乐节，成为花田节的重要活动之一。每年音乐节都汇聚了全国各地的知名歌手在花海里纵情弹唱，打破以往音乐节的演出模式，引领"家庭、户外、亲水式"的假日休闲风尚。经过十多年的发展，长沟花田音乐节已打造成为长沟镇乃至房山区的音乐品牌。同时，花田节还与非物质文化传承相结合，引入潍坊风筝技艺，游客不仅可以欣赏和体验风筝制作，还可以在油菜花海中放飞风筝。除此之外，花田节同期还会举办北京国际长走大会、露营节等，为游客提供多样化的休闲体验。房山长沟镇的花田节把花卉的景观效应转变为了经济效益，探索出了一条以花为媒发展休闲农业的新途径。

（三）桃花海

平谷鲜桃种植面积22万亩，是中国大桃之乡，也是首都最大的鲜桃产区。每年春季桃花盛开的季节，漫山红遍，桃花若海，云蒸霞蔚，绵延百里。因为面积大，而成为中国最大的桃花海，引各方游客到平谷春游赏花。2007年，平谷区正式将桃花确定为"区花"，以花为媒，发展休闲农业与乡村旅游。于1992年举办了首届平谷桃花节，2012年提升为北京平谷国际桃花节，至2024年已成功举办了26届桃花节，成为京津冀地区著名的春季旅游活动，实现了经济效益和社会效益的双丰收。可以说京城春日之美，尽在桃花，而桃花之美，独在平谷。

桃花虽美，但花期很短，通常只有1周左右的时间。为提升桃花海的观赏性和花期，平谷区优化桃种植品种，以不同花色、不同花型、不同花期的品种相搭配，延长桃花花期至1个月。不仅种植白桃、黄桃、油桃、蟠桃四大类300多个品种的鲜食桃，也引进了一些重瓣花的观食两用桃，春季可以赏花，秋季食果。在郊野公园和绿化带中，也引进了花色艳丽、花朵大、花色更为丰富的碧桃，以提升桃花的观赏性。

2024年4月8日，以"桃醉平谷·美好乡村等你来"为主题的第二十六届北京平谷国际桃花节隆重开幕，活动一直持续到5月10日。在桃花节期间，设立了五大桃花观赏区。开发了赏花休闲游、文化休闲游、戏水休闲游三条精品赏花旅游线路，为游客量身定制了一日游精品线路、二日游精品线路，实现赏花和游玩点位实现全域覆盖，18个街乡镇都将举办各具特色的文化和旅游活动，满足不同游客的多样化需求，实现真正的全域旅游、多点开花。在以往京津冀的基础上，与全国其他旅游城市合作，如引入山东潍坊的非遗风筝、云南普洱咖啡等，举办碧波岛草坪国风市集、桃花海里千亩梯田放风筝、桃花海里彩虹跑以及露营季金海湖高品质露营地亮点活动，为游客提供更多地域化的旅游新体验。桃花节期间，平谷区还精心策划推出了桃花市集、汉服赏春游园会、香椿文化节、营地文化消费季等27项系列活动，让游客在桃花海中体验丰富的文化活动。

值得一提的是，第26届桃花节期间，平谷区政府与抖音公司携手，共同探索"乡村旅游+数字经济"的新路径，推出了首个AI生成的宣传片，助力平谷休闲农业与乡村旅游发展。

二、稻田字画

（一）丰台佃起村稻田画

王佐镇佃起村占地20亩的稻田画，由上字下画组成，上方是"丰宜福台、美丽王佐"八个大字，下方是村徽图案，融合了水稻、古桥、水牛等农业文化元素，祈盼五谷丰登。2023年是佃起村稻田画连续呈现的第三年，也成为地区标志性景观，每年吸引上万人来此打卡留念。

（二）怀柔宝山镇稻田画

怀柔区宝山镇有种植水稻的传统。2021年，带着对"宝山小稻"味道的怀念，宝山镇开始尝试种植"五彩旱稻"。采用无公害种植方式种植了470亩，亩产富硒大米400千克，初步形成了"宝山味道"区域特色品牌。同时也打造了具有宝山特色的"热烈庆祝建党100周年"等主题农田景观，吸引了大量游客，实现了一部分村集体产业增收。

2022年，宝山镇统一流转农户2 000亩土地进行高山五彩旱稻种植。选择了宝山寺片区和转年片区建设两个景观节点，作为网红打卡地推进旅游业的发展，同时在四窝铺、阳坡、松树台、道德坑等村成方连片的地块以各色彩稻的颜色为主推广种植五彩旱稻，形成了独特的稻田画景观。宝山寺村以乡村振兴为主题，在130亩的稻田上用6种颜色的旱稻创作了"乡村振兴""华表"等图案，成为怀柔乡村旅游的网红打卡地。

2023年宝山镇后大地五彩旱稻景观设计由"风车+稻穗+山水田园"三组图案及"宝山味道"文字构成。"风车"是一种古老的农具，在农业生产中发挥着极为重要的作用。风车的发明，被认为是人类历史上最重要的发明之一。"稻穗"图案源于宝山镇引入的五彩稻米产业，为乡村振兴区域发展提供新的方向，壮大集体经济的创新样板，更有喜庆丰收的寓意。组成稻田画的旱稻品种多样，有大红、绿粒沙、绿优香、黄金叶、紫黑等，产出的稻米有白、红、绿、紫、黑五种颜色，且由于宝山镇属高山冷凉气候，昼夜温差大、日照充足，稻米回味甘甜，五彩旱稻是兼具经济价值和景观价值的特色产业，也是"宝山味道"区域品牌代表产物。

为便于更好地体验稻田文化和休闲观光，以稻田画景观为依托，宝山镇在中秋节期间举办了以"稻怀柔 乐生活"为主题的稻田音乐节，通过线上直播的形式邀请广大市民"云端"围观音乐节盛况。音乐节期间除了丰富多彩的音乐演出外，还有丰收市集、稻田迷宫、主题打卡等多种互动活动，吸引了来自城区市民游客2万余人次。来自怀柔本土及宝山当地的特色农副产品在丰收市集售卖展示，助农网红达人也在市集中发挥各自优势在此开展助农直播，在推广"宝山味道"的同时，云端展现宝山镇特色五彩稻田的风采和丰收画卷，也吸引了超120万余人关注。以青山为背景、稻田做舞台的音乐节吸引了大量游客，也带火了周边房车露营、精品民宿等旅游产业，并大大提升了全镇农旅融合水平和知名度，成为以景促旅的典型案例。宝山镇稻田画也入选了北京市文旅局公布的《2022新晋网红打卡地推荐榜单》。

第八章 北京休闲农业发展评价

休闲农业是一二三产业融合的新业态,在各地的发展与实践中是开发农业多功能、传承农业文化、增加农业附加值的重要产业途径,对农民增收有较强的带动作用。因而休闲农业也成为乡村振兴中产业振兴的重要抓手。对北京而言,休闲农业是都市现代农业的重要组成部分,其发展的好坏直接关系着城市居民休闲需求的满足。因而休闲农业发展评价作为休闲农业发展研究的重要内容,对于了解休闲农业发展现状、发现问题、指导实践具有重要的现实意义。一方面,休闲农业发展评价可以为政府制定有针对性的政策、措施提供依据;另一方面,休闲农业发展评价有助于为企业、农民提供一种有效的信息反馈机制,帮助他们更好地了解休闲农业发展的实际情况,从而做出相应的投资规划。总之,休闲农业作为北京都市现代农业的重要组成部分、乡村振兴的重点产业途径,其健康可持续发展不仅有助于实现乡村产业振兴、文化振兴、乡村生态宜居和农民生活富裕,还有助于满足城乡居民日益增长的休闲需求,促进城乡融合发展。因此,对休闲农业发展进行评价具有重要的现实意义和理论价值。

通过对北京休闲农业发展水平进行纵向评价和横向评价,揭示其发展水平的变化、各区发展水平的差异与其他直辖市的发展差距,可以为政府制定相关政策提供科学、合理的参考依据;同时为休闲农业研究者、从业者及政府部门提供科学的评价方法和评价体系,为休闲农业发展提供有益的理论指导。

第一节 研究方法与影响因素分析

一、我国休闲农业发展评价研究现状

休闲农业作为一种新兴的农业形态,在我国得到了广泛的关注和推广。近年来,关于休闲农业评价的研究逐渐增多,涉及的评价指标和评价方法也日益丰富。

对产业发展进行评价是了解产业发展水平、总结成效与找出不足的重要途

径之一。国内对于地区休闲农业发展水平的综合评价研究并不鲜见,其基本思路是首先选取指标构建评价指标体系,对指标进行赋权,然后选择合适的评价方法进行分析评价。评价研究的难点有三:一是如何找出合适的评价指标;二是对如何避免指标赋权的主观性和偏差;三是采用什么样的方法进行评价。因此,国内休闲农业发展评价研究也主要围绕这3个方面展开。

（一）评价指标体系的构建

评价指标体系是评价研究的基础,它直接关系到评价的科学性和客观性。目前的主要方法有头脑风暴法、主成分分析法等。前者为主观方法,后者为客观方法。多数学者采用的是主观方法选取指标,构建评价指标体系。所选取的评价指标涵盖了经济、社会、生态等多个方面,如农业产值、农民收入、游客数量、生态环境、社会效益等。此外,还针对不同地区、不同类型的休闲农业,提出了具有针对性的评价指标体系。

（二）赋权方法的选择与应用

每个指标对目标的影响不同,作用大小不一,因而在评价时需要对不同的指标赋以不同的权重。赋权的方法主要有两类,一类是主观赋权法,如德尔菲法（Delphi）、层次分析法（AHP）等,受专家的主观影响较大;另一类是客观赋权法,如熵权法（或熵值法）、主成分分析法等[141]。两类赋权方法各有利弊,但对给定目标和指标的赋权也各有其不可替代性。

（三）评价方法的选择与应用

评价方法是评价研究的关键,它直接关系到评价结果的准确性和可信度。休闲农业评价方法主要有定性与定量相结合的方法、多指标综合评价方法、模糊评价法、层次分析法、数据包络分析法、TOPSIS法等。每种方法都各有利弊,多名学者利用这些评价方法对我国及各地区的休闲农业进行了评价。

对产业发展进行评价,评价指标体系的构建、指标的赋权、评价方法的选择,这3个方面是一个完整的整体。对休闲农业发展进行评价,比较有代表性的研究如:马银戌[142]选取22个指标构建了河北休闲农业发展的指标体系并通过熵权法对各指标赋权。刘伟琦[143]运用AHP法赋权和量化打分法综合评价了太原市休闲农业的整体水平。周龙[144]将熵权法与模糊评价法相结合,高鹏程[145]将熵值法与综合指数法相结合,分别对荆州市、南京市的休闲农业发展水平进行了评价。程创业等[146]采用熵权TOPSIS组合模型分析了河南农业绿色发展水平。

从已有研究成果来看，一方面，均是以某地为单一研究对象[147,148,149,150]，而对地区间休闲农业发展水平的比较却研究较少；另一方面，尚未有学者将灰色关联分析法、熵权法和TOPSIS法结合起来对休闲农业评价进行研究。因此，以北京市为研究对象，尝试采用灰色关联—熵权—TOPSIS法对其休闲农业发展水平进行评价，以期找出产业发展中存在的不足或短板，进而提出促进休闲农业产业发展的对策建议。

二、评价思路与方法

（一）评价思路

休闲农业评价的总体思路是：首先进行休闲农业发展的影响因素分析，对影响休闲农业发展的各种因素进行详细分析，从中尽可能多地选出与产业发展相关的指标；其次是衡量这些指标与休闲农业的相关性，根据相关性大小确定关键指标，从而构建起休闲农业评价指标体系；最后确定各指标的权重，计算出休闲农业综合评价指数，以综合评价指数高低评判产业发展水平。既可以进行纵向比较，也可以进行横向比较。

（二）研究方法

在指标选择、指标赋权、综合评价3个环节依次运用灰色关联度法—熵权法—TOPSIS法对北京休闲农业发展水平进行评价。

1. 指标选择的方法：灰色关联度法

灰色关联分析（Grey Relation Analysis，GRA）是种多因素的统计分析方法，是根据序列曲线几何形状的相似程度来判断其联系是否紧密，曲线越接近，相应序列之间的关联度就越大，反之就越小[151]。该方法用于衡量两个变量之间关联程度，通过计算两个变量之间的关联系数，从而评估它们之间的关联程度。在休闲农业发展评价中，灰色关联度法可以用来衡量不同因素对休闲农业发展的影响程度，从而为选择适宜的评价指标和构建科学的评价指标体系提供重要依据。分析步骤如下。

（1）选取参考序列和比较序列　以某一序列为参考序列，其余序列则为比较序列，从而比较两个序列之间的相似程度。

（2）对数据进行无量纲化处理　因为各指标数据的量纲不同，无法进行直接比较，需要进行无量纲化处理。通常采用均值法进行处理。

（3）计算参考序列与比较序列差的绝对值（AB），并求出其中的最大值（max）和最小值（min）。

（4）计算比较序列中各指标与参考序列的关联系数 C，$Ci = (max + \rho min) / (ABi + \rho min)$，其中 ρ 为分辨系数，一般在 0~1 范围内取值，通常选取 $\rho = 0.5$。

（5）计算比较序列与参考序列的关联度值 R，即各指标为 Ci 的平均值。关联度值 R 可以用来衡量两个变量之间的关联程度，取值范围在 0~1。当关联度值 R 越接近 1 时，说明两个变量之间的关联程度越强；当关联度值 R 越接近 0 时，说明两个变量之间的关联程度越弱。一般情况下，定义 $0 < R \leq 0.3$ 为弱关联，$0.3 < R \leq 0.7$ 为中度关联，$0.7 < R \leq 1.0$ 为高度关联[152]。

（6）对关联度值进行排序　排序可以让我们更加清晰地了解各个因素对休闲农业发展的影响程度，从而为政策制定和规划提供参考。

2. 指标赋权的方法：熵权法

熵权法是一种基于信息论的权重确定方法，它通过计算信息的熵值来确定各指标的权重。传统的评价方法往往根据专家经验或数据的主观性来确定权重，容易导致评价结果的不准确。而熵权法则是基于数据本身的特性，通过计算信息熵来确定权重，使评价结果更加客观、公正，是一种客观赋权法。熵权法的基本思想是将各指标的权重视为信息熵的一种度量，权重越大，信息熵越大，说明该指标的信息含量越高，对评价结果的影响也就越大。

熵权法的计算公式如下：$Wj = \sum i = 1n (Pij / \sum k = 1nPik) \times Wi$，其中，$Wj$ 表示第 j 个指标的权重，Pij 表示第 j 个指标在所有样本中的占比，Wi 表示第 i 个指标的权重，n 表示样本数量。

3. 综合评价方法：TOPSIS 法

TOPSIS（Topsis Optimizing Sampling System）法是一种多目标优化算法，主要用于解决多目标优化问题。该方法的基本思路是通过建立一个多属性决策模型，将多个属性之间的关系转化为数学模型，并通过优化算法求解最优解。TOPSIS 法最大的特点是即使目标函数中存在负值，也能够找到全局最优解。这使 TOPSIS 法能够处理具有非正定属性的决策问题。其计算步骤如下：

（1）初始化　确定初始解，可以选择任意解或者随机解。同时，需要设置每个目标的权重，权重用于衡量各个目标之间的相对重要性。

（2）计算各解的欧氏距离　对于当前解，计算每个目标与最优解的欧氏距离。

（3）计算各解的相对距离　将每个解与最优解的欧氏距离进行比较，计算相对距离。相对距离越小，说明当前解离最优解越近。

（4）更新最优解和最差解　将当前最优解更新为相对距离最小的解，将当前最差解更新为相对距离最大的解。

（5）判断是否收敛　计算连续两次迭代的最优解之间的欧氏距离。如果距离小于设定的收敛精度，则算法收敛，否则继续迭代。

（6）输出最优解　当算法收敛后，输出最优解，即为多目标优化问题的解。

（三）评价对象

本研究的评价对象有3个，一是北京市近十年来休闲农业发展水平的评价；二是北京市各区2021年休闲农业发展水平的评价与比较；三是北京市与天津、上海、重庆4个直辖市休闲农业发展水平的比较。第一个是纵向比较，后两个是横向比较。

三、休闲农业发展影响因素分析

休闲农业作为现代农业发展的新业态，其发展受到诸多因素的影响。这些因素包括资源因素、社会因素、经济因素、政策因素和产业因素等。

（一）资源因素

资源是休闲农业发展的基础。休闲农业是以农业为载体、农文旅融合发展的新业态，其发展的资源基础在于农业但更在于农业之外。

区域旅游资源对休闲农业项目的运营与发展有着较大的加持作用。这些旅游资源包括自然生态景区、人文景区、红色旅游资源、历史文化资源等。一方面，毗邻景区的休闲农业项目在景区引流的作用下，游客资源较多；另一方面，毗邻景区也为休闲农业项目的游客提供了更多的休闲选择。历史文化资源主要有历史传说、遗址、遗物、古村落等，这些都是开发休闲旅游的重要文化资源。表征区域旅游资源的指标主要有景区数量、传统村落数量、农业非物质文化遗产数量或传承人数量、系统性农业文化遗产数量、文物保护单位数量等。

区域生态环境对休闲农业的发展也有较大影响。良好的植被、优良的空气质量、清洁的水环境等，对于越来越注重休闲养生的人们有着较大的吸引力。近年来，在"绿水青山就是金山银山"和"人与自然和谐共生"理论的指导下，我国通过设立生态保护区，建设生态县、生态农场，开展农村人居环境整治等活动，基本扭转了农村脏乱差的形象，逐步实现了乡村望得见山，看得见水，留得住乡愁的生态宜居目标，吸引着城市居民纷纷到乡村休闲旅游。表征区域生态环境质量的指标主要有：植被覆盖率、空气质量优级天数、水污染指数、生态保护区数量或面积等。

（二）社会因素

休闲农业的发展离不开市场需求。在社会因素中，人口规模是休闲农业潜在市场的重要指标。区域人口尤其是城镇居民人口越多，潜在的休闲农业市场就越大；而区域居民收入水平则决定着潜在市场中的消费能力。城镇居民人均年可支配收入越多，则越倾向于更多的休闲消费支出。休闲农业项目多数远离城市，处于远郊区甚至是山区，方便的交通和便捷的交通工具，则影响着居民将消费需求转变为实际消费的可能性。因而，区域内道路越长、路网密度越大，公共交通工具如营运公交车数量越多，越方便人们到达休闲农业项目所在地。随着人们生活水平的提高，私家车拥有量也越来越多，极大地方便了居民的出行、扩大了居民的出游半径。因此，城镇居民年人均可支配收入、区域路网密度、私人汽车拥有量等这些因素都有助于居民将出游意愿转化为出游行动。

（三）经济因素

经济因素也是影响休闲农业发展的一个重要因素。经济发展水平高低对休闲农业的影响表现在以下几个方面。首先，经济发展水平高的地区人们的收入水平也相对较高、工作生活节奏相对较快，因而就会有更强的休闲消费需求和消费能力。有研究表明，经济发展水平与休闲农业的发展阶段密切相关。当人均GDP达到3 000~7 000美元时，休闲农业进入以观光采摘为主的发展阶段；当人均GDP达到7 000~13 000美元时，休闲农业进入以体验为主的发展阶段；当人均GDP超过13 000美元时，休闲农业就进入了以租赁为主的发展阶段。其次，休闲农业的发展需要大量的资金投入，包括基础设施建设、设备更新、市场推广等。资金不足往往制约休闲农业的发展，尤其是对于小型、散户型的休闲农业经营者。经济发展水平高的地区财政收入也相对较高，从而有更多的资金投入休闲农业中去，推动产业发展。最后，经济发展水平较高的地区因休闲农业的产业发展，对相关技术需求也较为强烈，因此在多渠道资金来源支持下的休闲农业技术研发也更为活跃，从而对产业发展起到支撑作用。

表征经济发展水平的指标有地区生产总值（GDP）、人均 GDP 等；反映产业投入水平的指标主要有 R&D 投入强度、产业发展投入等。

（四）政策因素

政策对休闲农业发展的影响是多方面的，从宏观政策到地方政策，从产业政策到土地政策，都对休闲农业的发展产生了深远的影响。

从国家层面来看，国家的宏观政策对休闲农业的发展起到了重要的推动作用。近年来，国家先后出台了一系列政策，如《关于加快发展现代农业的若干意见》《关于推进农村一二三产业融合发展的指导意见》等，鼓励和引导农民发展休闲农业，将休闲农业作为一二三产业融合发展的重点产业、乡村振兴的重要抓手和现代农业的重要组成部分。这些政策不仅明确了休闲农业的发展方向，还为休闲农业企业提供了税收优惠、土地使用等方面的政策支持。国家在严守耕地红线的前提下，鼓励农民利用闲置土地发展休闲农业，对休闲农业的发展起到了推动作用；另外，国家也对休闲农业的土地使用进行了严格限制，对休闲农业的发展则起到了一定程度的抑制作用。

从地方层面来看，各地为促进休闲农业的健康、可持续发展，根据本地区的实际情况，因地制宜地制定了一系列有利于休闲农业发展的政策。这些地方政策是落实国家宏观政策的具体环节，对地方休闲农业的发展有着更为具体的现实指导意义。地方政策往往有配套的资金支持，以财政资金为引导资金，撬动社会资金投入休闲农业；或者提供贷款支持、举办休闲农业节庆活动等。但资金的支持方式、支持额度等都会对地方休闲农业的发展产生不同的影响。

总之，好的政策能为休闲农业的发展提供良好的政策环境，对产业发展起到正向的推进作用；而与产业发展相悖的政策则会起到阻碍作用。

（五）产业因素

以上对休闲农业产生影响的资源因素、社会因素、经济因素和政策因素，都属于产业外部因素，但对产业发展起到决定性作用的是内部因素。产业因素主要包括产业经营主体规模、从业人员规模、接待规模、经营收入等。通常情况下产业经营主体数量越多、规模越大，表明产业发展势头越强劲。从业人员规模越大，表明产业的就业吸纳能力越强，反之，表明产业发展势头转弱。休闲农业的接待规模越大，说明供需两旺，产业进入良性发展轨道，反之，说明供过于求，休闲农业市场不景气。经营收入的高低是休闲农业发展好坏的最直接表现。经营收入高，产业处于上升通道；经营收入下降，则产业发展进入下降通道。这其中星级园区或星级民宿的就业吸纳能力、接待能力和经营收入都较普通园区和民宿更高。因此，区域星级园区或星级民宿的数量越大，也表明区域休闲农业发展情况越好，发展水平越高。另外，科技资源对休闲农业的发展也具有重要意义。一方面，休闲农业的产品要求更有风味、更安全，环境要更生态，要实现生态循环和有机生产，这些都离不开科技的支撑；另一方面，新技术的应用可以降低生产成本，提高收入。另外，休闲活动的创新可以丰富休闲农业的内容和形式，提高消费者的满意度。因此，技术资源的充足有效供给对休闲农业发展有正向促进作用。

总之，产业因素是产业发展的晴雨表，是产业健康可持续发展的最直接影响因素，是产业发展评价中最重要的评价指标。

综上所述，休闲农业的发展受到多种因素的影响，这些因素之间相互制约、相互促进。在对休闲农业的发展进行评价时，应全面考虑这些影响因素，以使得评价具有科学性和全面性。

第二节 近10年北京休闲农业发展水平评价

一、评价指标的选取

（一）指标选取原则

选取合适的休闲农业评价指标是评价休闲农业发展水平的关键。根据他人的研究成果及北京市农情与休闲农业发展现状，休闲农业评价指标选取原则应该遵循以下几点。

操作性原则：评价指标应该具有可操作性，尽可能避免选择定性指标，即能够通过实际测量和计算得到具体数值，以便对休闲农业发展水平进行量化评估。

可比性原则：评价指标应该具有可比性，即可以对不同地区和/或不同时间点的休闲农业发展水平进行比较，以便对休闲农业的发展趋势进行分析和预测，或者对不同地区的休闲农业发展水平进行比较。

全面性原则：也叫系统性原则。评价指标应该能够全面地反映休闲农业的总体特征和发展水平，符合休闲农业的内涵，需要涵盖休闲农业的各个方面，如市场潜力、资源条件、基础设施、经营主体、旅游收入等。

客观性原则：评价指标应该客观、中立，即不应该受到主观因素的影响，如政治因素、个人因素，以便对休闲农业发展水平进行公正、客观的评价。

动态性原则：休闲农业概念与内涵不断发展，休闲农业所处的社会经济环境也在不断变化，因此，休闲农业评价标准、评价目的也不能一成不变。因此，所选取的指标要有长期性和稳定性，而非阶段性指标，从而可对休闲农业做出长期的发展评价。

（二）指标体系构建

根据以上对休闲农业发展影响因素的分析，结合北京市情及休闲农业发展实际情况，遵循指标选取原则，借鉴他人研究成果，从资源条件（包括自然资源、社会资源和文化资源等）、产业规模和产业效益3个方面初步选取了14个指标，均为正向指标（表8-1）。

表8-1 北京休闲农业评价指标

序号	一级指标	二级指标	单位	数据来源
1	资源条件	3A级及以上景区数量	处	③
2		森林覆盖率	个	①
3		国家级美丽休闲乡村数量	个	⑥
4		市级及以上非物质文化遗产数量	个	⑦⑧
5		城镇常住人口	万人	①
6		城镇居民年人均可支配收入	元/人	①
7		路网密度	km/km²	①
8		私人汽车拥有量	万辆	①
9	产业规模	休闲农业经营主体数量	个	①
10		接待人次	万人次	①
11		每万乡村从业人员中休闲农业从业人员数量	人/万人	④
12	产业效益	休闲农业经营收入	亿元	①
13		休闲农业收入/农业产值		①
14		休闲农业人均消费	元/人	①

数据来源：①北京统计年鉴；②中国传统村落数字博物馆（http://www.dmctv.cn/）；③北京市旅游行业协会；④北京区域统计年鉴；⑤北京市观光农业行业协会；⑥农业农村部；⑦北京市文化和旅游局；⑧中国非物质文化遗产网。

(三) 指标释义

3A 级及以上景区数量：正向指标，包括经国家和省市两级认定的 3A 级、4A 级和 5A 级景区，数量越多，对游客的吸引力越大。

森林覆盖率：表征生态环境质量的正向指标，森林覆盖率越高，生态环境越好，旅游价值越大。

国家级美丽休闲乡村数量：正向指标，美丽休闲乡村数量越多，乡村旅游目的地越多，游客多，休闲农业发展也会越好。

市级及以上非物质文化遗产数量：正向指标，包括市级和国家级非物质文化遗产，非遗数量越多，进行休闲农业文化创意开发的资源基础越深厚，越有利于休闲农业的发展。

城镇常住人口：正向指标，在收入水平一定的情况下，城镇常住人口越多，休闲农业的潜在市场越大。

城镇居民年人均可支配收入：正向指标，人均可支配收入越高，休闲消费需求越大。

路网密度：正向指标，路网密度越高，交通越发达，休闲农业项目所在地的可达性越强。指标计算公式为：路网密度＝境内道路总里程/区域国土面积。

私人汽车拥有量：正向指标，私人汽车拥有量越多，游客出行的可能性越大，出游的半径也越大。

休闲农业经营主体数量：正向指标，休闲农业经营主体包括休闲农园经营主体和乡村旅游经营主体，数量越多，休闲农业发展越迅速。

接待人次：正向指标，接待人次越多，表明休闲农业发展越兴盛。

每万乡村从业人员中休闲农业从业人员数量：正向指标，从业人员越多，表明休闲农业产业就业吸纳能力越强。指标计算公式为：休闲农业从业人员数量/乡村从业人员。

休闲农业经营收入：正向指标，休闲农业经营收入包括休闲农园经营收入和乡村旅游经营收入，经营收入越多，表明产业发展越好。

休闲农业收入/农业产值：正向指标，休闲农业收入与农业产值之比越大，表明农业的产业融合度越高，附加值增加越多，产业发展越好。

休闲农业人均消费：正向指标，休闲农业人均消费越高，越能促进休闲农业的发展。指标计算公式为：休闲农业人均消费＝休闲农业收入/休闲农业接待人次。

二、评价结果与分析

(一) 灰色关联分析结果

灰色关联分析需要选择一个参考序列。休闲农业发展水平的最集中体现是经营收入,因此,本研究以"休闲农业经营收入"作为参考序列,以表8-1中其余13项评价项为特征序列进行灰色关联分析,求解特征序列与参考序列的关联度,其中分辨系数为0.5(表8-2)。

表8-2 各特征序列与参考序列关联度值

评价项	关联度	排名
休闲农业与乡村旅游经营主体数量	0.898	1
3A级及以上景区数量	0.867	2
路网密度	0.867	3
城镇常住人口	0.866	4
接待人次	0.850	5
森林覆盖率	0.843	6
每万乡村从业人员中休闲农业从业人员数	0.818	7
休闲农业收入/农业产值	0.811	8
私人汽车拥有量	0.803	9
市级及以上非物质文化遗产数量	0.789	10
休闲农业人均消费	0.722	11
城镇居民年人均可支配收入	0.703	12
国家级美丽休闲乡村数量	0.513	13

结果显示,在13个指标中,除"国家级美丽休闲乡村数量"与休闲农业经营收入关联度指数低于0.7之外,其余指标的关联度指数均高于0.7,达到高度关联。关联度指数在0.7~0.8的3个指标,分别是市级及以上非物质文化遗产数量(0.789)、休闲农业人均消费(0.722)、城镇居民年人均可支配收入(0.703),关联度指数在0.8~0.9的有9个指标,其中最高的是休闲农业与乡村旅游经营主体数量,关联度指数达0.898;其次是3A级及以上景区数量、路网密度,关联度指数均为0.867。

本研究选取关联度值大于等于0.7的13个影响因素和"休闲农业经营收入"共14个指标构建起北京休闲农业发展水平评价指标体系,见表8-3。

表 8-3 北京休闲农业评价指标体系及指标值

序号	评价指标	单位	2012	2013	2014	2015	2016	2017	2018	2019	2020	2021	2022
1	3A级及以上景区数量	个	189	189	189	189	189	189	189	189	190	190	190
2	每万乡村从业人员中休闲农业从业人员数	人/万人	143.1	142.6	131.9	122.5	104.6	112.5	117.7	101.3	83.4	86.5	86.5
3	接待人次	万人次	3 635.7	3 750.9	3 825.4	4 043.0	4 547.9	4 337.4	3 939.9	3 458.1	1 877.5	2 520.2	1 787.8
4	休闲农业人均消费	元/人	98.8	100.1	94.6	96.9	93.1	101.7	102.3	108.7	133.2	129.0	179.7
5	休闲农业收入/农业产值		0.091	0.089	0.086	0.106	0.125	0.143	0.136	0.133	0.095	0.121	0.120
6	休闲农业与乡村旅游经营主体数量	个	9 650	9 829	10 164	10 269	10 284	9 579	8 955	8 302	6 757	7 802	8 132
7	休闲农业经营收入	亿元	35.93	37.56	36.17	39.17	42.33	44.1	40.3	37.6	25	32.5	32.1
8	森林覆盖率	%	38.6	40.1	41	41.6	42.3	43	43.5	44	44.4	44.6	44.8
9	市级及以上非物质文化遗产数量	个	93	93	108	108	108	108	108	108	108	136	136
10	路网密度	km/km^2	1.74	1.76	1.78	1.78	1.77	1.80	1.79	1.80	1.80	1.81	1.81
11	城镇常住人口	万人	1 792.7	1 836.1	1 878	1 897.5	1 904.8	1 907.7	1 908.8	1 913.1	1 916.4	1 916.1	1 912.8
12	城镇居民年人均可支配收入	元/人	40 306	44 564	48 532	52 859	57 275	62 406	67 990	73 849	75 602	81 518	84 023
13	私人汽车拥有量	万辆	407.5	426.5	437.2	440.3	452.8	467.2	479	497.4	507.9	521.1	532.6

(二) 指标权重

使用极值法对数据进行标准化处理,对无量纲化后出现的 0 值赋值为 0.0001[153]。采用熵权法计算得出的各评价指标信息熵值、信息效用值及权重见表 8-4。结果表明,3A 级及以上景区数量的权重最高,达到了难以置信的 29.5%;其次是休闲农业人均消费,权重为 14.7%;再者是权重为 7%~8% 的 3 个指标,休闲农业收入/农业产值(7.5%)、市级及以上非物质文化遗产数量(7.5%)、每万乡村从业人员中休闲农业从业人员数(7.4%);权重在 5%~6% 的还有 3 个指标,分别是城镇居民年人均可支配收入(5.8%)、私人汽车拥有量(5.4%)、接待人次(5.1%);权重在 3%~4% 的也有 3 个指标,分别是森林覆盖率(3.8%)、休闲农业与乡村旅游经营主体数量(3.7%)、路网密度(3.7%);城镇常住人口的权重则最低,为 2.8%。

表 8-4 关键指标权重结果

指标	信息熵值 ek	信息效用值 dk	权重(%)
3A 级及以上景区数量	0.458 2	0.541 8	29.5
每万乡村从业人员中休闲农业从业人员数	0.864 8	0.135 2	7.4
接待人次	0.906 6	0.093 4	5.1
休闲农业人均消费	0.729 9	0.270 1	14.7
休闲农业收入/农业产值	0.862 4	0.137 6	7.5
休闲农业与乡村旅游经营主体数量	0.932 3	0.067 7	3.7
休闲农业经营收入	0.942 6	0.057 4	3.1
森林覆盖率	0.930 8	0.069 2	3.8
市级及以上非物质文化遗产数量	0.863 3	0.136 7	7.5
路网密度	0.932 6	0.067 4	3.7
城镇常住人口	0.947 9	0.0521	2.8
城镇居民年人均可支配收入	0.892 9	0.107 1	5.8
私人汽车拥有量	0.901 7	0.098 3	5.4

(三) 综合评价结果

采用 TOPSIS 法计算的各指标正负理想解和综合评价指数结果如表 8-5、图 8-1 所示。北京休闲农业发展水平综合指数 2012—2022 年呈波动上升趋势,2022 年的综合指数是 2012 年的 2.37 倍。其中,2012—2017 年呈平稳上升趋势，2018—2019 年有所下降，可能是受大棚房整治的影响；2020—2022 年呈现快速上升趋势，虽然是疫情期间，休闲农业的接待人次有所减少，但人均消费的提高，以及乡村民宿的火爆，反而推动了产业的快速上升。

表 8-5　北京休闲农业发展水平综合评价指数

评价对象	正理想解距离（D+）	负理想解距离（D-）	综合评价指数 C	排序
2012	0.888 2	0.364 4	0.291	11
2013	0.844 9	0.387 0	0.314	10
2014	0.806 2	0.407 3	0.336	9
2015	0.766 2	0.427 3	0.358	8
2016	0.753 8	0.483 4	0.391	7
2017	0.708 4	0.542 2	0.434	4
2018	0.700 1	0.516 9	0.425	5
2019	0.704 6	0.504 7	0.417	6
2020	0.568 1	0.705 4	0.554	3
2021	0.431 9	0.790 8	0.647	2
2022	0.394 5	0.875 8	0.689	1

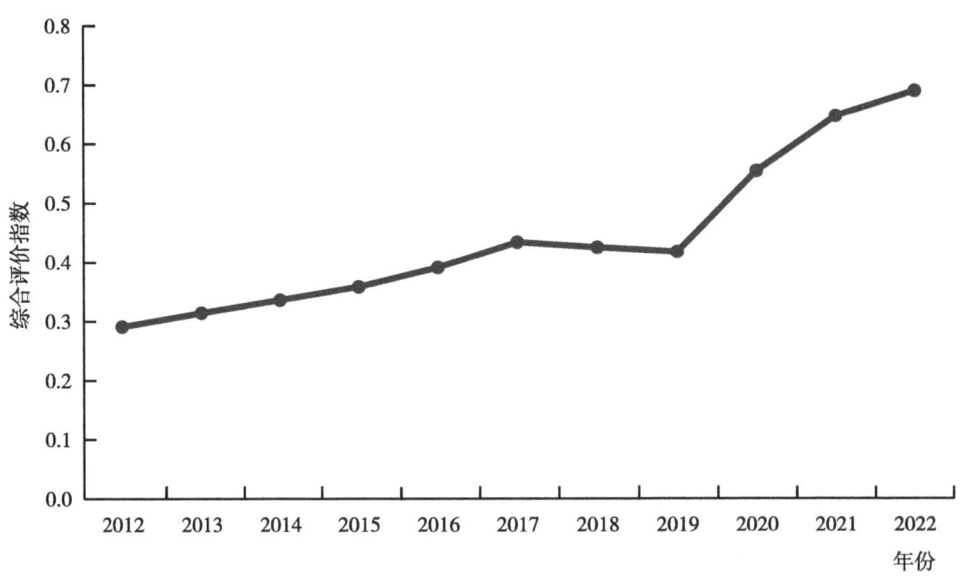

图 8-1　2012—2022 年北京休闲农业发展综合评价指数

第三节 北京各区休闲农业发展水平评价

同样，采用灰色关联分析法—熵权法—TOPSIS 法对各区休闲农业发展水平进行评价，通过横向比较，明确各区的发展差距。

一、评价指标的选取

（一）指标选取原则

因为地理位置、休闲农业资源禀赋和政策力度不同，各区的休闲农业发展状况、发展水平与发展成效也大相径庭。各区休闲农业评价指标的选取，原则上与全市休闲农业评价指标相一致，但考虑到区级与市级的不同，需要对个别指标进行调整。各区评价时采用节面数据，因而，不要求数据的连续获得，故有较大的选择余地。

鉴于各区国家级美丽休闲乡村数量很少，个别区数量为 0，但每个区都有市级以上美丽休闲乡村，因而在区级评价时替换为"市级及以上美丽休闲乡村数量"。"国家地理标志保护产品"是指产自特定地域，所具有的质量、声誉或其他特性取决于该产地的自然因素和人文因素，经审核批准以地理名称进行命名的产品，并进行地域专利保护。这类产品具有很强的地域性，而且独具特色，也是休闲农业开发的重要产品依托。因此，在区级休闲农业评价中引入该指标，数据以原国家质监总局（现为国家知识产权局）的"地理标志保护产品"（PGI）和农业农村部（原农业部）认证的农产品地理标志（AGI）保护登记名录为准。

各区休闲农业的游客主要来自于中心城区，而非各区境内的城镇居民，因而，市级评价中的"城镇常住人口""城镇居民年人均可支配收入""私人汽车拥有量"在区级评价中不适用，因而删除。

（二）指标体系构建

根据上述，本研究所选取了 13 个评价指标，均为正向指标（见表 8-6），各指标值见表 8-7。

表 8-6　各区 2022 年休闲农业发展水平评价指标

序号	一级指标	二级指标	单位	数据来源
1	资源条件	3A 级及以上景区数量	个	③
2		市级及以上美丽休闲乡村数量	个	④⑤
3		中国传统村落数量	个	②
4		国家地理标志保护产品数量	个	⑥
5		林木覆盖率	%	⑦
6		市级及以上非物质文化遗产数量	个	③
7		路网密度	km/km²	①
8	产业规模	休闲农业经营主体数量	个	①
9		接待人次	万人次	①
10		每万乡村从业人员中休闲农业从业人员数	人/万人	①
11	产业效益	休闲农业人均消费	元/人	①
12		休闲农业经营收入	万元	①
13		休闲农业收入/农业产值		①

数据来源：①北京区域统计年鉴；②中国传统村落数字博物馆（http://www.dmctv.cn/）；③北京市文化和旅游局；④北京市农业农村局；⑤农业农村部；⑥国家知识产权局；⑦互联网。

二、评价结果与分析

（一）灰色关联分析结果

本研究以休闲农业经营收入作为参考序列，以表 8-3 中其余 12 项评价项为特征序列进行灰色关联分析，求解特征序列与参考序列的关联度，其中分辨系数为 0.5。结果见表 8-8。

结果显示，12 项特征序列与参考序列（休闲农业经营收入）的关联度指数均大于 0.6，除"中国传统村落数量"为 0.6968，属中度关联外，其余均在 0.7 以上，为高度关联。因此，本研究选取关联度值大于 0.6 的全部 12 个影响因素和"休闲农业经营收入"共 13 个指标构建起各区休闲农业发展水平评价指标体系。

第八章 北京休闲农业发展评价

表 8-7 各区 2022 年休闲农业评价指标体系及指标值

序号	评价指标	单位	门头沟	房山	通州	顺义	昌平	大兴	怀柔	平谷	密云	延庆
1	3A 级以上景区数量	个	16	20	4	7	12	5	14	6	16	12
2	市级及以上美丽休闲乡村数量	个	11	10	4	9	3	4	8	8	11	7
3	中国传统村落数量	个	12	5	0	1	1	0	0	0	3	0
4	国家地理标志保护产品数量	个	5	2	2	0	4	3	3	4	4	4
5	每万乡村从业人员中休闲农业从业人员数	人/万人	512.4	105.1	52.9	56.5	86.4	54.5	390.3	446.6	522.6	536.3
6	接待人次	万人次	38.25	75.01	38.08	47.65	118.00	53.323	225.66	205.03	466.14	300.43
7	休闲农业人均消费	元/人	250.8	144.1	479.9	426.5	291.9	187.8	159.3	120.8	163.3	139.8
8	休闲农业经营收入	万元	9 594.5	10 805.6	18 276.6	20 323.7	34 447.7	10 012.2	35 943.3	24 761.9	76 139.3	41 987.3
9	休闲农业收入/农业产值		0.279	0.040	0.058	0.046	0.218	0.029	0.299	0.071	0.227	0.227
10	休闲农业经营主体数量	个	460	1 226	135	115	324	124	1 479	710	1 985	1 453
11	林木覆盖率	%	0.876	0.65	0.4066	0.3658	0.672	0.342	0.7724	0.729	0.753	0.735
12	市级及以上非物质文化遗产数量	个	19	7	10	6	8	11	13	7	9	6
13	路网密度	km/km²	0.68	1.58	3.13	2.88	1.70	2.83	0.80	1.75	0.96	1.00

表 8-8 各特征序列与参考序列关联度值

评价项	关联度	排名
接待人次	0.905 3	1
林木覆盖率	0.873 8	2
休闲农园与乡村旅游经营主体数量	0.857 9	3
休闲农业收入/农业产值	0.853 4	4
3A 级以上景区数量	0.852 9	5
国家地理标志保护产品数量	0.846 9	6
每万乡村从业人员中休闲农业从业人员数	0.832 9	7
市级以上美丽休闲乡村	0.827 5	8
市级及以上非物质文化遗产数量	0.821 5	9
休闲农业人均消费	0.789 0	10
路网密度	0.780 4	11
中国传统村落数量	0.696 8	12

(二) 指标权重

使用极值法对数据进行标准化处理，对无量纲化后出现的 0 值赋值为 0.0001。采用熵权法计算得出的各评价指标信息熵值、信息效用值及权重见表 8-9。结果表明，中国传统村落数量的权重最高，为 17.4%；其次是接待人次，权重为 10.4%；每万乡村从业人员中休闲农业从业人员数、休闲农业人均消费水平、经营收入、休闲农业经营主体数量、市级及以上非物质文化遗产数量的权重均在 8.0%~9.0%，休闲农业/农业产值、路网密度、3A 级及以上景区数量的权重在 5.0%~8.0%，分别为 7.2%、6.2% 和 5.1%；林木覆盖率、市级及以上美丽休闲乡村数量、国家地理标志保护产品数量的权重均低于 5%，分别为 4.4%、4.2% 和 2.3%。

表 8-9 关键指标权重结果

评价指标	信息熵值 e_k	信息效用值 d_k	权重（%）
3A 级及以上景区数量	0.862 2	0.137 8	5.1
市级及以上美丽休闲乡村数量	0.888 1	0.111 9	4.2
中国传统村落数量	0.529 9	0.470 1	17.4
国家地理标志保护产品数量	0.936 7	0.063 3	2.3

（续表）

评价指标	信息熵值 ek	信息效用值 dk	权重（%）
每万乡村从业人员中休闲农业从业人员数	0.756 7	0.243 3	9.0
接待人次	0.718 6	0.281 4	10.4
休闲农业人均消费	0.777 1	0.222 9	8.3
经营收入	0.770 9	0.229 1	8.5
休闲农业收入/农业产值	0.806 2	0.193 8	7.2
休闲农业经营主体数量	0.774 6	0.225 4	8.4
林木覆盖率	0.880 5	0.119 5	4.4
市级及以上非物质文化遗产数量	0.769 3	0.230 7	8.6
路网密度	0.832 1	0.167 9	6.2

（三）综合评价结果

采用 TOPSIS 法计算的各指标正负理想解和综合评价指数结果如表 8-10 所示。密云最高，其次是门头沟，大兴的综合评价指数最低。由高到低排序为：密云 0.581 1、门头沟 0.559 3、怀柔 0.457 7、延庆 0.445 0、房山 0.355 4、平谷 0.342 8、昌平 0.323 6、通州 0.317 8、顺义 0.303 7、大兴 0.230 4。可以看出，7 个山区的休闲农业综合评价指数均高于平原区（表 8-10）。

表 8-10　各区 2021 年休闲农业发展水平综合评价指数

评价对象	正理想解距离（D+）	负理想解距离（D-）	综合评价指数 C	排序
密云	0.522 6	0.725 1	0.581 1	1
门头沟	0.586 9	0.744 9	0.559 3	2
怀柔	0.641 4	0.541 2	0.457 7	3
延庆	0.676 9	0.542 7	0.445 0	4
房山	0.753 0	0.415 2	0.355 4	5
平谷	0.762 4	0.397 6	0.342 8	6
昌平	0.752 4	0.360 0	0.323 6	7
通州	0.859 4	0.400 4	0.317 8	8
顺义	0.854 2	0.372 6	0.303 7	9
大兴	0.901 2	0.269 9	0.230 4	10

将各区的综合评价指数划分为4个层次，0.2<C≤0.3，0.3<C≤0.4，0.4<C≤0.5，C＞0.5，每个层次分别对应差、中、良、优4个发展水平。从表8-11、图8-2可以看出，密云和门头沟休闲农业发展水平为"优"，怀柔和延庆为"良"，房山、平谷、昌平、通州和顺义发展水平为"中"，大兴为"差"。

表8-11　各区休闲农业综合评价指数等级划分与水平评价

综合评价指数	0.2<C≤0.3	0.3<C≤0.4	0.4<C≤0.5	C＞0.5
等级	差	中	良	优
颜色	蓝色	黄色	橙色	红色
各区	大兴	房山、平谷、昌平、通州、顺义	怀柔、延庆	密云、门头沟

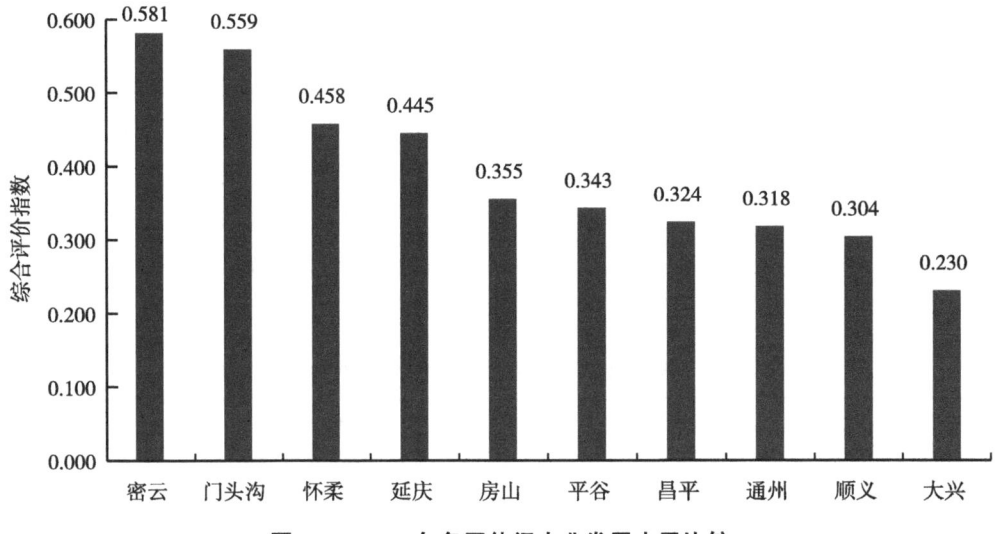

图8-2　2022年各区休闲农业发展水平比较

第四节　京、津、沪、渝休闲农业发展水平评价

一、研究区域与产业基本情况

（一）研究区域基本情况

北京、天津、上海和重庆是我国的四大直辖市。北京市作为首都，是首都

经济圈的核心城市;天津市东临渤海,是我国北方最大的港口城市和首批沿海开放城市;上海市东临东海,是长三角经济圈的核心城市;重庆市位于我国西南腹地,是长江上游地区经济中心。4市中面积最大的是重庆,达8.24万平方千米;其次是北京和天津,二者面积相差不大,分别为1.6万平方千米和1.2万平方千米;上海面积最小,只有0.63万平方千米。天津常住人口最少,只有1 373万人;北京与上海均超过了2 000万人;重庆人口最多,达3 212万人。人均GDP最高的是北京和上海,分别为19.0万元/人和18.0万元/人;其次是天津,11.9万元/人;重庆最低,只有9.0万元/人。居民年人均可支配收入最高的是上海,达8.0万元;其次是北京7.7万元,天津4.9万元;重庆最少,只有3.6万元。国家自然保护区面积重庆最大,达25.52万公顷;其次是上海,6.52万公顷;北京最少,只有2.89万公顷。森林覆盖率北京最高,达43.8%;其次是重庆,为43.1%;天津最低,只有12.1%。

(二) 研究区域休闲农业现状

北京市将休闲农业作为乡村振兴的重点产业持续加大政策引领和资金支持。休闲农业"十百千万"畅游行动为抓手,每年投入2亿元,打造10余条休闲农业精品线路、创建百余个美丽休闲乡村、提升千余个休闲农业园、改造近万户民俗接待户,推进休闲农业提档升级。截至目前,北京市拥有4个全国休闲农业重点县,7个全国休闲农业和乡村旅游示范县、21个示范点,44个中国美丽休闲乡村、85个国家级休闲农业星级企业(园区),年接待游客约1 800万人次,综合收入超过30亿元。

天津市近年来着力推进休闲农业与乡村旅游、教育、科技、体育、健康、养老、文化创意、文物保护等领域深度融合,不断培育休闲农业新产品、新业态和新模式,推动休闲农业成为富裕农民、提升农业、美化乡村的重要力量[154]。截至目前,天津市拥有中国美丽休闲乡村33个,3个全国休闲农业示范县,6个全国乡村旅游重点镇、28个重点村,休闲农业年接待游客1 700万人次,综合收入达到30亿元[155]。

上海市的休闲农业近年来呈现出发展主体类型多元、产业布局逐步优化、发展机制不断创新的格局。各地在因地制宜开发的基础上形成了一些有特色的休闲农业观光园、采摘园、乡村民宿、休憩林地和农事节庆文化活动。全市有各类休闲农业和乡村旅游景区(点)450个、中国美丽休闲乡村39个,年接待游客约1 500万人次[156]。

重庆市在市场和政府双轮驱动下,休闲农业与乡村旅游呈现出从郊区到山区、景区到农区、零星到集群、观光到休闲快速扩张、转型发展态势,正逐步成长为农村经济重要的支柱产业[157]。到目前,全市拥有中国美丽休闲乡村66个,全国休闲农业与乡村旅游示范县12个、示范点23个,全国乡村旅游重点镇6个、重点村41个,乡村精品旅游线路81条[158]。

二、指标选取

(一) 指标选取原则

横向比较时,指标选取应遵循的原则如下。

科学性。即选取能够科学反映休闲农业发展水平的权威指标。

统一性。所选指标要适用于所有研究对象。

典型性。所选取指标因素要能明确反映区域休闲农业发展水平的特征。

可得性。指标因素的具体数据要可获得,且真实可靠。

互斥性。各个指标因素互不重复,内生性低。

数量适当。指标选择数量过多或过少都需要二次筛选。

(二) 指标体系构建

休闲农业是农文旅融合的新型产业,其发展既离不开农文旅产业的资源基础,也受到经济与社会发展的影响。综合上述对休闲农业影响因素的分析,以及相关研究文献成果,结合4地休闲农业发展实际情况,遵循上述指标选取原则,本研究拟从市场潜力、基础条件、资源条件、生态质量、产业规模和产业效益6个方面进行指标选取。

市场潜力:4个直辖市均为人口超大型城市,巨大的人口也蕴含着对休闲农业消费需求的潜在市场;而人均年可支配收入水平则决定了消费行为的可行性。故选取常住人口和居民年人均可支配收入为评价指标。

基础条件:研究区域的交通是否便利、基础设施是否完善、出行工具是否充足对游客休闲的目的地选择都有着重要影响。故选取境内路网密度和私人汽车拥有量作为具体评价指标。

资源条件:产业资源是产业发展的基础,资源越丰富,基础越好,产业发展也会更好。从休闲农业的实践来看,景区与美丽休闲乡村数量越多,乡村的可游性越强,越能吸引游客;休闲农业示范县(点)的创建对休闲农业产业的发展有较强的典型示范和带动作用,其数量多少与产业发展有正向影响。故选取 A 级景区数量、中国美丽休闲乡村数量、全国休闲农业与乡村旅游示范县/点数量作为具体评价指标。

生态质量：生态环境的好坏，如空气质量、植被覆盖情况、自然保护区面积大小等，对游客的乡村旅游意愿有较大影响，对休闲农业发展有着正向作用。本研究选取国家自然保护区面积、空气质量优良天数占比、森林覆盖率等综合反映生态环境质量的指标作为评价指标。

产业规模：产业规模是产业发展水平的一个重要体现，规模越大，产业接待游客的能力越强，经营收入也会更高。故选取经营主体数量和接待人次作为产业规模的评价指标。

产业效益：产业效益是产业发展水平最重要的衡量指标。休闲农业的产业效益主要表现为经济效益与社会效益，经济效益体现为经营收入，而社会效益则主要体现为提供就业岗位。故选取"经营收入"和"从业人员数量"作为评价指标。

根据上述，本研究所选取的 14 个评价指标见表 8-12，均为正向指标。

表 8-12　休闲农业发展水平评价指标

评价目标	一级指标	二级指标	指标属性
休闲农业发展水平	市场潜力	1. 常住人口（万人）	正向
		2. 居民年人均可支配收入（元）	正向
	基础条件	3. 境内路网密度（km/km²）	正向
		4. 私人汽车拥有量（万辆）	正向
	资源条件	5. A 级景区数量（个）	正向
		6. 中国美丽休闲乡村（个）	正向
		7. 全国休闲农业与乡村旅游示范县/点（个）	正向
	生态质量	8. 国家自然保护区面积（万公顷）	正向
		9. 森林覆盖率（%）	正向
		10. 空气质量优良天数占比（%）	正向
	产业规模	11. 经营主体数量（个）	正向
		12. 接待人次（万人次）	正向
	产业效益	13. 从业人员数量（个）	正向
		14. 营业收入（亿元）	正向

(三) 数据来源

4个直辖市休闲农业发展水平评价指标数据来源于：一是统计年鉴。即《中国统计年鉴》《中国第三产业统计年鉴》《中国文化文物和旅游统计年鉴》《中国休闲农业年鉴》，以及4个直辖市的统计年鉴；二是互联网。即中国天气网、农业农村部网站等。三是缺失数据处理。部分缺失数据采用插值法进行数据重建。

三、评价结果与分析

(一) 灰色关联分析结果

本研究以各直辖市休闲农业营业收入作为参考序列，以表8-12中其余13项评价项为特征序列进行灰色关联分析，求解特征序列与参考序列的关联度，其中分辨系数为0.5，结果见表8-13。

表8-13 各特征序列与参考序列关联度值

评价项	关联度	排名
从业人员数量	0.969	1
经营主体数量	0.883	2
接待人次	0.879	3
国家自然保护区面积	0.830	4
森林覆盖率	0.672	5
私人汽车拥有量	0.650	6
A级景区数量	0.641	7
常住人口	0.630	8
中国美丽休闲乡村	0.628	9
境内路网密度	0.609	10
全国休闲农业与乡村旅游示范县/点	0.607	11
空气质量优良天数占比	0.599	12
居民年人均可支配收入	0.546	13

结果显示，与休闲农业收入关联度最大的因素是从业者数量，关联度值高达0.969；其次是经营主体数量、接待人次和国家自然保护区面积，关联度值在0.8~0.9；有7个指标的关联度值为0.6~0.7，分别是森林覆盖率、私人汽车拥有量、A级景区数量、常住人口、中国美丽休闲乡村、境内路网密度和全国休闲农业与乡村旅游示范县/点数量；关联度值在0.6以下的有两个，分别

是空气质量优良天数占比和居民年人均可支配收入。

本研究选取关联度值大于等于 0.65 的 6 大影响因素和"营业收入"一共 7 个指标构建起京津沪渝休闲农业发展水平评价指标体系，见表 8-14。其中经营收入和接待人次反映了居民乡村休闲游的出行意愿与消费能力；经营主体和从业人员数量反映了企业的投资意愿与劳动者的从业意愿；国家自然保护区面积和森林覆盖率反映了良好的生态环境条件，是休闲农业发展生态资源条件；私人汽车拥有量则反映了居民乡村休闲游的出行可能性与便利性。

表 8-14　京津沪渝休闲农业评价指标体系及指标值

序号	指标	北京	天津	上海	重庆
1	经营收入（亿元）	32.5	56.5	20.1	515.8
2	从业人员数量（人）	51 058	57 821	20 411	533 964
3	经营主体数量（个）	7 802	2 969	295	41 196
4	接待人次（万人次）	2 520	1 215	1 305	15 889
5	国家自然保护区面积（万公顷）	2.9	3.1	6.5	25.5
6	森林覆盖率（%）	43.8	12.1	14	43.1
7	私人汽车拥有量（万辆）	532.6	339.2	362.9	820.2

（二）指标权重

使用极值法对数据进行标准化处理，对无量纲化后出现的 0 值赋值为 0.0001。采用熵权法计算得出的各评价指标信息熵值、信息效用值及权重见表 8-15。结果表明，休闲农业接待人次的权重最高，达 17.8%；其次是营业收入（17.2%），从业人员数量和国家自然保护区面积权重相当，为 15.7%；经营主体数量权重为 12.9%，私人汽车拥有量权重为 11.0%；森林覆盖率的权重最低，为 9.7%。

表 8-15　关键指标权重结果

指标	信息熵值（ek）	信息效用值（dk）	权重（%）
营业收入	0.254	0.746	17.2
从业人员数量	0.318	0.682	15.7
经营主体数量	0.443	0.557	12.9
接待人次	0.228	0.772	17.8
国家自然保护区面积	0.319	0.681	15.7
森林覆盖率	0.581	0.419	9.7
私人汽车拥有量	0.524	0.476	11.0

(三) 综合评价结果

采用 TOPSIS 法计算的各指标正负理想解和综合评价指数结果如表 8-16 所示。重庆市的综合评价指数最高（0.993），排名第一；其次是北京，为 0.289；上海和天津分列第三和第四，综合评价指数分别为 0.066 和 0.048。从综合评价指数的数值来看，重庆市的休闲农业发展水平远高于其他 3 个直辖市，北京略高于上海和天津，后两者则基本处于同一水平（图 8-3）。

表 8-16 京津沪渝休闲农业发展水平综合评价指数

评价对象	正理想解距离（D+）	负理想解距离（D-）	综合评价指数 C	排序
北京市	0.856 1	0.347 7	0.289	2
天津市	0.966 7	0.048 2	0.048	4
上海市	0.964 3	0.067 9	0.066	3
重庆市	0.006 9	0.997 9	0.993	1

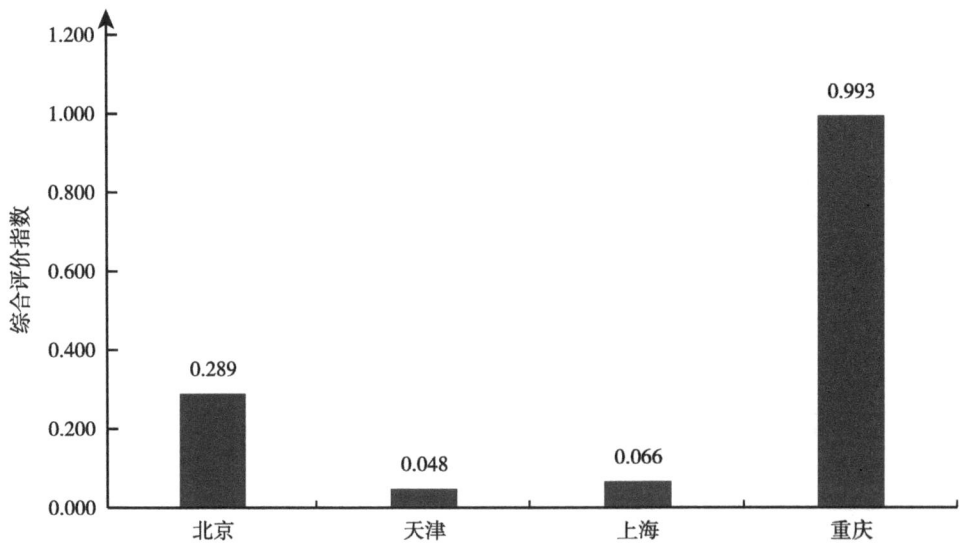

图 8-3 京津沪渝休闲农业发展水平比较

第五节 结论与相关建议

一、研究结论

(一) 北京市2012—2022年的休闲农业发展水平综合评价

本研究选取了14项评价指标,以休闲农业经营收入为参考序列,基于灰色关联法,筛选出休闲农业发展的13项关键影响因素,构建了北京休闲农业发展水平评价指标体系,运用熵权法对各评价指标进行赋权,采用TOPSIS法对北京市2012—2022年的休闲农业发展水平进行综合评价。结果表明:北京休闲农业发展水平综合指数2012—2022年呈波动上升趋势,2022年的综合指数是2012年的2.37倍。其中,2012—2017年呈平稳上升趋势;受大棚房整治的影响,2018—2019年有所下降;2020—2022年疫情期间却呈现快速上升趋势。由此看来,疫情对休闲农业虽有负向影响,但总体上的影响是正向的。

(二) 北京市各区休闲农业发展水平综合评价

根据各区休闲农业发展现状,选取了13个指标,以休闲农业经营收入为参考序列,基于灰色关联法,筛选出休闲农业发展的12项关键影响因素,构建了北京休闲农业发展水平评价指标体系,运用熵权法对各评价指标进行赋权,采用TOPSIS法对北京市各区2022年的休闲农业发展水平进行综合评价。结果表明,休闲农业发展综合指数最高的是密云,综合评价指数为0.570;其次是门头沟,指数为0.513;最低的是顺义,指数为0.233;7个山区区的休闲农业综合评价指数均高于平原区;从发展等级来看,密云和门头沟休闲农业发展水平为"优",怀柔为"良",平谷、昌平、延庆和房山发展水平为"中",通州、大兴和顺义为"差"。

(三) 京津沪渝休闲农业发展水平比较

本研究选取了与休闲农业发展相关的14个指标,以休闲农业经营收入为参考序列,基于灰色关联法,筛选出休闲农业发展的关键影响因素,构建了4地休闲农业发展水平评价指标体系,运用熵权法对各评价指标进行赋权,采用TOPSIS法进行综合评价。结果表明:重庆市的休闲农业发展最好,综合评价指数为0.993;其次是北京,综合指数为0.289;上海和天津发展水平相近,综合指数分别为0.066和0.048。

二、相关建议

(一) 倡导休闲生活理念,引导休闲消费流向乡村

在京津沪渝休闲农业发展横向比较中,重庆市休闲农业评价得分高的最主要原因是其休闲农业接待人次和营业收入远高于其他3个直辖市。重庆市人口不足北京的1.5倍,但其休闲农业接待人次和营业收入分别是北京的6.3倍和15.9倍,这与重庆市居民追求慢生活和休闲的生活观念有较大关联。从全市居民年人均休闲农业旅游次数来看,重庆为4.9次,北京只有1.2次,天津和上海更低,只有0.9次和0.5次。从全市居民年人均休闲农业旅游消费来看,重庆高达1 605.9元,是天津、北京和上海的3.9倍、10.8倍和19.9倍。重庆居民年人均可支配收入虽没有其余3市高,但居民却不吝在休闲上的消费,生活理念的影响是其中的重要原因。因此,应加强对乡村休闲生活理念的宣传,引导休闲消费流向乡村,从而推动休闲农业的发展。

(二) 加大环境建设力度,挖掘生态变现潜力

从全市评价指标的熵权计算结果来看,景区数量的权重最高,表明了生态资源对于休闲农业的重要性。休闲农业虽然本身具有生态作用,但休闲农业与乡村旅游的发展更依赖于乡村生态环境建设的好坏。近年来,国家重视生态环境保护与建设,昔日的荒山黑水、杂乱污脏的乡村环境变成了如今的青山绿水和干净整洁的美丽乡村。农业农村部推动的中国美丽休闲乡村评选,休闲农业示范县、示范点建设和星级企业(园区)创建活动,都极大地改善了休闲农业和乡村旅游环境,使得休闲农业与乡村旅游成为将"绿水青山变成金山银山"的重要产业途径。因此,应继续加大生态环境建设力度,并进一步依托生态环境资源开发相关休闲消费项目,如森林康养、自然疗愈、休闲健身(徒步、骑行、登山等)、科普研学、农食教育等,充分挖掘生态环境变现或增值潜力,使乡村生态环境的改善与产业发展形成良性循环。

(三) 加大资金扶持力度,拓宽融资渠道

休闲农业经营主体数量决定了接待能力的大小。从绝对数值来看,重庆市休闲农业经营主体数量是其余3市的5~140倍;从相对数值来看,重庆市每万居民休闲农业经营主体数量是12.8个,京津沪平均只有1.8个,差距同样巨大。休闲农业经营主体的数量与政府的政策引导和资金扶持是分不开的。不

论是休闲农业还是乡村民宿建设，要实现高起点高品质，其投资都是巨大的，一般的农户承受不起。一方面，应加大对经营主体的扶持力度，支持其完善设施、改善环境、提升服务水平和开展品牌建设，以更好的软硬件设施提供更好的休闲服务；另一方面，要拓宽休闲农业投融资渠道，按照"合理支持、利率优惠、一次授信、随用随贷、余额控制、循环使用"的原则，推动银行开发以休闲农业经营权抵押为核心的信贷产品，为休闲农业经营主体提供政府性融资担保、优惠贷款或贷款补贴，鼓励小型休闲农业企业可采取互助联保式进行融资等。

（四）加强行业规范管理，提高休闲服务水平

休闲农业与乡村旅游项目价格与质量和服务不匹配是游客反映最突出的问题。如疫情期间消费者假日出游半径缩短，消费需求集中在本地释放，再加上大城市消费能力强，导致休闲农业和乡村民宿的价格暴涨，单间过千、整院过万的民宿价格，让游客直呼住不起，感慨"郊区游花出了出境游的钱""五星的价格，三星的设施，一星的服务"。这反映出行业项目建设缺乏标准规范，价格随意上涨、服务意识差等乱象。因此，为确保休闲农业产业的健康发展，我们应采取一系列综合性措施。首先，应成立休闲农业行业协会，制定产业发展规划、项目建设相关标准与规范，加强行业自律；其次，鼓励休闲农业经营主体联合成立专业合作社，统一建设质量标准、服务质量标准与服务价格标准，让游客的民宿选择不再是"拆盲盒"；同时，还应加强休闲农业星级园区建设和星级民宿建设，提升高端项目的项目品质与服务品质，满足多元化的需求；最后，针对休闲农业经营主体及从业者，应开展相关培训，提高其服务意识与服务水平，确保为游客提供更为优质、专业的服务体验。

第九章

北京休闲农业发展趋势与展望

第一节　北京休闲农业发展的技术与政策需求

一、产业技术需求

当前北京休闲农业的发展，最迫切的技术需求主要集中在 7 个方面。

（一）绿化美化及景观植物新品种

随着美丽休闲乡村建设、乡村全面振兴、宜居宜业和美乡村建设的逐步推进，结合北京休闲农业产业提升的需求，对绿化美化及景观植物新品种的需求越来越迫切。原有的大众化的绿化美化植物品种已无法满足休闲农业多样化的需求。乡村道路两侧、河道两侧、湖库边坡的阴面以及林下空间美化与绿化需要耐阴、耐瘠薄的植物品种。景观营造的需要，不仅需求低矮整齐的植物，也需要高低错落的乔木、灌木等植物；不仅需要五彩缤纷的花卉品种，也需要自带风景的观赏草品种；不仅需要仅具供观赏价值的品种，也需要赏食兼用甚至是药用具有经济价值的品种；不仅是需要适合田野种植的品种，也需要适合庭院种植的植物品种。为延长北京的观景期，适合早春和晚秋甚至是初冬种植的耐寒植物新品种需求增加。近年来随着景观农业的兴起，为营造农田字画，对彩色作物品种的需求也逐步提高。

（二）景观营造技术

景观营造技术指的是通过各种手段和技术来打造美丽、宜人、安全、可持续的农业景观空间。常见的农业景观营造技术包括：

土地整理技术。通过平整、挖掘、填土、排水等技术手段，使地形符合设计要求；

植物栽培技术。进行植物选种、栽植、修剪、施肥等；

水景营造技术。包括喷泉、水池、水道等水景设计与建造；

园路设计技术。利用沙砾、石材、木材、混凝土、金属等各种材料打造与周围环境相协调的园路；

艺术装饰技术。利用雕塑、绘画、装饰艺术等手段，使景观更具艺术价值和观赏性；

环境保护技术。通过水土保持、植被保护、生态恢复等手段，维护景观生态平衡和环境健康。

（三）休闲农园主题设计

北京最初的休闲农园是由普通的果园或菜园转变而来，重生产而轻景观。随着城市居民需求层次的提升，以及产业差异化发展的需求，休闲农园的主题设计显得越来越重要。休闲农园是农业、旅游、休闲和文化相融合的产业载体，其主题设计技术包括。

主题确定：确定休闲农园的主题，包括文化主题、生态主题、农业主题等，确定主题有利于整体规划和设计。

空间布局：根据主题确定休闲农园的空间布局，包括景观区、农业体验区、休闲娱乐区等，布局应合理、流畅，让游客可以愉悦地参与各项活动。

建筑设计：休闲农园内的建筑设计要与主题相一致，例如文化主题的休闲农园可以设计传统建筑风格，生态主题的休闲农园可以设计环保、可持续发展的建筑。

植物布置：根据主题选择适合的植物进行布置，例如文化主题可以布置各种传统园林植物，农业主题可以布置各种果树、蔬菜等农作物。

文化元素：通过布置传统文化元素、历史文化元素等，增加休闲农园的文化内涵，让游客能够了解当地的文化背景和历史。

活动策划：根据主题设计各种丰富多彩的活动，例如文化主题可以设计传统文化体验活动，生态主题可以设计户外探险、生态科普等活动，吸引游客参与。

设施配置：根据主题设计各种设施，例如文化主题可以设计传统工艺制作展示区，农业主题可以设计果蔬采摘区等，为游客提供更丰富的体验。

（四）创意农产品开发技术

创意开发既可以丰富休闲农业的供给产品，也是实现休闲农业增值的一个重要途径。创意农产品开发技术包括以下几个方面：

产品设计：创意农产品需要有独特的设计理念和特色，可以通过市场调研和产品定位来确定产品的设计方向。

原料选择：创意农产品需要选用优质的原料，如有机蔬菜、特色水果等，保证产品的品质和口感。

工艺创新：创意农产品需要创新的工艺制作，以突出产品的独特性，如发酵、烘焙、腌制等。

包装设计：创意农产品的包装需要具有美观、实用、环保等特点，吸引消费者的注意力，增加产品的附加值。

营销策略：创意农产品的营销需要有独特的策略和渠道，如通过线上销售、农村旅游等方式进行推广，吸引消费者的关注和购买。

品牌打造：创意农产品需要建立自己的品牌形象，通过品牌形象的宣传和营销，提高产品的知名度和美誉度，为产品销售打下坚实的基础。

（五）农业文化的挖掘与开发

农业文化是乡村文化的重要组成部分，是农业发展的重要历史文化遗产，具有丰富的文化内涵和历史价值。通过农业文化的挖掘与开发，可以更好地传承和发扬传统农业文化，促进休闲农业的发展与繁荣。农业文化（包括农业文化遗产）挖掘与开发的技术需求包括以下几个方面。

调查研究：通过对农业历史文化、风土人情、民间传说等进行深入的调查研究，挖掘出农业文化的内在价值和历史背景。

建设农村博物馆：将挖掘出来的农业文化整合成为一个完整的文化系统，建设农村博物馆，通过文物展览、文化体验、演艺表演等方式向公众展示农业文化的魅力。

农家乐与民俗节庆：通过农家乐和民俗节庆等活动形式，将农业文化和现代农业生产相结合，展现传统农业文化的魅力和现代农业的发展成果。

农业文化旅游：开发农业文化旅游资源，推出旅游线路和特色产品，吸引游客前来体验农村生活、品尝农村美食、了解农业文化，从而推动当地农业和旅游业的发展。

农业文化教育：将农业文化纳入学校教育和社会教育，通过教育培养农业文化传承人，推广农业文化知识，提高公众对农业文化的认知度和传承意识。

（六）阳台农业新品种与技术装备

北京作为人口超大型城市，阳台农业有着广阔的发展空间和市场需求。阳台农业泛指室内、阳台、楼顶、地下室等城市空间的种植与养殖。在光线不足的空间（如室内阴面或地下室），需要耐阴的品种；在光线强烈的楼顶则需要耐强日照的品种。阳台农业更青睐于易种植、易管理的植物品种；既要有观赏性，还要有食用性，对那些具有净化空气和保健作用的品种需求更强烈。阳台农业在养殖方面对小型动物尤其是易养的金鱼品种有需求。城市居民大多不具备种植知识与技术，为充分利用空间，阳台农业对配套的技术与装备是刚需。目前的阳台农业技术与装备，不够自动化与智能化，还需要种植者掌握一定的种植知识与技术，因而推广有限。未来需要提高阳台农业技术与装备的一体化、智能化与自动化水平，使每个"农业小白"都能种好阳台农业，阳台农业才能迎来发展的好时机。

（七）新型营销技术

与纯生产性农业相比，休闲农业的发展更需要造势和广而告之。如何包装、如何设计、如何营销，是休闲农业经营主体的必修课。在自媒体大发展的当下，在京郊已经一些出现了利用自媒体进行项目与产品宣传的成功案例，通过抖音、微信公众号、小程序、朋友圈等，记录农场、民宿的日常，主人的感想和感悟，产品的用心与细节，游客的反馈与互动等，吸引了更多的游客，取得了不俗的成绩和明显效果。2022年北京市也评选了"十大直播达人"，这些直播达人为休闲农业的营销探索了一条崭新的道路与模式。但大多数的经营主体重生产轻营销的思想尚未转变，甚至不会使用这些新的媒体，因而对休闲农业经营主体开展新型营销技术的培训显得尤为重要。

二、产业政策需求

（一）用地需求

调研发现，产业用地成为制约休闲农业和乡村旅游发展的最大障碍之一，主要表现为建设用地指标少，用地成本高。目前的政策规定休闲用地按建设用地进行管理，实际上很多休闲农业项目都没有建设用地指标，而配套用地指标也只能用于生产服务，无法用于餐饮、研学、住宿接待等休闲农业项目，即便是一些临建设施也受到了严格限制，严重制约了园区的功能开发和产业链条延伸。休闲农业和乡村旅游的发展还需要配套建设乡村旅游道路、停车场、厕所等公共服务设施和商业设施，这些都需要有建设用地。因此亟须研究出台符合农村产业融合发展趋势、适应农村新产业新业态需求的用地政策，来破解用地难题。

(二)人才需求

休闲农业是农文旅融合产业,涉及面广,对各类专业技术人才和经营管理人才需求强烈[159]。如农庄规划、农业技术管理、农庄导游、网站建设、产品质量保障、农庄或民宿的人力资源开发与管理、产品开发、市场营销、电子商务、旅游娱乐管理、融资与资本运营等方面的人才。但因为工作地点、工作环境和薪资待遇等问题,招聘和留住这些高素质人才尤为困难。

(三)资金需求

休闲农业项目一般投入较大,需要大量的启动资金,用于购置土地、建设基础设施、采购设备等活动;在经营中进行创意与开发,以提高项目的盈利能力;休闲农业从业者需要培训和技术支持,以提高他们的经营和管理能力;休闲农业项目需要开展市场推广来吸引游客。这些都需要资金支持。北京市虽然每年投入资金 2 亿元用于休闲农业建设,但由于资金配套的硬性要求,使众多的小型休闲农园和经济薄弱村无法获得支持。为解决这一问题,期望政府可以提供优惠贷款、补贴或推动金融机构开发特定于休闲农业领域的融资产品,降低融资门槛,提供更多选择,以满足休闲农业项目的资金需求。

第二节 北京休闲农业发展趋势与展望

一、发展趋势

(一)农园有机化

一方面,随着人们生活水平的提高,对食品安全与营养健康的要求会越来越高,而不仅仅是满足于无公害农产品和绿色农产品;另一方面,随着人与自然和谐共生理念不断深入人心,游客环保意识不断提高,对有机农业的认可度会逐步提升。游客到休闲农园采摘为的是尝鲜,喜欢即摘即食,对农产品的安全性和风味要求更高,因此,在游客需求的驱动下,休闲农园会自觉提高绿色生产水平,转为有机生产。有机农园在休闲农园中的比例会不断提高。

(二)民宿精品化

乡村民宿是盘活农村闲置农宅,增加农民就业与收入的重要途径。2022年北京市人均 GDP 已达 2.8 万美元,达到富裕水平。随着生活水平的提高,人们不再满足于吃农家饭、住农家院、睡农家炕，民宿的精品化升级势在必行。民宿精品化体现在主题设计、便利性、安全、卫生、服务、体验等各个方面。在主题设计方面要突出特色，房屋建筑要有浓郁的地域特色或风情，与周边环境自然地融为一体；户型结构合理有特色；家装设计风格迥异、温馨便利；物品配备齐全而有格调；文化体验与众不同。在便利性方面，民宿要具备满足游客住宿的一应条件，如水、电、气、暖、网络、电视、卫生间等，还要有合理的功能分区，使民宿不因地处乡村而有别于酒店住宿的便利性。在安全方面，要运用信用认证、人脸识别入住等科技化手段提升安全系数。在卫生方面，民宿里的所有物品都需要由具有专业保洁经验的人或团队定期清洗消毒，其标准应不低于星级酒店的标准，才能获得住客的信赖。在服务方面，在标准化系统化管理的基础上还要充满人情味，为住客提供管家式的温馨服务。通过全方位提升民宿的精品化，以提升游客的居住感受，从而吸引新住客、留住回头客。

（三）布局分散化

《北京市"十四五"时期休闲农业发展规划》中提出未来五年要按照"因地制宜、聚焦特色、集群发展、精品示范"的思路，优化休闲农业空间格局，构建"三带、五环、多组团"总体布局。重点打造都市休闲、现代农业主题、"特色产业+"、山区特色体验、"乡村民宿+"、乡村综合体六大类组团。目前京郊休闲农业的布局主要集中在远郊山区，这主要得益于远郊山区山清水秀的优美自然环境，比较容易将资源转变为资金收入。对于平原区虽然在自然环境上逊于远郊山区，但靠近城市是其突出优势，以文化创意开发、科普教育为重点主攻周末游，也将形成百花齐放的局面。与其他产业布局集群化、规模化的发展趋势不同，休闲农业布局的分散化，可以使城市居民不论在哪个地方都可以享受到不一样的休闲。

（四）主体多元化

休闲农业在发展之初，其经营主体基本上是农户。经过40多年的发展，休闲农业主体呈现出多元化的趋势。除农户外，合作社、农业企业、社会资本等多种主体也越来越多地进入到了休闲农业领域，利用自身优势为休闲农业注入了新的活力。农业企业资金雄厚、管理经验丰富，在原有生产或加工基础上，开发休闲功能，较易取得成功，而且延长了产业链和价值链，增强了企业抵御市场风险的能力。从事休闲农业经营的合作社既有以种植业为主的合作社,也有以土地入股组成的合作社,通过自营或土地出租、与其他主体合营等方式发展休闲农业。社会资本从事休闲农业经营形式的主要是乡村民宿,通过租用闲置农宅,打造各具特色的精品民宿;也有一部分社会资本进入了休闲农园经营领域,园主人多是一些对农业有情怀的人,其经营理念和目标群体均与农户经营的休闲农园大不相同。另外,各景观经营主体之间基于利益共享的共同诉求,出现了基于产业链的上下联合和互利合作趋势。

（五）服务个性化

个性化服务是当今社会的一种消费趋势,也是休闲农业服务的变化趋势。个性化服务是指根据客户的个人需求,为客户提供个性化的服务。个性化服务可以提高客户的满意度,增强客户的忠诚度,提升企业的品牌形象,从而获得更多的客户。通过对客户的消费行为、消费习惯、消费偏好等进行分析,了解客户的需求,如定制化的产品、定制化的服务、定制化的折扣等,可以更好为客户提供个性化的服务。越来越多的休闲农园和乡村民宿开始实行会员制,定期与客户沟通,进行满意度调查,了解客户对服务的满意程度,及时反馈客户的意见,从而改进服务,提供更好的个性化服务。个性化服务提高了项目对游客的黏性,吸引了越来越多的回头客和常客,稳定了休闲农业项目的经营收入。

（六）营销品牌化

休闲农业经过近半个世纪的发展,消费群体已趋于理性和成熟,选择弹性增强,更倾向于对品牌的选择。品牌对于产业发展具有赋能作用。要想突出项目特色,吸引更多的消费者,就要打造有竞争优势的品牌,通过强调品牌个性,充分体现独特的差异性,体现项目价值[160]。休闲农业品牌化是提升地区休闲农业知名度和影响力的关键一环,对突出其竞争优势有着显著功效,对推进休闲农业产业持续发展具有重要的意义[161]。培育和形成休闲农业的区域品牌、集体品牌和个体品牌是多地发展休闲农业的共同做法。江西省开展了休闲农业品牌创建工作,认定了90个省级休闲农业品牌,涵盖了美丽休闲乡村、精品线路、最佳休闲农庄、星级农家乐。江苏省致力于整体打造"苏韵乡情"休闲农业品牌。北京市则以"京华乡韵"休闲农业品牌打造为抓手,着重培育区域休闲农业品牌,以提升产业品牌在京津冀乃至全国的竞争力。

（七）管理规范化

在经历了自发的发展与自我管理阶段之后,休闲农业进入规范管理阶段。

从各级政府到经营主体，规范化管理的意识在不断提高，制度在不断完善。在政府层面，制定了一系列管理规范，推动休闲农业的科学化、规范化、系统化管理。在组织层面，各地也成立了休闲农业相关协会或合作社，对产业或成员进行自律性管理。在经营主体层面，休闲农业的经营管理、技术管理、质量管理、安全管理和环境管理等也逐渐规范化。此外，政府还加大了对休闲农业的规范化评估力度，定期评估，不断改进休闲农业管理水平。随着休闲农业的不断深入发展，管理规范化水平将会得到相应提升。

（八）监管智能化

建立休闲农业产业大数据应用平台，搭建"云服务"平台，推动"一张图"管理。严格休闲农园、民俗接待户的核查和备案，实行区级备案、市级报备，做到应备尽备、应报尽报，实现数字化、网格化管理。农业农村、园林绿化和规划自然资源部门要及时共享休闲农业备案信息，掌握休闲农业的备案、建设、经营等情况。对休闲农业中存在的违法占地、违规经营等情况，按照"发现—处置—整改—反馈"全流程闭环监管要求，市、区、镇、村四级实行动态全覆盖管理。

二、对策建议

休闲农业是乡村产业振兴的重要抓手，是农民就业增收的重点产业，促进休闲农业的发展是相关部门的共同责任。尽管北京休闲农业存在着诸多难以解决的问题，但调查研究是解决问题的最好途径。只要认真务实地进行调查研究，集各方智慧，就没有解决不了的难题，没有攻克不了的难关。

（一）处理好发展休闲农业与生态保护的矛盾

为保护生态环境，北京市出台了禁限养政策。但无论是休闲农园还是乡村民宿的发展都对养殖有较大需求。一方面，休闲农园为了满足市民对于农事体验、休闲娱乐、美食营养的多样化需求，需要养殖少量的鸡、鸭、鹅或猪、牛、羊、兔等农业动物；另一方面，乡村民宿的美食开发也离不开动物性食材。不合理养殖方式会对环境造成负面影响，但不能因此而一刀切。建议在不破坏生态的前提下，允许适度发展林下经济，或在园区养殖少量的鸡、鸭、鹅等，既可以形成种养结合，实现农业废弃物的资源化循环利用；也可以丰富乡村美食的食材供给，满足游客的认知需求和中小学生的科普需求。

（二）处理好乡村民宿的多样性与标准化管理的矛盾

民宿的魅力在于其与乡村环境融为一体的宜居性，以及民宿风格的千姿百态。为避免同质化，京郊休闲农园和乡村民宿都在特色上狠下功夫，如不同的种植理念，不同的种植品种，不同的种植方式，不同的销售方式，不同的建筑风格，不同的装修风格，不同的美食体验，不同的休闲方式，目的都是满足城市居民的个性化体验需求。但为规范休闲农业与乡村旅游的发展，北京出台了一些管理标准，如民宿建设、运营与管理标准等。这些"千篇一律""千人一面"的标准化管理与休闲农业多样性的发展形成了巨大矛盾。据调研，目前"乡村民宿"管理完全按照经营宾馆、酒店的标准来要求，申报"公共场所卫生许可证""食品经营许可证"难，成为民俗户反映的最大问题。如《住宿业现行服务指导标准》要求客房内设专门卫生间，楼道设公共卫生间；要设立消毒间、布草间、洗衣房等。如办理冷热食经营许可时，要求分别配备冷热菜制作间。一方面，民宿属农户小规模经营，民俗户的资金和空间有限，达不到大规模专业经营企业的要求；另一方面，民宿是与酒店住宿完全不同的一个独立的业态，且有农家乐、居家接待和精品民宿等不同的经营模式，一概照搬宾馆、酒店的卫生许可标准缺乏合理性。

研究制定与乡村民宿发展相适应的管理标准。建议北京市食品药品监督管理局、北京市卫生健康委、北京市文化与旅游委等相关部门，尽快遵照GB/T 41648—2022国家标准，结合北京乡村民宿实际，联合研究制定《北京乡村民宿卫生许可标准》《北京乡村民宿食品经营许可标准》，修改申报"北京市公共场所卫生许可证""北京市食品经营许可证"过程中不合理的要求，简化办证流程，允许条件共享，如共享布草间、共享厨房等，最大限度地为乡村民宿产业的发展保驾护航。

鼓励民俗旅游村庄差异化规模化发展。民俗旅游村庄多位于山区，村庄规模小，随着农村空心化程度加深，人口流失导致民宿接待用工荒。建议鼓励基础条件好，适宜发展乡村民宿的村庄适当扩大规模，并允许一定的建设强度，打造差异化的旅游目的地。以规模聚人气、求效益、塑品牌，实现乡村产业振兴。吸引大量游客的同时，也吸引周边不适宜发展旅游产业的村庄居民在民俗旅游村就近就业，缓解民宿接待用工荒的同时，推动共同富裕。

（三）处理好传统村落保护与开发利用的矛盾

北京市目前有26个中国传统村落，国家对传统村落有严格的保护制度，不能随意改变村落格局与房屋建筑。不论是国家还是北京市都没有传统村落保护的对应资金，一些传统村落的房屋年久失修，严重影响了居民的生活。但村民翻盖需要得到批准，而且只能在原址照原样翻盖，建筑成本是普通房屋的3倍，村民的财力负担不起，只能任房屋破败甚至倒塌，对村容村貌造成了负面影响，也不符合传统村落保护的初衷。建议开展传统村落情况调研，列出保护事项清单和优先序，借鉴英国的做法在福利彩票中设立传统村落保护基金，将传统村落保护落到实处。在乡村旅游开发利用方面，一方面，可对房屋产权明晰、有意向的农户发放专项优惠贷款，鼓励其发展乡村民宿；另一方面，可引进社会资本，给予租金优惠或税收优惠，鼓励其在传统村落保护的框架下发展乡村民宿，以乡村旅游业的发展焕发传统村落的活力，使产业开发与传统村落保护形成良性互动。

（四）研究制定适合北京市情的休闲农业用地政策

单列休闲农业用地指标。各地区在进行各种有关城乡发展规划时，要给休闲农业发展留下足够的空间，应严格规定必须在建设用地计划指标中配套一定比例的休闲农业用地指标；或在土地要素方面出台专项用地政策，对休闲农业用地指标进行单列，以避免出现不同行业间争地现象，充分保障休闲农业的用地需求。

对休闲农业用地实施分类管理。休闲农业是一二三产融合产业，产业的融合发展离不开空间上的融合。应允许休闲农园在开发观光、体验、科普、教育等功能时，在不破坏耕层的条件下，搭建一些临时建筑；允许早于图斑存在的建筑用于休闲功能。允许为景观提供便利的观光台、栈道等非永久性附属设施占用除永久基本农田以外的农用地，在不破坏生态、景观环境和不影响地质安全的前提下，可不征收（收回）、不转用，按现用途管理。特别是要完善和细化规模较小的休闲农业经营主体的用地政策，让它们也能享受到政策的便利。继续鼓励推广"点状供地"模式。

多渠道增加用地供给。制定具体的实施办法，鼓励盘活利用集体存量建设用地发展休闲农业。如易地搬迁后旧村土地及房屋，"空心化"农村的土地及房屋，遗留在农村地区的零散国有土地等。对于经济效益不理想的农村集体用地，通过土地置换、租赁改变土地的现状用途，用于经营休闲农业，或者采用入股联营的方式，让休闲农业经营者参与股权投入，参与生产经营和收益分配，从而利于扩大经营规模，减小投资风险。积极探索农用地复合利用，鼓励休闲农业基础设施或公共服务设施能够与民用设施共享，总体上减少土地开发量。

（五）打造辨识度高的休闲农业品牌体系

产业品牌建设不是一两个品牌的打造，而是整个产业品牌体系的建设。既要有众多的单体品牌，也要有带动力强的集体品牌，更要有覆盖度高的区域品牌和全域公共品牌。对江苏省休闲农业的调研结果显示，江苏省不仅整体打造全域"苏韵乡情"休闲农业品牌，设计了品牌 LOGO 和 IP 形象，还细分了"乡产""乡游""乡食""乡宿"四个子品牌及系列 LOGO，以突出乡土特产、乡村旅游、乡土美食和乡村民宿的特色。而且，将"苏韵乡情"推介与各地的节庆活动相结合，并授权其系列 LOGO 和 IP 形象的使用，以遍地开花的节庆活动带火"苏韵乡情"的品牌知名度，同时也将全省的休闲农业活动统一到"苏韵乡情"这一全域品牌之下，形成一个整体。为突出品牌对于休闲农业产业升级的赋能效果，北京休闲农业产业品牌亟须从顶层设计入手，对品牌体系建设进行统筹谋划，从而建立完整有机的产业品牌体系。品牌体系应包括区域品牌、集体品牌、企业品牌与产品品牌。在数量上，品牌体系呈金字塔，最上部的塔尖是区域品牌，其次是集体品牌，再往下是企业品牌，最下层数量最多的是产品品牌。就区域品牌而言，既要有市域品牌，也要有区域品牌，甚至是镇域品牌。在现有的"京华乡韵"市域休闲农业品牌下需细分品牌，打造京郊美食、乡村民宿、休闲农园、景观农业等北京休闲农业中主要类型的子品牌，同时设计辨识度高的系列 LOGO 和 IP 形象，并开展品牌宣传与品牌保护。

（六）积极推动乡村美食和民宿特色文化的深度开发

根据调研，餐饮和美食消费在京郊休闲游中占据了首要位置，实践也证明，美食对乡村旅游具有显著的拉动效应。每一道乡村美食都牵引着一条食娱购产业链。以享誉京郊的延庆柳沟豆腐宴为例，今年的国庆假期中，柳沟村以豆腐宴为招牌，共接待游客 6.4 万人次，位居全市村庄第二；经营收入超过 200 万元，位于全市村庄第一，这充分证明了美食在京郊休闲游中的巨大吸引力和带动作用。目前，北京市已经评选出了 20 种乡村特色美食（2021）和休闲农业十大特色美食（2022），还需要对这些美食进行文创开发和大力推介，借鉴江苏省百道乡土地标菜的评选经验，通过打造地标性的美食产品，将乡村美食打造成一个产业链条，提高乡村美食对乡村旅游的拉动作用。

乡村民宿是农家乐的"升级版"。如今游客选择乡村民宿，不再是满足于吃农家饭、住农家屋、睡农家炕，而且还要满足精神文化需求。民宿自身特色不足、没有结合地区特色和文化内涵，存在同质化现象，是目前京郊民宿存在的普遍问题。而乡村文化、非遗文化、农业文化、历史文化等是游客尤其是亲子游群体希望了解和体验的高层次需求。为此，建议开展特色民宿或最美民宿评选，将文化特色挖掘与打造作为其中一项重要评价指标，提升乡村民宿的文化品位，促进京郊民宿的高质量、高水平发展。

（七）加大对乡村环境与公共服务设施建设

休闲农业园区/民宿的发展最终靠的是园区/民宿特色与营销，但也离不开园区/民宿周边的环境建设与基础设施建设的加持。一些园区/民宿地处偏僻，道路交通不是很方便，还有一些园区/民宿所处村庄环境差，这些都影响了游客的选择。在游客对乡村旅游的诉求中，高速稳定的网络、方便的充电设施（如充电桩）、方便充足的停车位等也有较高需求，对民宿周边环境差也时有抱怨。而这些公共服务设施的建设与完善都需要政府加大投入，建议以乡村振兴为契机，以生态宜居为目标，以美丽休闲乡村建设和千万工程的实施为抓手，在全市开展乡村环境整治，重点是垃圾处理、污水治理、村庄绿化、美化与亮化，以及公共服务设施建设，为乡村民宿/休闲农园提升网速、自建充电桩等给予补贴，推动休闲农业的发展，从而促进农业强、农村美、农民富的目标实现。

（八）加大对休闲农业与乡村旅游的宣传力度

一方面，要加大对休闲农业品牌的宣传力度。北京市自推出"京华乡韵"休闲农业区域品牌以来，以"十百千万"畅游行动推介会为抓手，对全域休闲农业品牌进行了大力宣传，在京郊有了一定的知名度，但知名度还有待提升。建议开展市域休闲农业品牌与形象授权工作，将"京华乡韵"休闲农业推介活动与各区的农业节庆或民俗节庆相结合，借助各区的推介形成对"京华乡韵"品牌的持续宣传，提高品牌的影响力，并形成品牌的凝聚力。

另一方面，要加大对休闲农业主体的宣传广度。尽管现在园区都有自己的营销与宣传渠道，但受限于财力和人力，宣传广度非常有限。建议市、区、镇三级政府建立休闲农业展示平台，对本区域内的休闲农业进行整体宣传，同时以视频、图片、文字等方式相结合展示每个经营主体的风采，结合全年的节假日，开展推介活动，加大向社会公众的宣传力度，提高本区域休闲农业和乡村旅游的知名度。

（九）加大对休闲农业灾后重建/复产的支持力度

2023年7月底至8月初的特大暴雨灾害，对北京郊区的尤其是门头沟、房山、昌平区的休闲农业与乡村民宿造成了巨大损失。为加快产业复苏，一方面，政府要尽快出台一些针对休闲农业的灾后重建/复产的支持政策，如休闲农园灾后复工复产的政策支持、星级民宿灾后重建的资金扶持、民宿发展扩大经营的扶持贷款以及民宿服务质量提升的培训等，助力受灾地区民宿市场加速重构与恢复。另一方面，政府要给予受灾民宿企业更多的宣传与推介支持，也可以发放一些定向的消费券，吸引消费者参与到帮助休闲农业灾后重建/复产中去，使休闲农业经营主体和消费者双双获益。此外，要尽快恢复景区及基础设施建设，消除影响休闲农业获客的不利因素。

与此同时，鼓励民宿经营主体抓住机遇，变危机为转机，在全新的起点上，建设面向未来的更符合市场需要的新的民宿产品，在做好品质化住宿的基础上，挖掘自身特色、突出文化内涵，通过内容开发、软实力提升等多渠道提升自身的获客能力。在住宿收入的基础上，增加一些非住宿性收入，如通过乡村美食、各种主题活动来吸引游客，增加非遗传承、面点制作、石头绘画、乡村市集等多元化内容丰富民宿的体验感，从而增加民宿的线下收入；还可以把手工月饼、土特产、手工艺品等通过各种电商平台开展销售，增加线上电商收入。针对主要假期，以折扣优惠在各OTA平台做促销推广，或通过直播带货的形式吸引游客预订房源。

三、发展展望

随着人们生活水平的提高，休闲旅游需求将呈持续增长态势。依托巨大的市场需求，作为都市农业的重要组成部分和农民增收的重要途径，北京休闲农业具有广阔的发展前景，未来可期。

（一）政策体系更加完善

针对产业发展需求对现有的用地政策、人才政策、金融政策、财政政策等进行修订和完善，逐步构建起完善的产业政策体系，为产业的健康可持续发展提供政策保障。

（二）技术支撑更加有力

休闲农业创新团队围绕产业高质量发展，以技术需求为导向，针对产业关键技术进行联合攻关与集成示范,未来在景观植物品种、景观营造技术与模式、创意农产品开发、农业文化遗产保护与开发方面将发挥更大的作用。

(三) 产品创意更加多元

农业文化遗产、非物质文化遗产、民俗文化等得到进一步挖掘、保护与创意开发,以文化创意为主要途径的创意产品层出不穷,作为休闲农业伴手礼的农业文创产品更加多元化。

(四) 休闲项目更加丰富

针对市民的休闲需求而开发设计的休闲活动更加丰富多彩,农事体验、科普研学、亲子活动、农食教育、自然疗愈将成为休闲农业项目的主流,休闲农业的增值潜力得到进一步挖掘。

(五) 产业管理更加规范

针对休闲农业园区的软硬件建设标准、乡村民宿的建设标准与服务标准等产业标准体系进一步完善,产业管理更加规范。

参考文献

[1] 成升魁,徐增让,李琛,等.休闲农业研究进展及其若干理论问题[J].旅游学刊,2005(5):26-30.

[2] 张定,陈宗元.江苏观光农业新观察[J].江苏农村经济,2005(10):20-21.

[3] 毛勇.重庆开发旅游农业的SWOT分析[J].商业研究,2007(8):154-158.

[4] 谢莉,刘昭云.湘南观光休闲农业发展研究[J].热带地理,2003(4):385-388.

[5] 郑铁.生态旅游农业发展研究[J].农业经济,2007(10):51-52.

[6] 陈裕鹏.台湾省的观光农业[J].世界农业,1987(12):36-37.

[7] 张柏齐.浅析观光农业[J].古今农业,1992(3):72-73.

[8] 范子文.试论观光农业[J].农业区划,1993(6):51-54.

[9] 张艳芳,李开宇.中国发展观光农业的资源分析及对策[J].人文地理,1999(1):65-67.

[10] 刘达华.略论旅游农业[J].特区经济,1989(6):28.

[11] 刘明.浦东新区发展旅游农业的探讨[J].农业现代化研究,1994(5):280-283.

[12] 长风.崭新的第一产业——景观农业[J].华东科技,1997(9):43-44.

[13] 陈颖.景观农业的内涵和构建[J].经济学家,2008(3):124-126.

[14] 赵羿,郭旭东.景观农业研究的兴起及其实际意义[J].生态学杂志,2000(4):67-71.

[15] 张一帆,王忠义,李勋,等.北京景观农业现状及对策建议[J].北京农学院学报,2011,26(4):63-65.

[16] 王子齐.台湾的休闲农业[J].台湾农业情况,1990(4):45.

[17] 冀献民. 中国休闲农业的现状与趋势 [J]. 中国农学通报, 2007 (12): 456-460.

[18] 黄志红. 休闲农业理论研究评述及展望 [J]. 经济学动态, 2009 (9): 89-92.

[19] 范水生, 朱朝枝. 休闲农业的概念与内涵原探 [J]. 东南学术, 2011 (2): 72-78.

[20] 李文荣. 农业观光园发展模式研究 [J]. 农机化研究, 2006 (8): 5-7, 10.

[21] 王小磊, 张兆胤, 王征兵. 试论乡村旅游与农业旅游 [J]. 经济问题探索, 2010 (2): 155-158.

[22] 丁培卫. 近30年中国乡村旅游产业发展现状与路径选择 [J]. 东岳论丛, 2011, 32 (7): 114-118.

[23] 韩玲. 延边朝鲜族乡村旅游发展中的社区参与研究 [D]. 延吉: 延边大学, 2023.

[24] 冯红英. 基于可持续发展的乡村旅游阶段性研究 [D]. 武汉: 华中师范大学, 2008.

[25] 张翼. 江苏省"农家乐"旅游发展的初步研究 [D]. 南京: 南京农业大学, 2011.

[26] 王忠义, 李勋, 杨林, 等. 北京市景观农业发展现状及对策建议 [J]. 北京农业, 2012 (28): 1-2.

[27] 李琳, 聂紫瑾, 朱莉, 等. 北京市农田生态景观建设实践与探索 [J]. 天津农业科学, 2018, 24 (6): 32-35+62.

[28] 聂紫瑾, 李琳. 基于农田景观的北京休闲农业发展现状与对策研究 [J]. 天津农业科学, 2020, 26 (1): 54-58.

[29] 张晴, 罗其友, 刘李峰. 国外农业休闲功能及对中国农业的启示 [J]. 世界农业, 2008 (10): 38-40.

[30] 中国社会科学院旅游研究中心. 2018—2019年中国休闲发展报告 [M]. 北京: 社会科学文献出版社, 2019.

[31] 王福平. 浅析我国休闲观光农业发展现状及问题对策分析 [J]. 中外农业概览, 2020 (20): 2-5.

[32] 胡晓燕. 成都市休闲农业与乡村旅游发展模式研究 [D]. 雅安: 四

川农业大学，2016．

[33] 蒲晓琴．成都市休闲农业发展模式研究［D］．雅安：四川农业大学，2013．

[34] 罗燕梅．成都市休闲农业发展研究［D］．重庆：西南大学，2014．

[35] 解巍．四川省休闲农业资源开发与规划研究［J］．中国农业资源与区划，2016，37（3）：229-232．

[36] 李伊霖，胡立刚．上海发布2024春夏季美丽乡村休闲旅游精品路线［N］．农民日报，2024-04-27（2）．

[37] 陈鹏，张蕾，董霞．我国典型地区休闲农业发展经验借鉴及对天津的启示［J］．天津农业科学，2021，27（1）：44-47．

[38] 张立平．乡村振兴"丰"光无限［N］．天津日报，2024-01-05（1）．

[39] 林敏娴，陈文兴．台湾休闲农业的成功经验及对大陆的启示［J］．法制博览，2016（11）：300．

[40] 刘军萍．北京观光休闲农业行业协会的运行与成效［C］//．休闲农业与现代农业发展——2007中国农学会学术年会暨全国休闲农业论坛文集，2007：34-38．

[41] 徐广才，史亚军，黄映晖，等．北京休闲农业标准体系构建与推广模式研究［J］．中国农学通报，2013，29（20）：214-220．

[42] 中国财富网．以咖啡为引，平谷乡村咖啡文化节让文旅产业焕发新活力［EB/OL］．［2023-04-15］．https：//baijiahao.baidu.com/s?id=1763249898388285987&wfr=spider&for=pc．

[43] 聂紫瑾，李勋，赵菲，等．北京市美丽休闲乡村发展现状及对策研究［J］．天津农业科学，2023，29（5）：61-68．

[44] 张云．休闲农业发展中的农耕文化挖掘［N］．山西经济日报，2017-01-21（3）．

[45] 刘晨宸，詹秦川．基于地域文化的古村落景观研究［J］．美与时代（城市版），2019（7）：57-58．

[46] 张锋，孙洪武．北京平谷四座楼麻核桃生产系统保护与发展对策［J］．江苏农业科学，2023，51（6）：243-247．

[47] 张天琪，杨月娟，李翠．乡村振兴背景下北京平峪村休闲农业发展

路径探索［J］.北京农业职业学院学报，2023，37（1）：21-26.

［48］张文.政府扶持休闲农业发展的问题及其对策研究［D］.郑州：郑州大学，2022.

［49］凌桂连.江西边远山区休闲农业发展潜力及绩效评价［J］.中国农业资源与区划，2019，40（11）：303-308.

［50］李雨凡，夏龙.基于熵值TOPSIS模型的北京休闲农业竞争力分析［J］.农业展望，2023，19（7）：79-86.

［51］李京颐.国外信息化发展对休闲农业的影响及启示［J］.世界农业，2013（8）：54-57.

［52］刘齐光.国外休闲农业发展历程及经验借鉴［J］.农村经济与科技，2014，25（8）：99-100+146.

［53］雷鸣，陆彦.中外休闲农业模式的比较与发展建议［J］.市场周刊，2021，34（9）：1-4.

［54］张舜尧.五彩纷呈的国外休闲农业［J］.江西农业，2012（4）：40-41.

［55］张俊英.青田稻鱼共生系统：农遗之光，永不褪色！［EB/OL］.［2024-06-05］.https：//mp.weixin.qq.com/s/3F8E2zbDYqMXvWf_mAa3Eg.

［56］李勋，聂紫瑾，李琳，等.乡村振兴背景下北京市休闲农业与乡村旅游的发展模式［J］.现代农业科技，2024（4）：199-202+209.

［57］张星宇.乡村+咖啡　值得来一杯［N］.昆明日报，2024-04-17（4）.

［58］李卫.陕西文旅业一路繁花［N］.陕西日报，2024-04-25（9）.

［59］刁艳艳.京版《山海情》：北京国资公司精准帮扶脱低梁家庄村［EB/OL］.［2021-07-20］.https：//www.sohu.com/a/478484420_698311.

［60］吴琼，顾巍钟.江苏乡土地标菜："妈妈的味道"引燃乡村游［N］.新华日报，2020-09-30（4）.

［61］顾巍钟，吴琼.江苏：美食大省百道乡土地标菜这样出炉［N］.新华日报，2020-09-29（4）.

［62］宋阳阳.成都市的都市农业发展研究［D］.成都：西南交通大学，2014.

［63］谭志蓉.成都市休闲农业发展研究［J］.中国农业资源与区划，

2017, 38 (2): 231-236.

[64] 向文浩. 成都市休闲农业发展研究 [D]. 广州: 仲恺农业工程学院, 2020.

[65] 宋豪新. 成都加快建设宜居宜业和美乡村 [N]. 人民日报, 2024-02-27 (14).

[66] 中机院. 成都乡村振兴战略规划: 力争五年内实现乡村旅游总收入超过 600 亿 [EB/OL]. http://www.reportway.org/xiangcunnews/20818.html.

[67] 上海三农. 市农业农村委结合建议提案办理, 高质量发展休闲农业和乡村旅游 [EB/OL]. [2024-04-08]. https://sghexport.shobserver.com/html/baijiahao/2023/11/17/1180891.html.

[68] 网信静海. 文旅赋能乡村振兴 天津休闲农业年综合收入达 30 亿元 [EB/OL]. [2024-04-08]. https://baijiahao.baidu.com/s?id=1776090380299273498&wfr=spider&for=pc.

[69] 林单丹. 取路农文旅 协力赴振兴——第十三届中国旅游产业博览会侧记 [EB/OL]. [2024-04-08]. http://www.moa.gov.cn/xw/qg/202309/t20230919_6436793.htm.

[70] 彭锁. 台湾休闲农业的成功经验及其对大陆的启示 [J]. 台湾农业探索, 2019 (4): 1-4.

[71] 林荣清. 台湾休闲农业发展的历史演进和启示 [J]. 台湾研究, 2022 (6): 77-88.

[72] 赵子晴. 北京门头沟区传统村落保护发展策略研究 [J]. 城市建筑空间, 2023, 30 (S1): 84-86.

[73] 侯玉峰. 妙峰山的庙会 [J]. 中国农业大学学报 (社会科学版), 2010, 27 (2): 201.

[74] 张勃. 西山香罢又东山: 妙峰山庙会与丫髻山庙会 [J]. 北京观察, 2024 (5): 76-79.

[75] 韩同春. 民间信仰与村落生活——以庄户—千军台幡会为例 [J]. 人文天下, 2015 (23): 13-19.

[76] 张义飞. 北京妙峰山民间武会研究 [D]. 广州: 华南师范大学, 2008.

[77] 王海英. 怀柔杨树底下村的"敛巧饭"民俗风情节 [J]. 北京档案, 2013 (3): 59-60.

[78] 北京市密云区文化和旅游局. 西邵渠金钟总督老会 [EB/OL]. [2024-03-07]. http://www.chinaquhua.cn/culture/51/xishaoqu-jinzhongzongdulaohui.html.

[79] 刘爱君. 民俗奇葩——京西秉心圣会 [J]. 北京档案, 2013 (6): 44-45.

[80] 苗大雷. 技艺民俗何为本?——京西古城村秉心圣会 [J]. 艺术评论, 2007 (6): 39-40.

[81] 北京市人民政府. 年丰庄善缘老会 [EB/OL]. [2024-03-07]. https://www.beijing.gov.cn/renwen/bjgk/hrgk/fy/202212/t20221220_2881137.html.

[82] 刘晓阳. 大石窝石作文化 [M]. 北京: 北京美术摄影出版社, 2019.

[83] 刘晓阳. 文化生态视野下大石窝石作技艺保护研究 [D]. 北京: 中国艺术研究院, 2013.

[84] 张一帆, 王爱玲. 创意农业的渊源及现实中的创新业态 [M]. 北京: 中国农业科学技术出版社, 2010.

[85] 李庆国, 芦晓春. 一果兴 百业旺——北京市平谷区振兴大桃产业观察 [N]. 农民日报, 2021-10-21 (4).

[86] 王可心. 国际樱桃大会今天在京开幕 [N]. 北京日报, 2023-05-22 (3).

[87] 北京市人民政府. 首届北京市樱桃文化节绘和美乡村画卷 [EB/OL]. 2023-05-26. [2024-03-25]. https://www.beijing.gov.cn/renwen/sy/whkb/202305/t20230526_3125253.html.

[88] 王可心, 武亦彬. 今年顺义樱桃种了7 500亩, 30余个新品种可供尝鲜 [N]. 北京日报, 2023-05-22.

[89] 周舒枫, 何建勇. 北京樱桃种植面积达4.9万亩 产值3.15亿元 北京举办第九届国际樱桃大会 世界"樱"你而精彩 [J]. 绿化与生活, 2023 (6): 1-5.

[90] 陈浩, 张开春, 周景哲, 等. 世界樱桃产业现状及对北京市樱桃产业发展的建议 [J]. 落叶果树, 2020, 52 (4): 27-30.

[91] 张锦添.北京市密云区板栗产业发展现状与对策研究[J].农业技术与装备,2023(12):51-53.

[92] 中国农网.北京长果桑陆续成熟[EB/OL].[2024-04-19].http://www.zwxynky.com/mobile/service_items/show.php?itemid=579.

[93] 张天琪,任荣,徐成响,等.北京市草莓生产的问题与对策[J].北京农业职业学院学报,2011,25(2):9-13.

[94] 柴嘉欣,芦晓春.书写京郊农强业昌的"土特产"篇章[N].农民日报,2023-05-06(4).

[95] 千龙网.昌平兴寿镇:立足草莓强产业 连片带动镇域兴[EB/OL].[2023-11-02].https://beijing.qianlong.com/2023/1102/8138456.shtml.

[96] 陈卫文,王立府,田蒙生,等.办好世界草莓大会 以科技促进草莓产业升级(二)[J].中国园艺文摘,2009,25(8):4-6.

[97] 王可心,武亦彬.第十届"北京草莓之星"评选落幕,3个品种获得新品种奖[EB/OL].[2024-03-02].https://news.bjd.com.cn/2024/03/02/10713060.shtml.

[98] 宗静,曾雄,马欣,等.引进国外先进技术 促进北京市草莓产业快速发展[J].北京农业,2011(36):83-84.

[99] 许金星.顺义这家北京最大蝴蝶兰基地上新,龙兰首次亮相![EB/OL].[2024-01-19].https://www.bjnews.com.cn/detail/170565813619806.html.

[100] 北海公园管理处.北京栽培菊花的历史[M].北京:中国计量出版社,1999.

[101] 北京市园林绿化局."菊韵金秋,多彩京城"2023北京菊花文化节正式启动[EB/OL].[2023-09-22].https://yllhj.beijing.gov.cn/ztxx/jhgm/202310/t20231010_3273734.shtml.

[102] 王美仙,唐千淳,焦鹏,等.北京地区牡丹专类园的植物景观研究[J].建筑与文化,2016(6):72-74.

[103] 左利娟,程炜,张佐双,等.北京市植物园牡丹的引种栽培[C]//2008年全国植物园学术年会论文集,2008:104-108.

[104] 朱松梅.七大展区牡丹盛放邀市民打卡[N].2022-04-27(5).

[105] 任建武, 钟翡, 周晓杰, 等. 牡丹产业与北京林下经济 [J]. 现代园艺, 2020, 43 (7): 49-50, 181.

[106] 张璐. 北京牡丹文化节开幕, 设七大展区、800 余种牡丹迎客 [EB/OL]. [2022-04-22]. https://baijiahao.baidu.com/s?id=1730792607181459388&wfr=spider&for=pc.

[107] 张璐, 薛珺. 北京牡丹文化节开幕, 京津冀共设 13 个展区 [EB/OL]. 新京报 [2023-04-21] http://www.bjnews.com.ch/detail/1682046173.html.

[108] 贺丹. 北京最大的牡丹芍药繁育基地建成 [J]. 中国花卉园艺, 2002 (5): 11.

[109] 户力平. 立夏三朝看芍药 [N]. 北京晚报, 2022-05-13 (16).

[110] 北京旅游. 北京植物园芍药园 [EB/OL]. [2024-04-22]. https://s.visitbeijing.com.cn/gallery/10814.

[111] 京报网. 延庆乡村振兴"花样"多 芍药"俏"动香营致富路 [EB/OL]. [2024-04-22]. https://news.bjd.com.cn/2023/05/22/10438709.shtml.

[112] 北京旅游网综合. 芍药花开 红灯烁烁——京城赏芍药好去处 [EB/OL]. [2024-04-22]. https://www.visitbeijing.com.cn/article/4HMkCUav7mL.

[113] 北京市园林绿化局（首都绿化委员会办公室）. 芍药 [EB/OL]. [2024-04-22]. https://yllhj.beijing.gov.cn/ztxx/jcyyshj/shzn/202204/t20220425_2690511.shtml.

[114] 北京商报. 香营乡"芍药盛典·汉韵延彩"芍药文化节落幕 [EB/OL]. [2024-04-22]. https://www.sohu.com/a/679789230_115865.

[115] 京报网. 150 多个品种等你来打卡！莲花池公园牡丹文化节启动 [EB/OL]. [2024-04-22]. https://news.bjd.com.cn/2024/04/19/10751341.shtml.

[116] 搜狐网. 北京市农林科学院国家百合种质资源库：培育赏食兼用品种｜"国家花卉种质资源库"专题 [EB/OL]. [2024-04-23]. https://www.sohu.com/a/440994877_120075915.

[117] 北京旅游. 数万株百合陆续绽放，北京国际鲜花港邀您共赴一场百合的梦幻之旅！[EB/OL].［2024-04-23］. https：//www.visitbeijing.com.cn/article/47QlOhgyWtT.

[118] 何建勇. 畅游百合花海——首届北京百合文化节开幕［J］. 绿化与生活，2015（7）：2.

[119] 220万株百合竞相开放"花海雨屋"重磅亮相第二届北京百合文化节开幕［J］. 绿化与生活，2016（7）：4-5.

[120] 王秀英. 听前沿技术讲座　赏百合绚烂美景——第四届中国百合论坛、第五届北京百合文化节举办［J］. 中国花卉园艺，2019（14）：31.

[121] 吴为. 北京世园公园首届百合生态文化节今日开幕［N］. 新京报，2022-07-22（A12）.

[122] 新华社客户端. "月季之城"续写中国月季情缘［EB/OL］.［2024-04-28］. https：//yllhj.beijing.gov.cn/ztxx/mtjj/mtbd/202206/t20220614_2739702.shtml.

[123] 魏瑶，何建勇. "市花"月季扮靓京城［J］. 绿化与生活，2021（6）：14-16.

[124] 王桢，何建勇. 纳波湾：月季花海中的伊甸园北京面积最大、品种最全的月季基地［J］. 绿化与生活，2018（5）：38-40.

[125] 魏瑶. 北京市花月季插上自主创新翅膀［J］. 绿化与生活，2022（6）：13-15.

[126] 王斌. 大兴区月季品种储备量超4000个［N］. 北京青年报，2022-05-27（4）.

[127] 依杨. 第六届北京月季文化节开幕［J］. 中国花卉园艺，2014（11）：44.

[128] 张璐. 主题花"约定"被誉"开花机器"［N］. 新京报，2024-05-16（5）.

[129] 周爱芬. 玫瑰的利用价值及香水玫瑰的开发前景［J］. 丽水学院学报，2009，31（5）：29-31.

[130] 户力平. 郁金香何时落户北京？［EB/OL］.［2024-05-08］. http：//journal.crnews.net/mhsh/2017n/2017nd7q/zmty/918812_

20170712024452. html.

[131] 华新. 花卉与生活密不可分——2011 北京郁金香文化节举办 [J]. 中国花卉园艺, 2011 (9): 33.

[132] 尹克予. 春来鲜花港最美郁金香——第七届北京郁金香文化节顺义鲜花港开幕 [J]. 绿化与生活, 2016 (4): 2.

[133] 张璐. 北京郁金香文化节启动 设七大展区 [N]. 新京报, 2024-04-11 (7).

[134] 河北省林业和草原局. 河北省林业和草原局赴北京市调研蜂产业发展 [EB/OL]. [2023-06-02]. http://lycy. hebei. gov. cn/article_71968. html.

[135] 韩秉志. 小蜜蜂"酿造"大产业 北京密云蜂群数量占全市半壁江山 [N]. 经济日报, 2023-10-17 (14).

[136] 李瑞珍, 刘朋飞, 刘世丽, 等. 北京市蜂业支持政策研究 [J]. 安徽农业科学, 2019, 47 (7): 251-254.

[137] 常艳军. 品牌强农 大有可为 [N]. 经济日报, 2023-11-22 (10).

[138] 耿子叶. 寻味北京 35 个地标农产品 [N]. 新京报, 2022-05-16 (4).

[139] 李爱华. 三分地有机农场改善土壤环境提升顺义蔬菜品牌价值 [N]. 首都食品安全周刊, 2022-08-09 (15).

[140] 薛光卿. 这家公司打造了北京最大面积的萱草花海, 还这样运营农业休闲园区 [N]. 中国花卉报, 2023-08-08 (1).

[141] 李首涵, 杨萍, 卢德成. 农业高质量发展评价指标体系研究——基于鲁苏浙 3 省的比较分析 [J]. 中国农业资源与区划, 2023, 44 (1): 66-74.

[142] 马银成, 许艺凡. 基于熵值法的休闲农业发展潜力指标体系构建与赋权——以河北省为例 [J]. 统计与管理, 2018 (9): 93-96.

[143] 刘伟琦. 太原市休闲农业发展评价与对策研究 [D]. 太原: 山西农业大学, 2016.

[144] 周龙. 荆州市休闲农业发展水平评价及其影响因素研究 [D]. 荆州: 长江大学, 2022.

[145] 高鹏程. 南京市休闲农业发展水平评价及对策研究 [D]. 哈尔滨:

东北农业大学，2022.

[146] 程创业，周霞，周玉玺. 基于熵权TOPSIS法的河南农业绿色发展水平评价与障碍因素分析［J］. 科技与经济，2023，36（3）：41-45.

[147] 黄晓慧. 洛阳市都市农业发展水平评价及提升策略研究［D］. 郑州：河南工业大学，2022.

[148] 刘娜，陈立勇. 基于因子分析的江苏省都市农业发展评价［J］. 浙江农业科学，2019，60（12）：2345-2348.

[149] 胡博禹. 保定市都市农业发展水平评价研究［D］. 保定：河北农业大学，2021.

[150] 魏燕萍，韩俊英，尤刚，等. 基于AHP和模糊综合评价的兰州市休闲农业发展评价与分析［J］. 江苏农业学报，2020，36（1）：227-233.

[151] 姚睿宽. 基于灰色关联分析法的河南省粮食产量影响因素研究［J］. 安徽农学通报，2022，28（3）：44-48.

[152] 祁思琼，赵奇蕾，陈桂莹，等. 基于灰色关联分析的休闲渔业与相关产业耦合协调发展研究［J］. 中国渔业经济，2022，40（5）：47-56.

[153] 王秀丽. 基于熵权Topsis法的新型城镇化发展综合评价——以河北省为例［J］. 城市建设理论研究（电子版），2023（29）：1-3.

[154] 姚从容，张蕾，陈鹏. 基于可持续视角的天津休闲农业创新发展思路及模式选择［J］. 农业经济，2021（9）：20-22.

[155] 张桂贵. 文旅赋能乡村振兴 天津休闲农业年综合收入达30亿元［EB/OL］.［2023-09-02］, http：//tj. people. com. cn/n2/2023/0902/c375366-40555605. html.

[156] 张梦洁. 田间咖啡、研学旅游、农事节庆……上海乡村休闲游这么玩［EB/OL］.［2022-12-13］, https：//m. gmw. cn/baijia/2022-12/13/1303223293. html.

[157] 高兴明. 重庆发展休闲农业与乡村旅游的实践与思考［J］. 农村工作通讯，2016（15）：24-27.

[158] 苏杭，蔡恒，段东敏. 重庆发布81条乡村休闲旅游精品线路

[EB/OL]. [2022-3-16]. http://nyncw.cq.gov.cn/zwxx_161/jdtplt20220316_10513928.html.

[159] 李飞.乡村振兴背景下休闲农业经营人才的现状、问题与对策——基于博罗县田牌村的样本分析[J].湖北职业技术学院学报,2022,25(2):9-15.

[160] 郭世权,苏娜.创新性设计提升休闲农业品牌竞争力研究[J].农村实用技术,2022,249(8):9-10,13.

[161] 毛联瑞.广东地区休闲农业品牌化建设思考[J].江西农业,2019,163(14):70.